스마트 네트워크 시스템

남상엽 · 안병구 · 강민구 공저

도서출판 상학당

欲爲大者 當爲人役

크고자 하거든 남을 섬기라

머리말

스마트 네트워크는 미래 인터넷 인프라 구축의 핵심 전략이다. 스마트 네트워크는 데이터 트래픽 폭증, 새로운 융복합형 인터넷 서비스 및 새로운 비즈니스 생태계 형성에 대응하기 위해 추진하고 있다. 스마트 네트워크는 대표적으로 M2M(Machine to Machine), 클라우드 컴퓨팅, 빅데이터 등과 밀접하게 연관이 있다. 데이터 수집, 처리, 저장, 분석과 관련되어 다양한 ICT 기술이 집약되어 구성되어 있다.

스마트 네트워크 시스템(smart network system)은 고성능 저비용 데이터센터를 구축해 PC 휴대폰 등 인터넷과 연결된 모든 단말기를 통제하며, 대용량 데이터와 동영상을 빠르고 싸게 처리할 수 있는 통신망을 말한다. 이를 이용하면 하나의 데이터로 모든 단말기를 통제하여 3개의 스크린(휴대폰, PC, TV)을 1개의 스크린으로 이용할 수 있으며, 데이터센터를 통해 기존보다 더욱 빠르고 많은 양의 데이터를 처리할 수 있게 된다. 인터넷에 연결된 사물들이 센서 등이 부착된 네트워크를 통해 능동적으로 정보를 주고받으면서 상황에 적합한 서비스를 제공하는 기술을 말한다.

초연결사회로 진입을 촉진하여 인터넷과 집단지성을 통한 스마트 신인류가 등장하고 스마트 헬스케어 · 워크 · 교육 등 시공간을 초월하여 사용자가 원하는 서비스가 제공되는 편리한 삶을 가능하게 하지만, IT 기술 부적응 기업에게는 위협요인으로 작용하고, 과도한 개인정보 수집 등 프라이버시 침해위험이 증가하며, 계층간 정보격차로 인한 갈등, 신체밀착형 센서의 전자파 유해성 논란 등 우려의 목소리도 높다.

최근 스마트폰의 활성화와 더불어 새로운 융합 서비스로 자리잡은 스마트 TV를 바탕으로 차세대 스마트 TV로 발전하기 위하여 필요한 네트워크 요소 기술이 있다.

IPTV2.0 기술을 응용하여 차세대 스마트 TV를 제공하는 방안과 더불어 양방향 N-스크린 서비스를 실현하기 위한 네트워크 기반의 제공구조가 있다.

또한, 세계적으로 환경보호 정책이 기술적인 이슈로 등장함에 따라 유무선 네트워크에서도 이를 수용하기 위한 전략이 큰 관심사로 떠오르고 있다. 따라서 그린 IT 실현을 위한 미래 네트워크는 에너지 네트워크의 모델링, 네트워크 기기의 효과적인 활용과 가상화 관점에서 고려되고 있다. 향후 미래 네트워크에서 요구하는 기술들이 많이 있다.

초기의 스마트폰은 휴대폰에 PDA와 사용자에게 유용한 몇 가지 디지털 기기의 기능들을 한 곳에 묶어서 제공하는 묶음형 단말기에 불과하였다. 하지만 사용자의 편리함을 추구하기 위하여 시작된 스마트 혁명으로 인하여 현재는 고기능 고사양의 스마트폰을 비롯하여 스마트 TV, 스마트 패드 등의 다양한 스마트 기기가 계속적으로 등장함에 따라 방송통신 시장에도 큰 변화를 가져오고 있다.

이러한 '스마트화'의 바람은 산업 전반에 걸쳐 미래를 위한 성장동력으로 작용을 하고 있다. 한 예로, 네트워크에서는 기존에 사용자에게 보장된 연결성을 제공하고, 언제, 어디서나 사용이 가능하도록 하는 가용성에 높은 가치를 두고 다양한 노력을 통하여 실현을 이루어왔다. 하지만, 그 동안 추구했던 NGN(Next Generation Network)이 더 이상 미래가 아닌 현실이 되어버린 지금 다시금 새로운 목표를 위하여 FN(Future Network), SUN(Smart Ubiquitous Network) 등으로 언급되는 미래 네트워크의 실현을 위하여 다양한 노력들이 현재 진행되고 있다.

이 교재는 스마트 네트워크와 관련된 모든 인프라를 사용하여 스마트 네트워크 시스템의 기초가 되는 시스템과 기초 이론에 근거를 둔 응용 시스템을 학습을 통해 이론을 전개하는 형태로 구성되어 있다. 단지 스마트 네트워크 시스템의 다양하고 깊이 있는 내용보다는 쉽게 이해할 수 있도록 구성 편집하였다.

따라서 좀 더 깊이 있고 보다 전문적인 내용은 이 책을 통하여 개념을 이해하고 추가적인 참고서적을 통하여 학습하는 것이 효과적일 것이다. 이 책을 사용하는 방법은 각 과정의 핵심적인 기본 개념을 숙지하고 기초적인 이론을 이해하고 다양한 응용의 융합을 통하여 새로운 스마트 네트워크 시스템을 확인하고 이해해 나가는 것이다.

이 교재는 컴퓨터 · 전자 · 통신 분야 관련 학생 및 초보개발자를 대상으로 한 스마트 네트워크 시스템에 대한 기본학습을 위한 교재로서, 처음 스마트 네트워크 시스템을 접하는 학생에게 쉽고 빠르게 접근할 수 있도록 하는 데 초점을 맞추어 편찬되었다. 따라서 스마트 네트워크 시스템 관련 융합제품 및 응용분야에 대한 기본적인 원리에 대한 이해와 감각을 키우기 위하는 데 부족함이 없을 것이라 생각된다.

이 교재의 주요 구성은 다음과 같다.

제1장은 스마트 네트워크 시스템의 개념 및 기술, 제2장은 클라우드 컴퓨팅 기술에 대한 정의 및 동향, 제3장은 스마트 홈네트워크 기술 및 구현, 제4장은 스마트그리드 네트워크

기술, 제5장은 스마트 센서 네트워크 기술, 제6장은 스마트 방송 네트워크 기술, 제7장은 사물인터넷 및 Giga 인터넷 기술을 이해하도록 구성하였다. 제8장은 스마트 센서 기술, 제9장은 스마트 이동통신 네트워크 기술, 제10장은 스마트 근거리 통신 네트워크 기술, 제11장은 웨어러블 및 헬스케어 기술에 대하여 다양한 기능과 특징을 확인할 수 있어 스마트 네트워크 시스템에 대해 쉽고 빠른 이해를 얻을 수 있을 것이다.

끝으로 이 교재를 집필하는 데 많은 도움을 주신 상학당 관계자 여러분과 자료제공과 많은 지도편달을 해주신 한국정보화진흥원 및 한국인터넷진흥원께 감사의 마음을 전한다.

어떤 일이든 첫발을 내딛고 개척하는 것이 가장 힘든 일일 것이다. 그러나 그 어려움을 극복하였을 때 얻는 것이 무엇보다 값진 결실이 될 것이다. 아직은 열악하고 힘든 개발환경이지만 이 책이 보다 많은 스마트 네트워크 시스템 관련 인력양성에 힘이 되어주길 바란다.

이 책에서 부족했던 점이나 기타 문의사항과 관련한 기술지원은 상학당을 통해 지속적으로 지원할 계획이며, 기타 보충자료 또한 지속적으로 업데이트할 예정이므로 독자 여러분의 따뜻한 질책과 조언을 부탁드린다.

저자 씀

차 례

제1장 스마트 네트워크 시스템

제2장 클라우딩 컴퓨팅 기술

제3장 스마트 홈네트워크 기술

제4장 스마트그리드 네트워크 기술

제5장 스마트 센서 네트워크 기술

제6장 스마트 방송 네트워크 기술

제7장 사물인터넷 및 Giga 인터넷 기술

제8장 스마트 센서 기술

제9장 스마트 이동통신 네트워크 기술

제10장 스마트 근거리 통신 네트워크 기술

제11장 웨어러블 및 헬스케어 기술

제1장

스마트 네트워크 시스템

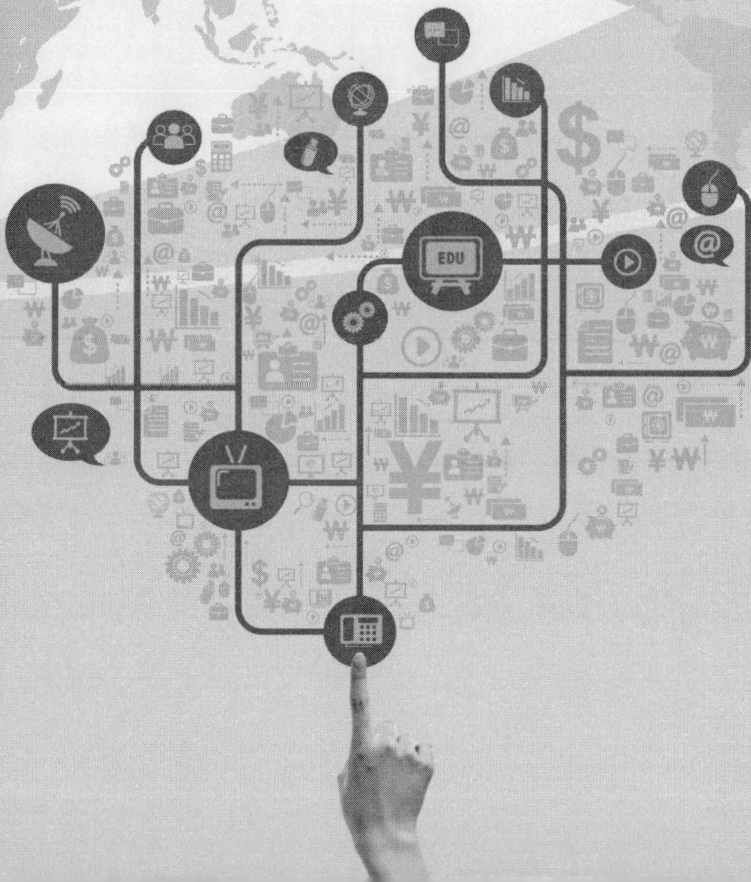

01 스마트 네트워크

스마트 네트워크는 미래 인터넷 인프라 구축의 핵심 전략이다. 스마트 네트워크는 데이터 트래픽 폭증, 새로운 융복합형 인터넷 서비스 및 새로운 비즈니스 생태계 형성에 대응하기 위해 추진하고 있다. 스마트 네트워크는 대표적으로 M2M(Machine to Machine), 클라우드 컴퓨팅, 빅데이터 등과 밀접하게 연관이 있다. 데이터 수집, 처리, 저장, 분석과 관련되어 다양한 ICT 기술이 집약되어 구성되어 있다. 이러한 스마트 네트워크의 구현을 위하여 무선 부문에서는 공공 와이파이(WiFi) 확대 및 차세대 와이파이 도입 등을 통한 무선 인터넷 확산 기반조성이 필요하다.

① 정부 · 지자체 투자 및 기존 와이파이를 활용하여 공공 와이파이 확대가 더욱 절실하다.
통신사가 수익성이 없어 독자적으로 구축하기를 꺼려하던 서민 · 소외계층 이용장소에 정부 · 지자체 · 통신사가 공동으로 와이파이 구축 및 무료 제공해야만 한다. 기존에 자사의 고객에게만 폐쇄적으로 서비스하던 통신사의 와이파이를 일반 국민에게 개방함으로써 와이파이 자원 공동활용이 절대적으로 필요하다.

② 차세대 와이파이 도입 및 공공 와이파이 이용 활성화가 추진되어야 한다.
기존 와이파이의 한계를 극복하기 위한 차세대 와이파이를 공공부문에 선도적으로 적용하여 국내 기업의 기술개발 및 산업활성화가 촉진된다.
공공 와이파이 구축장소 안내, 서비스 품질관리 등을 통해 공공 와이파이 이용편의성을 제고하고 공공 와이파이를 홍보창구로 활용할 수 있다.
스마트 네트워크의 확산을 위한 인프라 구축을 위하여 스마트 전자정부 서버의 확산함으로써 빅데이터를 활용하고 행정 서비스 제고 및 생활민원 서비스를 제공함으로써 스마트 네트워크 시스템은 더욱 발전하게 되어 있다.

공공 데이터 개방확대 및 민간이용 활성화 지원해야만 한다.

① 민간 수요 및 개방 파급효과가 높은 공공 데이터를 대폭 확대해야만 한다.
② 공공 데이터의 체계적 관리를 위한 '범정부적 데이터 거버넌스'를 마련해야 한다. 즉 공공 데이터 전략위·분쟁위, 포럼, 공공 데이터 활용지원센터 등 구축해만 한다.
③ 공공 데이터의 활용이 용이하도록 접근성 제고 및 품질개선을 추진해야 한다. 제공 창구(Data.go.kr) 단일화 및 고도화, 품질개선 사업수행 등이 필요하다.
④ 공공 데이터 기반의 비즈니스 모델 발굴 및 창업지원이 필요하다. 즉 우수 아이디어 공모전 정례화, 창업 컨설팅 및 기술지원 교육 추진이 절대적으로 필요하다.

02 스마트 네트워크 시스템의 개요

스마트 네트워크 시스템(smart network system)은 고성능 저비용 데이터센터를 구축해 PC 휴대폰 등 인터넷과 연결된 모든 단말기를 통제하며, 대용량 데이터와 동영상을 빠르고 싸게 처리할 수 있는 통신망을 말한다. 이를 이용하면 하나의 데이터로 모든 단말기를 통제하여 3개의 스크린(휴대폰, PC, TV)을 1개의 스크린으로 이용할 수 있으며, 데이터센터를 통해 기존보다 더욱 빠르고 많은 양의 데이터를 처리할 수 있게 된다.

인터넷에 연결된 사물들이 센서 등이 부착된 네트워크를 통해 능동적으로 정보를 주고받으면서 상황에 적합한 서비스를 제공하는 기술을 말한다.

초연결사회로 진입을 촉진하여 인터넷과 집단지성을 통한 스마트 신인류가 등장하고 스마트 헬스케어·워크·교육 등 시공간을 초월하여 사용자가 원하는 서비스가 제공되는 편리한 삶을 가능하게 하지만, IT 기술 부적응 기업에게는 위협요인으로 작용하고, 과도한 개인정보 수집 등 프라이버시 침해위험이 증가하며, 계층간 정보격차로 인한 갈등, 신체밀착형 센서의 전자파 유해성 논란 등 우려의 목소리도 높다.

이러한 스마트 네트워크 기술의 부작용을 미리 방지하고 실생활에 스마트하게 적용하여 국민들의 생활편익을 높이기 위해서는 산업별 적합 기술의 지속적 개발, 관련 기업의 IT 기술 적응력 제고, 계층간 정보격차 해소를 위한 저가의 장비를 보급함과 동시에 필수 공공 서비스 분야(의료 · 교육 등)를 지정하고, 또한, 개인정보 보호제도 강화 및 개인정보 익명화 기술개발 등 실효성 있는 프라이버시 침해 대응 방안을 마련하며, 스마트 워크 · 스마트 헬스케어 · 스마트 교육이 실현되려면 현실적인 제도개선이 필요함을 강조했다.

[그림 1-1]
스마트 네트워크 시스템의 구성

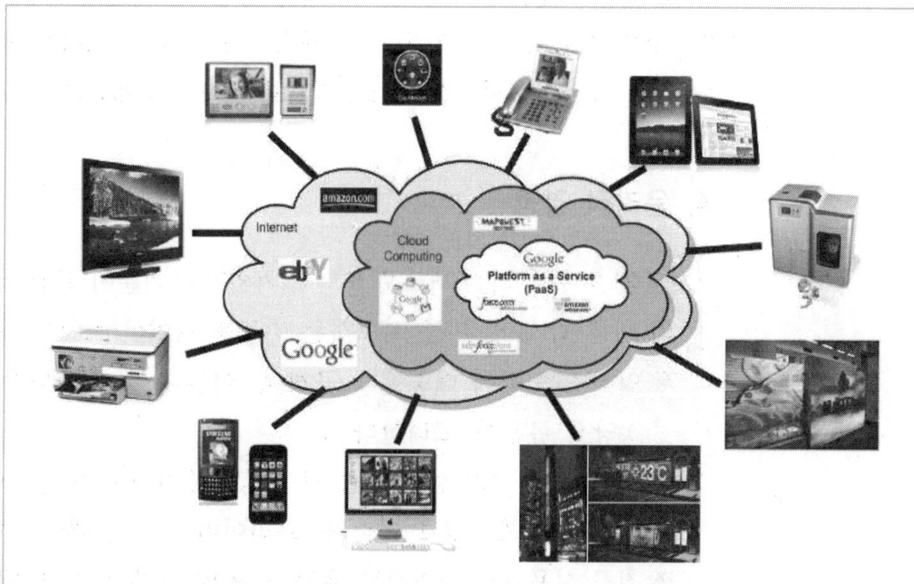

1. 경제적 영향

① (긍정) 실시간 환경변화 감지 및 이용자 행태분석이 가능한 자동화 시스템 등장으로 IT 기술 중심의 산업간 융합 및 신산업을 창출한다.

② (부정) IT 기술에 부적응 기업, 특히 중소영세기업에 위협요인으로 센싱 등의 자동화과정이 기존 수작업을 대체하는 등 관련 일자리가 감소한다.

2. 사회적 영향

① (긍정) 건강상태를 실시간 진단 · 분석하는 스마트 헬스케어, 일과 삶의 균형을 실현하는 스마트 워크, 다양한 콘텐츠의 스마트 교육을 활성화한다.

② (부정) 의료정보 유출 및 오남용, 원격근무 범위 · 평가기준 관련 노사갈등, 도농간 · 세대간 · 계층간 정보격차 등 사회적 혼란과 갈등을 유발한다.

3. 문화적 영향

① (긍정) 초연결사회로 진입하면서 스마트 신인류의 등장과 국경을 초월한 문화유통 플랫폼 구성으로 다양한 콘텐츠 창작 및 유통을 확산한다.

② (부정) 유유상종 · 승자독식 등 문화쏠림 현상으로 문화다양성이 줄어들고, 기계 의존적 의사결정은 기존 선호를 강화하여 개인화 · 집단화를 심화한다.

4. 윤리적 영향

① (긍정) 다수에 의한 새로운 도딕직 가치판단 기준이 확산되고, 사이버 공격의 빠른 감지 및 자동 복구하는 지능형 사이버 보안이 등장한다.

※ 인터넷을 통해 대중에게 공개 후 여론이 우세한 다수의 판단에 따라 정당성 유무를 고려한다.

② (부정) 과도한 개인정보 수집 및 해킹이나 바이러스 공격이 고도화 · 다양화됨에 따라 개인정보 유출 등 프라이버시 침해위험이 증가한다.

※ 최근 신용카드 개인정보 유출 피해 및 스마트 TV 카메라를 통한 사생활 침해 등이다.

5. 환경적 영향

① (긍정) 스마트 센싱 장비를 통해 시설물 상시 유지관리, 재난재해 예측 및 조기경보, 범죄예방 및 실내환경의 유해물질 관리와 예방에 효과적이다.

② (부정) 신체밀착형 센싱의 전자파 유해성 논란과 급증하는 전자폐기물에서 발생하는 유해화학물질, 중금속 등은 심각한 환경문제를 야기한다.

03 미래의 스마트 네트워크 시스템

최근 스마트폰의 활성화와 더불어 새로운 융합 서비스로 자리잡은 스마트 TV를 바탕으로 차세대 스마트 TV로 발전하기 위하여 필요한 네트워크 요소 기술이 있다.

IPTV2.0 기술을 응용하여 차세대 스마트 TV를 제공하는 방안과 더불어 양방향 N-스크린 서비스를 실현하기 위한 네트워크 기반의 제공구조가 있다.

또한, 세계적으로 환경보호 정책이 기술적인 이슈로 등장함에 따라 유무선 네트워크에서도 이를 수용하기 위한 전략이 큰 관심사로 떠오르고 있다. 따라서 그린 IT 실현을 위한 미래 네트워크는 에너지 네트워크의 모델링, 네트워크 기기의 효과적인 활용과 가상화 관점에서 고려되고 있다. 향후 미래 네트워크에서 요구하는 기술들이 많이 있다.

초기의 스마트폰은 휴대폰에 PDA와 사용자에게 유용한 몇 가지 디지털 기기의 기능들을 한 곳에 묶어서 제공하는 묶음형 단말기에 불과하였다. 하지만 사용자의 편리함을 추구하기 위하여 시작된 스마트 혁명으로 인하여 현재는 고기능, 고사양의 스마트폰을 비롯하여 스마트 TV, 스마트 패드 등의 다양한 스마트 기기가 계속적으로 등장함에 따라 방송통신 시장에도 큰 변화를 가져오고 있다.

이러한 '스마트화'의 바람은 산업 전반에 걸쳐 미래를 위한 성장동력으로 작용을 하고 있다. 한 예로, 네트워크에서는 기존에 사용자에게 보장된 연결성을 제공하고, 언제, 어디서나 사용이 가능하도록 하는 가용성에 높은 가치를 두고 다양한 노력을 통하여 실현을 이루어왔다. 하지만, 그 동안 추구했던 NGN(Next Generation Network)이 더 이상 미래가 아닌 현실이 되어버린 지금 다시금 새로운 목표를 위하여 FN(Future Network), SUN(Smart Ubiquitous Network) 등으로 언급되는 미래 네트워크의 실현을 위하여 다양한 노력들이 현재 진행되고 있다.

이 절에서는 스마트폰의 활성화와 더불어 미래형 융합 서비스로 자리잡은 스마트 TV를 바탕으로 단순히 TV와 인터넷의 결합이 아니라 다양한 ICT 산업과의 연계를 통한 시너지 창출을 위한 차세대 스마트 TV를 위하여 필요한 네트워크 요소 기술에 대하여 IPTV2.0 기술과 비교 분석하고, 이를 활용하여 제공하는 사례에 대하여 동향을 찾아 알아볼 필요가 있다.

스마트화에 따른 대표적인 융합 서비스로 떠오르고 있는 스마트 TV를 바탕으로 차세대 스마트 TV로 발전해 나가기 위한 기술적인 요소들을 분석하고 IPTV2.0 기술을 응용하여 다양한 서비스로 확장할 수 있는 가능성에 대하여 미래 네트워크 관점에서 살펴볼 필요가 있다.

네트워크 기반 기술을 이용하여 양방향 N-스크린 서비스를 제공하는 구조에 대하여 사례를 통하여 분석할 필요가 있다.

스마트 TV의 등장으로 방송 · 통신 · 인터넷 미디어 및 서비스의 융 · 복합화의 빅뱅이 시작되었으며, 이에 따라 트래픽의 양적 증가와 더불어 수용해야 할 요구사항들이 새롭게 떠오르는 등 다양한 변화가 예상됨에 따라 미래 네트워크에서는 이를 효과적으로 수용하기 위한 질적 성장이 수반되어야 한다.

또한, 세계적으로 환경보호 정책이 기술적으로 중요한 이슈로 등장함과 더불어 현재 유무선 네트워크는 전 세계 탄소배출의 2%를 차지함으로써 새로운 통신 기반 서비스의 출현과 트래픽 증가로 인하여 10~15%로 확대될 것으로 전망됨에 따라 에너지 절감 이슈를 미래 네트워크를 위한 고려사항으로 다양한 관점에서 분석해 본다.

또한, 친환경정책이 하나의 기술적 이슈로 등장함에 따라 그동안 연결성과 가용성만을 고려했던 네트워크에서도 에너지를 절감할 수 있는 방안에 대한 고찰이 시작되었고, 이에 대하여 다양한 관점에서 접근 가능한 이슈를 분석해 봄으로써 향후 미래 네트워크가 고려해야 할 기술적 요소들이다.

04 차세대 스마트 TV를 위한 네트워크 기술

가정에서 손쉽게 접할 수 있는 TV 영역에서도 '스마트'의 바람을 타고 삼성, LG, Apple, Google 등과 같은 국내외 제조사들을 중심으로 다양한 서비스를 제공하는 스마트 TV는 등장한지 오래되지 않아 TV와 인터넷의 결합을 넘어 미래형 융합 서비스를 제공하는 차세대 스마트 TV로 진화해 가고 있다. 이 절에서는 이러한 스마트 TV를 실현하기 위한 요소 기술에 대해 알아보고, IPTV 2.0 기술과 네트워크 기반의 제공 기술을 활용하여 제공하는 방안에 대해 설명한다.

1. 차세대 스마트 TV를 위한 요소기술

차세대 스마트 TV는 [그림 1-2]와 같이 디지털 TV에 운영체제(OS) 및 인터넷 접속 기능을 탑재하여 실시간 방송뿐만 아니라 VoD · 게임 · 검색 등 다양한 콘텐츠를 편리한 이용자 환경(UI/UX)을 통하여 제공할 수 있는 기존의 스마트 TV를 한 단계 넘어선 TV를 말한다.

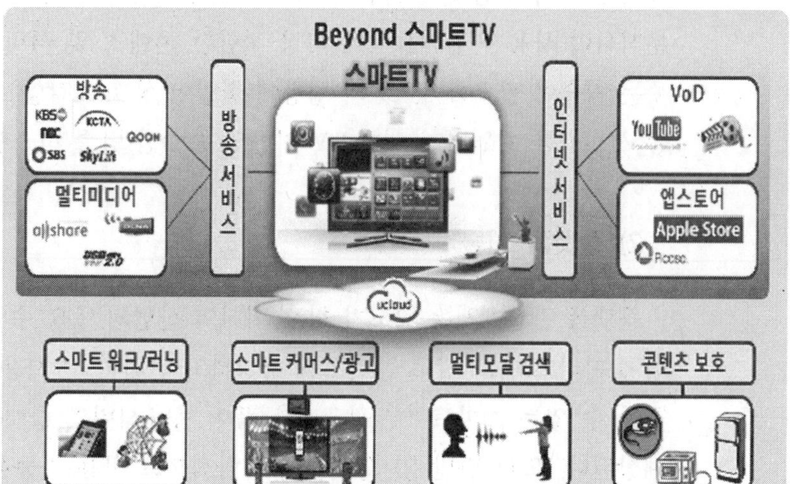

[그림 1-2] 차세대 스마트 TV의 구성

오늘날의 스마트 TV가 차세대 스마트 TV로 발전하기 위해서는 콘텐츠의 질적·양적 성장과 더불어 사용자 친화적인 멀티모달 휴먼 인터페이스에 의한 화면제어가 가능해야 하며, N-스크린 기반으로 방송형, 통신형, 방송통신 융합형, 컴퓨터형 서비스를 제공할 수 있도록 모든 측면에서 요구되는 기술들이 서로 연계하여 제공될 수 있어야 한다. 현재 차세대 스마트 TV를 실현하기 위하여 필요로 하는 각 분야별 주요 요소기술들은 다음 〈표 1-1〉과 같다.

〈표 1-1〉 차세대 스마트 TV 분야별 주요 요소기술

분 야	세부 요소기술
콘텐츠	• 지능형 에이전트 및 검색 서비스 기술 • 양방향 증강 방송 서비스 기술
플랫폼	• 스마트 TV 응용 서비스 플랫폼 기술 • 단말 독립형 콘텐츠 보호 기술
단말	음성/모션 인식기반 멀티모달 인터페이스 기술
네트워크	TV와 다양한 단말간 OSMU(One Source Multi-User) 기술

세부 요소 기술에 대하여 살펴보면 다음과 같다.

1) 콘텐츠 기술

콘텐츠, 즉 융합 미디어와 서비스 관점에서 차세대 스마트 TV로 발전하기 위해서는 먼저 수동적인 사용자 행태에서 벗어나 사용자 선호정보 및 상황정보를 분석하여 사용자 검색요청에 가장 적합한 콘텐츠 및 서비스를 검색하고 추천해주는 기술이 필요하며, 3D의 성장에 힘입어 상호 교감할 수 있는 양방향 증강방송 서비스를 지원하기 위한 TV 기반의 송수신 방송 시스템이 제공되어야 한다.

2) 플랫폼 기술

플랫폼 관점에서는 광고가 향후 미디어 산업의 주요 수익원이 될 것으로 전망함에 따라 스마트 광고 콘텐츠를 생성하고 관리하며, 사용자에게 맞춤형으로 제공할 수 있는 스마트 TV 광고 플랫폼이 응용서비스 플랫폼으로 활용될 것으로 예상된다. 또한 단말 및 플랫폼에 독립적으로 사용 가능한 스마트 코드를 이용하여 한층 더 강화된 보안성을 제공할 수 있어야 한다.

3) 단말기술

단말 관점에서는 현재 가장 걸림돌이 되고 있는 부분이 바로 복잡한 사용자 UI/UX인데, 이를 개선하기 위하여 사람의 음성이나 몸짓을 인식하고 분석하여 활용함으로써 사용자에게 보다 편리한 접근 환경을 제공해 주는 기술이 시급히 요구되고 있다.

4) 네트워크 기술

마지막으로 네트워크 관점에서는 스마트 TV와 유·무선의 다양한 단말이 통신하는 환경에서 단말의 특성을 고려하여 다 계층으로 미디어를 송수신하는 기술이 전송 네트워크에서 중요한 요소로 부각되고 있으며, 모바일 환경에서도 서비스를 제공할 수 있도록 N-스크린 기반의 다중 단말을 하나의 그룹으로 가상화(virtualization) 및 관리하여 다양한 융합 서비스와 연계하는 방안이 추진되어야 한다.

2. IPTV2.0 기술을 활용한 스마트 TV 서비스

IPTV2.0 기술은 IP 기반의 유·무선 통합 네트워크에서 사용 환경에 구애받지 않고 언제, 어디서나 어떤 단말에서도 끊김없이 최적의 품질로 콘텐츠를 생성하고 소비할 수 있는 차세대 IPTV 핵심 기술로써, 방송과 통신의 융합은 물론 인터넷 웹 상의 각종 미디어 서비스를 제공할 뿐만 아니라 개인성향을 고려한 맞춤형 서비스를 제공하고 사용자도 새로운 콘텐츠를 생성하여 공유할 수 있도록 하는 개방형 IPTV를 추구한다.

또한, 최근에 각광받고 있는 Google TV나 Apple iTV 등과 같은 스마트 TV와 비교하여 볼 때 네트워크의 부하에 무관하게 일정한 서비스 품질이 보장되며, 다양한 이동통신망을 통해서도 IPTV 서비스가 가능해 차세대 스마트 TV를 위한 기반 기술로써 충분한 경쟁력이 있다는 평가를 받고 있다. 〈표 2-2〉는 기존의 인터넷 TV와 IPTV2.0 그리고 차세대 스마트 TV에 대한 주요 특징을 비교한다.

〈표 1-2〉
인터넷 TV, IPTV2.0과 차세대 스마트 TV간 비교

구 분	인터넷 TV	IPTV2.0	차세대 스마트 TV
추구 가치	고품질	참여화, 개방화	지능화, 개인화
전달 방식	인터넷망	인터넷망, 이동통신망	방송망, 인터넷망, 이동통신망, 홈네트워크
콘텐츠 서비스	케이블/통신 사업자가 확보한 콘텐츠	온라인/오프라인 상의 모든 콘텐츠	온라인/오프라인 상의 모든 콘텐츠
미디어 서비스	실시간 방송, VoD	실시간 방송, VoD, 웹 기반 멀티미디어	실시간 방송, VoD, 웹 기반 멀티미디어, 증강방송
인터넷 서비스	제한적 서비스 제공	인터넷 접속, 화상전화, T-Commerce, 클라우드 서비스	인터넷 접속, 화상전화, T-Commerce, 클라우드 서비스, 지능형 비서 서비스
애플리케이션	제한적 서비스 제공	IPTV 사업자 중심의 애플리케이션 제공	TV 앱스토어 중심의 애플리케이션 제공
주요 핵심 기술	Network, Management, STB, Scheduling	Search, Transaction, Open API, onversion	Broker, Analysis/Mining, SNS/CRM, Recommendation

IPTV2.0은 새로운 융합 서비스의 요구사항을 해결하기 위하여 웹 2.0, 플랫폼의 개방화, 적응형 미디어, 네트워크 이동성과 같은 응용 기술을 적용하여 인터넷 TV를 한층 성숙시킨 차세대 IPTV 기술로서 고도화를 통한 과도기적 진화단계를 수용하면서 차세대 스마트 TV 실현을 위한 핵심 기술로 그 역할을 충분히 할 것으로 예상된다.

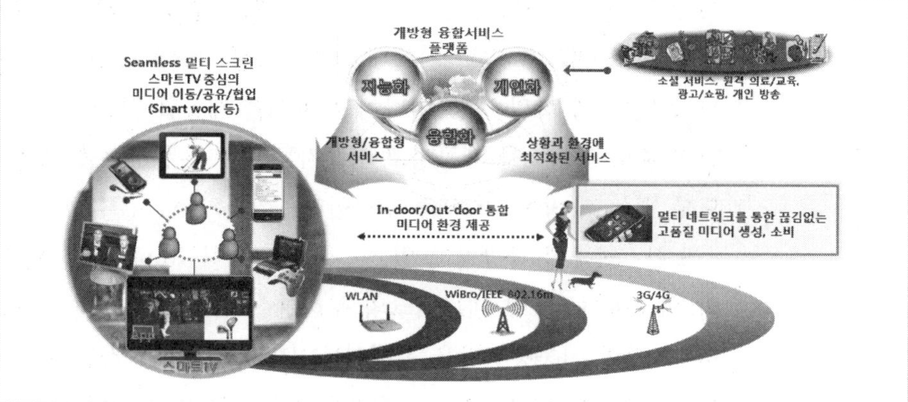

[그림 1-3]
IPTV2.0 기술을 응용한 차세대 스마트 TV 서비스 제공

대표적인 서비스 시나리오를 살펴보면 [그림 1-3]과 같이 각 가정에서 스마트 TV를 중심으로 다양한 단말을 이용하여 콘텐츠를 공유하고 이동하며, 협업을 통하여 스마트 워크 같은 환경을 제공할 수 있다.

또한, 집 안의 단말이 외부로 이동하는 경우에도 다양한 이동통신망을 통하여 끊김 없는 고품질의 서비스 제공이 가능하며, 이러한 서비스 환경은 소셜 서비스, 광고/쇼핑 서비스뿐만이 아니라 원격 의료·교육과 같은 공공 서비스와 결합하여 스마트 TV 기반의 다양한 융·복합 서비스를 창출하여 ICT 전반에 걸친 다양한 분야로 확대가 가능할 것으로 전망하고 있다.

3. 네트워크 기반 양방향 N-스크린 서비스

1) N-스크린 서비스의 개념

N-스크린 서비스는 스마트 TV에서 제공하는 기본적인 서비스로써, PC, TV, 스마트폰, 태블릿 PC 같은 개인용 단말기를 이용하여 하나의 콘텐츠를 다양한 기기에서 끊김없이 사용이 가능한 서비스를 말한다.

2) 단방향 N-스크린 서비스

현재 제공되고 있는 N-스크린 서비스는 대부분 하나의 콘텐츠 소스에 대하여 사용자가 소유하고 있는 N개의 단말을 이용하여 콘텐츠를 공유하는 OSMU(One Source Multi Use) 방식을 사용하고 있다. 초기의 서비스는 주로 홈네트워크를 기반으로 댁내 위치한 STB에서 콘텐츠를 미리 다운로드하여 다양한 기기들에게 제공함으로써 사용자가 기기를 변경하여도 기존 기기에서 사용하는 콘텐츠를 끊김없이 새로운 기기에서 사용할 수 있었다. 그리고 콘텐츠를 저장하는 방식에 있어 CDN(Content Delivery Network), 클라우드 같은 전달 기술이 N-스크린 서비스에 적용됨에 따라 서비스의 대상이 홈네트워크라는 공간적 제약을 받지 않고 모든 기기에서 콘텐츠를 사용할 수 있게 발전하였다.

하지만 이러한 제공구조는 OSMU 방식을 기반으로 사용하기 때문에 양방향 N-스크린 서비스, 즉 MSMU(Multi Source Multi Use)와 같은 다양한 기기들 간의 통신 서비스를 제공하기에는 구조 관점에서 많은 제약사항이 존재한다. 또한 현재의 솔루션은 클라우드를 기반으로 주로 응용 및 세션 계층에서 구현이 되기 때문에 추후 기기들이 급속도로 증가함에 따른 확장성(scalability)을 해결하기 위해서는 다양한 기술적 요소들을 고려해야 한다.

3) 양방향 N-스크린 서비스

양방향 N-스크린 서비스는 기존의 OSMU 방식을 확장하여 통신의 주체가 되는 사용자가 서로 보유하고 있는 다양한 기기를 활용하여 서로 통신을 할 수 있는 서비스를 말한다.

예를 들어, 두 명의 사용자가 서로 스마트폰을 이용하여 화상통화나 온라인 게임을 하는 중간에 서로 TV, 스마트 패드와 같은 다른 기기로 변경하여도 끊김 없는 서비스가 가능한 양방향 서비스를 말한다.

이러한 양방향 N-스크린 서비스를 제공하기 위해서는 먼저 사용자에게 귀속되어 있는 다수의 단말들을 그룹화하여 통신을 하는 주체 간에 단일 단말로 보이게 하는 가상화(virtualization) 기술과 이를 기반으로 네트워크에서 서비스 연속성이 유지되도록 하는 전송제어 기술이 중요한 요소 기술로 요구된다. 이를 통하여 사용자는 단일 식별체계(IP 주소 등)를 이용하여 자신이 소유 중인 다수의 단말들 간에 끊김없는 서비스 및 통신전환을 수행할 수 있으며, 단말 변경 후에 세션의 재설립 또는 세션 이동성 제어절차 없이 기본적인 연결성을 그대로 유지할 수 있다. 또한, 사용자에게 서비스를 제공하는 송신측은 사용자가 어떤 단말을 사용하는지에 무관하게 단말 목적지 주소를 이용하여 데이터를 지속적으로 전달할 수 있는 장점이 있다.

[그림 1-4]는 양방향 N-스크린 서비스를 위하여 네트워크를 기반으로 한 단말 그룹 가상화 및 이에 기반한 네트워크 전송방식을 설명하는 개념도이다.

간단히 설명하면 사용자는 먼저 자신의 그룹을 식별할 수 있는 식별자(G_1, G_2)와 사용 가능한 단말을 식별할 수 있는 식별자(D_1, D_2, etc.)를 네트워크 상의 프로파일 관리 기능(Device/Group Profile Management Function)에 등록한다. 등록과정이 완료된 후 사용자가 통신하고자 하는 사용자의 그룹 식별자를 이용하여 통신을 하기 위하여 패킷을 전송하는 경우, 전달제어 기능(Forwarding Control Function)에서 현재 수신자의 그룹에 포함된 단말 중에서 가용한 단말이 어떤 것인지를 프로파일 관리 기능에게 조회하여 바인딩 정보를 참고하여 가용한 단말의 주소를 참조하여 패킷을 전송한다.

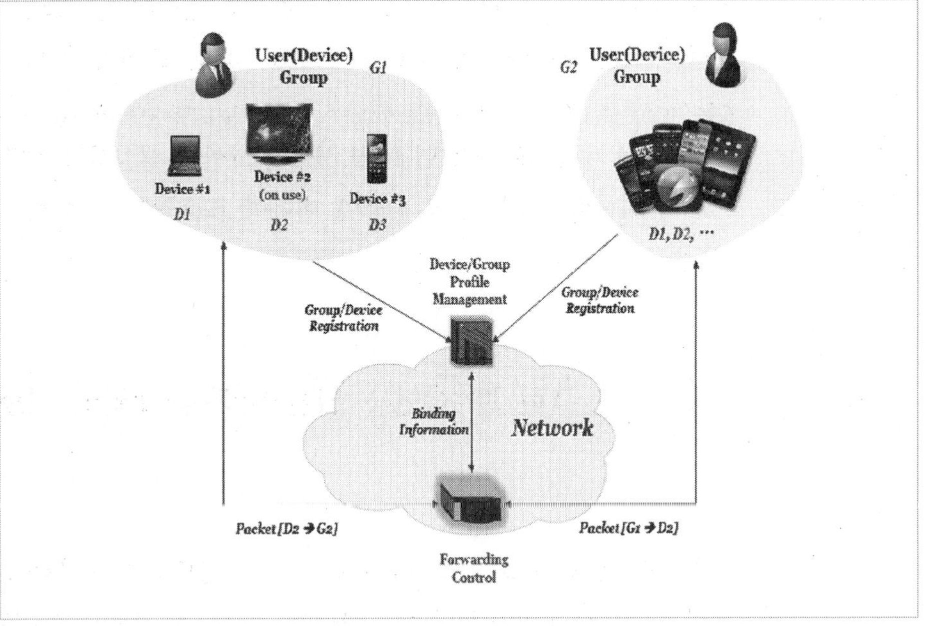

[그림 1-4] 네트워크 기반 양방향 N-스크린 서비스 개념도

따라서 사용자 입장에서는 수신측에서 사용하는 단말이 어떤 것인지 무관하게 그룹 식별자를 이용하여 전송하고, 네트워크상에서 바인딩 정보를 이용하여 최종 수신측의 단말에게 패킷을 전송함으로써 데이터 소켓의 재생성(또는 설정 변경)이나 서비스 세션 재설립 절차 없이 마치 단일 단말 간에 데이터를 송수신하는 것처럼 동작하는 환경을 제공할 수 있다.

설명된 개념도에 대한 구현 사례로써 다양한 이동성 관리 프로토콜을 응용할 수가 있는데 RFC 3344에 정의된 MIP(Mobile IP)의 경우, 단말의 프로파일 정보(HoA, CoA)와 HA(Home Agent)와 FA(Foreign Agent)를 통하여 단말의 이동정보를 관리하여 단말이 현재 위치해 있는 에이전트로 패킷을 전송하는 방식과 유사하게 양방향 N-스크린 서비스 제공구조에서도 이를 적용하여 그룹과 단말의 바인딩 정보를 관리하고 활용하여 현재 사용 중인 단말에게 패킷을 전송할 수 있다.

4) 양방향 N-스크린 서비스의 시나리오와 기능적 구조에 대하여 표준화

이러한 네트워크 기반의 N-스크린 제공 솔루션은 클라우드 컴퓨팅 기술의 발달과 더불어 씬 클라이언트(thin client)같이 단말의 기능적 요구사항이 점차

경량화 됨에 따라 더욱 주목을 받을 것으로 전망된다. 또한, 네트워크 기반의 제공 구조는 표준화 기구인 ITU-T의 SG13/Q. 22에서 Mobility Management Framework for Communications between Users with Multiple Terminal Devices의 제목으로 2011년 10월 신규 권고안이 생성되어 양방향 N-스크린 서비스의 시나리오와 기능적 구조에 대하여 표준화가 현재 진행 중에 있다.

05 그린 IT 실현을 위한 미래 네트워크 기술

친환경 에코 시스템 구축이 새로운 IT 트랜드로 이슈화됨에 따라 IT 산업의 핵심인 유무선 네트워크에서도 환경을 생각하는 에너지 절감형 네트워크 기술이 차세대 네트워크를 위한 요소 기술로 떠오르고 있다. 에너지 소비 관점에서 현재의 네트워크 시스템의 비효율성을 재고하며 네트워크 상황에 따라 에너지 소비를 최적화시킴으로써 에너지 지향적인 새로운 네트워크를 구축할 수 있는 요소 기술들이 다양한 분야에 있어 연구되고 있다. 이 절에서는 그린 IT의 실현을 목적으로 에너지 지향적인 새로운 네트워크를 구축하기 위하여 미래 네트워크에서 고려해야 할 이슈들에 대하여 분석한다.

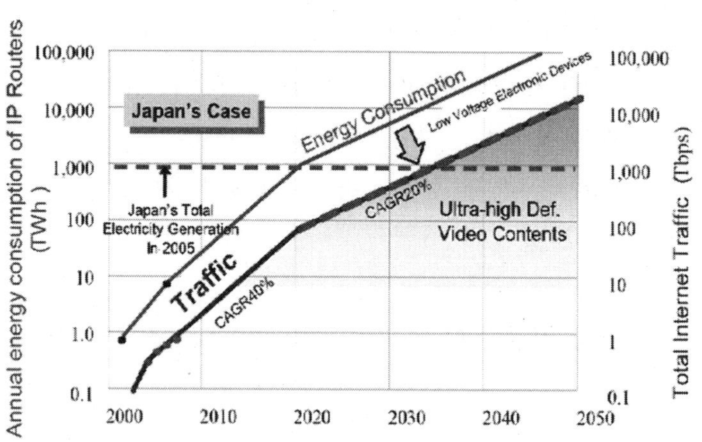

[그림 1-5] 일본의 인터넷 트래픽에 따른 IP 라우터의 전력소모량

1. 에너지 네트워크 모델링

에너지를 고려한 네트워크 구축에 있어 가장 중요한 요소는 먼저 다양한 네트워크 장비의 에너지 프로파일과 이에 대한 소비 모델을 정의하고, 이를 측정하여 네트워크에 적용할 수 있는 참조 모델을 정의하는 것이다.

한 예로 Telecom Italia에서는 네트워크의 에너지 소비에 영향을 미칠 수 있는 요소를 분석하고 에너지 지표(indicator)로 정의함으로써 객관적인 네트워크의 성능을 분석하는데 사용하였고, Juniper에서는 마찬가지로 지표를 정의하여 IP 라우터의 에너지 소비 성능을 측정하는 데에 적용하였다. 하지만, 위의 대표적인 두 가지 적용 사례와 같이 오랜 기간 동안에 전달되는 서비스의 양(예를 들어 Bit 수)과 측정에 사용된 네트워크 장비의 에너지 소모량의 단순 관계만을 대상으로 분석하였기에 보다 정확한 에너지 네트워크의 분석을 위해서는 성능에 영향을 미칠 수 있는 지표들을 분석하여 이 지표를 이용하여 네트워크를 정확하게 분석할 수 있도록 벤치마킹할 수 있는 방법론 또한 정의되어야 한다.

실제로 네트워크를 구성하고 있는 통신장비는 응용측면, 기능측면, 기술측면 등 다양한 관점에서 소모될 수 있는 변수들의 조합을 포함하고 있으므로, 다양하게 에너지 소비에 영향을 줄 수 있는 요소를 분석하여 적용시킬 수 있는 모델링 기술이 종합적으로 정의되어야 한다.

2. 네트워크 자원의 효과적 활용

에너지 절감형 네트워크 구축에 있어 또 다른 고려사항으로는 네트워크 자원 예를 들어, 장비, 링크 그리고 내부 구성요소(component)의 사용에 있어서 불필요한 사용(redundancy)을 최소화하는 효과직인 활용이다.

한 예로 사용하지 않는 네트워크 자원에 대하여 전력을 소비하지 않는 방안이 있지만, 이는 기기에서 ON/OFF의 전환이 빈번하게 발생하면 요구되는 부가적인 절차로 인하여 추가적인 전력이 소모되며, 네트워크 관점에서도 토폴로지의 재구성과 이에 따른 시그널링으로 인하여 전체적인 에너지 절감형 네트워크의 구축과는 상반되는 결과를 초래할 수 있다. 따라서 네트워크의 효율성은 그대로 유지하면서 불필요한 자원의 소모를 줄일 수 있는 새로운 접근방법이 요구되고 있다.

현재 장비의 효과적인 활용을 위하여 가장 많이 연구가 되어 적용이 되고 있는 사례로 [그림 1-6]과 같이 네트워크에 중재할 수 있는 프록시를 이용하여 호스트들을 제어하는 방법을 들 수 있다. 이는 인터넷 망과의 연결성을 유지하면서 다양한 호스트들의 프레즌스 정보(ON 혹은 OFF)를 대신 관리함으로써 필요에 따라서 선택적으로 연결성을 제공하는 네트워크 요소 기능으로써 하드웨어 혹은 소프트웨어로 제공이 될 수 있다.

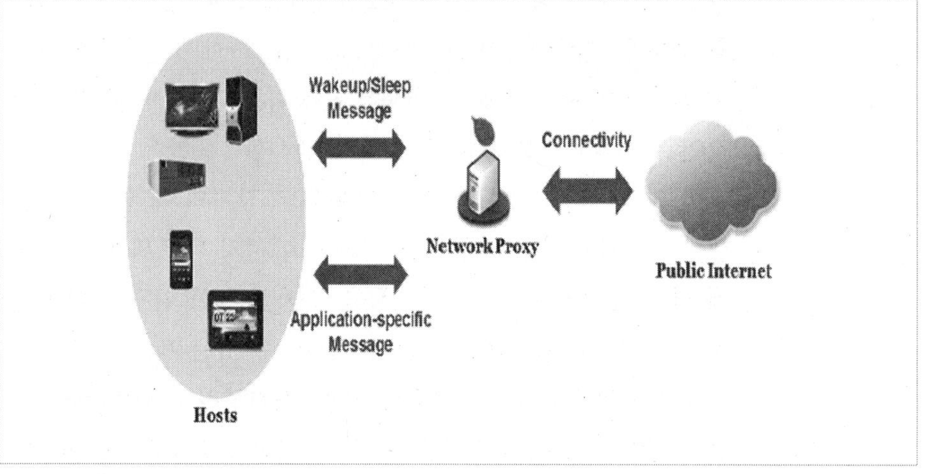

[그림 1-6] 네트워크 프록시를 이용한 호스트 제어방식

호스트가 현재 통신을 하고 있다가 더 이상 통신을 하지 않는 경우, 호스트는 Sleep 모드로 들어가며 대신 네트워크 프록시가 호스트를 대신하여 연결성을 유지함으로써 호스트에서 불필요하게 소비되는 에너지 소모를 줄일 수 있다. 이때, 네트워크 프록시는 Sleep 모드인 호스트를 대신하여 ARP, ICMP, DHCP 등과 같은 제어 프로토콜과 하위 레벨의 프레즌스 정보를 호스트를 대신하여 처리하며, 해당 호스트의 연결 지향적인 서비스에 대한 세션 정보를 관리함으로써 호스트가 Sleep 모드에서 Wake 모드로 변경에 따른 세션의 재설립 절차를 생략할 수 있다.

네트워크 프록시와 호스트 간에 사용되는 메시지는 2가지가 있는데, 먼저 호스트는 자신이 Sleep 모드로 들어갈 때 상태를 등록하기 위하여 Sleep 메시지를 전송하며, 네트워크 프록시는 등록된 호스트에 대한 외부 트래픽이 있을 경우, 호스트에게 Wakeup 메시지를 전송한다.

또한, Sleep 모드의 호스트의 애플리케이션 정보를 네트워크 프록시에게

Application-specific 메시지를 통하여 전달함으로써 호스트가 Sleep 모드에 있더라도 마치 호스트가 현재 통신을 하고 있는 것처럼 네트워크 프록시가 동작을 할 수 있다.

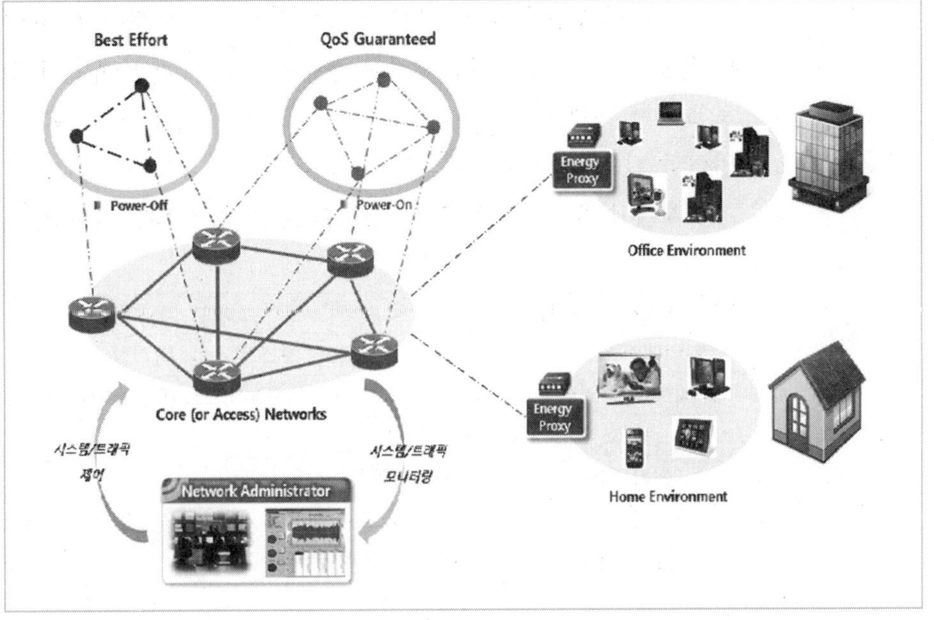

[그림 1-7] 네트워크 프록시를 이용한 에너지 절감형 소규모 네트워크 구성

[그림 1-7]은 설명된 네트워크 프록시 방식을 이용하여 홈네트워크, 빌딩과 같은 소규모 네트워크를 구성하는 호스트들을 제어하여 차별화된 네트워크로 전달을 하는 사례를 보여준다.

3. 유비쿼터스 네트워크 기술

유비쿼터스의 핵심 기술은 통합된 테크놀로지 환경에서 센서, 인식, 상황인지, 상호연결, 반응생성 등의 커뮤니케이션을 통한 디스플레이 기술에 초점이 맞춰져 있다.

유비쿼터스 컴퓨팅 또는 유비쿼터스 사회 시스템을 구현하는데 필요한 기반기술 분야를 도출해 보면 다음과 같다. 우선 사물에 내제되어 있는 초소형 기기를 만들기 위한 기반기술로 디바이스 기술이 필요할 것이다. 다음으로 이런 컴퓨팅 기술들이 외부의 변화를 감지하여 정보를 얻기 위해서는 센싱 기술이 필요하다.

이렇게 받은 데이터를 분석하고 판단하기 위해서는 실시간 운영체제(Real Time OS)와 같이 간단한 구조를 가지고 있는 작은 운영체제가 필요하다. 처리된 정보는 인터페이스 기술을 통해 사람에게 인간 친화적이고 지능화된 형태의 디스플레이를 통하여 전달된다. 또한 받은 데이터를 컴퓨터 상호간에 교환하고 실시간으로 변하는 사물들의 위치정보를 동적으로 연결하기 위해서 네트워크 기술이 필요하다. 이렇게 네트워크를 통하여 정보가 도처에 존재함으로서 기본적으로 보안에 대한 필요성이 커지게 되고, 보안의 취약성을 극복하기 위해서는 생체인식과 같은 인증 기술이 필요하게 된다.

아래에서 유비쿼터스 핵심 기술의 종류를 정리해 보도록 하자.

〈표 1-3〉 유비쿼터스 핵심 기술

유비쿼터스 기반기술	세부 기술내용
인터페이스 기술	차세대 디스플레이, 포스트 PC, 디지털 TV
네트워크 기술	IPv6, AD-HOC, UWB, QoS, 그리드, 홈네트워킹, USN, 인터넷 전화
실시간 OS 기술	임베디드 OS
센싱 기술	상황인식, RFID
디바이스 기술	IT SoC, MEMS, 차세대 전지, 지능형 서비스 로봇
보안 기술	생체인식, DRM

유비쿼터스 사회를 구현하기 위한 기술분야로는 디바이스(device) 기술, 센싱(sensing) 기술, 실시간 OS(RealTime OS) 기술, 네트워크(network) 기술, 인터페이스(interface) 기술, 보안(security) 기술, 애플리케이션(application) 고도화 기술로 크게 7가지 기술분야로 나눌 수 있다.

① 디바이스(device) 기술분야는 물리적 디바이스를 구성하는 기술분야로써 IT SoC, MEMS, 나노, 차세대 전지와 같은 기술요소가 필요하다.
② 센싱(sensing) 기술분야는 외부의 변화를 감지하는 유비쿼터스 컴퓨팅의 입력장치에 해당하는 기술분야로써 RFID, 상황인식과 같은 기술요소가 필요하다.
③ 실시간 OS(RealTime OS) 기술분야는 센서를 통해 얻은 데이터를 분석하고 판단하는 기술분야로써 임베디드 소프트웨어와 같은 기술요소가 필요하다.
④ 네트워크(network) 기술은 사물간의 의사소통을 위한 기술분야로써 IPv6, Ad-hoc, Bluetooth, UWB, QoS, 그리드와 같은 기술요소가 필요하다.

⑤ 인터페이스(interface) 기술은 사용자에게 보여주기 위한 기술분야로써 차세대 디스플레이와 같은 기술요소가 필요하다.

⑥ 보안(security) 기술은 안전한 통신을 위한 기술분야로써 생체인식, DRM과 같은 기술요소가 필요하다.

⑦ 애플리케이션(application) 고도화 기술분야는 여러 기술요소들이 결합된 기술분야로서 차세대 PC, 휴대인터넷, 지능형 로봇, LBS, VoIP가 해당된다.

06 네트워크 자원의 가상화

가상화(virtualization)는 컴퓨터 하드웨어나 데이터센터에 있어 전력의 소비를 줄이기 위한 방법으로 일반적으로 사용되고 있는 기술이다. 이미 네트워크 장비에서도 하나의 물리적인 라우터에 논리적으로 가상화하여 제공하는 방식으로 사용되고 있지만, 대부분 VPN 기반의 애플리케이션과 같이 도메인을 구분하는 역할로만 사용되고 있으며, 하나의 물리적인 플랫폼에서 논리적 노드로 구분되어 다른 논리적 노드와의 연동을 통하여 네트워크를 재구성하는 부분에 있어서는 아직까지 미비한 실정이다.

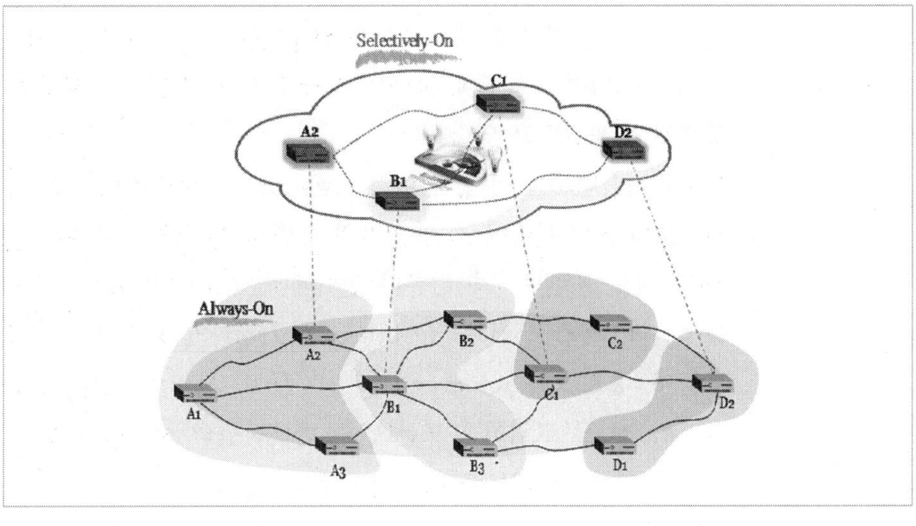

[그림 1-8] 라우터 가상화를 통한 네트워크 구성

따라서 네트워크에서도 에너지 절감을 위한 가상화가 구현되기 위해서는 하드웨어 플랫폼에 독립적으로 논리적 기능이 분리되어, 패킷 손실과 같은 네트워크의 성능에 영향을 미치지 않는 범주에서 다양하게 논리적인 네트워크 구성이 가능하도록 해야 한다. [그림 1-8]은 물리적인 네트워크에서 논리적인 노드를 분리하여 새롭게 네트워크를 구성함으로써 에너지 소비에 있어 "Always-On"에서 "Selectively-On"으로 제공하는 개념을 나타낸다.

이러한 네트워크 가상화 기술은 MPLS(Multi-Protocol Label Switching), WDM(Wavelength Division Multiplexing)과 같은 전송기술에서 사용되는 다양한 TE(Traffic Engineering)을 응용하면 동적으로 네트워크와 관련된 구성요소들을 재구성하여 에너지 절감형 네트워크를 제공할 수 있을 것으로 전망하고 있다.

07 정보화 패러다임의 변화와 이슈

기술적 측면에서 글로벌 경제·산업의 패러다임은 콘텐츠(contents), 플랫폼, 네트워크(network), 기기(device) 등이 긴밀하게 연계된 ICT 생태계가 주도하고 있다. 애플, 구글 등 상생·개방형 플랫폼 전략으로 글로벌 ICT 경제·산업을 주도해 온 미국 중심의 CPND 생태계는 ICT 서비스, 플랫폼 등 정부의 강력한 ICT 소비정책을 통해 국내외 시장을 확대 중인 중국시장의 영향으로 새로운 생태계로 재편되고 있다.

ICT 기술변화는 첫째, 웨어러블(wearable)을 주축으로 한 기술발달을 통해 육체, 감성, 인지분야에 걸친 인간의 능력치 향상에 기여하는 방향으로 변화하고, 3D 바이오 프린트, 뇌-컴퓨터 인터페이스(BCI : Brain-Computer Interface), 음성번역, 제스처 컨트롤(gesture control) 기술이 더욱 활성화될 것이다.

둘째, 홀로그램(hologram), 무인자동차, 모바일 로봇, 원격작업지원(virtual assistant) 등 고위험군 또는 단순 반복작업의 신속한 처리를 통해 인간대체형 기계에 의한 생산성 증대를 기대할 수 있다.

셋째, 기계가 지니는 생산성, 속도라는 장점과 인간의 감성 지능과 문제해결 능력을 결합하여 인간-기계 간 협업에 의한 작업효율 극대화를 도모할 수 있다. 여기에는 무인자동차, 모바일 로봇, 자연어 질의 및 응답(NLQA : Natural Language Question Answering), 원격작업지원 등의 기술이 활용된다.

넷째, 상황인식과 관련된 상호작용을 통해 사람의 감정 및 상황 등의 맥락 속에서 보다 나은 가치를 제공할 수 있다. 인간과 환경에 대한 기계 이해를 증진할 수 있는 이와 같은 기술로는 감성 컴퓨팅(affective computing), 바이오칩, 3D 스캐너, 위치기반지능, 음성인식 등의 기술이 활용될 수 있다.

다섯째, 빅데이터, 애널리틱스(analytics), 인지 컴퓨팅(cognitive computing) 등이 인간의 의사결정지원과 자동화, 기계에의 인식과 지능을 부여함으로써 인간과 기계의 스마트화를 기대할 수 있게 된다.

그러나 데이터 비즈니스 생태계 형성을 위해서는 데이터 수요와 활용가치를 인식하고, 분석 및 현장의 활용 역량을 갖춘 데이터 과학자 육성이 절실하다. 현대 국내 빅데이터 저장·처리 전문인력은 100여 명에 불과하기 때문에 2017년까지 14,000명 정도의 전문인력이 필요하다는 지적도 제시되고 있다.

다음으로 사회적 측면에서 미래 정보화 사회는 첫째, 재난·재해, 복지, 교육 등 사회현안에 대한 능동적 대응과 해결이 필요하다. 자연재해에 대한 신속한 위기관리뿐만 아니라 전 국민의 네트워크 내에서 해킹, 개인정보 침해 등의 정보위기가 발생했을 때의 위기감지, 정보전달, 대응책 제시 등이 신속하게 이루어져야 한다. 아울러 정보격차(digital divide)에 이은 스마트 격차(smart divide) 및 다양한 격차를 고려하여 스마트화의 이용과 혜택에서 소외된 이들을 최소화할 수 있는 방안이 마련되어야 한다.

둘째, 국가 데이터를 사회 전반에 확산하여 부가가치를 창출해야 하는 필요성이 더욱 높아질 것이다. 특히 스마트 사회에 만연해있는 민간의 집단지성을 수렴할 수 있는 정책참여 채널의 활성화를 통해 온오프 간에 끊임없는 상호작용이 마련되어야 한다는 사회적 요구가 더욱 높아질 것이다.

또한 정부 정보의 공개 및 공유에서의 능동성이 여전히 미진한 만큼 표준화된 부처 정보형성, 칸막이 없는 행정에 기반한 정보공유, 정보등급별로 민간 이용이 가능한 공공 정보범위 확대 등은 미래의 스마트 사회에 있어서 더욱 중요한 정책 이슈로 부상할 것이다.

미국, 영국 등 주요 국가에서는 수요자 중심의 공공 데이터 연계·활용 및 플랫폼 고도화로 혁신적인 서비스 기업창출을 지원하고 있으며, 공공 데이터 기반의 가치창출을 위한 국제적 공간도 활성화하고 있다.

국내에서는 공공 데이터 공개·개방·활용으로 부가가치와 일자리를 창출하는 정부 3.0이 범정부 차원의 혁신전략으로 부상하고 있기도 하다.

셋째, 각종 규제와 분산된 지원정책 등 제도적 현안에 대한 재정비를 통해 ICT 기반의 새로운 비즈니스를 발굴하고 세계적으로 경쟁력있는 강소기업 및 벤처 기업의 활성화를 위해 집중적 지원이 이루어져야 할 것이다. 즉, 자유로운 ICT 활용을 통해 ICT 창업활성화와 경제적 기여촉진에 대한 필요성은 앞으로도 더욱 강해질 것이다.

제2장

클라우딩 컴퓨팅 기술

01 클라우드 컴퓨팅 정의
02 클라우드 컴퓨팅 종류 및 시장동향
03 클라우드 서비스의 분류
04 클라우드 서비스의 배포 모델
05 클라우드 서비스
06 진화하는 클라우드

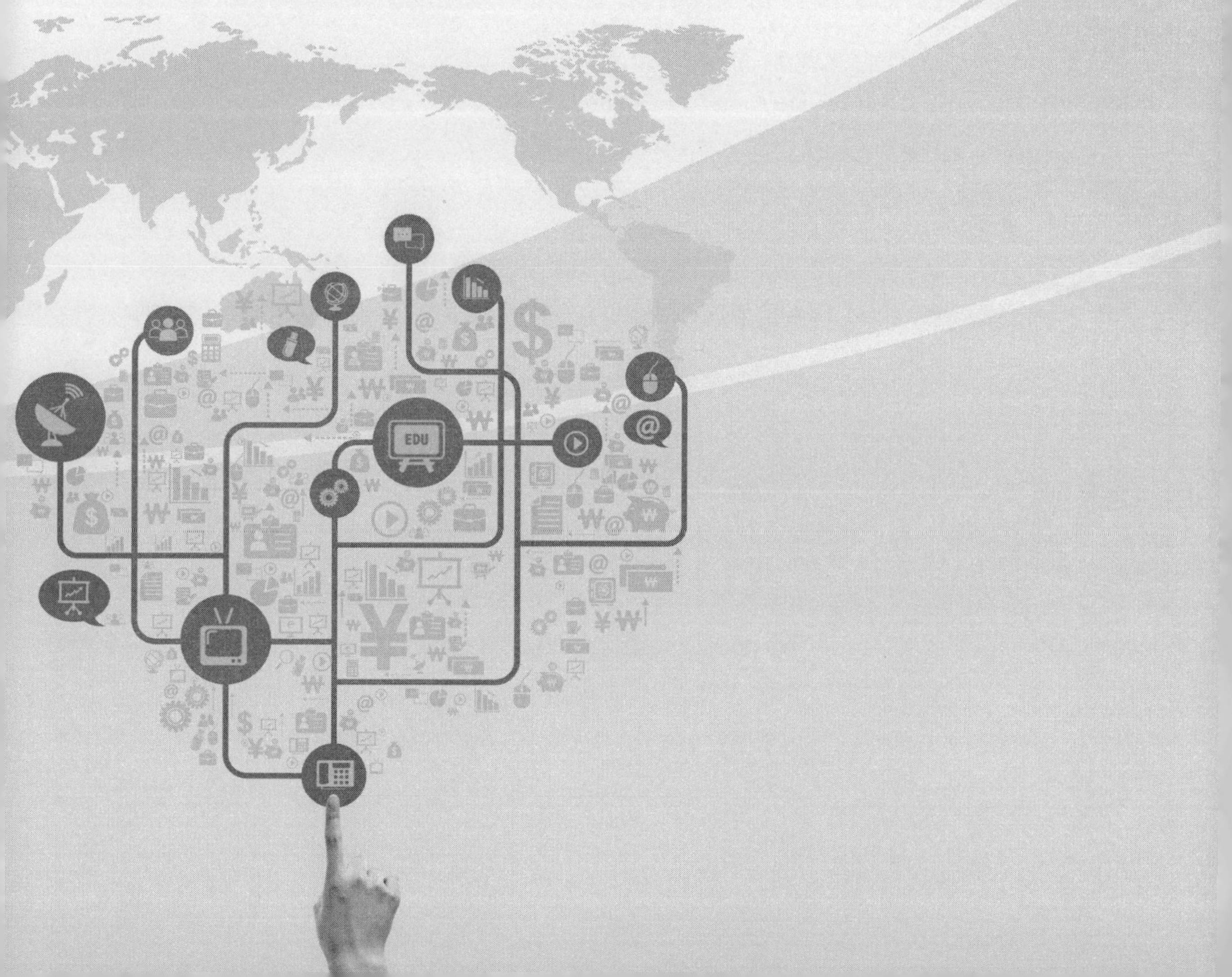

01 클라우드 컴퓨팅 정의

1. 클라우딩 컴퓨팅의 정의 및 동향

1) 클라우딩 컴퓨팅의 개념

클라우드 서비스는 IT 환경을 근본적으로 바꾸는 제3의 IT 혁명으로서 산업 전체에 영향을 주고 있으며 특히 미국에서 가장 활발하게 전개하였다.

메인 프레임 시대(1980년대 이전), PC 중심 분산형 컴퓨팅 시대(1980～2000년)에 이어 자원의 통합, 공유, 분배를 지향하는 클라우드 컴퓨팅이 부각되었다.

IT 산업뿐 아니라 전 산업계 최대의 핫 이슈로서 2012년 이후 IT 환경에 대한 영향력 가시화가 예상된다. 2010년 이후 구글, IBM, 아마존, MS 및 국내의 네이버, KT 등 유력 IT 업체들이 클라우드 서비스를 출시하여 전략사업으로 육성 중이다.

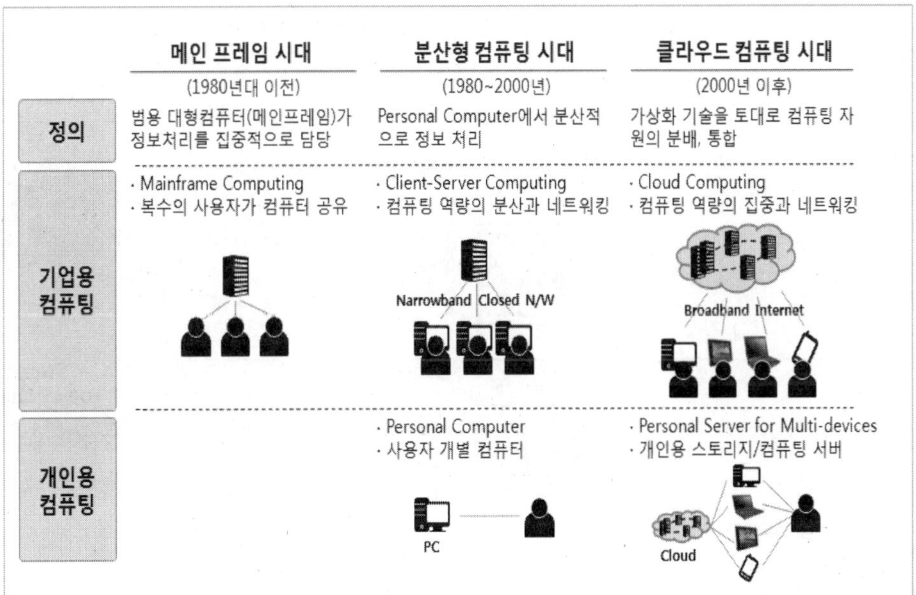

[그림 2-1] 컴퓨터 이용 패턴의 변화방향

여러 대의 물리 서버를 하나의 가상 서버(클라우드)로 통합하고 만들어진 클라우드(가상 서버)에 필요한 만큼의 성능을 갖는 필요한 수만큼의 가상의 컴퓨터를 만들어서 사용하는 방식이다.

요즘은 개인뿐만 아니라 기업에서도 클라우드(cloud)를 많이 사용하고 있다. 클라우드는 일시적으로 보관되는 컴퓨터 환경을 뜻한다. 즉 이용자의 모든 정보를 인터넷 상의 서버에 저장하고, 이 정보를 각종 IT 기기를 통하여 언제 어디서든 이용할 수 있는 개념이다. 클라우드로 표현되는 인터넷상의 서버에서 데이터를 저장, 처리, 네트워크, 콘텐츠 사용 등 IT 관련 서비스를 한 번에 제공하는 혁신적인 기술이다. 이렇기 때문에 최근에는 기업에서 클라우드 서비스를 이용하는 경우가 증가하고 있다.

클라우드 컴퓨팅이란 정보가 인터넷 상의 서버에 영구적으로 저장되고, 데스크톱 · 태블릿 컴퓨터 · 노트북 · 넷북 · 스마트폰 등의 IT 기기 등과 같은 클라이언트에는 일시적으로 보관되는 컴퓨터 환경을 의미, 즉 이용자의 모든 정보를 인터넷 상의 서버에 저장하고, 이 정보를 각종 IT 기기를 통하여 언제, 어디서든 이용할 수 있다는 개념이다.

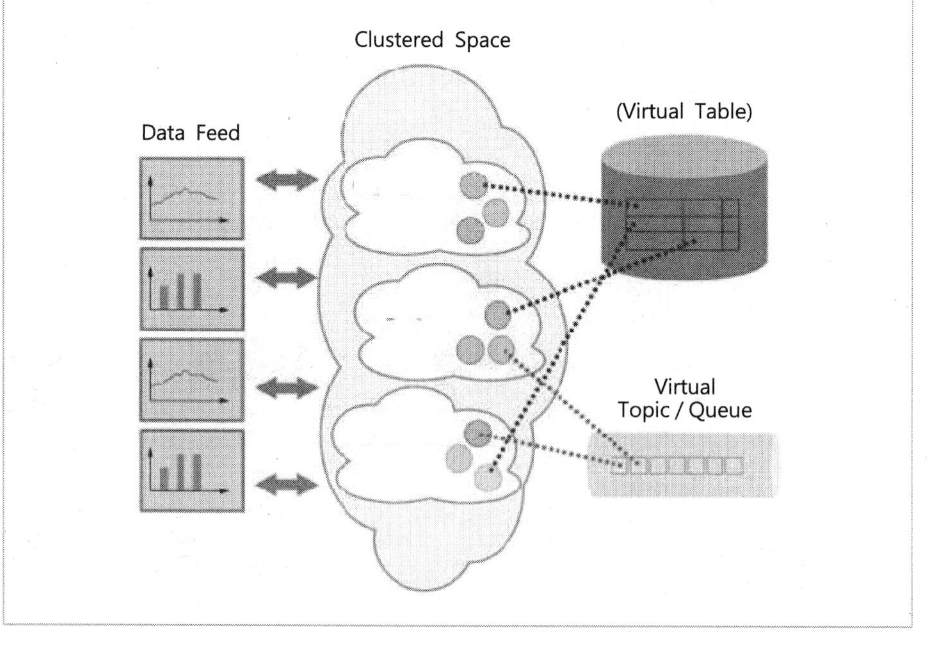

[그림 2-2]
클라우드 컴퓨팅
개념도

클라우드 컴퓨팅(cloud computing)이 IT 분야의 새로운 키워드로 빠르게 부상하고 있다. 빌 게이츠 마이크로소프트 회장은 올해 초 개최된 국제가전전시회(CES) 기조연설에서 "제2의 디지털 시대가 다가오고 있으며, MS 플랫폼이 클라우드 컴퓨팅 혁명의 중심이 될 것"이라며 강조했으며, 구글의 에릭 슈미트 CEO 역시 주력할 분야로 클라우드 컴퓨팅을 지목하며, 대대적인 투자방침을 밝히고 있다. 이외에 IBM과 델, 썬마이크로시스템즈 등 대표적 IT 기업들도 클라우드 컴퓨팅 시장진입을 공식선언하고 관련 투자에 적극 나서고 있다.

주요 IT 기업들의 관심이 집중되고 있는 클라우드 컴퓨팅은 프로그램이나 문서를 인터넷으로 접속할 수 있는 대형 컴퓨터에 저장하고 PC · 휴대폰과 같은 각종 단말기로 원격에서 원하는 작업을 수행할 수 있는 사용환경을 말한다. 프로그램이나 자료를 사용자의 PC가 아닌 인터넷으로 접속 가능한 대형 컴퓨터에 저장하고, PC는 물론 휴대전화 같은 다양한 기기를 이용해 원하는 작업을 수행한다는 점에서 기존의 씬 클라이언트(thin client) 혹은 메인프레임 환경과 유사한 모습을 띠고 있다. 이론적으로 '클라우드 컴퓨팅'이 확실히 자리를 잡으면 이용자는 인터넷 접속과 연산기능만 갖춘 '단말기'만 있으면 장소를 불문하고 원하는 전산작업을 할 수 있다. 하지만 수많은 개인들의 정보관리 및 가공을 위한 SW는 누군가의 관리를 받는 컴퓨터들에 저장돼야 하기 때문에 PC 혁명이 시작된 지 20여년 만에 다시 중앙집중식 '메인프레임' 컴퓨터를 이용하는 시대가 올지도 모른다는 전망이 제기되고 있다.

클라우드 컴퓨팅 개념은 과거 메인프레임과 그리 다르지 않다. 현 컴퓨팅 환경이 점차 모바일 환경 및 소형, 경량화, 저전력 소비 등을 지향하고 있어 이러한 요구사항 지원과 높은 연산능력을 동시에 구현하기 위해 네트워크에 주목하고 있을 뿐이다.

단말기의 속도는 크기와 발열 때문에 한계가 있지만 이를 커버할 수 있는 인프라인 네트워크는 이미 구축되어 있고 점차 발전해 가고 있다. 단말기의 처리능력이 보잘 것 없어도 네트워크를 통해 원격에 처리요청을 할 수 있으며, 이전에 비해 높아진 네트워크 대역폭은 단말기의 속도를 보조해 줄 수 있는 수준에 이르고 있다. 점차 단말기에 기능을 집중시키는 것보다 네트워크를 이용한 원격처리가 보다 합리적인 수단이라는 것이다.

2) 컴퓨팅 환경의 변화

클라우드 컴퓨팅이 활성화되면 그동안 사용자들이 PC에 저장해 왔던 자료들이 데이터센터의 PC에 저장되며, 따라서 각종 SW도 별도의 저장 없이 온라인 상에서 사용하는 환경이 조성된다. 그동안 '컴퓨터'는 개인용 제품이라는 개념이 확고했으나, 클라우드 컴퓨팅은 컴퓨터에 대한 인식을 '개인'에서 '집합'으로 바꿔가고 있다고 할 수 있다.

사용자의 컴퓨팅 환경이 데이터센터에서 실행되므로, 작업의 요구사항에 맞게 맞춤형으로 연산시간과 메모리, 디스크 용량 등이 할당될 수 있다. 또한 해당 PC에 문제가 발생했을 경우 사용자 컴퓨팅 환경이 단순한 형태의 잘 포장된 이미지의 형태로 언제든지 손쉽게 다른 PC로 이동할 수 있다. 여기서 가장 중요한 점은 사용자는 이런 복잡한 과정을 전혀 알 필요가 없다는 점이다. 골치 아픈 PC 관리의 어려움에서 벗어나게 되는 것이다.

컴퓨팅 자원도 크게 줄어드는 효과를 거둘 수 있다. 이메일 확인, 웹서핑 등 간단한 작업만 진행 중인 사용자의 컴퓨팅 환경은 가상화를 이용해 특정 PC 리소스에 집중시켜 실행시키며, 대규모 메모리 용량이 필요한 멀티미디어 작업의 경우 데이터센터 내에서 메모리가 더 많은 PC로 실시간에 이동해 손쉬운 확장성을 제공할 수 있다.

클라우드 컴퓨팅은 IT 기업의 제품개발도 손쉽게 지원한다. 심지어는 서버를 한 대도 보유하지 않은 인터넷 기업의 출현도 나타날 것으로 예상되고 있다. SW 개발자, 인터넷 서비스 개발자들도 모니터, 키보드, 마우스만 있을 뿐 콘센트에 전기를 꽂아 사용하듯 인터넷에 통신 포트만 연결한 채 데이터센터 PC를 마치 회사 내에 있는 서버를 사용하듯 사용하게 된다. 대신 기업은 사용한 만큼만의 비용을 클라우드 컴퓨팅 제공회사에 지급하면 된다.

클라우드 컴퓨팅이 초래할 미래 모습에 대해 주요 미국 언론들은 미래 컴퓨터 환경의 새로운 패러다임으로 자리를 잡아갈 것으로 평가하고 있다. 미국 경제주간지 포천은 최신호에서 "클라우드 컴퓨팅의 발달로 PC는 사망선고를 당하게 되지만 결국 디지털 라이프는 더욱 풍부해질 것"이라고 전망했으며, 매사추세츠공대(MIT)가 발간하는 격월간지 '테크놀로지 리뷰' 역시 최신호에서 클라우드 컴퓨팅을 '창조적 산물'로 평가하며, 향후 컴퓨터 산업이 웹 기반의 클라우드 컴퓨팅을 통해 이루어질 것이라고 전망했다.

이외에 비즈니스위크는 클라우드 컴퓨팅의 출현을 "작은 발전기를 개별적으로 돌리다가 대형 발전소에서 전기를 공급받게 된 것과 마찬가지"라 비유하며, 개별적 운용으로 인한 비효율을 개선할 수 있게 됐다는 점을 크게 강조하고 있다.

3) 클라우드 컴퓨팅 동향

2008년 들어 구글, 마이크로소프트, 델, IBM, 썬마이크로시스템즈 등 대형 IT기업들은 클라우드 컴퓨팅 시장진입을 앞다투어 선언했다. 하지만 현재 상업적으로 가장 널리 사용되는 클라우드 컴퓨팅 환경은 아마존에서 제공하고 있는 'Amazon S3 Service'이다.

'Amazon S3 Service'는 자체 서버와 스토리지를 보유하기 어려운 소규모 기업이나 개발자들을 대상으로 Amazon의 컴퓨팅 인프라를 이용해 그 기능을 구현토록 하는 '클라우드 컴퓨팅 서비스'로, 개발자들을 위한 스토리지 서비스인 Amazon S3 Service는 웹 호스팅 서비스인 Amazon EC2(Amazon Elastic Compute Cloud)와 더불어 아마존 웹 서비스(AWS : Amazon Web Services) 사업의 두 가지 축을 구성하고 있다.

아마존은 CPU 개수, 메모리 크기, 디스크 크기에 따라 시간당 사용료를 10~80센트로 책정하고 있으며, 저장공간은 저장 클라우드(S3) 형태로 별도로 제공되며, 가격은 1기가 바이트당 한 달 사용료는 15센트다. 최근에 아마존 웹 서비스에 등록한 개발자는 33만 명을 넘어선 것으로 나타나고 있으며, 이는 전 분기 대비 3만 명 이상 늘어난 수치이다.

기업들 사이에도 아마존의 EC2와 S3를 채택하는 사례가 계속 늘어나고 있어 최근에는 AWS의 대역(bandwidth) 사용률이 전 세계 Amazon.com 사이트들을 모두 합한 사용률보다 많은 것으로 집계되기도 했다. AWS의 Amazon EC2는 현재 상업적으로 가장 많이 사용되는 클라우드 컴퓨팅 환경으로 평가되고 있다.

클라우드 컴퓨팅 기술도입으로 기업들이 비용을 절감하고 업무효율성을 개선하는 등 긍정적 효과가 나타나는 반면 개인정보 침해위협이 상존하고 있다.

클라우드 컴퓨팅 서비스 제공자, 서비스 이용자, 개인정보 제공자 등 역할에 따른 행위자들의 개인정보에 대한 책임 소재가 모호하며 개인정보의 저장위치와 관련하여 국외 이전문제가 야기되고 있다.

한국의 클라우드 컴퓨팅 환경은 우수한 것으로 평가되고 있다. 한국은 소프트웨어연합(BSA)의 클라우드 컴퓨팅 국가경쟁력 평가에서 2년 연속 8위를 차지하고 있다. 특히, 개인정보 보호점수는 상위 5개국의 평균점수와 비교하여 상대적으로 높은 점수를 받고 있다.

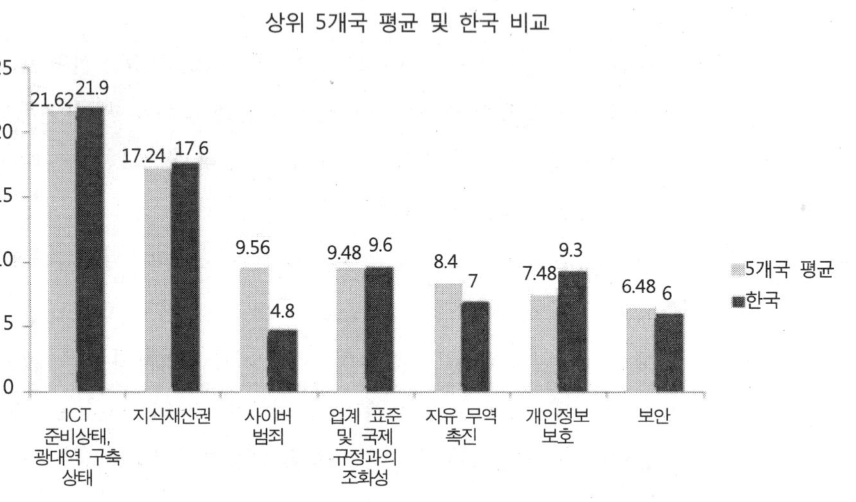

자료 : 지디넷코리아, "지리적 규제 없애야 클라우드 발전", 2013.12.19

[그림 2-3]
BSA 국가경쟁력 평가결과

결국은 클라우드 시스템을 통하여 빅데이터 활용이 일반화되고 있다. 또한 빅데이터 활용이 현실화되어감에 따라 개개인의 편익과 사회위험, 기회 등을 찾아주는 선순환적 기능에 대한 기대감과 함께, 개인식별 위험성에 대한 우려가 존재한다. 집적 · 결합 · 분석된 빅데이터에 기반한 서비스는 다양하고 상세한 개인정보를 대량으로 수집 · 이용하는 것을 전제로 하므로 개인정보 유출시 커다란 피해가 예상된다.

국제적 수준에서 클라우드 컴퓨팅의 개인정보보호에 대한 논의가 활발하다. 미국은 EU와의 세이프하버 프레임워크에 클라우드 컴퓨팅이 적용될 수 있음을 주장한다. 호주 정부는 2013년 5월 '국가 클라우드 컴퓨팅 전략'을 발표하며 정부 차원의 클라우드 컴퓨팅 확산 노력을 본격화했으며, 7월에는 클라우드 활용시 신규 가이드라인을 담은 정책을 발표한다.

〈클라우드 발전법 제정(안)중 개인정보보호 관련 조항〉

제25조(정보의 제3자 제공 금지 등)

① 클라우드 컴퓨팅 서비스 제공자는 다른 법률에 특별한 규정이 있는 경우 외에는 이용자의 정보를 동의 없이 제3자에게 제공하거나 서비스 제공목적 외로 이용할 수 없다.

제27조(정보의 국외저장에 대한 공개 등)

① 클라우드 컴퓨팅 서비스 제공자는 이용자의 정보를 국외에 저장하는 경우에는 해당 국가의 명칭, 정보보호수준 및 구제절차 등(이하 "국외저장현황정보"라 한다)을 대통령령이 정하는 방법·절차 등에 따라 이용자에게 공개하여야 한다.

클라우드 컴퓨팅 서비스의 다양한 행위자들이 각각 책임감을 갖고 정보주체의 개인정보보호를 위해 노력할 수 있는 환경조성이 필요하다. 관련 근거를 마련하기 위한 법제정이 조속히 마무리되어야 하며 보다 세부적인 가이드라인이 마련되어야 한다.

2. 빅데이터의 개념

빅데이터(big data)는 다음 중 2개 이상의 특징을 가지고 유통·활용되는 데이터를 의미한다. 정형 및 비정형의 빅 데이터가 폭증하고 있다. 특히 전세계의 빅 데이터는 매년 40%씩 증가하고 있다.

빅데이터는 기업의 데이터로서 기존 데이터 기술로는 관리할 수 없는 데이터이다. 빅데이터 분석(analysis)은 빅데이터를 활용한 분석이다.

① 거대한 크기(volume) : 테라바이트(TB), 페타바이트(PB) 규모 이상의 데이터를 다룬다.

  * 1페타바이트=1,000테라바이트=100만GB=10억MB를 의미
    데이터 시대에는 그 이상의 엑사바이트(EB=1조MB),
    제타바이트(ZB=1000조MB) 단위까지 통용

② 다양한 형태(variety) : 정형, 반정형, 비정형의 모든 형태가 처리된다.

③ 빠른 속도(velocity) : 사물정보, 스트리밍 정보 등 실시간성 정보의 처리이다.

빅데이터를 통한 지능화·고도화된 신·변종 전자금융사기에 의한 피해가 계속해서 나타남에 따라 금전적 피해는 물론 사회적 불신 풍조가 만연하고 있다.

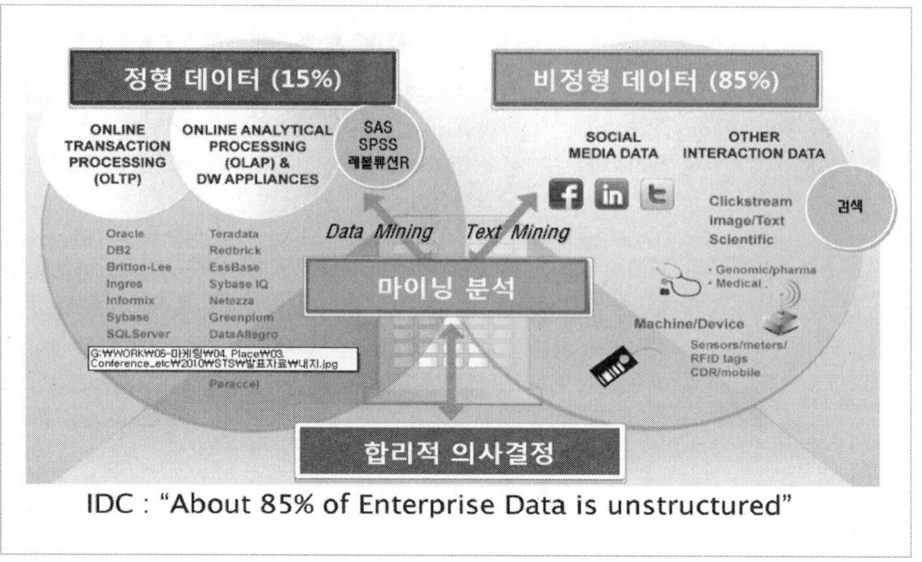

[그림 2-4]
빅데이터의 정형 및 비정형 데이터

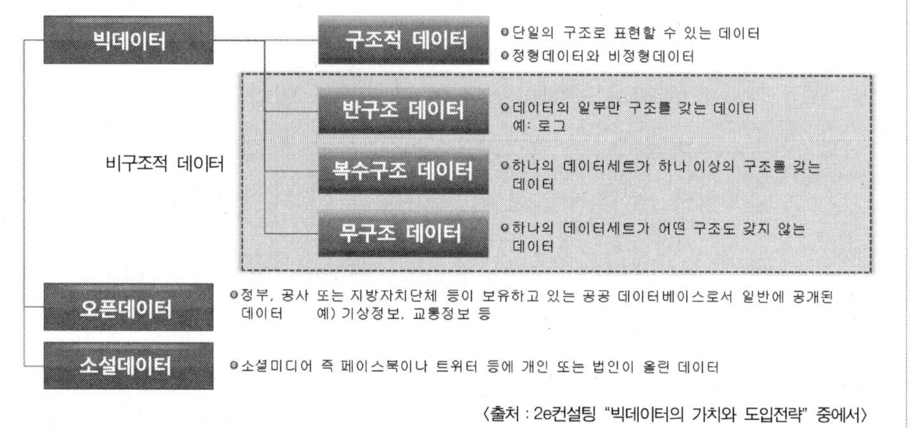

〈출처 : 2e컨설팅 "빅데이터의 가치와 도입전략" 중에서〉

[그림 2-5]
빅데이터의 비구조 데이터

1) 빅데이터 특징

빅데이터(big data)는 보석과 같다. 규모가 크고, 빠르고, 다양해서 복잡하지만 큰 가치를 갖고 있다.

① Volume : 기존 DB보다는 규모가 훨씬 크다. 그러나 일정 기준으로 구분하지는 않는다.

② Velocity : 배치, 리얼타임, 스트림 형태, 실시간 분석과 반응을 필요로 한다.

③ Variety : 구조적 데이터와 비구조적 데이터를 포함한다. 다양한 구조의 데이터를 서로 연관해서 분석할 수 있어야 한다.

④ Complexity : 3V의 결과로 빅데이터를 보관, 운영, 활용하는 것은 매우 복잡하다.

⑤ Value : 기존 구조적 데이터는 거래를 안전하게 처리하기 위한 목적이지만, 빅데이터는 경쟁력 및 운영효율성에 직접 큰 영향을 줄 수 있다.

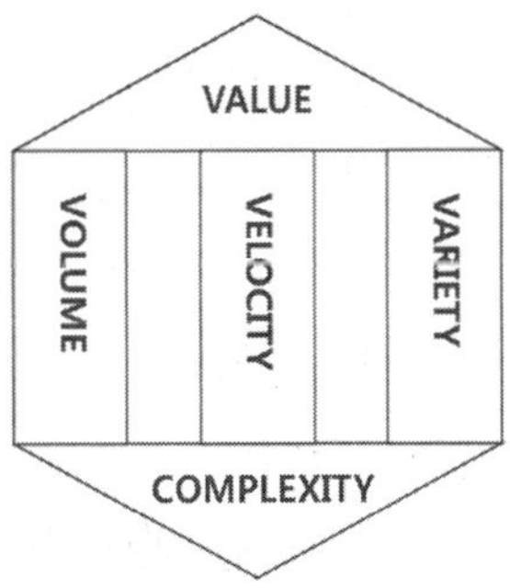

[그림 2-6]
빅데이터의 특징

[그림 2-7]
빅데이터의 종류들

빅데이터 시대의 데이터 폭증은 다양한 스마트 기기의 확산과 페이스북, 트위터, 미투데이 등과 같은 소셜 미디어의 활용 증가가 많은 영향을 끼친 것으로 보인다. 뿐만 아니라 디지털 정보 간의 융·복합화와 매쉬업 서비스가 확산됨에 따라 디지털 정보 내 데이터의 양은 더욱 증가할 것으로 전망된다.

사실 빅데이터는 숫자와 같이 정형화된 데이터 보다는 비정형화된 데이터들이 전체 데이터 중 85%를 차지하고 있어 기존 DB기술로는 감당하기가 어려운 것을 의미하기도 한다. 그래서 이런 빅데이터 시대에 유의미한 데이터를 추출하고 분석하는 DB 기술로 Hadoop, 맬리듀싱, NoSQL 등 여러 다양한 기술들이 나오고 있지만 보다 효과적인 비정형 데이터를 분석하는 기술이 필요한 실정이다.

해외 글로벌 기업도 이러한 트렌드에 맞추어 빅데이터를 검색·분석하는 기술을 선보이고 있지만 기대했던 것만큼 진전되지 못하고 있다. 이는 우리나라 DB 기업도 글로벌 기업과 마찬가지로 위기와 기회를 동시에 마주하고 있다는 말인데, 어쩌면 국내 기업이 이 기회를 잘 활용하면 글로벌 기업보다 우위를 점할 수 있는 계기가 된다.

현재 국내 DB 기업들은 빅데이터를 활용한 고객관리, 고객세분화를 통한 맞춤형 서비스, 위치기반을 활용한 마케팅 등의 서비스를 제공하고 있으며, 키워드 분석을 통해 시대가 요구하는 비즈니스 모델을 개발하고 있다.

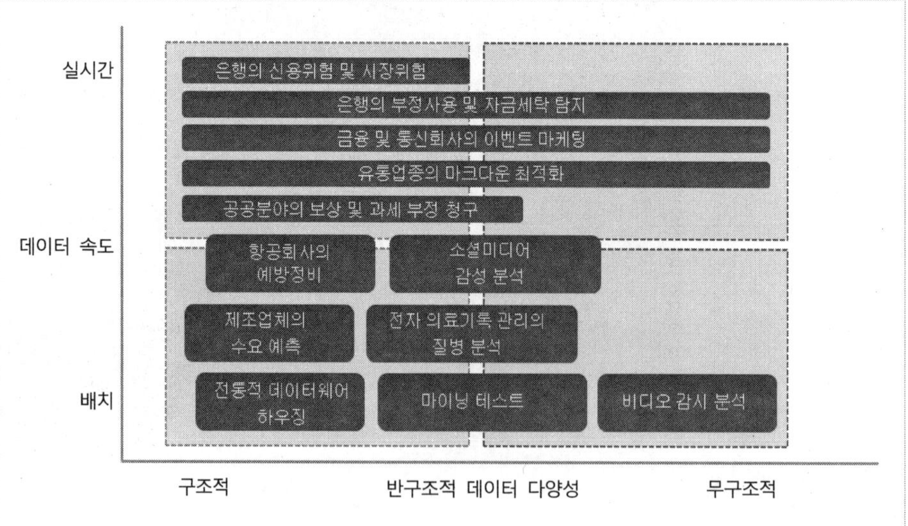

[그림 2-8]
빅데이터의 활용

2) 빅데이터 기술

기계가 스스로 학습할 수 있는 역량 및 표현기술, 통계분석 시스템, 자연어 처리기술(NLP), 데이터를 어떻게 수집할 것인지(crawling) 등에 대한 복잡한 기술이 존재한다.

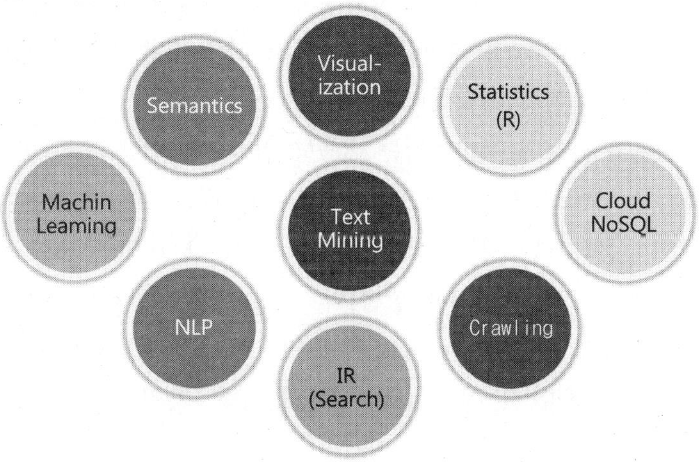

[그림 2-9]
빅데이터의 기술

〈표 2-1〉 빅데이터의 솔루션

기술분야	솔루션
NoSQL	Hbase, Cassandra, MongoDB, CouchBase,Cloudata, Riak 등
Cache	Redis, Membase 등
RPC, 경량 서버	Thrift, Avro, Protocol Buffer 등
데이터 수집, 저장	Scribe, Flume, Chukwa 등
Script Language	Hive, Pig 등
Workflow	Oozie, Azkaban, Cascade, Pentaho DI 등
Queue	Kafka, Bookeeper
Machine Learning	Mahout, Radoop, Rapid Miner
Statistics, Matrix	R, RHIPE, Segue, CUDA 등
Streaming Analysis	AKKa, Storm, Esper, S4
Graph Analysis	GoldenOrb, Giraph, Hama 등
Distributed Coordinator	ZooKeeper
Search Engine	Katta, Elastic Search, Solr 등
Data Integration	Sqoop
FileSystem	Hadoop, MogileFS, Swift, GlusterFS, Ceph 등
Cloud Service	Whirr 등

(1) 하둡 기술

대용량 저장 및 분산 처리/분석이 가능한 오픈소스 프레임워크이고 데이터 분산 저장(HDFS), 데이터 분산 분석/처리(mapReduce) 그 외 다양한 구성요소를 포함한다.

하둡(Hadoop)의 배경은 구글의 분산처리 클러스터 기술을 융합하여 너치의 확장성 한계를 해결하고, 검색 외 다양한 분야에 응용 가능(big data 저장/처리 능력을 보유)하고 현재 아파치 최고 수준의 프로젝트로 등극하며 다양한 서브 프로젝트 존재한다.

하둡의 아키텍처는 대용량 비정형 데이터 저장 및 분석처리를 위한 오픈소스 기반 프로그래밍 프레임워크이고, 주요 기능은 분산 데이터 저장의 HDFS(하둡 분산 FS), 분산 데이터 분석처리는 MapReduce이고, 구성요소는 Masters는 Job Tracker(Job 할당)와 Name Node(데이터 저장 감독, 조정)으로 구성되어 있고, Slaves는 Data Node & Task Tracker(데이터 Block 저장 및 Job 처리)로 되어 있고 Clients(데이터 입력, 처리요청, 결과확인)로 구성되어 있다.

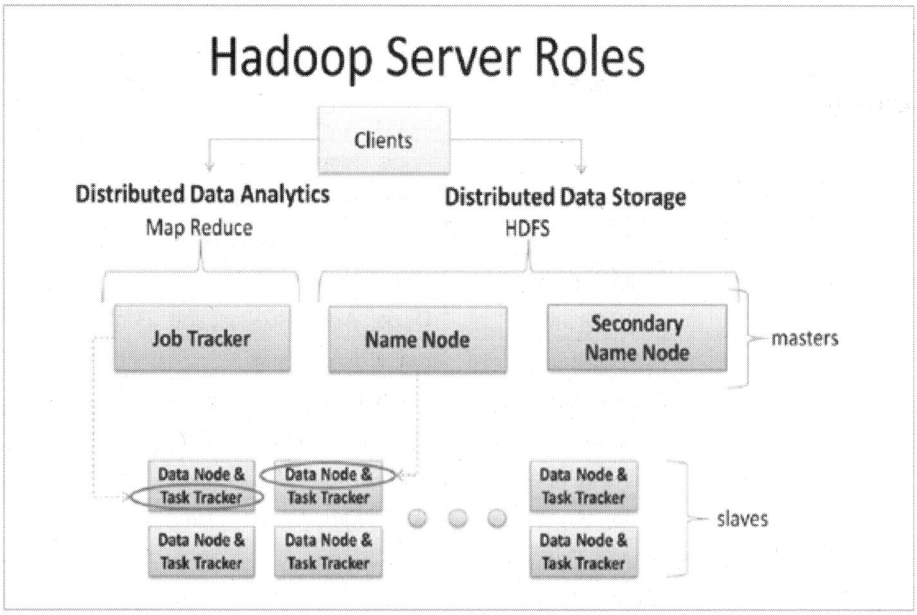

[그림 2-10] 하둡의 구성

(2) NoSQL(Not Only SQL) 기술

기존의 관계형 DB뿐만 아니라 다양한 형태의 DB 시스템으로 테이블형, Key-Value형, 그래프형 등, 카산드라, HBase, MongoDB, Dynamo, BigTable 등으로 구성되어 있다.

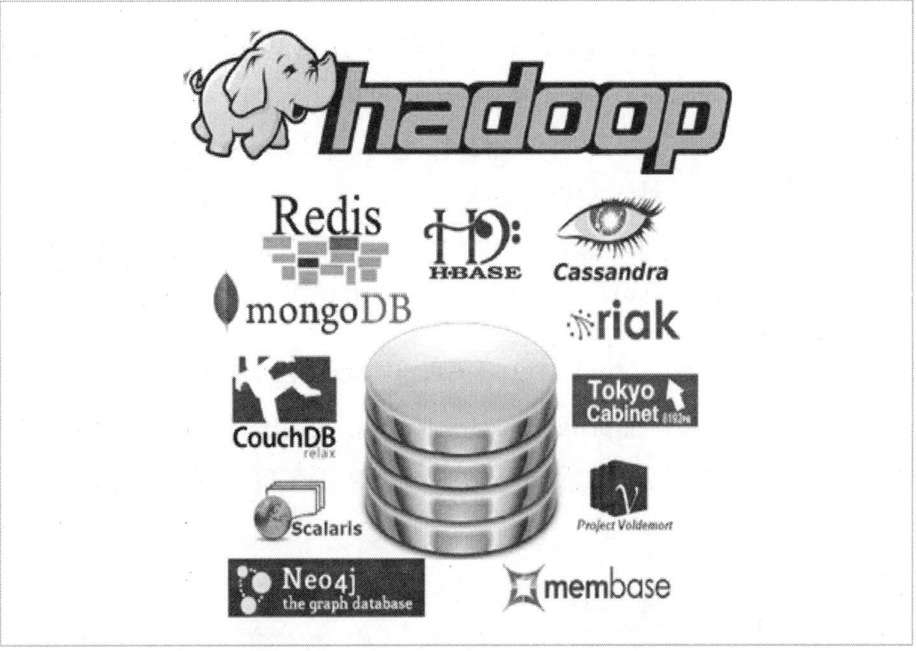

[그림 2-11]
빅데이터 기술군

3. 공공 데이터 및 전자금융사기

1) 공공 데이터

정부의 공공 데이터 공개범위의 대폭확대 및 자유로운 이용촉진 정책추진에 따라 개인정보 침해 우려가 증가하고 있다.

개방·공유 공공 데이터 자체에 개인정보가 포함되어 있거나 개인정보가 포함되어 있지는 않지만 공개정보의 축적에 따라 개인을 식별하여 프라이버시를 침해할 가능성이 있다.

① 공공기관이 직무상 작성 또는 취득하여 관리하고 있는 문서(전자문서를 포함한다)·도면·사진·필름·테이프·슬라이드 및 그 밖에 일체

② 공공 데이터 제공 : 정보가 담김 저장매체 또는 출력물이나 책자 등의 물리적 이전, 네트워크를 통한 정보의 전송, 정보에 대한 제3자 접근권한 부여, 정보처리자와 제3자의 정보공유 등 정보의 이전과 공동으로 이용할 수 있는 상태를 초래하는 모든 행위

③ 공공 데이터 개방 : 관보 또는 홈페이지 게재 등을 통해 불특정 다수가 정보를 공동으로 이용할 수 있는 상태를 초래하는 모든 행위

④ 비식별화 : 개인정보의 일부 또는 전부를 삭제하거나 다른 정보로 대체함으로서 다른 정보와 쉽게 결합하여서도 특정 개인을 식별하기 어렵도록 하는 일련의 조치

⑤ 재식별화 : 비식별화된 정보가 다른 정보와의 연계(매칭) 등을 통해 특정 개인을 알아볼 수 있는 개인정보가 되는 것

정부 3.0이 국정 중점과제로 추진되면서 국민이 필요로 하는 정보를 사전에 적극공개(proactive disclosure) 및 범국가 차원의 정보공개 범위확대로 국민의 알권리, 행정투명성 확보 및 정부의 책임성을 제고하기 위한 것이다.

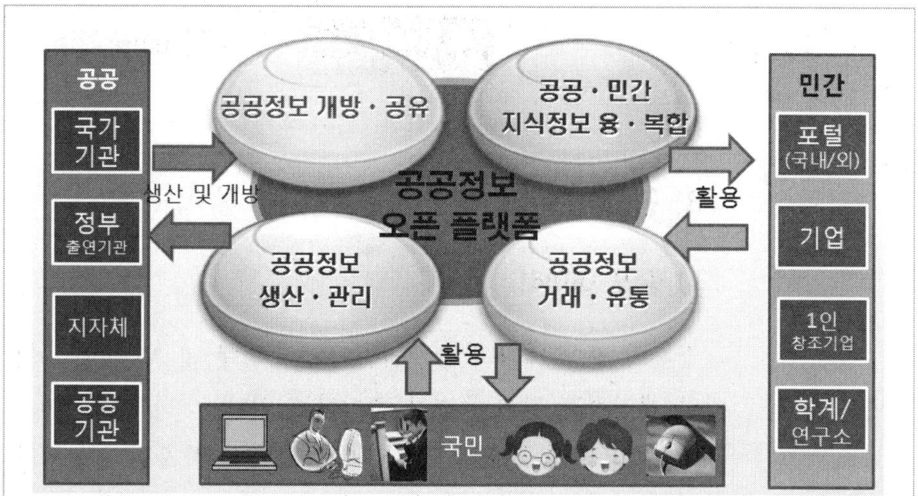

[그림 2-12] 공공 데이터의 개방 및 활용

2) 전자금융사기

피싱, 스미싱, 파밍 등의 전자금융사기는 유행과 패턴에 따라 다르게 나타나며 연령대를 가리지 않고 커다란 피해를 입히고 있다.

보이스피싱, 스미싱, 파밍 등에 이어 최근에는 메모리해킹 및 스피어피싱 등 신종기법이 출현하고 있다.

① 피싱(phishing) : 개인정보(private data)와 낚시(fishing)의 합성어로, 개인정보를 낚는다는 의미이며 개인정보와 낚시를 합성한 조어(造語)라고 하는 설과 그 어원은 Fishing이지만 위장의 수법이 '세련되어 있다(sophisticated)'는 데서 철자를 'Phishing'으로 쓰게 되었다는 설이 있다.
② 스미싱(smishing) : SMS와 피싱을 결합한 신조어. SMS 등을 통해 개인정보를 빼가거나 소액결제를 유도하는 신종 수법이다.
③ 파밍(pharming) : 악성 코드에 감염된 PC에서 은행이나 포털사이트에 접속하면 가짜 홈페이지로 들어가게 한 뒤 비밀번호 및 보안카드 번호를 빼내는 수법이다.
④ 메모리해킹은 컴퓨터 메모리에 있는 데이터를 원격으로 위·변조하는 해킹 방식이다.
⑤ 스피어피싱은 기업이나 공공기관의 핵심 정보를 빼내기 위해 임원 등 정보에 대한 접근 권한이 많은 주요 인물의 로그인 정보를 탈취한다.

02 클라우드 컴퓨팅 종류 및 시장동향

1. 클라우팅 컴퓨팅의 종류

클라우드는 제공형태에 따라 소프트웨어, 플랫폼, 인프라 영역으로 구분가능하며 그 중에서도 인프라가 시장이 가장 크다. 클라우드 서비스 시장은 대여하는 자원의 종류에 따라 SaaS, PaaS, IaaS로 구분한다.

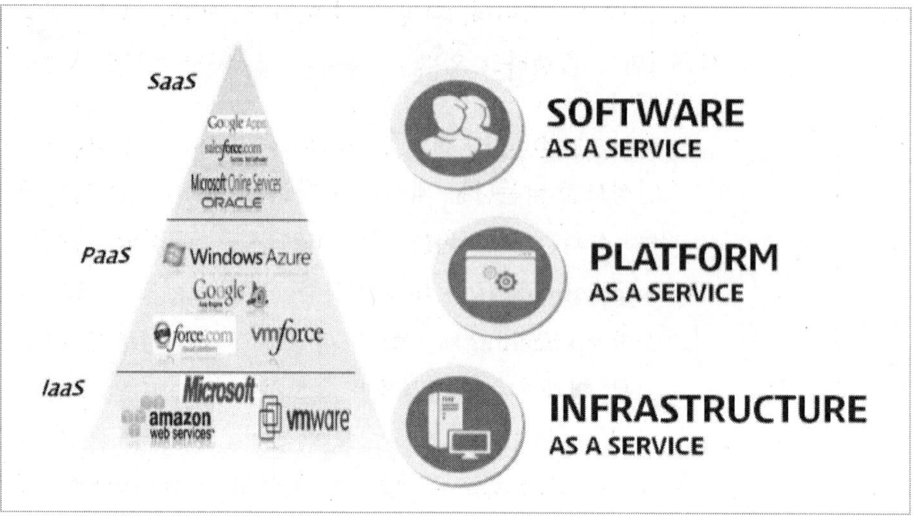

[그림 2-13] 클라우드 컴퓨팅의 종류

1) 서버 가상화

실제 운영되는 여러 서버를 하나의 가상(server) 서버로 통합 즉각적인 비용 절감 효과가 있다. 최근 신규 도입되는 서버의 80% 이상이 가상 서버로 운영되고 있다.

2) 데스크탑 가상화

데스크탑 가상화(desktop virtualization)는 데스크탑에서 구동되는 업무 애프리케이션을 중안서버에 두고 필요할 때 불러내리는 방식이다. 가상 PC는 VDI(Virtual Desktop Infrastructure)인데 서버를 통째로 클라이언트 OS환경 자체를 올려 놓고 이를 원격의 단말기를 통해 활용한다. 데스크탑 가상화는 관리의 단순화, 보안 및 규정준수 강화, IT 유연성과 비즈니스 민첩성 향상, 업무 연속성과 재해복구 강화 등에 기여할 수 있다. 단지 비용절감이 목적이 아니다.

실제 사용되는 컴퓨터를 없애고 여러 네트워크 단말기를 통해 가상의 PC 환경을 불러다 사용하는 방식으로 초기투자비용은 많이 들지만 투자대비 이익(ROI : Return Of Investment)가 높기에 지속적인 환경에 점차 도입되고 있다.

보안	관리	SmartWork
데이터 유출방지 Server Based Computing 기반의 데이터 중앙화 외부 침입방지 및 관리 패치 및 업그레이드 중앙화를 통한 개인사용자 PC 관리 IT 컴플라이언스 개인정보 보호법령 등으로 인한 IT 법령 변화에 따른 유연한 대처	가상 인프라 환경의 중앙 관리 사용자 데스크탑 및 인프라 환경중앙화를 통한 관리 및 통제, 기술지원 Automation(자동화) Self Service Portal 자동 배포 및 할당 부하 분산 및 재해복구 사용량에 다른 비용산정	사용자 중심의 컴퓨팅 환경 시간과 장소에 구애받지 않는 사용자 편의를 위한 데스크탑 환경제공 Green Desktop 사용자 컴퓨팅 환경의 중앙화로 인한 공간, 전력, 이산화탄소 배출감소로 인한 녹색성장

[그림 2-14]
데스크탑 가상화의 목적

즉, 내 컴퓨터는 그냥 단말기 개념이고 내 컴퓨터 단말기을 이용해 서버에 접속해 서버에 깔려있는 각종 프로그램 오피스나 윈도우 기타 프로그램을 원격으로 이용한다. 즉 남의 컴퓨터를 원격으로 내 컴퓨터처럼 사용한다는 뜻이다.

클라우드 컴퓨팅은 IT 관련된 기능들이 서비스 형태로 제공되는 컴퓨팅 스타일이다. 클라우드 컴퓨팅의 전달이다. 컴퓨팅과 같은 서비스가 아닌 제품을 공유 리소스, 소프트웨어 및 정보 Metered로 컴퓨터와 기타 장치에 제공된다.

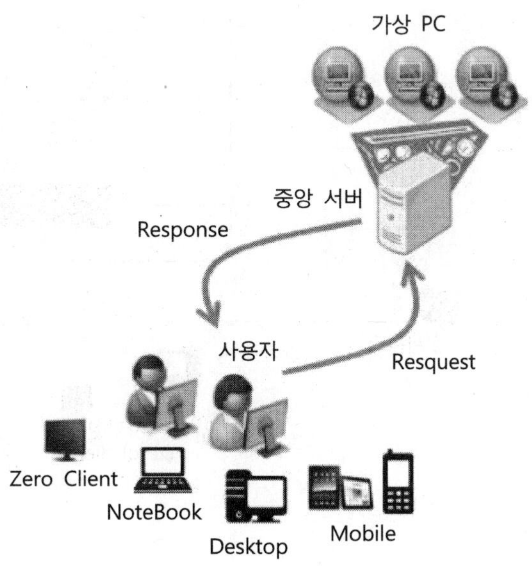

[그림 2-15]
데스크탑 가상화

(1) 데스크탑 가상화와 기존 PC 환경과 비교분석

항 목	기존 PC 환경	데스크탑 가상화 환경
데이터 관리	로컬하드디스크	중앙통합관리(통합 스토리지)
정보유출 보안관리	하드디스크, 이동식 저장장치에 의한 정보유출 용이	중앙통합 강력한 보안정책 적용으로 정보유출 원천차단
	사용자별 개인환경 보안 관리	보안 레벨에 따라 사용자별 그룹별 콘텐츠 관리체계 구현
PC 관리	사용자별 직접 관리	중앙통합관리
SW 배포 및 회수	사용자별 직접 설치 및 삭제	일괄 배포 및 회수
이동성	PC 설치 위치고정	시간과 장소에 관계없이 활용 가능

(2) 데스크탑 가상화 효과

언제, 어디서나 일할 수 있는 업무환경 구축인 스마트 워크 구현, 데이터 유출방지, 자원사용통제 및 다양한 보안 관련 기능구현 가능한 데이터 보안 및 통제관리를 하는 강력한 보안관리를 할 수 있고 운영관리 효율화 및 가용성을 극대화할 수 있다.

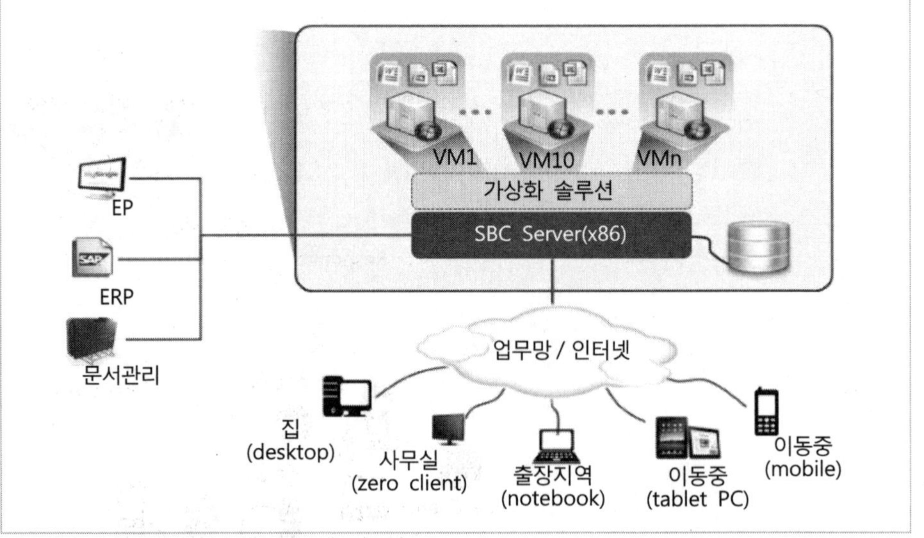

[그림 2-16]
스마트 워크 구현

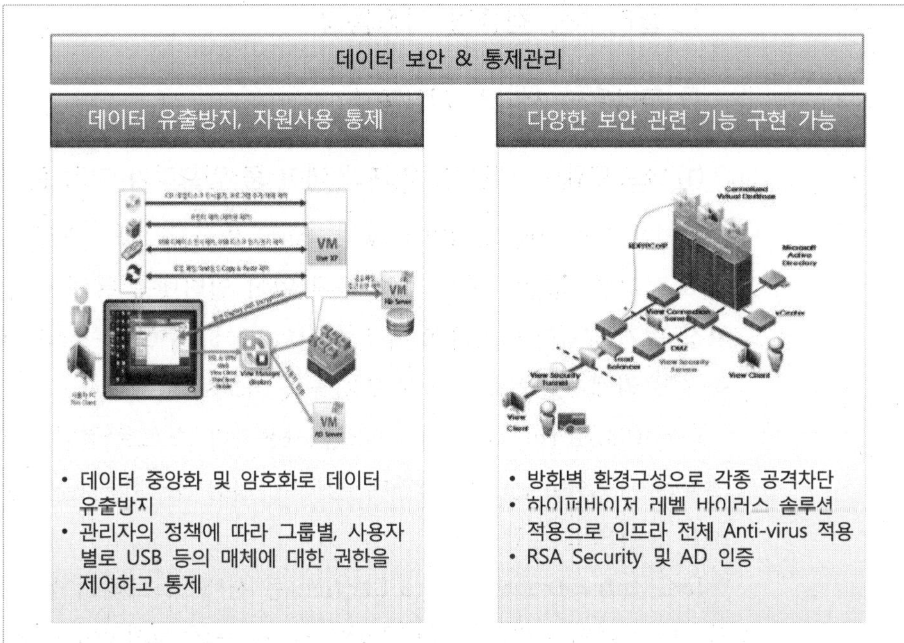

[그림 2-17]
강력한 보안관리

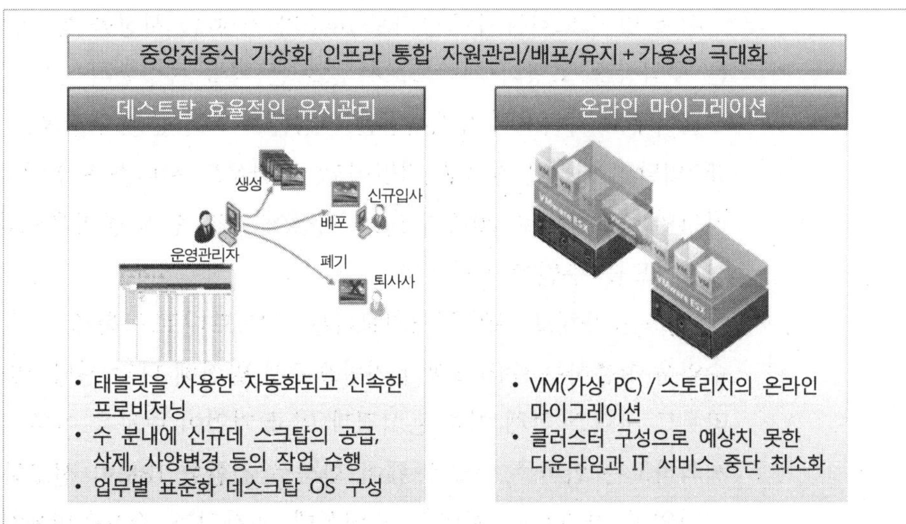

[그림 2-18]
운영관리 효율화
및 가용성 극대화

2. 클라우팅 컴퓨팅 시장동향

1) 클라우드 서비스 시장동향

(1) 소프트웨어, 플랫폼, 인프라 대여 중 인프라가 가장 큰 시장

클라우드의 형태 SaaS(Software as a Service)란 업무용 소프트웨어 등 응용 프로그램 및 솔루션을 자체 구매 없이 인터넷을 통해 이용하는 서비스인데 가장 먼저 클라우드 컴퓨팅이 도입되어 확대, 구글 e-mail, 캘린더와 같은 최종 애플리케이션으로서 현재 B2C를 중심으로 발전한다.

PaaS(Platform as a Service)란 사용자가 소프트웨어를 개발할 수 있는 플랫폼을 대여해주는 서비스인데 광고나 게임 등 최종 솔루션 제작툴을 제공, B2B 중심으로 성장한다.

IaaS(Infrastructure as a Service)란 서버, 스토리지 등 네트워크 기반설비를 사용자에게 할당하는 서비스인데 클라우드의 경제성이 가장 크게 드러나는 분야로 최근 모바일 클라우드와 결합되며 B2B와 B2C에서 모두 빠르게 성장한다.

서버 및 스토리지 수요증가로 IaaS가 가장 큰 시장을 형성할 전망이며, PaaS는 수익창출 모형의 기반으로서 중요한 역할 예상된다.

클라우드 서비스의 세계시장은 연평균 27%의 높은 성장률을 나타내며 2012년 350억달러 시장을 형성할 전망이고, 클라우드 서비스 도입에 따른 서버와 스토리지의 수요증가로 2012년 IaaS 시장이 가장 먼저 클라우드화가 시작된 SaaS 시장규모를 추월할 전망이다.

PaaS는 자체로 수익을 내기보다는 이를 토대로 구축해 나갈 혁신적 서비스로 수익을 창출하는 수익모델의 기반으로서 발전해 나갈 전망이다. 세계 600여 클라우드 서비스 업체 매출 분석결과 미국 기업이 주축을 이루고 있으며, SaaS를 제외하고는 아마존, 소프트웨어 회사로 전환한 IBM이 선도하고 있다.

기업별 클라우드 서비스 도입실태 조사결과 수요측면에서도 미국 기업의 56.2%가 클라우드 서비스를 이용하고 있는 등 시장형성이 가장 활발하다.

〈표 2-2〉는 클라우드 서비스 분야별 TOP5 업체이다.

〈표 2-2〉 클라우드 서비스 분야별 TOP5 업체

순위	SaaS	PaaS	IaaS
1	Salesforce(AppExchnge)	Amazon(AWS)	Amazon(EC2)
2	Google(Google Apps)	IBM(Cloudbursts)	IBM(Cloudbursts)
3	SAP(Business Objects)	Salesforce(Force.com)	Oracle(Cloud Service)
4	Sun(Oracle Apps)	Rackspace(PlatformSrvs)	Terremark
5	MS(Microsoft)	Boomi	Live(Rackspace)

높은 성장률이 전망되는 SaaS와 PaaS 시장은 주요 SW 업체들이 높은 순위를 차지하고 있어, HW 중심으로 IT 시장이 성장한 국내 기업에게 위협으로 작용한다.

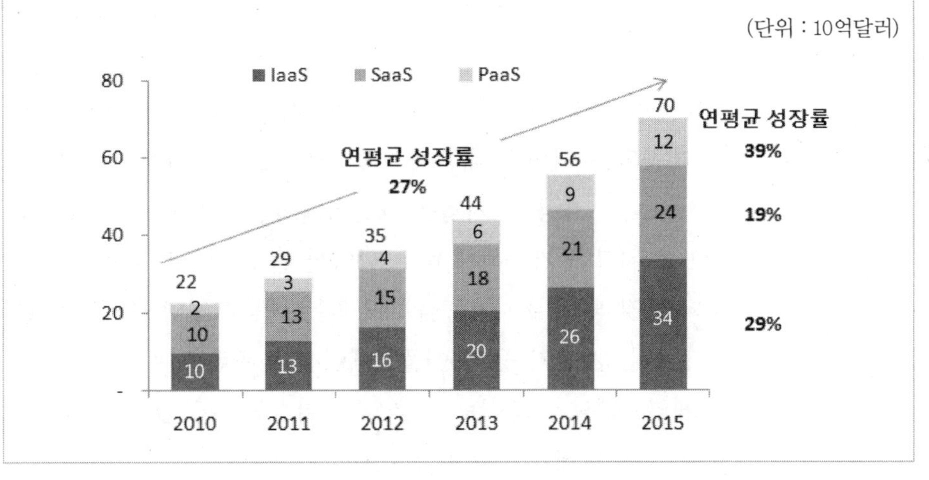

[그림 2-19] 클라우드 서비스 종류별 세계 시장규모 및 전망

클라우드 서비스 업체들은 IT 생태계의 기본 플랫폼으로서 표준을 장악하기 위해 각축하고 있다. IT 플랫폼 표준은 컴퓨터 OS(마이크로소프트 windows) → 휴대폰 OS(구글 android) → 클라우드 서비스 플랫폼으로 변화 전망하고 있다. 클라우드 서비스의 플랫폼 표준 선점은 향후 IT 생태계의 주도권 확보를 의미한다.

(2) 스마트 기기확산에 따라 모바일 클라우드 서비스 영역이 부상

모바일 클라우드란 클라우드 서비스가 모바일 시장에 도입된 것으로써 스마트폰, 태블릿 PC 등 휴대용 스마트 기기로 이용할 수 있는 클라우드 서비스를 의미한다.

사용자가 생성 · 이용하는 데이터, 콘텐츠 및 서비스에 이동성을 제공함으로써 시공간의 제약을 극복하는 클라우드 서비스의 궁극적 이념을 구현하고, 스마트폰과 태블릿 PC용 콘텐츠 수요급증에 따른 단말기의 저장용량 한계극복과 단말기별 콘텐츠 중복 구매방지를 주목적으로 성장한다. 스마트폰-태블릿 PC-노트북 통합에서 TV 통합형 서비스로 확장한다.

〈표 2-3〉
모바일 클라우드 서비스 사업영역

이용자	서비스 종류	서비스 형태	내 용
개인	모바일 애플리케이션	SaaS	콘텐츠, SNS, 유틸리티 제공
	콘텐츠 자동동기화 서비스	PaaS	콘텐츠 이용 N-스크린 서비스
	저장/관리 서비스	IaaS	메시지, 비디오 저장/공유 서비스
기업	기업 인프라 서비스	IaaS	IT 인프라 대여 서비스
	기업 솔루션 서비스	SaaS	기업 솔루션 대여 서비스

모바일 클라우드 서비스는 SaaS, PaaS, IaaS가 결합된 형태가 주를 이루므로 제공되는 서비스 내용에 따라 시장을 구분한다.

'비즈니스 응용'은 기업용 애플리케이션으로서 원격화상회의 솔루션, ERP 등 스마트 워크를 가능하게 하는 다양한 솔루션이고 '유틸리티'는 운영체제에서 제공되는 것 외의 추가기능을 제공하는 애플리케이션들로서 문서작성, 다이어리, 스케줄러, 계산기 등의 애플리케이션과 관련 서비스이다.

'게임, 검색, SNS'는 그 외의 서비스들로서 검색, 멀티미디어 콘텐츠 감상, 쇼핑, 커뮤니케이션 서비스들을 포함한다.

모바일 클라우드 서비스의 세계 시장은 연평균 54%의 폭발적 성장률을 나타내며 '12년 120억달러 시장을 형성할 전망이다.

언제, 어디서나 업무를 처리할 수 있는 '스마트 워크' 도입확산에 따라 비즈니스 응용 서비스가 가장 빠르게 성장해 나갈 전망이고, 개인용은 무료 서비스가 많아 전체 시장매출의 70% 이상이 기업용 서비스를 통해 창출될 전망이다. 개인용은 클라우드 서비스 자체로 인한 수익보다는 광고 등을 통한 간접 수익이 발생되는 경향이다.

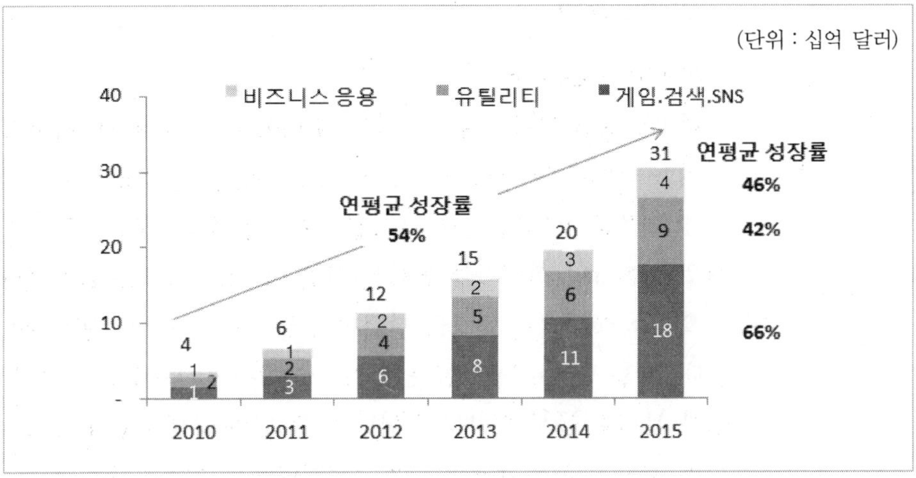

[그림 2-20] 모바일 클라우드 서비스 종류별 세계 시장규모 및 전망

플랫폼을 기반으로 모바일 시장의 패권을 잡은 업체들이 모바일 클라우드 시장을 주도해 나갈 전망이다.

현재 많은 모바일 클라우드 서비스가 구글과 애플이 장악한 모바일 플랫폼을 기반으로 제공하고, 소셜 플랫폼에 기반한 페이스북(Facebook)이나 카카오톡 등은 단순 소셜 네트워크 서비스 제공을 넘어 모바일 생태계의 또다른 플랫폼을 구성한다.

클라우드 서비스가 웹에 기반하고 있어 모바일 클라우드 서비스의 성장과 함께 웹앱, 웹플랫폼 등 새로운 형태의 플랫폼이 등장할 가능성이 증대한다. 구글의 웹 플랫폼인 Chrome OS는 이러한 흐름을 반영한 사례이다.

2) 미국 클라우드 컴퓨팅 서비스 시장동향

(1) 정부동향

미국 정부는 미국 표준기술연구소를 통해 클라우드 컴퓨팅 서비스와 기술에 대한 정의를 담은 클라우드 컴퓨팅 가이드 초안을 마련하며 이 초안은 클라우드 환경에 대한 정의와 서비스로 소프트웨어(SaaS), 플랫폼(PaaS) 등 세부적인 클라우드 서비스에 대한 설명을 담는 동시에 원활한 클라우드 서비스 이용을 위해 관리, 데이터 거버넌스, 보안과 신뢰성 등에 대한 정부의 권고를 담는다.

(2) 기업동향

① 마이크로소프트

마이크로소프트는 '윈도우애저'(Windows Azure)와 서비스 플랫폼인 '애저 서비스 플랫폼'(Azure services platform)을 선보였으며, 이번에 구글과 아마존에 대응하기 위해 클라우드 웹오피스와 메일, 포털, 통합 커뮤니케이션(UC) 플랫폼 온라인 서비스를 통합한 제품 '오피스 365'를 2011년에 정식 출시했다.

오피스 365 출시 행사를 진행하며 중소기업 시장을 공략하는 데 초점을 맞추는데, 이를 통해 사용자들은 인스턴트 메시징(IM)에 계속 접속할 수 있으며, 파일과 문서를 동시에 다루며 협업할 수 있다고 덧붙였다. 그러나 전반적으로 오피스 365가 구글 앱스보다 가격경쟁면에서 뒤쳐진다는 점은 사실이다.

② 아마존

대표적인 클라우드 컴퓨팅 기업으로 떠오른 아마존은 웹 서비스(AWS : Amazon Web Service)를 제공하며 데이터 저장에 관해서 Amazon S3(Simple Storage Service)와 가상 시스템을 수분 내에 요청하고 수요에 따라 용량을 손쉽게 확장 또는 축소할 수 있는 웹 서비스인 EC2(Elastic Cloud Computing) 등을 포함한다. 또한 아마존에서 출시한 태블릿 PC 킨들 파이어는 다른 태블릿 PC에 비해 그리 좋은 스펙을 갖추진 않았지만 무료로 클라우드 저장공간을 사용할 수 있고, 책뿐만 아니라 아마존에서 판매하는 음악, TV쇼, 영화 등의 콘텐츠를 바로 이용할 수 있다는 장점이 있다.

③ 애 플

애플이 최근 런칭한 아이클라우드(iCloud)는 iOS용 아이워크 애플리케이션에서 작성된 문서를 온라인상에 저장, 열람할 수 있고 어떤 단말기로 접속하든지 상관없이 문서의 가장 최신 버전에 접근할 수 있다.

한마디로 애플 아이튠즈에서 합법적으로 구매한 음원을 애플의 서버에 올려놓고 웹브라우저를 통해서 언제, 어디서나 들을 수 있게 해주는 서비스이다. 아이클라우드의 중요한 특징은 다음과 같다.

첫째, 유비쿼터스 음악 스트리밍 서비스를 제공한다.

둘째, 아이폰, 아이패드, 아이팟 등 애플의 전 제품군에 걸쳐 한 콘텐츠를 다양한 기기에서 사용할 수 있게 해준다.

셋째, 음악을 시작으로 영화, TV쇼 등 다른 콘텐츠로 확장해 나가려는 애플의 클라우드 서비스 로드맵 상에서의 첫 단계라는 점이다.

④ 구 글

구글은 구글 애플리케이션 엔진(Google application engine, 이하 구글 앱 엔진)이라는 PaaS 서비스로 클라우드 컴퓨팅 환경을 발표하며 이를 기반으로 작성된 많은 응용 프로그램에 대해 구글 앱스(Apps)라고 하는 SaaS 서비스도 함께 제공한다.

또한 구글은 중앙 서버에서 모든 작업을 처리하고 이를 이용자 단말에 전송하는 클라우드 웹 기반 PC 운영체제 '크롬(Chrome) OS'를 시범 서비스한다. 구글 크롬의 특징은 바탕화면 대신 구글 크롬 웹 브라우저가 화면 전체에 나타나며 부팅 후 곧바로 웹 브라우징을 가능하게 한다. OS 업데이트도 완전히 자동화되어 바이러스 위협에 노출되지 않으며 마치 TV를 보듯이 간편하게 웹을 이용할 수 있다.

[그림 2-21] 클라우드의 세계 기업들

3) 미국 클라우드 컴퓨팅 시장전망

클라우드 컴퓨팅 시장은 대기업 위주로 빠른 성장을 하며 이제 시장형성 수준을 넘어 활성화 단계로 돌입했으며 향후 5년간 고성장하여 최근에는 2009년 대비 2.5배 수준인 442억 달러 시장을 형성할 것으로 전망한다.

또한 IDC는 2012년 새롭게 늘어나는 전 세계 IT 투자지출액 중 클라우드 컴퓨팅이 차지하는 비중이 25%가 될 것으로 예상하며, 최근의 IT 투자증가분 중

3분의 1을 클라우드 컴퓨팅이 차지할 것이다. 한편, Gartener의 분석에 따르면 최근에 비즈니스 프로세스 서비스가 전체 클라우드 컴퓨팅 시장의 70% 이상을 점유한다고 예측한다.

세계 클라우드 컴퓨팅 시장은 점점 더 활성화되며 글로벌 기업부터 새로 창업한 기업들까지 클라우드 컴퓨팅 관련 사업은 이제 기업들에 선택이 아닌 필수가 되었다. 그들만의 데이터 스토리지 서비스에서부터 보안 서비스, 플랫폼 솔루션까지 다양한 상품과 서비스들이 글로벌 시장을 채운다.

클라우드 컴퓨팅 시장이 활성화 단계로 돌입하면서 IT 자원비용의 최소화, 효율성 극대화, 친환경적인 그린 IT에 대한 인식이 확산되는 등의 장점이 있지만 보안과 안정성 문제는 해결되어야 할 과제로 남는다.

기업과 소비자들이 회사기밀정보, 개인정보유출에 대한 불안감을 덜어주기 위한 일환으로 클라우드 컴퓨팅 기업들은 정부의 뒷받침과 함께 스토리지 암호화, LAN, VPN, 방화벽 등의 기술을 이용해 보안을 강화하며 보안 관련 규정과 인증, 법, 제도에 기반을 둔 신뢰성 확보가 필요할 것이다.

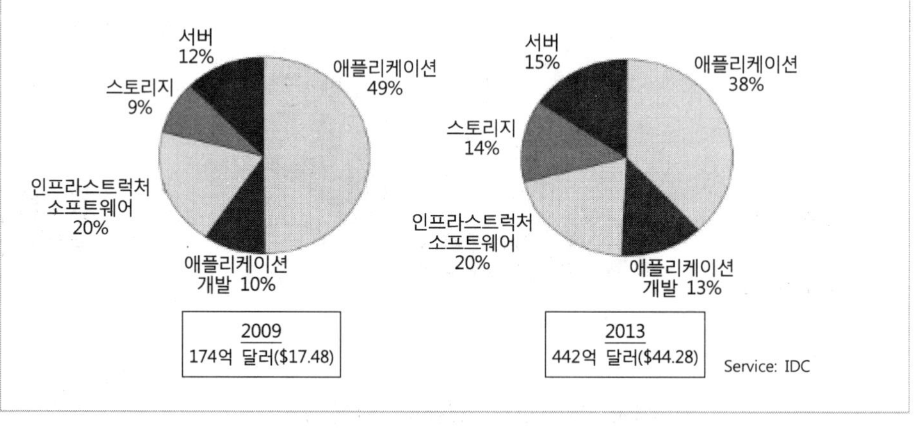

[그림 2-22] 세계 클라우드 컴퓨팅 시장규모

4) 전망과 시사점

2009년 1조9000억 원이었던 국내 클라우드 컴퓨팅 관련 시장은 2012년에 최대 4조2000억 원에 달하고 연평균 약 30.3%의 증가율을 기록할 것으로 전망이다. 이는 국내의 높은 IT 환경수준과 다양한 비즈니스 모델의 발전으로 국내 시장도 세계 시장에 맞춰 빠르게 성장할 가능성이 있다는 것을 나타낸다. 그러나 국내

IT 기업들은 특정 플랫폼에 종속되지 않고 차별화된 운영역량, 서비스 역량, 비즈니스 모델 개발로 클라우드 시장을 공략할 수 있는 플랫폼 표준화 시장 환경조성이 필요할 것이다.

실리콘밸리에서 열린 국제 클라우드 전시회에서는 수많은 기업들의 참여 속에 McAfee 등 보안 관련 기업들이 주목을 끌었다. 이는 미래 클라우드 컴퓨팅이 지속 발전하기 위해서는 시스템의 보안문제 해결이 전제되어야 한다는 것을 시사함과 동시에 클라우드 컴퓨팅 관련 업체들뿐만 아니라 보안솔루션을 전문적으로 제공할 수 있는 업체들의 관련 사업 또한 활발해질 것이라는 점이 예견된다.

03 클라우드 서비스의 분류

1. 클라우드 서비스별 분류(전달방식)

클라우드는 하나의 소프트웨어로만 구성되지 않는다. 클라우드를 구성하기 위해서는 각 계층별로 필요한 소프트웨어가 조합되어야 한다. 이 절에서 각 계층별로 어떠한 오픈 소스들이 존재하고 그 각각은 어떤 특징을 가지고 있는지 알아본다.

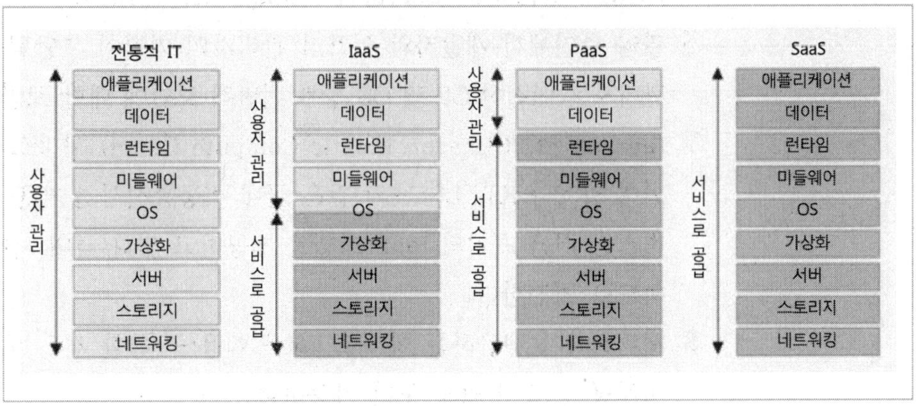

[그림 2-23]
클라우드의 분류

클라우드의 분류는 사용자가 제공받는 서비스에 따라 달라질 수 있다. 우선 사용자가 제공받는 서비스에 따라 클라우드를 분류하면 IaaS(Infra as a Service), PaaS(Platform as a Service), SaaS(Software as a Service)로 나눈다. 각 서비스에 대해 간략히 소개하면 [그림 2-23]과 같다.

1) IaaS(Infrastructure as a Service)

사용자가 인프라(Infra)를 제공받는 서비스다. 컴퓨팅 자원, 스토리지 자원, 데이터베이스 자원 등을 사용자가 원하는 만큼 제공받을 수 있고, 사용한 만큼 비용을 지불하는 서비스다. 대표적인 예로는 KT의 유클라우드, 아마존의 아마존 웹 서비스를 들 수 있다. 서버, 스토리지, 네트워크를 가상화 환경으로 만들어 필요에 따라 인프라 자원을 사용할 수 있게 서비스를 제공하는 형태이다.

인프라스트럭쳐 레벨을 제공하는 서비스를 의미하며, 위의 표에서 주의깊게 보실 부분은 하부의 인프라 부분만 제공된다. 즉, OS부터 상위의 모든 플랫폼이나 애플리케이션을 사용자가 직접 올릴 수 있다.

① 클라우드 서비스 제공자는 관리 부담이 적어진다.

② 가상 호스팅(VM hosting) 서비스와 일부 유사하나, 클라우드 서비스는 Elastic 서비스 확장 관점에서 차이가 있다.

③ 일반적으로 매우 적은 수의 OS만 일반적으로 제공된다(일반적으로 일부 Linux 배포판과 Windows server만 제공).

④ 고객은 여전히 직접 OS와 애플리케이션을 직접 관리해야 한다.

⑤ 유료 OS나 유료 DBMS에 대한 라이센스 비용은 고객부담일 수 있다(RHEL, Windows Server나 MSSQL 또는 Oracle).

⑥ 관리 측면에서 개발자와 인프라 관리자의 역할이 부담될 수 있다. 인프라 관리자는 여전히 OS 및 OS 상부 전반적 보안에 대한 책임을 가질 수 있다.

⑦ Amazon EC2(Amazon Elastic Compute Cloud) 서비스가 사용하는 방식이며 SKT나 KT, LGU+와 같은 국내 이동통신사가 제공하는 클라우드 서비스는 최근 초기의 IaaS 모델을 제공하고 있다(국내 서비스는 향후 빠른 속도로 발전한다).

⑧ 서비스사가 제공하는 형태로 VM을 이용(구축)할 경우 모니터링이나 프로비저닝 등도 손쉽게 구현 가능하다.

2) PaaS(Paltform as a Service)

사용자가 애플리케이션이나 서비스를 실행할 수 있는 플랫폼 형태의 서비스를 제공받을 수 있다. 사용자는 인프라 위에 올라와 있는 플랫폼에 따라 서비스를 선택할 수 있고 역시 사용한 만큼 비용을 지불한다. 대표적인 예로는 파이썬 런타임, 자바 런타임 플랫폼 등을 지원하는 구글의 앱엔진을 들 수 있다.

SaaS의 개념을 개발 플랫폼에도 확장한 방식으로 개발을 위한 플랫폼 구축할 필요 없이 필요한 개발 요소들을 웹에서 쉽게 빌려쓸 수 있게 하는 모델이다. 구글이나 네이버, 다음 등에서 제공하는 OPEN API들이 PaaS의 일종이며, 구글의 '앱 엔진'이나 Bungee Labs의 '번지커넥트' 등은 직접 온라인 서비스를 개발에서 배포, 관리까지 가능한 플랫폼을 제공하고 있다.

개발자가 애플리케이션을 개발, 서비스하기 위해 사용가능한 서비스와 기능들이 제공되는 클라우드 서비스를 의미한다. 특히, 이미 구축 후 제공되는 인프라가 존재하기에 개발자는 상위의 플랫폼에서 빠르게 애플리케이션을 개발 및 서비스 가능한 특징이 있다.

① 네트워크 연결 인프라부터 애플리케이션 실행을 위한 런타임까지 제공되며, 사용자는 애플리케이션과 데이터만 관리한다.
② 마이크로소프트 Azure Platform과 세일즈포스 닷컴이 제공하는 Force.com(세일즈포스 닷컴의 Salesforces-SaaS와 다른 서비스이다)이 PaaS의 대표적인 서비스이다.
③ PaaS는 개발자와 개발사에게 인프라나 OS, 플랫폼 관리에 대한 부담을 거의 대부분 경감시킨다. 하지만, 경험적으로 볼 때 모든 부담을 없애지는 않는다.
④ PaaS 애플리케이션 서비스를 위해 대부분의 경우 비즈니스 모델과 비즈니스 로직이 추가되어야 한다.
⑤ 가장 이상적인 애플리케이션 플랫폼 관점의 클라우드 모델로 업계에 받아들여지고 있다.

3) SaaS(Software as a Service)

사용자가 서비스 제공자가 지원하는 소프트웨어들을 제공받는 서비스이다.

일반적인 사용자들이 많이 사용하고 있고, 대부분을 무료로 사용할 수 있다. 대표적인 예로는 네이버의 N드라이브, 구글의 지메일, 구글 앱스를 들 수 있다.

소프트웨어 및 관련 데이터는 중앙에 호스팅되고 사용자는 웹 브라우저 등의 클라이언트를 통해 접속하는 형태의 소프트웨어 전달 모델이다. 기존의 ASP를 확장한 개념으로 차세대 ASP로 볼 수 있다. SaaS와 ASP는 아래와 같은 차이점이 있다.

① SaaS는 전자상거래 관점의 사업적인 반면에 ASP는 전산 외주(아웃소싱)의 Coasian Economics에 기초한다.

② SaaS는 불특정 다수를 대상으로 전산서비스의 제공에 중점을 두어 확장성과 고객요구사항 커스터마이즈에 중점을 둔다.

③ SaaS는 ASP의 1989년 코닥의 전산외주의 시작과는 달리 고객의 가치창조 및 고객요구를 맞추는데 초점이 맞추어져 있다.

최근의 성공사례로 고객관계관리(CRM) 영역의 CRMKorea, Salesforce.com, RightNow 등의 사례와 오래전부터 해왔던 회계쪽 분야가 있다. 소프트웨어를 구입하여 사용하는 개념에서 빌려 사용하는 렌트의 개념은 점점 더 확산되고 중소기업뿐만 아니라 대기업에서도 적극적인 도입을 검토 중이며 많이 사용되고 있다.

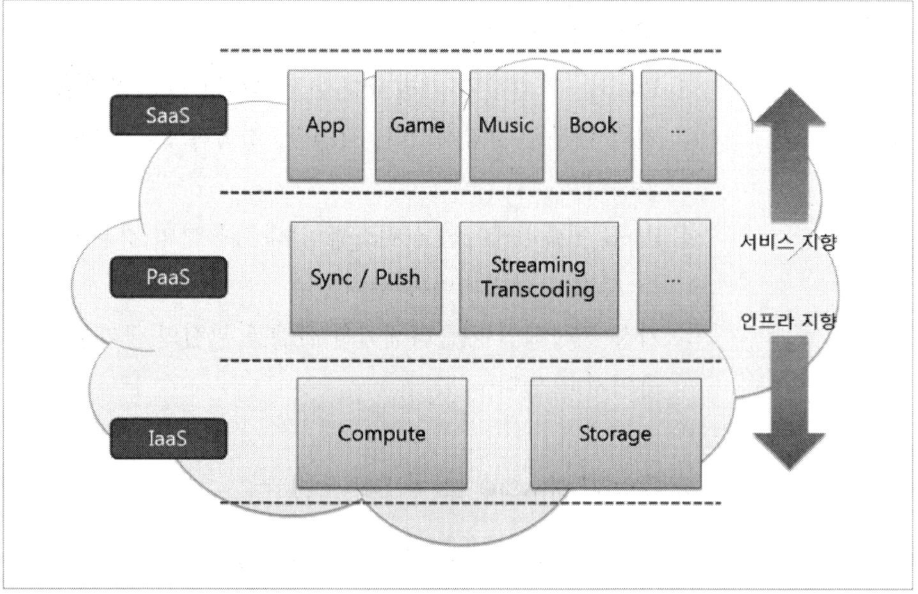

[그림 2-24]
클라우드의 관점

클라우드는 제공 모델에 따라 IaaS, PaaS, SaaS로 구분하는데 주요이점은 인프라 취득 비용을 절감하고 합리적인 IT 예산을 활용할 수 있고 환경적인 영향을 최소화할 수 있다.

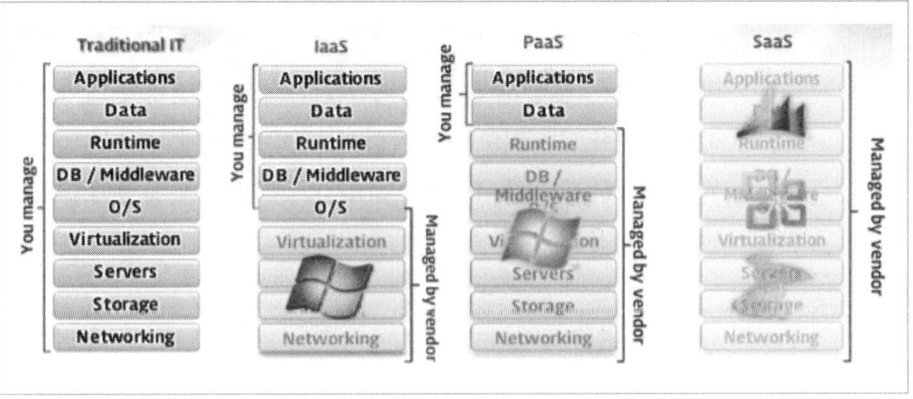

[그림 2-25] 클라우드의 제공 모델

2. 클라우드 서비스 분류별의 비교 및 보안정책

클라우드 서비스의 3가지 분류 중에서 오픈소스를 이용해 만들 수 있는 서비스는 IaaS다. PaaS나 SaaS는 아직 많이 활성화되지 않았지만 IaaS는 KT의 유클라우드와 아마존의 AWS(Amazon Web Service)를 통해 많이 알려지고 사용되고 있다. 클라우드 서비스 보안정책은 참조하고 있는 전달 모델 구성에 따라 클라우드 보안의 다른 측면에 집중한다. 즉, 이는 다음과 같은 SaaS, PaaS 또는 IaaS이다.

1) IaaS

IaaS는 서버의 컴퓨팅 능력과 스토리지 등의 하드웨어를 인터넷을 통해 제공하는 서비스로 아마존의 EC2, S3 서비스가 대표적이다. IaaS의 핵심은 가상화 기반의 네트워크, 컴퓨팅, 스토리지, 미들웨어 기술이다. 아마존 서비스를 기준으로 IaaS가 제공하는 서비스를 구분해 보면 다음과 같다.

① Compute Service : Amazon EC2(Elastic Compute Cloud)

② Storage Service : Amazon S3(Simple Storage Service)

③ Middleware Service : Amazon SQS(Simple Queue Service)

④ Database Service : Amazon Simple DB

IaaS(Infrastructure as a Service) 서비스 보안정책은 가상 머신을 관리하는 것에 집중할 뿐만 아니라, 데이터를 보호하고 클라우드 환경에서 가상 머신을 내재한 기존 컴퓨팅 자원의 인프라로 액세스를 관리하는 것에 주목한다. 이러한 정책은 가상 머신으로 위험을 완화하는 면에서 거버넌스 프레임워크를 처리해야 한다. IaaS는 가상 머신 내 그리고 이에 걸쳐서 인프라의 악성 업데이트에서 사용하기 위해 봇네트(botnet)의 직접적인 운영에 Command and Control 센터로 사용되었다.

2) PaaS

PaaS는 호스트나 엔터프라이즈 서비스를 제공하기 위한 플랫폼 제공을 뜻한다. 대표적인 PaaS 서비스로는 마이크로소프트 애저(Azure), 구글 앱엔진, 오라클 PaaS 플랫폼, 세일즈포스, VM웨어 클라우드 파운드리 등이 있다.

PaaS는 IaaS의 자원을 활용해 특정 플랫폼 지원을 위한 서비스를 제공한다. 예를 들어 마이크로소프트 애저의 경우 닷넷 기반의 프레임워크 사용을 위한 각종 서비스를 제공한다. 구글 앱 엔진의 경우에도 자바, 파이썬 등의 런타임 환경을 제공한다. 또한 VM웨어 클라우드 파운드리는 스프링(spring) 기반의 런타임 환경을 제공한다. PaaS는 특정 SaaS를 구현하기 위한 소프트웨어 인프라를 제공하는 서비스이다.

PaaS(Platform as a Service) 서비스 보안정책은 데이터를 보호하는 것에 주목할 뿐만 아니라 독립 소프트웨어 벤더, 신설 또는 대기업 단위로 작성되고 호스트되는 전체 비즈니스 라이프 사이클에서 애플리케이션에 액세스를 관리하는 것에 주목한다. 해당 정책은 가령 치과기록을 망치기 위해 맬웨어 애플리케이션을 설치할 때 사용하는 봇네트의 직접적인 운영에 Command and Control 센터로 사용되는 PaaS의 위험을 완화해야 한다.

3) SaaS

SaaS는 소비자가 원하는 서비스를 제공하는 기반 기술로 응용 소프트웨어 서비스, 웹 기반 서비스, 컴포넌트 기반 서비스로 구분할 수 있다.

예를 들어 MS 오피스 라이브의 경우 웹 기반 오피스 사용환경을 제공해주고 있는데, 이는 SaaS를 이용하면 소비자는 별도의 프로그램을 설치할 필요 없이 다양한 서비스를 편리하게 제공받을 수 있다. 표적인 SaaS 서비스로는 구글 맥과 /Calendar API 세일즈포스 닷컴 앱 등이 있다. 이외에도 음악, 서적, 게임 등의 소비자 지향 서비스도 SaaS의 주요 영역이다.

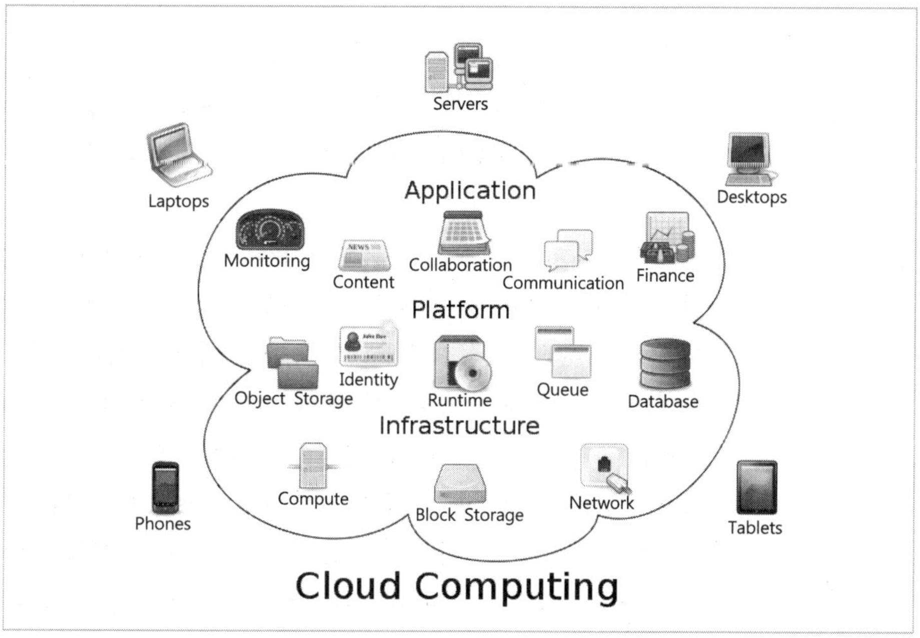

[그림 2-26] 클라우드 컴퓨티의 구성도

SaaS(Software as a Service)의 서비스 보안정책은 이용자들이 사적인 개인, 비즈니스 또는 정부 기관인지 여부에 관계없이 이용자에게 임대한 특정 애플리케이션에 액세스를 관리하는 것에 주목한다. 이는 악성 인스턴스 자원을 할당하는 맬웨어 애플리케이션의 공격에 취약한 SaaS 애플리케이션의 위험을 완화하는 것을 처리해야 한다. 예를 들어, 권한이 부여된 치과보조원이 치과기록을 다운로드하도록 애플리케이션이 허용한 지정된 사무실 영업시간이 해커의 편의를 위해 이른 아침 시간으로 악성으로 변경될 수 있다.

4) 클라우드 서비스 보안

클라우드 서비스 보안은 다음으로 위협받을 수 있다.

(1) 결함이 있는 하이퍼바이저

결함이 있는 하이퍼바이저 모든 클라우드 서비스 유형은 단일 하드웨어 호스트를 공유하기 위해 여러 운영체제를 허용하는 기본 하이퍼 바이저 위에 가상 머신을 실행한다. 이는 사용자, 테넌트 및 클라우드 관리자와 같이 다른 신뢰 레벨 당사자가 액세스한다. 예를 들어, 테넌트는 서비스로서 특정 소프트웨어에 액세스하기 위해 1000명 사용자 라이센스 계약을 가질 수 있다.

하이퍼바이저가 결함이 있거나 위태롭게 되면 모든 인스턴스 자원 및 데이터 요청 큐가 위태롭게 된다. 이는 워크로드의 수요가 급증하는 동안 인스턴스 자원 및 데이터 요청 큐의 소비를 모니터하는 데 사용되는 임계값 정책에 악성으로 영향을 줄 수 있다[자세히 읽기]. 가상 머신들 사이에 통신하는 데 사용되는 내부 가상 네트워크에서 제어는 보안정책을 강제할 만큼 가시적이지 않다. 가상 머신의 네트워크 및 보안제어에 대한 의무는 잘 분리되지 않을 수 있다.

해커는 관리 제어를 갖춘 높은 권한의 사용자가 되어 가상 머신을 벗어나 하이퍼바이저에서 악성 프로그램을 실행할 수 있다. 예를 들어, 디렉토리 파일에 액세스하여 다른 가상 머신으로 인스턴스 자원을 악성으로 다시 지정할 수 있다. 그리고, 동일한 가상 머신의 테넌트들 사이에서 평판, 라우팅, 메모리, 스토리지를 분리하는 메커니즘에 실패를 유발시킬 수 있다.

해커는 가상 머신 내에서 재할당된 인스턴스 자원으로부터 제거되지 않은 상주 데이터에서 민감한 정보를 훔칠 수 있다. 해커는 건전한 가상 머신의 이웃을 식별하고 이들의 활동을 모니터하기 위해 결함이 있는 하이퍼바이저를 사용할 수 있다. 또한 이웃의 가상 머신 내에 들어가서 PaaS 애플리케이션에 악성 코드를 추가할 수 있다.

(2) 누락한 임계값 정책

누락한 임계값 정책 일반사용자는 관계로 들어가기 전에 서비스 제공자의 보안정책을 평가해야 한다. 클라우드 컴퓨팅의 보안태도를 사내 구축형 환경과 비교해야 하고 클라우드에서 인스턴스 자원, 사용자 및 데이터 요청 임계값 정책이 보안정책으로부터 누락되지 않도록 해야 한다.

자원 임계값 정책은 추가 인스턴스 자원이 워크로드의 요구가 급증하는 동안 어떻게 소모되는지를 모니터하는 데 유용하다. 사용자 임계값 정책은 얼마나 많은 사용자들이 동시에 클라우드 서비스에 로그인하고 로그오프하는지 확인하고 라이센스에 지정된 대로 최대 사용자 수에 접근하는지 여부를 확인한다. 이러한 정책을 수립하지 않으면 다음과 같은 위험이 있다.

① 자원 임계값 정책이 없으면 독자의 인스턴스 자원이 클라우드 서비스 제공자가 경고 없이 서비스를 종료하도록 야기하는 최대 용량에 악성으로 도달하는지 여부를 알지 못한다.

② 사용자 임계값 정책이 없으면 동시 사용자 수가 최대에 접근하는지 여부 그리고 얼마나 많은 사용자들이 클라우드 서비스를 마쳤을 때 로그 오프하지 않았는지 알지 못한다. 해커는 이러한 사용자를 식별할 수 있다.

③ 데이터 요청 임계값 정책이 없으면 데이터 요청의 큐의 크기를 알지 못한다. 해커는 큐를 악성 데이터 요청(예 : SQL 주입된 요청)으로 넘치게 할 수 있어 이러한 큐가 최대 용량에 도달하게 된다.

(3) 비대해진 로드 밸런싱

비대해진 로드 밸런싱은 인스턴스 자원과 데이터 요청을 분배하는 데 사용된다. 예를 들어, 각 인스턴스 자원은 용량의 최대 50퍼센트까지 로드되어야 하므로 하나의 인스턴스가 실패하면 건전한 인스턴스가 실패한 자원 인스턴스에서부터 비즈니스 트랜잭션을 인계한다.

각 큐는 큐 용량의 최대 50퍼센트까지 데이터 요청으로 로드되어야 하므로 하나의 큐가 실패하면 건전한 큐는 원래 실패한 큐를 위해 지정된 데이터 요청을 인계한다.

인스턴스 자원의 로드 밸런싱이 가상 머신에서 맬웨어 애플리케이션에 의해 악성으로 결함이 있을 때, 각 자원을 용량의 100퍼센트까지 채운 악성 트랜잭션으로 이러한 자원을 넘치게 할 수 있다.

실패한 자원 인스턴스에서 건전한 인스턴스로 비즈니스 트랜잭션을 이동하는 것은 불가능하다. 비대해진 로드 밸런싱은 인스턴스 자원 또는 로드 공유 중복

성과 같은 장애복구 메커니즘을 구현하는 데 사용될 수 없다.

(4) 안전하지 않은 암호화

안전하지 않은 암호화일부 암호화의 형태는 데이터의 기밀성과 무결성을 보호하는 데 필요하다. 데이터가 민감하지 않거나 개인적이지 않더라도 클라우드로 그리고 클라우드에서부터 전송되고 클라우드에서 조작될 때 암호화로 안전해야 한다.

해커는 암호화 알고리즘을 불안전하게 렌더링하기 위해 암호해독 또는 악성 인스턴스 자원면에서 발전을 활용할 수 있다. 이들은 강력한 암호화를 약한 암호화로 변환하기 위해 이를 악성으로 수정하기 전에 암호화 알고리즘의 최신 버전을 발견하여 더 나아갈 수 있고 그 다음에 자체 머신에서 알고리즘이 작동하는 방법을 배우기 위해 역엔지니어링을 수행할 수 있다.

04 클라우드 서비스의 배포 모델

1. 공용 클라우드

공용 클라우드는 IT 자원이 기업내부에 존재하지 않고 외부의 클라우드 제공자가 다수의 조직에 서비를 제공하는 클라우드 상에 존재하여 빠르고 유연하게 저가의 IT 서비스를 사용자가 누릴 수 있다.

공용 클라우드(public cloud)는 아마존 웹 서비스와 같은 외부 서비스 제공자가 관리하며, 인터넷을 통해 접근하기도 하며, 일반적인 공적 업무를 위해 이용된다. 국내 서비스는 엘클라우드 서비스가 있다.

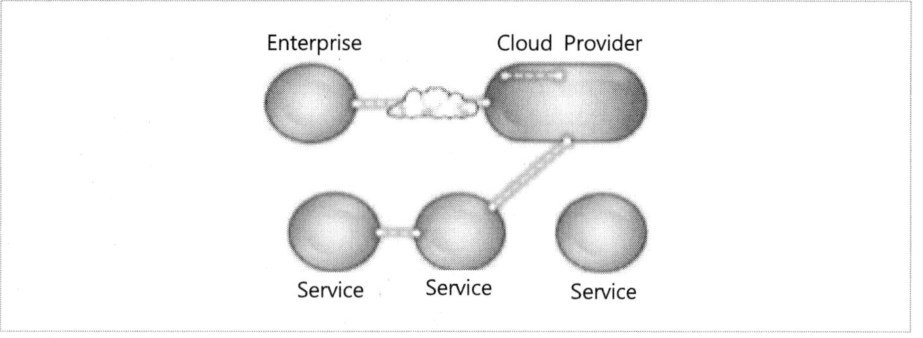

[그림 2-27] 공용 클라우드 구조

2. 사설 클라우드

사설 클라우드는 전통적인 IT 모델의 진화된 형태로 사용자가 내부에 IT 자원을 소유하며서 내부에 서비스를 제공하는 형태이며 하나의 조직을 위해 운영되며 해당 기업 혹은 Third Party에 의해 운영된다.

사설 클라우드(private cloud)는 네트워크 소유자나 데이터센터에서 가상화의 서비스와 같이 서버, 저장, 네트워크 데이터 그리고 애플리케이션 함께 묶어둔다. 그래서 회사 내부의 이용자들이 공유할 수 있도록 하는 것이다. 공용 클라우드와 달리, 사설 클라우드는 데이터 저장과 컴퓨팅 전력을 할당할 수 있고 또 다른 자원을 균일하게 제공할 수 있다. 재무제표와 헬스케어 제공자들은 사설 클라우드를 더 많이 이용하는데 그 이유는 민감한 재무적 자료와 개인적 데이터를 조정해야 하기 때문이다. 국내 사설 클라우드는 솔루션으로 틸론의 Astation과 Dstation 제품이 대표적이다.

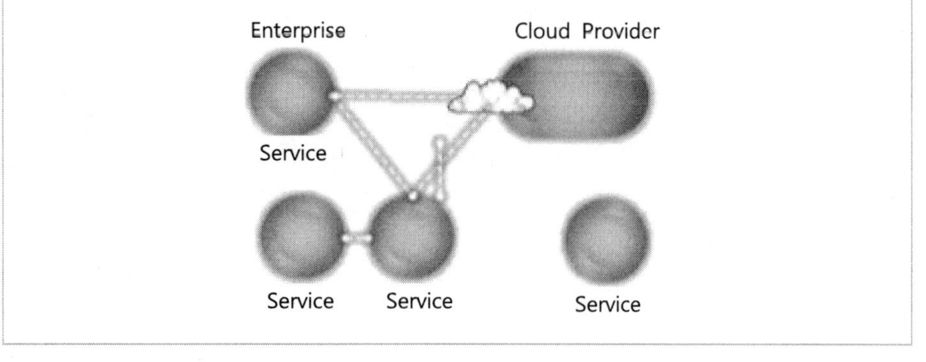

[그림 2-28] 사설 클라우드의 구조

〈표 2-4〉 공용 클라우드와 사설 클라우드의 비교

구 분	공용 클라우드	사설 클라우드
개 념	다수의 대중을 위한 인터넷 기반 클라우드	오직 한 조직만을 위해 운영하는 클라우드
장 점	• 활용도 증가 • 최소의 투자로 최대의 성과 • 이용한 만큼 지불 • 서비스 적기 제공 • 높은 수준의 탄력성 • SaaS 활용 용이	• 특정 임무 중심의 애플 구성 • 보안 및 신뢰성 제고 • 네트워크 대역폭 제약없음 • 인터넷 접속가능 제약없음 • 서비스 수준관리 가능 (SLA : Service Level Agreement)
단 점	• 고객사의 통제권한 부족 • 매월 이월료 납부하는 번거로움 • 지원비용 증가 • 전문적인 서비스 제공 어려움	• 장비, 하드웨어 비용 • 가상화 기술비용 • 데이터센터 기술비용 • 높은 인력비용 • 낮은 탄력성
주요기업	아마존웹서비스, 구글 앱스, 세일즈포스, 네이버, 다음, KT, SKT	IBM, HP, VMWARE, EMC
추천 고객사	매출 10억 달러 이하의 기업들이 많이 사용하고 있음	매출 10억 달러 이상의 기업들이 많이 사용하고 있음

3. 하이브리드 클라우드

하이브리드 클라우드(hybird cloud)는 여러 배포 모델, 즉 공용 클라우드랑 사설 클라우드의 이점을 제공하며 고유한 엔티티가 남아 있지만 2개의 클라우드

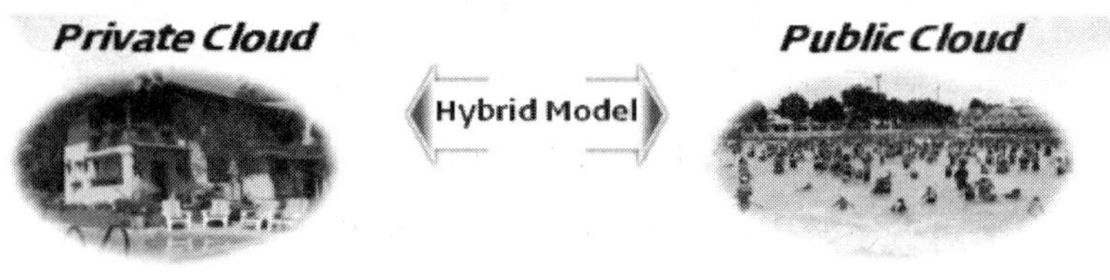

기업 내부	대 상	외부 고객
기업내부	접근	글로벌 대중
리소스 통제	장점	탄력적 리소스 사용
통제가능한 특정 다수	사용자	통제 어려운 불특정 다수
Explicit in applications	프로세스	Explicit in compositions
특정한 통합	연결	광범위한 호환성
완결성	솔루션 디자인	확장성
Secure premiter	보안	다소 환경에 노출
통제 및 예측 가능	리스크	높고 예측 어려움
Tightly coupled	아키텍처	Loosely coupled
Internet enabled	컴퓨팅 스타일	인터넷 중심

[그림 2-29] 3개의 클라우드 비교

를 묶어 있어 프로그램과 데이터를 다른 하나의 배포 시스템에서 쉽게 이동할 수 있도록 하는 방식이다.

05 클라우드 서비스

1. 클라우드 서비스의 종류

서비스되고 있는 대표적인 클라우드는 다음 클라우드(50GB를 제공) , 유클라우드, N드라이브(30GB를 제공), T클라우드(10GB를 제공)가 있다.

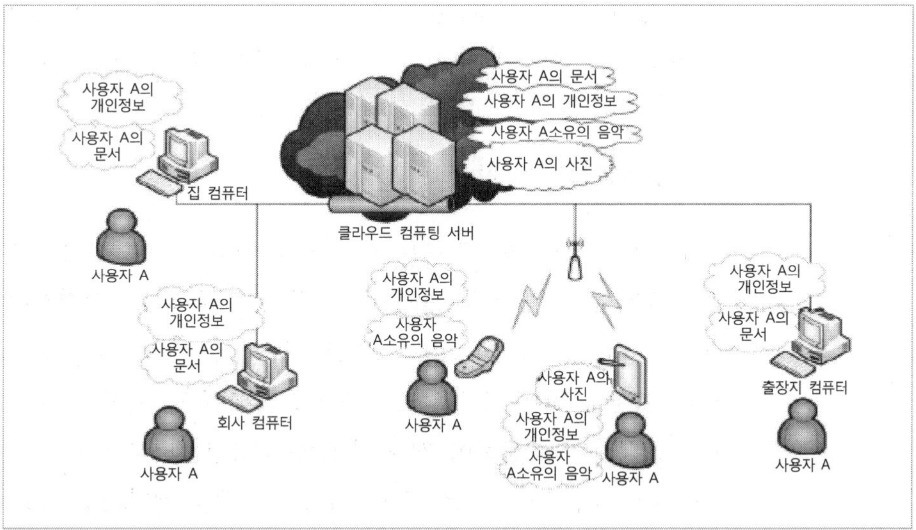

[그림 2-30] 클라우드 컴퓨팅과 N-스크린의 개념도

애플은 iCloud를 통해서 iOS를 사용하는 단말기에 대한 각종 서비스 지원을 제공한다. 아이폰, 아이패드, 아이팟 터치 등 iOS를 사용하는 단말기에서 나오는 데이터들을 백업해주고 또 공유해주고 동기화시켜주는 등 다양한 클라우드 서비스들을 제공해주는 것이 애플의 iCloud다. 거기에 iTunes와 결합하여 음악 서비스도 손쉽고 간편하게 이용할 수 있게 해준다. 물론 iOS를 사용하는 단말기

에 한해서다. 물론 Mac OS X(맥북 시리즈와 iMac 시리즈, 맥프로 시리즈 등)도 지원하는데 애플리케이션 데이터 동기화를 지원한다고 하지만 iOS만큼 지원해주는거 같지는 않다.

삼성의 S클라우드는 개인용 스토리지 서비스(웹스토리지, 일종의 웹하드에 파일을 저장하고 어디서든지 파일을 가져올 수 있는 서비스로 드롭박스, N드라이브, 다음 클라우드, U클라우드 등이 이런 서비스에 속한다)와 함께 콘텐츠 전달 네트워크(CDN : Content Delivery Network) 서비스도 함께 제공한다.

개인용 퍼블릭 클라우드 영역에는 개인용 웹 스토리지 서비스로, 기업형 클라우드 영역에는 CDN 서비스로 개인과 기업, 양쪽 모두를 공략할 생각이다. CDN을 기업형으로 구분지은 이유는 개인이 대용량 콘텐츠 전송 서비스를 이용할 일이 거의 없기 때문이랄까 콘텐츠 제공을 원하는 서비스 사업자들에게 필요한 것이 CDN 서비스이기에 기업형으로 따로 분류를 했다.

삼성의 S클라우드가 애플의 iCloud보다는 지원하는 서비스의 폭은 더 크다고 할 수 있다. 게다가 개인용 스토리지 서비스의 기능 중에 삼성은 PC 백업 기능을 있다. 애플의 타임머신 기능을 클라우드 서비스로 넘겼다고 보면 된다.

2. 클라우드 도입 성공전략

클라우드 도입 성공전략은 자동화, 최적화 및 비용절감이다. 클라우드 플랫폼의 확보전략을 자체 및 상용 플랫폼 활용을 감안하여 수립하고 Self configuration, Multi-tenancy 클라우드 개발자를 육성하고 최적화를 위하여 공공, 사설, 하이브리드 등을 선정하고 클라우드 서비스 거버너스 체계를 확보하고 클라우드를 활용한 개발 생산성을 향상해야만 한다.

특히 클라우드와 모바일 융합 서비스 모델을 개발하고 사용자 중심의 서비스 지향 및 서비스 커스터마이징 Mash up 기능을 제공한다.

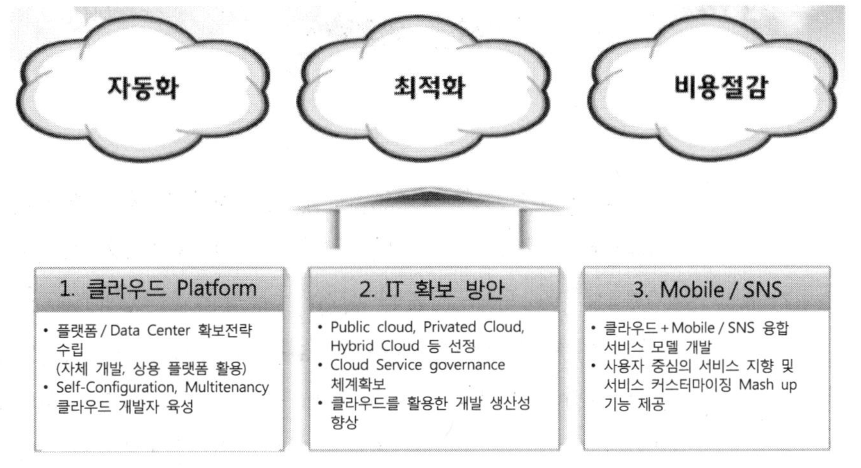

[그림 2-31] 클라우드의 도입전략

3. 클라우드 서비스의 주요 특징 및 기대효과

〈표 2-5〉 클라우드 서비스의 특징 및 기대효과

주요 특징	기대효과
Pay-as-you-go	• IT 인프라 고정비투자 비용절감 • 유휴 인프라 방치에 따른 비용낭비 방지 – IT 인프라 사용량만큼만 비용지불
유연성(elasticity)/ 확장성(scalability)	• 시스템 과부하시 즉시 대처 가능 – 추가 설비투자비용 및 설비투자기간 발생없음
공동작업가능	• IT 설비투자 없이 때와 장소에 구애받지 않고 화상회의, 공동작업 등 원격 협업 가능 • 참가자 모두가 동일한 환경으로 업무 공유가 가능함에 따라 생산성 및 업무효율성 향상
장치독립적	• 웹을 사용할 수 있는 모든 기기에서 동일한 사용환경 제공 • 개발자의 동일한 App 중복 개발 불필요, 사용자의 동일 콘텐츠 중복 구매 불필요

06 진화하는 클라우드

최근 유플러스박스, 유클라우드, N드라이브 등 스토리지 서비스를 이용하는 소비자들이 빠르게 늘어나고 있다. 그러나 스토리지 서비스는 클라우드의 전부가 아니라 클라우드 진화의 시작을 알리는 서비스라고 할 수 있다.

1인당 여러 대의 단말 보유, 이동성 향상 요구, 4G 확산 등 모바일 시장을 중심으로 한 환경변화로 인해 이전보다 한층 진화된 클라우드 기반의 서비스가 다양하게 등장할 것으로 예상된다. 활용범위 측면에서는 스토리지 서비스가 보다 다양한 모바일 서비스와 결합되고 있으며, 이용자원 측면에서는 복잡한 연산을 위해 단말기의 CPU 뿐만 아니라 인터넷 상의 IT 자원까지 활용하는 클라우드 프로세싱이 확산되고 있다.

그리고 구현방식 측면에서는 모바일 네트워크 성능이 향상되면서 모든 것을 인터넷 상의 서버에서 처리하고 단말은 단순히 디스플레이 역할만 하는 클라우드 스트리밍 방식까지 등장하고 있다. 이러한 클라우드의 진화는 클라우드 시장 뿐만 아니라 모바일 시장 전반에 걸쳐 영향을 끼칠 것이다.

클라우드와 OS, 하드웨어를 결합하여 최적의 사용자 경험을 제공하는 사업자가 모바일 시장의 변화를 이끌 것으로 보인다.

"클라우드 써보셨나요?"라는 질문을 받으면 뭐라고 대답해야 할까?

아마 요즘 흔히 언급되는 유플러스박스(U+Box), 유클라우드(uCloud), N드라이브 등의 스토리지(저장) 서비스를 이용해 본 사람은 그렇다고 대답할 것이고, 이용해 본 적 없는 사람은 아니라고 대답할 것이다.

최근에는 애플의 아이클라우드(iCloud) 역시 주소록, 일정, 사진 등을 서버에 저장하여 단말 간 쉽게 공유할 수 있고, 아이튠즈(iTunes) 또는 앱스토어(App Store)에서 음악, 동영상, 앱(App) 등 각종 콘텐츠를 한번만 구매하면 개인이 소유한 모든 애플 단말기에서 자유롭게 다운로드 받아 이용할 수 있다는 점에 모두가 주목하고 있다. 그렇다면 단말기 외부에 저장 공간을 제공하여, 다양한 단말 간의 데이터 또는 각종 콘텐츠를 쉽게 공유할 수 있도록 해주는 스토리지 서비스가 클라우드의 모든 것일까?

1. 클라우드, 진화의 시작

클라우드의 정의에 대해 각종 연구기관 및 전문가들이 각자 다르게 표현하고 있지만, 클라우드라면 갖추어야 할 핵심적인 요소에 대해서는 대부분 의견을 같이 하고 있다.

인터넷에 연결된 각종 하드웨어와 소프트웨어 등의 IT 자원을 원하는 때 필요한 만큼 임대하여 사용할 수 있어야 하며, 인터넷에 분산되어 있는 수많은 IT 자원과 개인의 단말기가 마치 하나인 것처럼 가상화되어야 한다는 것이다. 이러한 요소를 만족하는 서비스라면 클라우드 서비스라고 할 수 있다. 그 대표적인 사례가 e-Mail, 지도, 검색 서비스 등이다.

e-Mail, 지도, 검색 데이터 등은 모두 인터넷 상의 서버에 저장되어 있지만, 필요할 경우 언제든지 PC, 스마트폰 등 각종 개인 단말기에서 쉽게 확인할 수 있기 때문에 클라우드 서비스의 범주에 포함된다고 할 수 있다.

따라서, 클라우드를 사용해 보았느냐는 질문의 정답은 모든 사람들이 이미 클라우드를 사용하고 있다는 것이다. 이처럼 클라우드는 전혀 특별하거나 새로울 것이 없으며, 이미 우리의 생활 속에 들어와서 누구나 사용하고 있는 것임에도 불구하고, 대부분의 사람들이 클라우드를 새로운 것으로 받아들이는 이유가 무엇일까?

그 이유는 지금까지 존재하던 클라우드가 아닌 보다 진화된 모습의 클라우드이기 때문일 것이다. PC 중심의 기존 웹하드와 달리, 최근의 스토리지 서비스는 스마트폰, 스마트 패드 등 모바일 기기까지 영역이 확대되고 있으며, 인터넷 상의 스토리지와 개인의 여러 단말기에 내장된 스토리지가 마치 하나의 가상 저장공간으로 인지될 수 있도록 자동으로 동기화시켜주고 있다.

이처럼 과거의 웹하드와 최근의 스토리지 서비스는 모두 광의의 클라우드 범주에 속하지만, 클라우드를 이용하는 수준에서 스토리지 서비스가 한 단계 진화한 것이라고 할 수 있다. 이러한 클라우드의 진화는 특히 스마트폰을 중심으로 한 모바일 환경변화로 인해 촉발되었으며, 스토리지 서비스는 거대한 진화의 흐름 중 단지 시작에 불과할 것이다.

앞으로의 클라우드는 멀티 디바이스 환경이 본격적으로 도래하면서 보다 다양한 모바일 서비스와 밀결합될 것이고, 모바일 기기의 이동성을 향상시키기 위해 단순히 인터넷 상의 저장공간만을 이용하는 것에서 벗어나 인터넷 상의 IT 자원을 프로세싱(연산)에 활용하는 비중이 높아질 것으로 예상된다. 또한, 4G 혹은 5G 시대가 본격적으로 열림에 따라 보다 고품질의 네트워크를 필요로 하는 새로운 유형의 클라우드가 등장할 것으로 기대되고 있다.

2. 클라우드 스토리지와 모바일 서비스의 결합

만약 전혀 클라우드를 이용하지 않고 구글맵 또는 구글 음성인식과 같은 서비스를 제공해야 한다면 어떤 상황이 발생할까? 아마도 개인마다 최소 수십 TB(Terabyte) 이상의 스토리지를 확보해야 하고, 수천만원을 넘는 고가의 고성능 서버를 설치해야 할 것이다.

현실적으로 서비스 자체가 구현될 수 없는 것이다. 이처럼 지금까지 클라우드는 일반적인 수준의 개인용 단말기로 구현할 수 없는 서비스에 제한적으로 이용되어 왔는데, 이러한 전통적인 활용범위가 본격적인 멀티 디바이스 시대를 맞아 비약적으로 확장되고 있다.

1) 멀티 디바이스 시대의 도래

이미 국내 스마트폰 가입자가 1,500만 명을 돌파하였고, 2012년말 경에는 약 4,000만 명에 달하여 거의 모든 이동통신 가입자가 스마트폰을 이용하게 될 것으로 예상되고 있다. 뿐만 아니라 스마트 패드 역시 아이패드를 중심으로 활발히 판매되고 있으며, 스마트 TV도 꾸준히 보급되고 있다. 자동차도 점차 스마트카로 진화하고 있다. 대부분의 사람들이 PC와 스마트폰 나아가서는 스마트 패드와 스마트 TV, 스마트카를 동시에 보유하는, 즉 한 명이 최소 2개 이상의 단말기를 이용하는 멀티 디바이스 시대가 열리고 있는 것이다.

이렇게 개인이 보유하는 단말기가 늘어남에 따라 과거에는 문제가 될 수 없었던 데이터 이동이 핵심적인 이슈로 부각되고 있다. 개인이 원하는 콘텐츠와 서비스를 모든 단말기에서 이용하고자 한다면, 필요한 파일들을 개인이 직접 각 단말기로 옮겨야 하는데, 이 과정에서 상당한 시간과 노력을 필요로 하기 때문이다. 이러한 소비자의 불편함을 해소해 줄 수 있는 최적의 대안이 바로 클라우드 기반의 스토리지 서비스라고 할 수 있다.

스토리지 서비스에 음악 및 동영상 파일을 한번만 업로드해 놓으면 PC, 스마트폰, 스마트 패드 어떤 단말기로도 즉시 콘텐츠를 이용할 수 있으며, 스마트폰으로 촬영한 사진도 케이블을 연결하는 불편함 없이 스토리지 서비스에 즉시 업로드할 수 있고, 모든 단말기에서 감상할 수 있는 것이다.

2) 클라우드 기반 스토리지 서비스의 활용범위 확대

멀티 디바이스 시대가 되면서 단말간 공유가 필요한 데이터는 비단 멀티미디어 콘텐츠, 주소록, 일정, 사진 등에 그치지 않는다. 물론 앞서 언급된 데이터들이 가장 우선적으로 공유되어야 할 데이터이지만, 멀티 디바이스로 인한 장벽을 해소하기 위해서는 그보다 훨씬 다양한 종류의 데이터들이 모두 쉽고 편리하게 공유될 수 있어야 한다.

예를 들어, 스마트폰의 가계부 앱에 한번 정보를 입력하면 스마트 패드나 PC의 가계부에도 동시에 반영되어야 하며, PC에서 게임을 저장하면 스마트폰이나 패드에서 즉시 이어서 즐길 수 있어야 하고, 스마트폰의 건강관리 앱으로 조깅 경로와 운동량 등을 기록했다면 PC나 스마트 패드에서 즉시 확인할 수 있어야 한다. 이처럼 각종 앱 내에서 사용자가 생성한 정보들도 모든 단말기에 자동으로 공유될 수 있어야 하는 것이다.

3) 아이클라우드가 이끄는 모바일 서비스의 변화와 애플의 의도

이러한 점에서 애플의 아이클라우드가 매우 혁신적인 변화를 일으킬 것으로 기대된다. 그러나 대부분이 주목하고 있는 아이튠즈(iTunes) 및 앱스토어(App Store)를 기반으로 음악, 동영상, 앱 등 콘텐츠를 쉽고 편리하게 공유하는 서비스, 아이튠즈 매치(iTunes Match)를 활용한 신속한 업로드, 주소록, 일정, 사진 등의 백업 서비스 등으로 인한 변화보다 '앱 내의 데이터 공유 기능'으로 인해 촉발된 변화가 더욱 혁신적일 것으로 예상된다.

물론 현재도 앱 내의 데이터 공유는 가능하다. 예를 들어, 에버노트와 같은 메모 앱이 대표적인 사례로, 스마트 패드에서 작성한 메모를 서버에 저장하여 모든 단말기에서 실시간으로 확인할 수 있도록 하고 있다.

그런데 이러한 클라우드 기반의 앱을 개발하기 위해서는 앱 개발자가 스스로 인터넷 상의 서버를 임대하여 운영해야만 하고, 이로 인해 상당한 비용을 부담할 수밖에 없다. 그렇기 때문에 결국 앱 판매 또는 모바일 광고 등으로 비용을 회수할 수 있는 일부 앱만 클라우드 기능을 지속적으로 제공할 수 있었다.

그러나 애플이 아이클라우드를 1인당 5GB씩 무료로 제공하고, 해당 스토리지를 이용하여 자유롭게 앱을 개발할 수 있도록 SDK를 배포함에 따라, 개발자들은 비용부담이 전혀 없이 쉽게 클라우드 기반의 앱을 개발할 수가 있게 되었다. 이로 인해 과거와 비할 수 없이 많은 수와 다양한 유형의 클라우드 앱들이 개발되는 혁신적인 변화가 일어나게 되는 것이다. 이렇게 애플이 아이클라우드를 부분적으로 무료 제공하는 것은 막대한 투자 부담에도 불구하고, 그보다 더 큰 이익을 안겨줄 수 있을 것으로 예상되기 때문이다.

지금까지는 아이폰 사용자라 하더라도 스마트폰 재구매 시, 안드로이드폰으로 전환하는 것이 어렵지 않았다. 왜냐하면 앱의 규모에서 일부 격차는 존재하지만, 페이스북, 트위터, 서울버스, 앵그리버드 등 주요 앱들은 아이폰 뿐만 아니라 안드로이드폰에서도 동일하게 이용할 수 있었기 때문이다.

그러나 대부분의 아이폰용 앱에 클라우드 기능이 포함될 경우, 이러한 이동은 매우 어려워질 것으로 보인다. 예를 들어, 가계부 앱에서 기록한 수년치의 정보, 뉴스 앱에서 주요 관심사에 대해 수년간 클리핑한 뉴스, 지도 앱에 기록한 여행정보, 게임의 캐릭터 및 아이템 정보 등이 아이클라우드에 저장되어 있다면, 그리고 그 정보들을 별도의 파일로 백업 받을 수 없다면 아이폰의 사용자 경험과 안드로이드폰으로 전환했을 때의 사용자 경험에는 현저한 차이가 존재할 수밖에 없다.

따라서, 아이클라우드를 이용하는 앱을 수십~수백개 이용하는 아이폰4 사용자라면 계속하여 아이폰5, 아이폰6를 구매할 수밖에 없을 것이고, PC를 구매하려면 맥북, 스마트 패드를 구매하려면 아이패드, 스마트 TV를 구매하려면 아이TV를 구매할 수밖에 없을 것이다.

3. 모빌리티에 대한 요구와 클라우드 프로세싱의 확산

1) 모바일 서비스의 한계

최근, 애플 앱스토어에는 약 47만개, 구글 안드로이드 마켓에는 약 29만개의 앱이 등록되어 있다. 언뜻 보기에 이미 세상의 모든 서비스가 등록되어 있는 것처럼 생각될 수 있다.

그러나, 대용량 통계 데이터 처리, 고화질 동영상 인코딩, 3D 그래픽 편집, P2P 파일 전송 등 이미 PC 환경에서는 구현되어 있지만, 아직도 스마트폰용 애플리케이션 프로세서(AP) 성능 상의 문제 또는 배터리의 제약 등으로 인해 모바일 환경에서는 이용할 수 없는 서비스가 다수 존재한다. 이러한 서비스 중 매우 높은 빈도의 키보드 입력을 필요로 하는 문서 작업 등을 제외하면 대부분 모바일 환경에서도 유용한 서비스들이지만, 모바일 단말기만으로 구현하는 것은 기술적으로 수년 내에 현실화되기 어려울 것으로 예상된다.

현존하는 최고 성능의 애플리케이션 프로세서라고 해도 가장 저렴한 넷북용 CPU의 성능에 미치지 못하고 있으며, 배터리도 다양한 차세대 배터리들이 연구단계에 있지만 실제 상용화 가능한 기술만 감안할 경우 3~5년 내에 20% 이상의 밀도 향상을 기대하기는 어려울 것이기 때문이다.

2) 클라우드 프로세싱을 통한 모바일 서비스의 한계 극복

따라서, 대용량 통계 처리, 3D 그래픽 편집과 같이 매우 높은 성능의 CPU를 필요로 하는 앱, 또는 P2P 파일 전송과 같이 장시간 동안 실행시켜 놓고 통신을 해야 해서 많은 양의 전력을 소모하는 앱을 포함하여 모든 모바일 서비스를 제약 없이 구현하기 위해서는 스토리지뿐만 아니라 프로세싱까지도 인터넷 상의 IT 자원을 활용하는 고도화된 클라우드가 필수적일 것으로 예상된다.

예를 들어, 3D 그래픽 편집은 사용자가 모델링한 물체에 표면과 배경, 광원, 시야 각도 등을 종합적으로 고려하여 최종적인 화면을 만드는 렌더링 과정에서 가장 많은 프로세싱이 요구되는데, 오토데스크(Autodesk)의 네온(Neon)이라는 클라우드 렌더링 서비스는 최고 성능의 PC에서도 80분이나 소요되는 3D 렌더링 작업을 단 8분만에 완료해 준다.

이러한 렌더링 서비스를 모바일에 접목한다면 현 수준의 스마트폰 애플리케이션 프로세서로도 PC와 유사한 수준의 3D 그래픽 편집이 가능해질 수 있는 것이다. 설혹 스마트폰 애플리케이션 프로세서가 비약적인 성능 발전을 이룬다고 해도 3D 렌더링과 같이 많은 연산이 필요한 작업의 경우, 클라우드 프로세싱을 이용하는 것이 단말기의 전력을 적게 사용하기 때문에 보다 효과적인 대안이라

할 수 있다.

또한, P2P 파일 전송의 경우도 클라우드 프로세싱을 이용하여 전력 효율적으로 구현할 수 있다. 전송속도가 느리면 오랫동안 앱을 실행시켜두어야 하는데, 전송속도와 관계 없이 배터리 소모는 지속적으로 일어나게 된다.

따라서 외부의 서버에 파일을 전송받고, 일정량 이상 다운로드 받으면 스마트폰에 전송하는 방식으로 비효율적인 배터리 소모를 예방할 수 있는 것이다. 따라서, 모빌리티에 대한 요구가 지속될수록 단말기의 크기와 무게의 변화 없이도 모든 서비스를 제약 없이 모바일로 구현할 수 있고 전력을 효율적으로 사용하여 단말기를 보다 오래 사용할 수 있도록 하는 클라우드 프로세싱은 앞으로 더욱 확산될 전망이다.

4. 4G 시대, 클라우드 스트리밍의 등장

인터넷의 IT 자원을 단말기와 함께 묶어서 데이터 스토리지 또는 프로세싱에 사용하는 클라우드는 구현하는 방식에 따라 여러 가지 유형이 존재할 수 있는데, 현재 크게 3가지가 존재하고 있다. 단말기의 OS 위에 설치하여 이용하는 네이티브 앱(Native App) 방식과 웹브라우저를 통해 웹사이트에 접속하여 이용하는 웹 앱(Web App) 방식, 그리고 네이티브 앱 방식과 웹 앱 방식을 적절히 혼합한 하이브리드 앱 방식이 그것이다. 그런데 4G 시대가 본격적으로 개막되면서 3가지 유형 외에 클라우드 스트리밍(cloud streaming)이라는 궁극적인 클라우드 방식이 추가적으로 등장하고 있다.

1) 네이티브 앱 방식의 장단점

네이티브 앱은 4가지 방식 중 클라우드를 가장 적게 이용하는 방식이다. 대부분은 단말기에 설치해두고, 멀티 디바이스 간 공유가 필요한 데이터, 매우 복잡한 연산 등에 한해서 클라우드 스토리지 또는 클라우드 프로세싱을 적용하게 된다. 그래서 UI를 자유롭게 구성할 수 있고, 빠르게 동작할 수 있으며, 네트워크에 일시적인 단절이 있어도 큰 불편 없이 이용할 수 있다는 장점이 있다. 그러나, OS에 의존적이기 때문에 동일한 서비스를 위한 앱이라고 해도 OS별로 각각 개발해야 한다는 단점이 있다. 이미 개발된 앱이라도 타 OS로 추가 개발할 경우, 최초 개발비의 약 30% 내외가 소요된다는 점을 감안하면 iOS, 안드로이드, 윈도우폰 등 다수의 모바일 단말용 OS와 PC용 OS, TV용 OS가 병존하는 현 상황은 개발자 입장에서 상당한 비용부담이 될 것이다. 이는 모바일 서비스 개발을 위축시키고 결국 사용자가 보다 다양한 서비스를 이용하는 데에 부정적 요인으로 작용할 것이다.

2) 웹 앱 방식의 장단점

웹 앱은 모든 데이터와 앱이 인터넷 상의 서버에 저장되어 있고, 사용자는 단말기의 웹브라우저를 통해 서버의 데이터와 앱을 HTML이라는 표준 프로토콜로 받아오는 방식이다. 프로세싱은 단말기만으로 이루어질 수도, 인터넷의 IT 자원을 함께 이용할 수도 있다. 이러한 과정으로 실행되는 웹 앱의 특성상 OS가 아무리 많아도 개발자는 하나의 웹 앱만 개발하면 되므로 개발비와 이후의 업그레이드 비용이 대폭 절감된다는 장점이 있다.

그러나, 웹 앱은 속도가 느리고 단말기의 변화를 빠르게 수용하지 못한다는 치명적인 단점이 있다. 과거 HTML4까지는 속도 외에도 주소록, 통화기록, 메시지 등 단말기의 주요 리소스에 접근하기 어렵고, GPS, 카메라, 가속도계 등 일부 인터페이스를 이용할 수 없으며, UI의 자유도가 현저히 떨어진다는 단점도 있었으나, 최근 HTML5가 보급되면서 이러한 문제들은 대부분 사라졌다. 그러나 C언어 대비 Java의 느린 처리속도, HTML의 해석(parsing) 과정으로 인한 지연, 웹페이지 전환 시마다 네트워크를 연결, 종료하면서 발생하는 지연 등으로 인해 네이티브 앱 대비 느린 속도는 구조적으로 해결하기 매우 어렵다.

따라서, 네트워크 액션 게임과 같이 빠른 조작과 빠른 응답속도가 필요한 서비스의 경우 웹 앱 방식으로 구현하기가 거의 불가능하며, 구현하더라도 실제 이용에 있어서 지연으로 인한 불편함이 다소 발생할 수밖에 없다. 또한 웹 앱의 경우 설치는 불필요하다고 하지만, 그렇기 때문에 최초에 필요한 최소의 데이터와 앱을 다운로드 받는 로딩 시간이 소요된다. 따라서, 간단한 서비스는 아무 문제가 없겠지만, 복잡한 서비스의 경우 웹 앱으로 구현한다면 긴 로딩 시간으로 인해 사용자에게 불편함을 야기할 수도 있다.

3) 하이브리드 앱 방식의 장단점

하이브리드 앱은 네이티브 앱의 개발비용에 대한 부담과 웹 앱의 느린 속도를 보완하고자 두 가지를 적절히 혼합하여 서비스를 구현하는 방식이다.

UI부분은 네이티브 앱의 방식을, 서비스가 동작하는 부분은 웹 앱의 방식을 적용하는 것이다. 물론 두 방식의 단점을 일부 보완할 수는 있겠지만, 하이브리드 앱의 경우도 한계는 존재한다. 두 방식의 단점을 모두 가지고 있게 되는 것이다. 네이티브 앱의 개발비용보다는 낮겠지만 OS별로 각각 개발해야 한다는 점은 동일하며, 웹 앱보다 UI 조작속도는 월등히 빠르겠지만, 빠른 조작이 필요한 서비스는 웹 앱과 마찬가지로 구현하기 어렵다는 단점이 있다.

4) 궁극의 클라우드, 클라우드 스트리밍

이러한 네이티브 앱, 웹 앱, 하이브리드 앱 등 여러 방식에 존재할 수밖에 없는 단점을 모두 극복할 수 있는 대안이 클라우드 스트리밍이라 할 수 있다. 클라우드 스트리밍은 데이터 및 앱을 저장하는 것뿐만 아니라 앱을 실행하는 프로세싱까지도 모두 인터넷 상의 서버에서 이루어지는 방식을 의미한다.

단말기에서는 단지 서버에서 생성된 화면 이미지만을 전송받아 디스플레이하는 역할만을 수행한다. 단말기의 성능 자체가 무의미해지는 클라우드의 가장 궁극적인 형태라고 할 수 있다. 클라우드 스트리밍을 이용할 경우, 서버의 무제한에 가까운 처리성능을 이용하기 때문에 모바일 단말에서 네이티브 앱을 실행하는 것보다 빠르게 동작할 수 있으며, 서버에 여러 종류의 OS를 동시에 설치하여 이용할 수 있기 때문에 개발자는 하나의 OS만 대응하여 앱을 개발해도 클라우드 스트리밍을 이용하는 모든 사용자가 앱을 이용할 수 있게 되는 것이다.

또한, 수GB에 달하는 대용량 앱이라고 해도 이미 서버에 설치되어 있고, 사용자는 실행만 하여 화면 이미지만을 전송받으면 되기 때문에, 네이티브 앱과 같이 다운로드 받고 설치하는 과정 또는 웹 앱과 같이 로딩하는 과정이 전혀 없이 바로 이용할 수 있다는 장점도 있다.

예를 들어, 클라우드 게임 업체인 온라이브(OnLive)의 경우, 클라우드 스트리밍 방식을 이용하여 아이패드에서 플레이스테이션용 3D게임을 구현한 바가 있다. 플레이스테이션에 비해 매우 낮은 성능의 단말기로도 고품질의 3D게임을 무리 없이 이용할 수 있는 것이다. 이처럼 클라우드 스트리밍이 완벽하게 구현될 수 있다면, 단말기에 설치되어 있는 OS와 무관하게 윈도우 XP용 애플리케이션도, iOS 또는 맥OS용 애플리케이션도, 플레이스테이션 또는 Xbox와 같은 게임기용 애플리케이션도 모두 하나의 단말기로 이용할 수 있게 될 것이다. 게임 콘텐츠 또한 모두 구입할 필요도 설치할 필요도 없이 원하는 때 콘텐츠를 이용하고, 이용한 시간만큼 금액을 지불하면 되는 것이다. 그렇게 된다면 훨씬 저렴한 비용에 다양한 콘텐츠 및 서비스를 이용할 수 있는 환경이 구현되는 것이다.

이와 같이 클라우드 스트리밍은 네이티브 앱, 웹 앱 등 기존의 클라우드 방식을 보완할 수 있는 유용한 방식이지만, 이를 구현하기 위해서는 완벽에 가까운 네트워크가 필요하다는 제약사항이 존재한다. 이로 인해 최근까지도 클라우드 스트리밍 방식이 거의 활성화되지 못하고 있는 것이다. 네트워크가 단절되어도 일부의 서비스를 이용할 수 있는 네이티브 앱, 네트워크가 느릴 경우 다소 불편함은 있지만 이용은 가능한 웹 앱과 달리, 클라우드 스트리밍은 네트워크에 단절이 있거나 속도가 느려지면, 그 즉시 서비스를 이용할 수 없게 된다.

현재 3G 모바일 네트워크의 속도가 1Mbps에도 못 미치는 지역이 많기 때문에, 아직까지는 모바일 서비스에 클라우드 스트리밍 방식이 적용될 수 없었던 것이다. 물론 100Mbps급의 초고속 유선 네트워크만 이용한다면 충분히 구현할 수 있을 것이다. 이는 거의 유선 네트워크만을 이용하는 기업 또는 정부기관들을 중심으로 클라우드 스트리밍 방식의 업무 시스템이 활발히 도입되고 있는 것을 보면 알 수 있다. 그렇다면 초고속 유선 네트워크보다는 느리지만, 3G보다 한 단계 발전된 4G 모바일 네트워크에서는 클라우드 스트리밍 방식이 구현될 수 있을 것인가?

5) 4G 환경에서 클라우드 스트리밍의 구현 가능성

방송통신위원회가 SK 텔레콤의 LTE/A 요금제를 인가하면서 국내에도 4G 시대가 본격적으로 개막되었다. SK 텔레콤에 이어 LG 유플러스도 10월 초 본격적으로 가입자를 유치할 계획에 있으며, 제조사들도 앞다투어 LTE/A 스마트폰을 출시하고 있다. LTE/A는 3G에 비해 통신속도가 5~10배 빠르고, 지연 시간은 10분의 1에 불과하며, 서비스별 품질보장(QoS)이 용이하다는 것을 장점으로 내세우고 있다. 과연 이정도 수준의 네트워크라면 클라우드 스트리밍의 구현이 가능할 것인가?

현재 모바일 단말에서 최고 수준의 해상도는 HD급인 1280×720이며, 이 수준의 해상도에서 현재의 압축기술을 감안할 때 클라우드 스트리밍의 구현을 위해서는 최소한 약 4.4Mbps의 전송속도가 보장되어야 한다. 또한 사람이 지연을 체감하기 어려울 정도의 반응속도를 구현하기 위해서는 네트워크의 지연시간이 최대 20ms 이하의 수준으로 낮아져야 한다. 그리고 무엇보다 전혀 끊김이 없어야 한다. 그런데 다행히 LTE/A는 이와 유사한 수준의 품질을 제공할 수 있을 것으로 예상된다.

LTE/A의 이론상 최고 속도는 75~210Mbps이다. 그러나 3G의 사례에서도 알 수 있듯이, 최고 속도와 현실적으로 사용자가 이용 가능한 속도에는 상당한 차이가 있다. LTE/A 역시 그럴 것으로 예상되며, 현실적으로는 일반적 통신환경에서 10~30Mbps 수준에 머무를 것으로 예상된다. 그리고 밀집 지역에서는 이보다 더 낮아져 4.2~10Mbps 수준에 머무르겠지만, 클라우드 스트리밍의 구현을 위한 최저 보장속도와 유사한 수준은 만족시킬 것으로 예상된다.

지연시간도 10~30ms 수준까지 내려갈 수 있을 것으로 예상되기 때문에 끊김 없는 네트워크만 구축한다면, LTE/A는 클라우드 스트리밍의 구현 조건을 아슬아슬하게 만족시킬 수 있을 것으로 전망된다. 이와 더불어 WiFi 등의 우회망을 4G와 끊김 없이 연결하여 활용하고, 서비스 유형에 따라 전송속도 및 지연 시간을 조절하는 4G의 지능적인 품질보장 기능을 적용한다면, 클라우드 스트리밍의 기술적 구현 가능성은 더욱 높아질 수 있을 것이다.

5. 클라우드로 인한 모바일 시장의 변화

클라우드 스트리밍까지 포함하여 클라우드의 4가지 구현방식은 각기 장단점이 있으며 상당기간 하나의 방식으로 통합될 수는 없을 것이다. 오히려 각 구현방식은 상호 보완적인 관계에 있을 것으로 전망된다. 물론 치열한 경쟁이 존재하겠지만, 클라우드 서비스 업체끼리 또는 클라우드 구현방식끼리의 경쟁이 아니라 각 모바일 서비스별로 어떤 클라우드 구현방식이 가장 적합하며, 이를 위해 OS와 하드웨어는 어떻게 구성되어야 하는지를 찾기 위한 경쟁이 이루어질 것으로 예상된다.

어떤 클라우드 방식을 이용하느냐에 따라 단말과 서비스를 포함한 모바일 전반의 사용자 경험이 판이하게 달라지기 때문이다. 클라우드 서비스 업체뿐만 아니라 OS 업체, 제조사, 통신업체 등 다양한 업체가 복잡한 관계를 맺고 경쟁을 하게 될 것이며, 그 경쟁의 결과는 단순히 클라우드 시장이 아니라 모바일 시장 전반에 영향을 끼칠 것이다.

과거 피처폰 시절 하드웨어를 중심으로 경쟁을 했다면 스마트폰 시대에는 OS와 하드웨어 조합의 최적화를 통해 경쟁을 했다고 할 수 있다. 하드웨어 스펙이 다소 낮더라도 OS가 효율적이고 사용하기 편리하면 전반적인 사용자 경험은 오히려 우수할 수 있기 때문이다.

마찬가지로 앞으로 다가올 클라우드 시대에는 클라우드와 OS, 하드웨어를 결합하여 속도, 편의성, 가격, 서비스 다양성 등이 최적화된 사용자 경험을 제공하는 사업자 또는 사업자들의 연합이 전체 모바일 생태계를 주도할 가능성이 높을 것으로 전망된다.

제3장

스마트 홈네트워크 기술

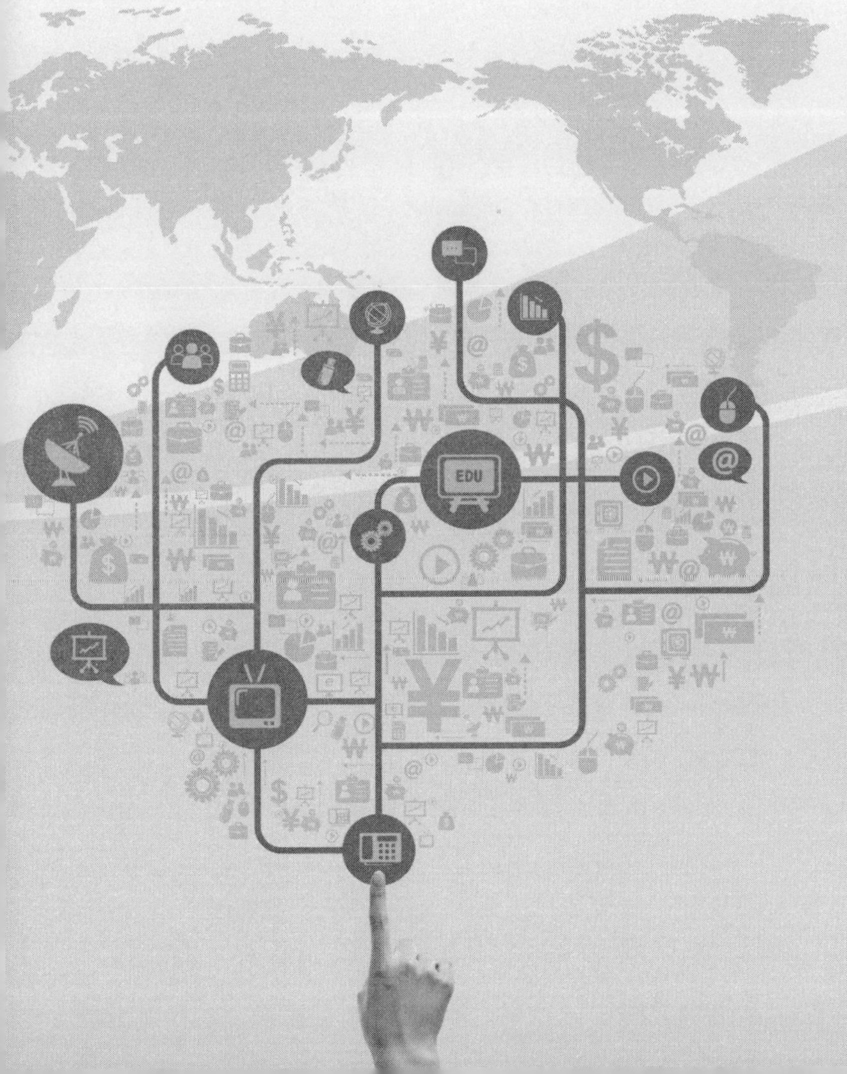

01 스마트 하우스 구현

1. 인터넷 TV의 인터페이스 혁신이 쌍방향 시청 스타일 유도

클라우드 컴퓨팅의 확산으로 스마트 하우스 구현에 대한 기존의 구상이 그 의미를 완전히 상실하게 되었다. IT 혁명의 초점이 PC에서 스마트폰, 그리고 TV 등 디지털 가전으로 이행하는 가운데, 가상 공간에서 가정 내 모든 기기들 통합적으로 관리, 조정하는 일이 조만간 현실화될 전망이다.

이는 기존의 IT 시스템 체제 하에서 구상되었던, PC를 통해 가정 내 네트워크 환경을 구축하는 PC 중심 전략과 TV를 가정 내 서버로서 활용하는 TV 중심 전략 간의 경합 자체가 무의미해진다는 것을 뜻한다. 소니, 구글, 인텔이 추진하고 있는 차세대 TV 비즈니스 모델은 클라우드 컴퓨팅 시스템의 개념을 적극 도입, 넷 TV를 라이프 솔루션의 허브로 이용하려는 시도라고 볼 수 있다.

구글 TV의 경우 구글이 무상으로 공개하고 있는 휴대폰 OS인 Android를 탑재하고 인텔의 소형 MPU인 Atom을 장착함으로써 TV에서도 PC와 같이 간편하게 트위터나 유튜브 등의 이용이 가능하도록 디자인되었다.

① TV 화면에 채널 일람표, 구글 검색 사이트 등을 표시해 언제든지 원하는 콘텐츠를 시청할 수 있도록 하는 한편 인터넷을 통해 새로운 콘텐츠를 추가하는 것도 가능하다.

② 키보드를 통해 문자를 입력할 수 있는 리모콘 사용이나 스마트폰을 활용한 TV 조작도 가능하게 할 예정이다.

소니는 자제적으로 개발한 고성능 반도체인 셀(cell)을 사용하지 않고 기본 소프트웨어도 구글의 안드로이드(android)를 채용함으로써 이 때문에 차별화 포인트가 약해질 수 있지만, 그보다는 개발기간 단축 및 코스트 절감효과를 추구하고 있다.

소니는 자회사의 세계 TV 시장점유율이 삼성, LG에 이어 3위로 전락한 상황을 크게 의식하고 있으며 이를 타개하는데 매진하고 있다.

인텔도 포스트-PC 시대를 겨냥, 디지털 가전 시장에서 새로운 입지를 다지기 위해 소형 CPU인 Atom에 주력하고 있다.

① 이는 오히려 자사의 주 수익원인 PC용 대형 MPU 시장을 잠식하는 효과를 감수하면서까지 추진되고 있는 전략이다.

② IT 트렌드의 패러다임의 변화에 따른 이노베이션 노력이 도리어 이노베이션 시도 이전의 수익 모델에는 장애요인으로 작용하는 '이노베이션 딜레마'를 극복하는 데 주력하고 있는 것이다.

	기존	클라우드 혁명	인터페이스 혁신
전달 · 콘텐츠	• 콘텐츠 및 전달은 지상파 위주, 일부 CATV	• 콘텐츠 및 전달은 지상파, CATV, 인터넷	• 지상파, CATV로 인터넷 外 진행
가정 내 네트워크	• Blu-ray 등 기록매체와 연결 가정 내 네트워크 부진	• 기록매체 이외에 스마트폰, 전자북, PC 등으로 다양화	• AV 이외에 백색 가전, 전력기기와도 네트워크 형성
플랫폼	• 인터넷 연결 모색, Direct va, PC 경유가 이슈화	• 클라우드 기반의 플랫폼인 가정 내 가상 서버가 주류가 되고 다양한 기능 수행	• 가상 서버와 하드웨어의 성능향상, 자동편집, 감성적 검색 가능
시청 형태	• 소비자의 수동적 시청 추류	• 대부분이 수동적 시청 형태, 일부 쌍방향의 능동적 시청	• 편안한 쌍방향 시청 방식 일반화

[그림 3-1] 차세대 TV의 진화방향

구글은 안드로이드의 잠재적 결합을 오픈화된 기반을 통해 세계 각국의 전문가들이 직접 개량하고 관련 소프트웨어를 개발, 추가하도록 유도하는 전략을 취하고 있다.

① 구글은 안드로이드를 휴대폰, TV뿐만 아니라 카 내비게이션 등 다양한 기기에 적용하고 소비자로 하여금 언제, 어디서나 구글의 검색을 이용할 수 있게 함으로써 관련 광고료 수입증대를 모색할 방침이다.

② TV 광고도 인터넷의 '클릭 광고' 형태로 진화하게 될 경우 중소기업을 포함한 수많은 업체들의 자발적 참여가 가능해지면서 '롱-테일(long-tail)식' 수익을 확보할 수 있을 전망이다.

소니 역시 구글의 이러한 오픈화 전략에 대한 잠재력을 높이 평가하면서 구글 TV 진영에 합류한 것으로 보이지만, 혹시 모를 리스크에 대비해 자체적인 아이디어에 기반한 비즈니스도 동반 추진한다.

구글의 전략에 기반한 TV의 진화는 TV 비즈니스 수익 모델을 검색 광고 쪽으로만 집중시키는 결과를 초래할 수 있어 정작 TV 제조업체의 수익성은 크게 악화될 가능성도 상존한다. PC가 주도했던 제1차 IT 혁명 시 마이크로소프트와 인텔이 연합 라인을 구축해 수익을 독차지한 역사가 되풀이될 가능성도 배제할 수 없다.

따라서 소니는 구글 TV 이외에도 자체 사양의 디지털 TV를 인터넷에 직접 연결시키는 비즈니스, 플레이스테이션 시리즈 등 자회사의 게임기를 통해 각종 콘텐츠를 가정에 송신하는 비즈니스 등을 동반적으로 추진 중이다. 이런 측면에서 볼 때 향후 소비자의 TV 시청 방식이 과연 PC처럼 검색 등 사용자의 적극적인 동참을 수반하는 쌍방향(interactive TV) 형태로 정말 급속하게 변화할 것인지 여부는 아직 불확실하며 논란의 여지가 있는 것이 사실이다. 실제로 지금까지 인터넷 TV의 초기 모델이 여러 번 시도된 적이 있었지만 소비자들로부터 그다지 큰 호응을 얻지 못했다. 구글이 주도하는 클라우드 컴퓨팅의 활용이 쌍방향 TV의 보급확대에 큰 역할을 할 것은 분명하지만 결과적으로 그것만으로는 역부족일 가능성도 상존하고 있다.

TV 시청자의 경우 쌍방향 기능에 대한 호응도가 의외로 낮을 수 있으며, 이는 TV를 통한 넷 광고 수입의 예상 외 부진으로 연결될 가능성이 있음: 이 경우 구글의 인터넷 TV 전략이 실패로 끝날 가능성도 배제할 수 없다. 궁극적으로 TV의 쌍방향 기능은 중대형 모바일 기기나 iPad 이용환경의 개선 등과 같은 형태로 녹아 들어가거나 개인 단말기에서 다운로드받은 콘텐츠를 좀 더 큰 화면으로 옮겨 시청하는 형태의 간접적 방식으로 소화될 가능성도 있다.

iPad와 같은 휴대 기기가 모바일 TV 혹은 넓은 의미의 리모콘으로서 기능하게 될 가능성도 있다. 편안한 시청을 선호하는 TV 시청자로 하여금 쌍방향 기능활용도를 높이도록 유도해 홍보수익을 증대시키기 위해서는 인터페이스의 개선이 가장 시급하고 중요할 것으로 판단된다.

음성이나 몸짓으로 작동하는 TV 등 인터페이스 기술의 차별성이 향후 경쟁력의 핵심으로 부상할 가능성이 있다.

PC, 스마트폰, 전자 북, 인터넷 TV 등 각종 디지털 기기가 클라우드 컴퓨팅에 뒷받침된 가상 서버와 연결되어 고객의 개인적 취향 및 감성을 고려한 편안한 인터넷 TV 시청 및 검색이 가능하도록 하는 등의 서비스가 부각될 가능성도 있다.

궁극적으로 향후 인터넷 TV가 클라우드 컴퓨팅을 기반 삼아 그 진가를 발휘하게 될 것으로 보이지만, 쌍방향 TV 기능의 핵심이라고 할 수 있는 인터페이스 기술의 혁신에는 적지 않은 시간이 소요될 수도 있다.

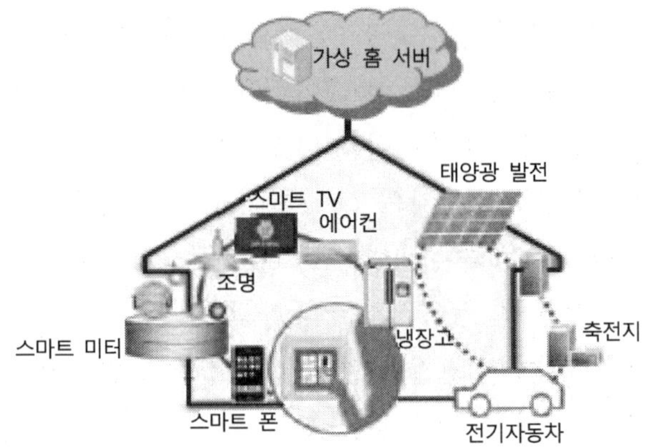

[그림 3-2] 스마트 하우스의 개념도

2. 스마트 하우스 서비스의 보편화

클라우드 컴퓨팅은 그린 IT의 개념과도 접목되어 가정 내 각종 전자기기 정보의 완전 공유 및 조정뿐만 아니라 효율적인 에너지 활용도 추구하는 기존에는 볼 수 없었던 혁신적인 형태로 응용될 전망이다.

TV, 냉장고, 세탁기, 에어컨 등 각종 가전제품과 함께 태양전지 패널, LED 조명, 전기자동차 등 차세대 자동차, 가정용 축전지 등을 총망라한 가정 내 전력망 상의 스마트화가 진행됨에 따라 절전 효율의 추구, 잉여 전력의 수급 등이 가능하게 되었다.

이러한 스마트 하우스의 구상을 실현시키기 위해서는 모든 기기의 전력수급을 정확하게 측정하는 스마트 미터와 홈서버가 반드시 필요할 것으로 인식되어 왔으나, 클라우드 컴퓨팅의 등장으로 가상 서버가 얼마든지 이러한 역할을 충분히 수행할 수 있을 전망이다.

별도 설비 없이 모든 전자기기가 데이터센터의 가상 서버와 연결되고 이를 통해 전력수급의 관련된 모든 일련의 과정들을 PC, 스마트폰, 전자북, 인터넷 TV

등을 통해 실시간으로 간편하게 모니터링하는 것이 가능하다. 전력회사 등이 준비하고 있는 스마트 미터 없이도 이러한 스마트 하우스를 실현시킬 수 있는 서비스를 제공하는 기업이 등장하고 있다.

영국의 AlertMe사의 경우 모든 소프트웨어를 인터넷 상에서 제공하는 클라우드 컴퓨팅 기반으로 적용시킴으로써 소비자가 간단한 기기만 설치하면 개인 휴대용 단말기를 통해 즉각적으로 가정의 전력사용 상황을 모니터링할 수 있는 서비스를 제공한다. 스마트 미터의 설치에는 많은 시간과 비용의 투입이 불가피해 가정에서 당장 절전효과를 보기 위해서는 이러한 형태의 서비스가 훨씬 더 경쟁력을 가질 것으로 판단된다.

AlertMe사는 현재 대부분 구상 단계에 머물고 있는 스마트 하우스와 유사한 서비스를 실제로 제공하고 있는 몇 안되는 기업들 중 하나이다. 이 회사는 가정의 에너지 사용량을 측정하는 기기를 판매하고 이 기기를 통해 수집된 데이터를 분석, 그 내용을 인터넷 상에서 제공하는 서비스를 실시하고 있다. 전력사용량을 확인하는 Meter Reader, 여기서 확보된 데이터를 무선으로 전송하는 Transmitter, 전송된 정보를 수신하는 Nano Hub 등 3가지 핵심 기기들을 다루고 있으며, 가격은 49파운드에 불과하다. 기기간 통신에는 지그비(ZigBee)를 사용하고 서비스 요금은 연간 19.90파운드로 매우 저렴한 편이며, 기기 자체도 손바닥 크기 정도로 작고 가벼운 것이 특징이다.

AlertMe사는 각 가정에서 전송되는 데이터를 기초로 전력사용량, 요금, 과거 대비 에너지 절약달성 정도 등을 실시간으로 계산한다. 고객은 AlertMe사의 사이트에 직접 로그인하여 자기 집의 전력사용 상황을 손쉽게 확인할 수 있고, 추가 플러그를 사용하면 원격조정으로 전원을 관리할 수도 있다. AlertMe사는 구글의 Google PowerMeter라는 서비스와도 제휴를 맺어 구글의 웹사이트를 통해서도 각 가정의 전력상황을 모니터링할 수 있도록 하고 있다.

미국, 일본, 유럽 등은 오감 정보처리기술 등 사용자의 편의성을 극대화하여 인간과 컴퓨터 간 자연스러운 의사소통 방법을 제공하는 Human-Computer 상호작용 기술을 연계, 의료 및 재활분야, 우주산업 등 특정 부문 응용에 적합한 인터페이스 개발에 매진 중이다.

일본은 신체기능 보조를 위한 실버 산업, 오디오·비디오 등 시각·청각 기반의 콘텐츠 이후에 등장할 촉각, 후각, 미각 등 신개념 오감 콘텐츠 산업의 잠재력 구현을 위한 원천기술 확보에 주력한다.

마이크로소프트는 유비쿼터스 홈구축을 위한 신생활 프로젝트(easy living project)의 새로운 버전을 통해 현실세계 감지와 가상공간 모델링의 개념을 결합, 지능형 환경구축을 위한 프로토타입 기술개발을 추진한다.

유니버셜 스튜디오의 체험형 전시관, CueSim Ltd.의 항공기 시뮬레이터, Racing Interaction F1 시뮬레이터 등에서는 사용자가 실제 체험하는 듯한 느낌을 경험할 수 있도록 중력감, 가속도 등의 감각을 표현하는 실감형 미디어 기술을 적용한 서비스를 제공한다.

독일의 인하우스 프로젝트(In-House Project)는 기존 정보가전 제품으로 실현 가능한 기능과 첨단의 프로토타입 정보가전 제품 기능 등을 전부 아우르는 모든 종류의 정보가전 제품 간 상호 연동성을 실현시키기 위한 연구를 진행 중이다.

마이크로소프트, 인텔, 소니 등은 홈 엔터테인먼트 서비스를 위한 미들웨어를 개발, 이를 탑재한 제품들을 출시하고 있으며 애쉴론, 지멘스 등은 홈오토메이션 서비스와 빌딩 자동화를 위한 미들웨어 기술을 개발하여 실제로 적용하고 있다.

UPnP, LonWorks, DLNA 등 다양한 단체 표준을 준수하는 미들웨어 기술들이 이미 개발되었으며, 지멘스의 KNX 기술은 2008년 세계 최초로 ISO/IEC JTC1 SC25 표준 기술로 채택하고 있다. 하지만 다양한 미들웨어를 탑재한 기기들 간의 상호 연동을 제공하는 기술은 아직 시작 단계에 불과(일부 미들웨어 간 단순 변환을 통한 상호 연동 기술은 확보하고 있다.

현재 영국의 브리스톨 대학, 일본의 게이오 대학 등에서 이론적 개념 모델을 정립 중이나 실생활에 적용되기까지는 수년의 시간이 필요할 것으로 추정하고 있다. 자사가 개발한 기기의 고장이나 장애를 자가 진단할 수 있는 기술의 개발은 활발히 진행되고 있으나, 기타 모든 종류의 디바이스에 의해 발생하는 장애나 복잡한 네트워크 서비스 상에서 발생하는 장애를 감지하고 처리하는 기술의 개발은 아직 미진한 상황이다.

스마트 하우스 실현이 구체화됨에 따라 전자기기나 센서 간 통신을 가능하게 하는 기술적 규격이 점점 더 중요해질 전망이다. 엔터테인먼트 부문뿐만 아니라 에너지 효율과의 연계성도 중요해지면서 스마트그리드 관련 투자를 큰 폭으로 늘리고 있는 미국 IT 산업의 주도력이 더욱 강화될 가능성이 있다.

02 스마트 홈네트워크의 기술

1. 스마트 홈네트워크의 개념

스마트 홈네트워크는 집안의 가전기기 및 시스템을 상호 또는 외부 인터넷 상의 정보기기와 연결한 임베디드 시스템인 각각의 기기 및 시스템에 대하여 원격 접근과 제어가 가능하고, 음악, 비디오, 데이터 등과 같은 콘텐츠를 사용할 수 있도록 양방향 통신 서비스 환경을 구현하는 기술로 정의하고 홈시큐러티 확보, 홈케어 지원 등을 목표로 한다.

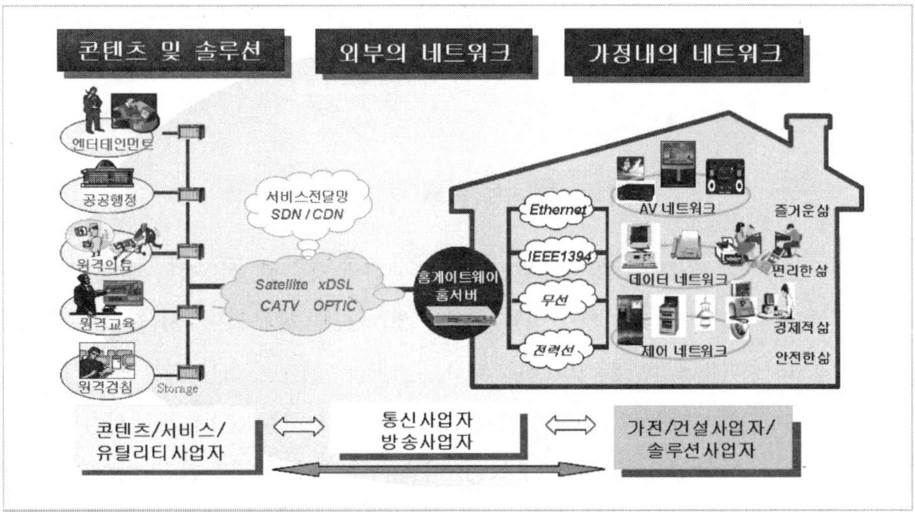

[그림 3-3] 스마트 홈네트워크의 개념도

2. 스마트 홈네트워크의 구성요소

스마트 홈네트워크의 구성요소별 분류는 [그림 3-4]처럼 분류하였다. 3가지의 네트워크인 엔터테인먼트 네트워크, 컴퓨터 네트워크, 오토메이션 네트워크로 구분하고 항목별로는 요구사항, 데이터 처리속도, 표준 네트워크, 서비스 등으로 구분하여 정리하였다.

① 홈네트워크망(댁내망) : 이더넷, 전력선, 무선랜, 블루투스 등
② 액세스(access)망(댁외망) : xDSL, FTTC, FTTH, Cable 등
③ 정보단말기 : 홈서버, 홈게이트웨이(home G/W), PAD, 정보가전, 감지기, 원격제어기 등의 임베디드 시스템
④ 콘텐츠(contents) : 인터넷, VoD, 원격교육, 원격진료 등

	Entertainment Network	Computer Network	Automation Network
요구사항	• 고속의 멀티미디어 데이터 처리 • A/V 기기 연결	• 인터넷 연동 • 다수의 컴퓨터 및 OA 기기 연결	• 동작 안정성 • 기기들 상호 동작성 • 저가 네트워크 비용
데이터 전송속도	100 – 400 Mbps	1- 100 Mbps	1 Mbps 이하
표준 네트워크	• IEEE1394a/b • Same as Computer Network	• IEEE802.3 Ethernet • IEEE802.11b/a • HomePNA	• PLC(CEbus, EIB, LonWorks) • Bluetooth
서비스	• Video-On-Demand • Interactive A/V for Edutainment	• Internet Access • Cyber Community • 재택근무, 원격진료	조명, 냉난방, 가전기기, 검침기 등의 모니터링 및 제어

[그림 3-4] 홈네트워크의 구성요소별 분류

3. 스마트 홈네트워크 기술

스마트 홈네트워크 기술은 유선기술로 전화선, 전력선, 이더넷, IEEE 1394, USB, 무선기술로는 IEEE 802.11x 계열의 무선 LAN, HomeRF, Bluetooth, Ultra Wide Band(UWB), ZigBee, Hiper LAN 등 물리적인 네트워크를 구성하는 기술과 스마트 홈네트워크를 구성하는 임베디드 시스템 기술인 가전기기, 센서 간의 통신 프로토콜 기술, 구성된 홈네트워크 상에서 단말간의 상호 발견, 구성, 관리를 위한 미들웨어 기술, 그리고 이러한 미들웨어를 기반으로 하는 서비스 기술들로 구분할 수 있다.

홈네트워크는 상황을 인지하여 각각의 구성원에게 적합한 서비스를 차별화하여 제공할 수 있는 네트워크 환경 및 서비스를 가능하게 하도록 발전하면서 상황인지 지식기반의 멀티모달 인터렉션에 의한 새로운 비즈니스 모델이 파생되는 사회 인프라 성격의 기반 기술로 인식되고 있다.

스마트 홈네트워크 기술은 크게 4개의 중분류로 중점 기술로 분류된다.

〈표 3-1〉
스마트 홈네트워크
중점기술

대분류	중분류	세분류
유비쿼터스 홈네트워크 기술	홈플랫폼 기술	홈서버/홈게이트웨이 기술
		홈네트워크 보안
		개방형 서버 기술
	유 · 무선 홈네트워킹 기술	유선 홈네트워킹 기술 (Ethernet, PLC, IEEE 1394, USB, HomePNA)
		무선 홈네트워킹 기술 (WLAN(802.11a/b/g/n), WPAN(UWB, ZigBee))
	정보가전 기술	지능형 정보가전
		홈센서 기술(센서, RFID)
	지능형 미들웨어 기술	홈네트워킹 미들웨어 기술
		상황적응형 미들웨어 기술
		멀티모달 인터페이스 기술

1) 홈플랫폼 기술

홈플랫폼 기술은 외부망과 가정을 연결하고 가정 내 다양한 서비스를 관장하여 유무선 통합 홈네트워크 환경 및 고품질 · 융합형 서비스를 가능하게 하는 홈서버/홈게이트웨이, 홈네트워크 보안 및 개방형 서버 기술로 구성된다.

2) 유무선 홈 네트워킹 기술

〈표 3-2〉
홈네트워킹을 위한
장비간 연결 기술

연결방식		관련 기술
유선방식	전화선을 이용한 방식	HomePNA
	전력선을 이용한 방식	HomePlug, LonWorks, HNCP, PLC
	Ethernet을 이용한 방식	IEEE 802.3
	Structured Wiring 방식	TIA 570-A
무선방식		Bluetooth, WLAN

유무선 홈네트워킹 기술은 이더넷, PLC, IEEE 1394, HomePNA, 광홈랜 등의 유선 홈네트워킹 기술과 무선랜, ZigBee, UWB, Wireless 1394, Wireless USB 등의 무선 홈네트워킹 기술로 구성된다.

〈표 3-3〉 유선 전송기술

	IEEE 1394	IEEE 1394b	MOST	Home PNA2.0	Ethernet 100BASE	USB 2.0	Home Plug1.0
Qos	Isochronous		Synchronous	8Priority	(802.1p)	Isochronous -like	4Priority
전송매체	STP	UTP, POF, GOF, STP	POF	Phone Line	UTP, MMF	USB cable	Power Line
최대 전송속도	400Mbps	3.2Gbps	24.8Mbps	10Mbps	100Mbps	480Mbps	10Mbps
전송거리	4.5m	4.5m(STP) 50m(POF) 100m(UTP, GOF)	250m	300m	100m	~3m 이내	-

〈표 3-4〉 전력선 통신의 분류

속도에 따른 분류	전송속도	전용 Carrier 주파수	사용방안	비 고
저속 전력선 통신	60bps~ 10kbps	10~450kHz	인터넷 정보가전을 포함한 방법, 방재 등의 Automation Network	X-10 CEbus(EIA600) LonTalk(EIA709)
중속 전력선 통신	10kbps~ 1Mbps	10~450kHz	인터넷 정보가전을 포함한 방법, 방재 등의 Automation Network	Proprietary Protocol
고속 전력선 통신	1~ 10Mbps	450~300kHz	Internet Access Computer Network	HomePlug

〈표 3-5〉 무선 전송기술

인터페이스 기술	규 격		특 징			
	버전	발표일시	Qos support	전송거리	최대 전송속도 (Mbps)	사용주파수
1394	Wireless	2002~	802.11e	0~20m	54	5GHz
WLAN	IEEE 802.11a	1999.11	802.11e	12~57m	6,12,24,54	5GHz
	IEEE 802.11b/g	1999.11			5.5,11	2.4GHz
Bluetooth	Ver 1.0B	199.12	-	10~50m	2	2.4GHz

3) 정보가전 기술

정보가전 기술 분야는 기존 백색 가전기기들과 센서들을 네트워크로 연결하여 새로운 서비스를 창출할 수 있는 유비쿼터스 정보가전 기술과 홈 센서 기술로 구성된다.

4) 미들웨어 기술

미들웨어 기술 분야는 매체 및 OS에 상관없이 정보기기의 제어 및 감시를 수행하고 다양한 상황에 대한 적응력을 제공하여 유비쿼터스 서비스를 가능하게 하는 홈네트워크 미들웨어, 상황적응 미들웨어 및 멀티모달 인터페이스 기술로 구성된다.

〈표 3-6〉 홈네트워킹 분야별 관련 기술

<table>
<tr><th>분야</th><th colspan="2">기 술</th><th>내 용</th></tr>
<tr><td rowspan="11">홈네트워킹 기술</td><td rowspan="4">유선</td><td>이너넷</td><td>기업 내 표준 네트워킹 방식</td></tr>
<tr><td>홈 PNA</td><td>전화선을 이용한 홈네트워킹 기술</td></tr>
<tr><td>PLC</td><td>전력선을 이용한 홈네트워킹 기술</td></tr>
<tr><td>IEEE 1394</td><td>디지털 오디오・비디오 기기간 디지털 데이터 전송 표준</td></tr>
<tr><td rowspan="7">무선</td><td>IEEE 802.11 WLAN</td><td>무선 네트워킹 표준(WiFi)</td></tr>
<tr><td>홈 RF</td><td>가정 내 로컬 무선 네트워킹</td></tr>
<tr><td>IEEE 802.15.1 블루투스</td><td>정보가전 연결용 무선 네트워킹</td></tr>
<tr><td>IEEE 802.15.3 HR. WPAN</td><td>오디오・비디오용 고속 무속 네트워킹 기술</td></tr>
<tr><td>IEEE 802.15.3a LIWB</td><td>오디오・비디오용 초고속 근거리 무선 네트워킹 기술</td></tr>
<tr><td>IEEE 802.15.4 LB WPAN</td><td>센서 네트워크를 위한 저속 저전력 무선 네트워킹 기술</td></tr>
<tr><td>Wireless 1394 기술</td><td>IEEE 1394 기기들을 무선 네트워킹 기술을 이용하여 AV신호의 장거리 전송을 가능하게 하는 기술</td></tr>
<tr><td rowspan="6">정보가전 기기</td><td colspan="2">홈게이트웨이</td><td>인터넷과 유무선 홈네트워킹 기기들을 연결하는 장치</td></tr>
<tr><td colspan="2">홈서버</td><td>가정 내 홈네트워크 기기들을 통합 관리하는 서버</td></tr>
<tr><td colspan="2">디지털 TV</td><td>디지털 HDTV</td></tr>
<tr><td colspan="2">정보가전 제품</td><td>인터넷 냉장고, 전자레인지, DVD</td></tr>
<tr><td colspan="2">게임기</td><td>PS2, XBOX 등 게임기</td></tr>
<tr><td colspan="2">휴대용 정보단말</td><td>PDA, 이동전화, 노트북 등</td></tr>
<tr><td rowspan="4">기반 소프트웨어</td><td colspan="2">RTOS</td><td>정보가전용 홈서버용 실시간 OS</td></tr>
<tr><td colspan="2">정보가전 제어 및 스트리밍 미들웨어</td><td>Jini, UPnP, HAVi, HWW, VHN, LonWorks, CEBus, OSGi 등</td></tr>
<tr><td colspan="2">시스템 미들웨어</td><td>JAVA Virtual Machine, KVM 등</td></tr>
<tr><td colspan="2">시스템 유틸리티</td><td>가전보안, 유저 인터페이스, DB 등</td></tr>
</table>

홈네트워크 제품은 홈게이트웨이와 같이 홈네트워크와 액세스망을 연결시켜 주는 단순 네트워크 기능 중심의 제품으로부터 점차 네트워크에 연결되는 모든 기기와 서비스를 관장하여 방송, 통신과 게임 융합형 홈서버 제품군으로 발전해 나가고 있다. 또한, 홈네트워크 확산을 위해 유선 홈네트워크 기술 중심에서 무선 홈네트워크 기술 중심으로 발전하고 있으며, IPv6, 센서 네트워크와의 접목 등 유비쿼터스 사회의 기반을 구축할 수 있는 제품 개발이 진행되고 있다.

4. 무선 비디오 브리지 기술

무선 인터넷의 발전으로 무선 비디오 브리지(video bridge)는 기존의 적외선이나 마이크로파를 이용해 2개의 구내 정보통신망(LAN)을 연결하는 장치로 건물간 통신선 연결하는데 케이블이나 전용선을 가설하는 것보다 와이파이를 이용하는 무선 브리지가 훨씬 경제적일 수 있다.

Cisco의 무선 브리지는 대도시 지역의 여러 LAN을 연결함으로써 무선 브리징의 새로운 표준을 수립하였다. 이로서 광대역 네트워킹 전문가의 보안 요구사항을 충족시키는 유연하고 사용이 쉬운 솔루션을 위해 “IEEE 802.11 표준 기반의 보안 메커니즘”을 사용하며 최근의 비디오 브리지는 IEEE 802.11ac 기반의 WiFi Direct를 사용하고 있다.

이 절에서는 모바일 영상을 TV와 모니터 등에서 무선으로 구현하도록 IEEE 802.11ac 기반의 비디오 브리지를 구성한다. 와이파이 액세스 포인트인 라우터와 비디오 브리지를 결합하는 AP 라우터는 무선 인터넷을 다양한 기기에서 활용할 수 있는 무선공유기를 위해 미디어 게이트웨이/클라이언트 디바이스가 Light-weight Media Platform으로서 인터페이스 지원과 WiFi Direct 기반의 AP 라우터용 부가 서비스를 구성한다.

1) IEEE 802.11ac의 개요

모바일 영상을 TV와 모니터 등에서 무선으로 구현하도록 IEEE 802.11ac 기반의 비디오 브리지를 구성한다. 와이파이 액세스포인트인 라우터와 비디오 브리지를 결합하는 AP 라우터는 무선 인터넷을 다양한 기기에서 활용할 수 있는 무선공유기를 위해 미디어 게이트웨이/클라이언트 디바이스가 Light-weight

Media Platform으로서 인터페이스 지원과 WiFi Direct 기반의 AP 라우터용 부가 서비스 방안이다.

2) WiFi Direct와 AP 라우터 동향

IEEE 802.11ac 라우터를 설치해 선 없이 데이터, 오디오, 고화질 비디오 등을 전송할 수 있지만 벽이 너무 두껍거나 복층으로 이루어져 있거나 클라이언트 기기가 와이파이 라우터로부터 너무 멀리 떨어져 있지 않아야 한다.

이웃의 무선 네트워크와 충돌할 가능성이 있고 심지어 전자레인지조차도 간섭을 발생시킨다. 이 때문에 TV, 블루레이(bluray) 플레이어, 셋톱박스(Set-top Box), 비디오 프로젝터, 미디어 스트림 처리기, 기타 가정용 네트워크 기기는 여전히 전원공급과 비디오 및 오디오 기능에 HDMI 케이블을 사용한다.

무선 인터넷 속도저하나 뚝뚝 끊어지는 비디오 재생, 느린 로딩 시간 등 인터넷을 하는 사람이라면 누구나 겪어본 불편일 것이다.

5세대 와이파이는 새로운 IEEE 802.11ac 표준 기반으로 기존의 IEEE 802.11n 솔루션과 비교해 최대 3배 빠른 속도와 6배의 전력효율성을 가지고 있다. IEEE 802.11ac는 높은 속도의 근거리 통신망(LAN)을 제공하기 위하여 5GHz 주파수에서 높은 대역폭(80~160MHz)을 지원하고, 2.4GHz에선 IEEE 802.11n 과의 호환성을 위해 40MHz까지 대역폭을 지원한다. 이론적으로, 다중 단말의 무선랜 속도는 최소 1Gbit/s, 최대 단일 링크 속도는 최소 500Mbit/s까지 가능하게 된다.

이는 더 넓은 무선주파수 대역폭(최대 160MHz), 더 많은 MIMO 공간적 스트림(최대 8 개), 다중 사용자 MIMO, 그리고 높은 밀도의 변조(최대 256 QAM) 등 IEEE 802.11n에서 받아들인 무선 인터페이스 개념을 확장해 이루어진다.

IEEE 802.11ac 규격의 무선통신 칩셋이 탑재되는 등 5세대 와이파이의 보급은 빠른 속도로 확산되는 추세다. 지난해 5세대 와이파이와 블루투스 스마트 레디 기술을 갖춘 차량용 스마트 콤보칩도 발표되었으며, 커넥티드 홈, 엔트리 레벨·셋톱박스 시장 등 다양한 시장을 겨냥한 5G 와이파이 콤보칩 제품들이 속속 등장하고 있으며, IEEE 802.11ac 기반의 모바일 기기는 2015년까지 5세대 와이파이를 사용하는 모바일 기기가 급증할 것이다.

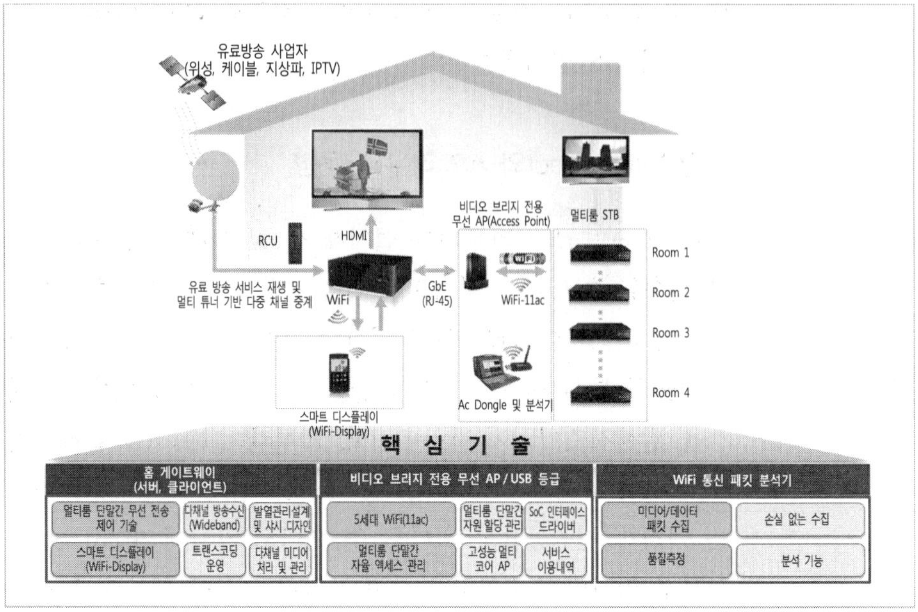

[그림 3-5] 스마트 홈네트워크의 핵심 기술

3) 비디오 브리지 특징과 구현

AVB(Audio Video Bridging)는 IEEE 802.1을 따르는 기술 표준으로 오디오와 비디오 등 멀티미디어 스트림 데이터를 품질을 보장하면서 원할하게 전달하기 위한 고안되었다. 주변 Ethernet Bridge의 클럭을 동기화 기술로 전송지연을 최소화시켜 스트리밍 서비스가 가능하게 하는 기술이다. OSI 모델의 Layer2로 규정되어 있어 네트워크 인프라 구축을 위해 AVB 기반 스위치가 필요하다. 미디어 네트워크에서는 기존 CobraNet과 EtherSound에 대응하며 2mS의 Latency를 갖고 있다.

IEEE AVB 이더넷 표준으로 Bridge Clock을 동기화하는 방법으로 IEEE 802.1as 프로토콜이 있다. 또한, Ethernet Bridge를 동기화 시키면 AV Stream를 예약하기 위한 프로토콜인 802.1 Qat “Stream Reservation Protocol(SRP)”이 있다. 이때, 사용 가능한 네트워크 대역을 확보하여 파일전송 같은 비동기 데이터와 충돌하지 않게 Quality of Service(QoS)를 보장한다. Stream 예약이 끝나면 AV Stream을 Bridge 내에 전달 처리하기 위한 Forwading과 Scheduleing을 하는 801.1Qav가 있다. 메모리 버퍼링 방식 없이 Latency를 2mS로 보장한다.

IEEE 1722는 AVB Transport Protocol로 AV Stream 전달을 위한 encapsulationg 기능을 갖고 있다. 아울러 IEEE AVB 프로그램 전송방법으로는 IEEE 1722는 응용계층과 네트워크 전송 사이에 위치해 있으며 IEEE 1722.1은 Discovery, Enumeration, Configuration과 Control를 지원한다.

IEEE 802.11ac 기반의 비디오 브리지 및 WiFi Radio 설정 UI로 WEB을 통하여 WiFi Radio 설정이 가능하며, 채널을 자동적으로 선택하거나 특정 채널로 지정하거나 BW(20MHz, 40MHz, or 80MHz)를 설정한다.

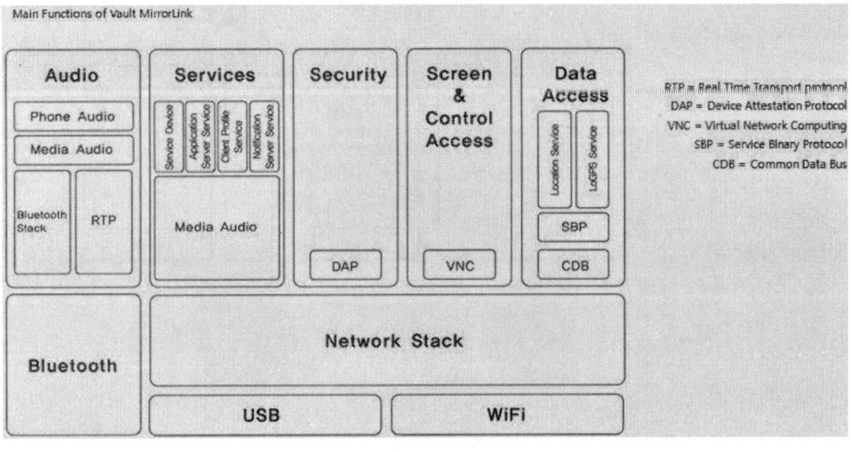

[그림 3-6] IEEE 802.1 기반의 Audio Video Bridging 구조도 분석

IEEE 802.11ac가 지원되는 AP 라우터를 통한 비디오 브리지의 고품질 와이파이 다이렉트(WiFi direct), 와이파이 디스플레이(WiFi Display) 등의 기술을 이용한 응용 애플리케이션 개발이 활발하게 진행하고 있다. IEEE 802.11ac 기반의 비디오 브리지의 구성결과로 와이파이 이용자와 네트워크 보안을 강화한 와이파이 기반의 비디오 브리지 송수신 성능향상이 필요할 것이다.

[그림 3-7] IEEE 802.11a 기반 핵심 기술 및 배경

03 스마트 홈네트워크의 구현

1. 셋톱박스의 개요

유료방송수신기인 셋톱박스가 방송·통신 융복합 시대를 맞아 스마트 가전시대를 이끌 허브로 주목받고 있다. IP 인프라의 개선으로 모뎀, 무선공유기, 인터넷전화의 기능이 디지털 셋톱박스 하나로 모아지고 있다. 여기에 본격적인 사물인터넷(IoT.M2M) 시대를 맞아 셋톱박스가 집안에 있는 모든 기기를 연결할 수 있는 플랫폼으로 부상하고 있다.

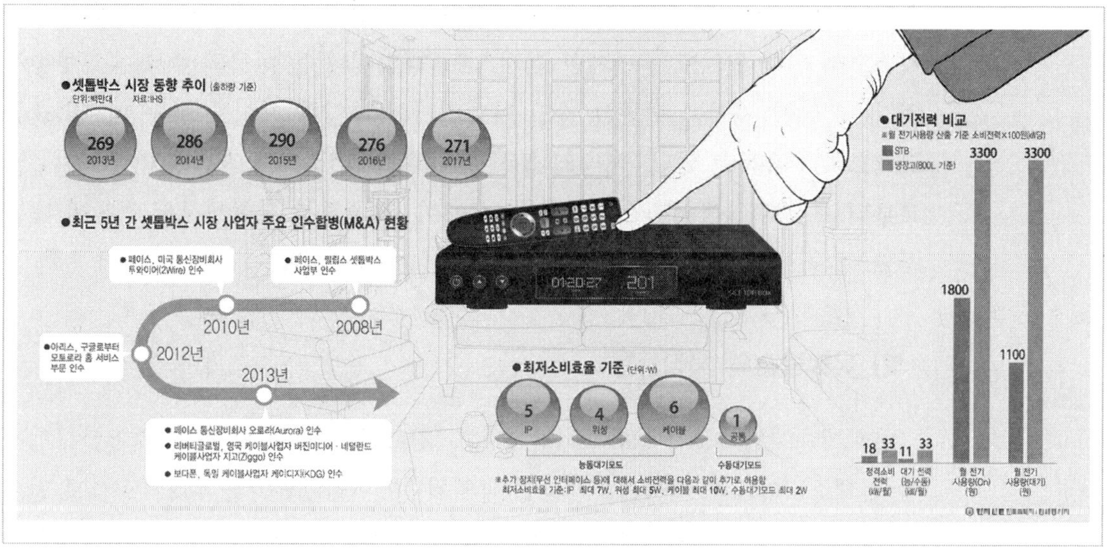

[그림 3-8]
STB의 동향

글로벌 셋톱박스 기업들도 인터넷 인프라가 확대되고 방송장비인 셋톱박스와 통신장비인 게이트웨이간 기술융합 및 영역확장을 위한 활발한 인수합병(M&A)을 진행하고 있다. 이는 유료방송사업자들도 예외는 아니다. 각자가 보유하지 않은 방송, 통신기술을 융합해 새로운 서비스 환경을 구축하기 위한 M&A가 급물살을 타고 있다.

1) 셋톱박스의 시장동향

글로벌 셋톱박스 시장은 영국의 페이스(pace)와 모토로라의 홈비즈니스 사업부문을 인수한 미국의 아리스그룹과 시스코, 프랑스의 테크니컬러(technicolor) 등이 주도한다. 셋톱박스 출하량 기준으로는 페이스가 전체 시장점유율의 11.3%를 차지하며, 그 뒤를 테크니컬러가 잇는다. 매출액 기준으로는 지난해에만 총 486억달러를 벌어들인 세계 최대 통신장비업체인 시스코가 1위, 아리스가 2위이고 인수합병에 가장 적극적인 것은 영국의 페이스다.

2008년 필립스의 셋톱박스 사업부를 인수하면서 유럽 1위 셋톱박스 사업자로 발돋움한 페이스는 2010년 미국의 통신장비회사 투와이어(2wire)를 5억달러에 인수했다. 2013년 10월에는 또 다른 미국의 통신장비회사 오로라(Aurora)를 인수하며 사업확장 및 고객기반을 다변화하는데 성공했다. 오로라는 모토로라나 시스코에 비해 인지도는 낮지만 컴캐스트, 타임워너 등 미국의 주요 유료방송사업자 및 남미 지역을 비롯한 중앙 아메리카의 다양한 케이블 방송 네트워크를 고객으로 보유하고 있다. 미국의 통신장비회사인 아리스도 지난 2012년 말 구글로부터 모토로라 홈서비스 부문을 인수하며, 방송통신 융합시장의 성장에 대응하고 있다.

2) 유료방송의 시장동향

유료방송사업자들간 M&A도 거세지고 있다. 지난달 미국 최대 케이블사업자인 컴캐스트가 2위 케이블사업자인 타임워너케이블(TWC)을 452억달러에 인수하는 초대형 인수합병이 발표됐다. 미국의 케이블방송과 가정용 인터넷 서비스 업체 1, 2위가 합쳐지는 인수 건으로 양사의 가입자를 합친 케이블 TV 시장점유율만 70%에 이르러 독점 논란까지 불러일으켰다. 현재 컴캐스트의 가입자는 2170만 명이고, 타임워너케이블의 가입자는 1140만 명이다.

작년에도 유럽 방송사업자인 리버티글로벌이 영국 케이블사업자인 버진미디어와 네덜란드의 최대 케이블사업자인 지고(Ziggo)를 인수했다. 같은 해에 영국의 IPTV 회사인 보다폰은 독일의 케이블사업자 케이디지(KDG)를 인수하는 등 최근 방송사업자 간의 인수합병은 매우 활발하게 이뤄지는 추세다. 이는 규모의 경제를 만들어 콘텐츠 확보에서 유리한 고지를 얻기 위해서다. 방송통신 융합에 따라 기존의 방송사업자가 다른 방송사업자뿐만 아니라 통신사업자와도 경쟁하는 등 각축의 강도가 강화됐기 때문이다.

3) 국내 셋톱박스의 동향

소비자들이 PC, 스마트폰, 태블릿 등 다양한 기기로 방송을 시청하면서 전통적 유료방송 시장은 조만간 정점을 맞을 것이라는 전망이 나온다. 시장조사기구인 IHS에 따르면 셋톱박스 출하량은 2014년에 전년 대비 6% 성장한 2억8600만대로 성장하고, 2015년에 최고 수준인 2억9000만대를 기록할 것으로 예상된다. 다양한 멀티미디어 기기들이 셋톱박스의 수요를 줄어들게 할 것이라는 분석이다. 반면 글로벌 시장이 재편되면서 새로운 기회요인도 등장 중이다. 기존 방송사업자들이 멀티스크린 서비스를 통해 넷플릭스나 아마존 등 OTT(Over The Top) 사업자들을 견제하고, 계속 진행 중인 HD 전환과 초고화질(UHD) 서비스 확대도 셋톱박스 시장성장에 도움을 줄 것으로 기대된다.

특히 휴맥스, 가온미디어 등 우리나라 주요 셋톱박스 업체들도 소매시장이 발달한 유럽을 중심으로 영향력을 확대하고 있다. 글로벌 선두기업을 노리는 휴맥스는 영국, 독일 시장을 중심으로 동유럽 지역 등 아직 지상파 디지털 전환이 진행 중인 지역을 공격적으로 공략하며 글로벌 셋톱박스 업체 가운데 가장 다양한 지역적 포트폴리오를 만들어가고 있다.

글로벌 기업들이 소매시장에 참여하고 있지 않은 상황에서 영국, 독일, 중동 등에서 지배적 사업자 자리를 확보했다. 가온미디어는 Giga 와이파이를 탑재한 홈게이트웨이 제품군을 2분기부터 북유럽시장을 시작으로 하반기에는 유럽시장에까지 본격적으로 공급할 예정이다.

4) 해외 셋톱박스의 동향

아마존이 '파이어 TV'라는 브랜드의 셋톱박스를 99달러에 출시했다. 이 제품은 애플의 '애플 TV', 구글의 '크롬캐스트', 로쿠의 '로쿠3' 등 스트리밍 서비스를 지원하는 TV용 주변기기와 치열하게 경쟁할 것으로 예상된다. 또 소니의 '플레이스테이션 4', 마이크로소프트의 'X박스 원' 등 콘텐츠 스트리밍 기능을 지원하는 가정용 게임기와 컴캐스트 등 케이블 · 인터넷 TV 서비스도 영향을 받을 것으로 전망된다.

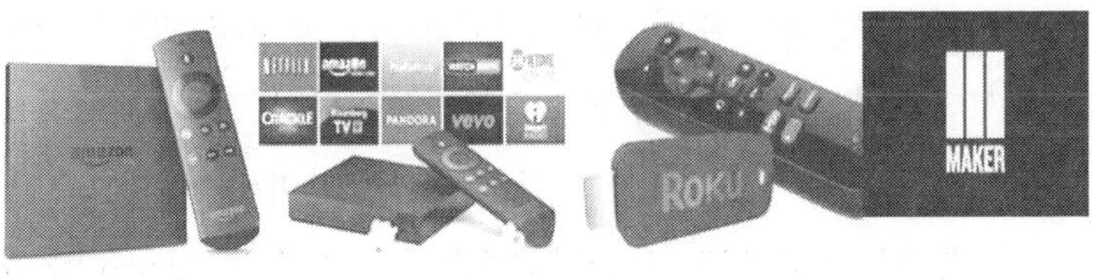

아마존, 99달러 파이어 TV 출시　　엄지크기 셋톱박스

[그림 3-9] 아마존 STB

파이어 TV가 온라인으로 영화 · TV 프로그램 등 넷플릭스 · 훌루 · ESPN 같은 유명 인터넷 콘텐츠를 제공한다는 점은 경쟁사와 유사하지만 게임에 특화했다. 파이어 TV에 탑재된 퀄컴 크레이트 300쿼드코어 1.7GHz(기가헤르츠) 프로세서는 애플 TV나 로쿠3의 3배에 해당하는 연산능력을 지녔으며, 메모리는 2GB(기가바이트)로 애플 TV, 크롬캐스트, 로쿠 3의 4배다. 그래픽 프로세서는 퀄컴 아드레노 320이다. 운용체계(OS)는 안드로이드를 바탕으로 한 '파이어 OS'의 최신 버전 '모히토'여서 안드로이드 개발자들이 애플리케이션을 쉽게 개발할 수 있고 게임 기능도 지원한다.

〈표 3-7〉 아마존 파이어 TV와 애플, 구글, 로쿠의 경쟁제품 비교

업 체	아마존	애 플	구 글	로 쿠
제품	파이어 TV	애플 TV	크롬캐스트	로쿠3, 로구스트리밍 스틱
가격	99달러	99달러	35달러	50(스트리밍스틱)/100(로쿠3)달러
스트리밍 서비스	넷플러스, 훌루, 디즈니, PBS, ESPN 등 공통 제공			
채널/앱	30+	30+	14+	1200+
자체 콘텐츠 스토어	아마존 인스턴트 비디오	아이튠스	구글플레이	–
리모콘	있음	있음	없음	있음
음성검색	있음	없음	없음	없음

'마인크래프트', '몬스터 대학', '게임 오브 라이프', '워킹 데드', 'NBA 2K14' 등 타이틀이 있으며, 아마존 게임 스튜디오스가 개발한 3인칭 액션 슈팅 게임 '세브 제로'도 파이어 TV용으로 출시됐다. 이 중 파이어 TV에 기본으로 포함되어 있는 리모트 컨트롤로 할 수 있는 게임도 있지만, 마인크래프트 등 일부 게임은 파이어 게임 컨트롤러(39.99 달러)를 따로 사야 한다.

아마존이 게임에 승부수를 건 셋톱박스는 높은 하드웨어 성능으로 무장한 '아마존 생태계'를 거실로 몰고 왔다. 아마존이 '파이어 TV(Fire TV)'는 애플의 '애플 TV' · 구글의 '크롬257캐스트' · 로쿠의 '로쿠3'와 셋톱박스 시장 결전에 돌입했다. 아직 게임수는 적지만 아마존 앱스토어에 있는 킹닷컴의 '캔디 크러시 사가' 등 모바일 인기작을 TV로 즐길 수 있다.

블룸버그 비즈니스위크는 "파이어 TV가 차별화한 기능은 캐주얼 게임을 TV

에서 가능케 했다. 리모컨 혹은 아마존의 킨들 파이어 태블릿 PC로 게임할 수 있으며 기존 비디오게임에 익숙한 사용자를 위한 게임 컨트롤러도 있다.

아마존이 로쿠 · 애플 · 구글 뿐 아니라 소니의 PS4와 마이크로소프트 X박스 원에 도전한 것다. TV로 끌어 들이는 중독성 약물이 '게임이고 로쿠도 로비오의 '앵그리버드' 게임을 TV에서 가능케 했다.

아마존은 파이어 TV용 게임 컨트롤러를 40달러에 별도 판매하고 수천개 게임이 파이어 TV에서 가능해진다. 세가(SEGA), 디즈니, EA, 유비소프트 등 유명 게임업체와 파트너십을 공개했다. 자체 대전 게임 '세브 제로'와 '마인크래프트' 등 인기작은 첫 버전에 실렸으며 추가 게임 개발에 한창이다.

아마존의 게임 사랑은 유명 게임 외주 개발사 '더블 헬릭스 게임스'를 인수한 데 이어 잇따라 스타 개발자를 불러들였다. 대작 개발에 몸담았던 '포탈(Portal)'의 디자이너 킴 스위프트와 '파 크라이2(Far Cry 2)' 크리에이티브 디렉터인 클린트 호킹을 영입한 것이 대표적이다. 하드웨어의 경우 퀄컴의 '스냅드래곤 600' 쿼드코어 프로세서, 2GB램을 써 연산능력도 무장했다.

파이어 TV는 게임 이외에 자체 콘텐츠 · 클라우드 서비스와 특유의 열린 접근성도 내세웠다. 와이어드는 "파이어 TV는 애플 TV의 닫힌 생태계와 달리 다양한 콘텐츠에 접근할 수 있도록 열려있다"고 지적했다. 영화 · 음성 검색기능도 있다. 배우 · 영화 · 장르를 말하면 관련 영화를 리스트로 보여준다. 사람들이 가장 어려워하는 검색문제를 음성으로 해결했다. TV로 영화를 보면서 킨들파이어 태블릿 PC로 콘텐츠에 대한 정보를 얻을 수 있는 'X레이(X-ray)' 기능도 있다.

〈표 3-8〉 구글의 크롬캐스트와 구글 TV 비교

구분	구글의 크롬캐스트	구글 TV
기능	웹미디어 플레이어	HDTV, STB 등을 위한 서비스
특징	스마트폰, 노트북에서 보는 인터넷 동영상 콘텐츠를 TV화면으로 보냄, 앱 내려받기 등은 불가능	TV프로그램, 주문형 비디오(VoD), 인터넷, 앱다운로드 가능, 게임 실행
제조사	구글	LG전자, 소지, 에이수스, 하이센스, LG유플러스 등
가격	35달러	월1만4190원(LG유플러스 3년 약정 기준)

단돈 4만원에 구형 TV를 인터넷 TV로 만드는 웹 미디어 플레이어 '크롬캐스트' 공개됐다.

구글은 웹 미디어 플레이어 '크롬캐스트'를 공개했다. PC와 모바일에 이어 거실을 점령하려는 구글의 야심작이다. 크롬캐스트를 애플 TV 킬러 제품이다. 크롬캐스트는 저렴한 가격과 편리함으로 무장하고 시장을 파고든다. 99달러짜리 애플 TV와 유사하지만 가격은 3분의 1 수준인 35달러다. 고가 스마트 TV를 사지 않고 기존 TV를 똑똑하게 바꾸는 방법이다. 매달 인터넷 TV 사용료를 낼 필요도 없다.

약 5cm길이인 크롬캐스트는 TV HDMI 단자에 꽂은 후 와이파이를 연결하면 실행된다. 스마트폰과 노트북에서 보던 온라인 콘텐츠가 크롬캐스트로 전송되고 TV 화면에 나타난다. 스마트폰이나 노트북을 크롬캐스트 리모컨으로 활용한다. 넷플릭스와 유튜브, 구글 플레이 영화를 큰 TV 화면에서 즐긴다. 향후 판도라와 같은 앱도 서비스할 예정이다. 스마트폰으로 웹 서핑을 하면서 유튜브 동영상을 크롬캐스트로 보내 TV로 보는 등 멀티태스킹도 된다.

웹도 그대로 TV 화면에 띄운다. 각종 사진이나 비디오, 뉴스 사이트 등도 큰 TV 화면으로 옮겨 가족과 함께 보고 공유할 수 있다. 크롬 웹 브라우저 기술을 이용했으며 아직 베타 서비스다. 크롬캐스트는 안드로이드 스마트폰은 물론이고 아이폰과 아이패드, 맥북, 윈도 등 다른 제조사 기기와도 호환된다. 구글은 구글플레이, 아마존, 베스트바이에서 바로 판매에 들어갔다.

[그림 3-10] TV HDMI 단자에 꼽는 '크롬캐스트'의 구글 TV와 비교

애플 TV보다 기능은 제한적이다. 현재 이용할 수 있는 앱은 넷플릭스와 유튜브 등 4가지다. 구글은 향후 더 많은 앱을 이용할 수 있도록 소프트웨어개발도구(SDK)를 공개했다.

구글은 그동안 유튜브 등 웹에 올라온 비디오를 TV 화면에 보내는 기기 개발에 집중했다. 구글은 지난해 소셜스트리밍기기 넥서스Q를 공개했지만 정식 판매는 하지 않았다. 제품완성도가 떨어지고 사용이 불편하다는 비판에 시판을 포기했다.

크롬캐스트는 넥서스Q 실패 교훈을 바탕으로 만든 성공작이 될 것이다. 크롬캐스트는 인터넷 동영상을 TV에서 보다 편하게 즐기는 장치이고 게임 등 더 다양한 콘텐츠는 구글 TV가 적합하다.

2. 셋톱박스의 기술

셋톱박스가 스마트 가전의 허브로 떠오르고 있다. 스마트 홈네트워크가 되는 기술은 삶의 질을 향상시키려고 주거공간 내의 설비, 기기, 시스템의 네트워크화와 지능화를 추구하는 기술이다. 셋톱박스 제조업체와 유료방송 플랫폼은 홈네트워크의 중심에 '셋톱박스'를 두겠다는 포부를 밝히고 있다.

과거 셋톱박스는 대기시 소비전력이 높아 소비전력 관리강화를 요구한다. 업계는 "TV에서 유료방송 채널만 보기 위한 셋톱박스는 대기전력 기준을 맞춰야 한다. HD 셋톱박스의 경우 16W로 줄일 수 있다. 하지만 N-스크린 지원, 와이파이 모듈 내장, 개인녹화영상장치(PVR) 기능, 초고화질(UHD) 등이 지원되는 차세대 셋톱박스에 적용해야 한다.

스마트홈 기능을 담은 셋톱박스는 다산네트웍스는 SK 텔레콤 · SK 브로드밴드와 함께 단순 TV를 넘어 '스마트홈' 기능을 제공하는 'B박스'를 출시하였다. 'B박스는 IPTV와 주문형비디오(VoD), 고화질 영상통화, 홈모니터링, 가족간 SNS, 클라우드 서비스 등 유무선 통신서비스와 융합된 홈미디어 기능을 통합 제공한다.

아이가 혼자 집에 있어도 '스마트 셋톱박스'를 설치하면 일종의 CCTV인 홈모니터링 기능으로 아이 상황을 스마트폰으로 확인할 수 있다. 패밀리보드 기능을 이용하면 시댁 · 친정 식구들과 사진, 영상을 공유하는 등 가족 간에 돈독한 유대관계도 형성할 수 있다. 이처럼 단순 TV의 유료채널만 보는 영역을 넘어선 것이다.

플랫폼 사업자가 비디오, 데이터, 인터넷 전화 모두를 제공해 주는 것을 트리플플레이서비스(TPS)라고 한다. 이를 한 기기 안에서 구현시키는 것이 HGS (Home Gateway Server)다.

세계 최대의 방송사업자 컴캐스트가 HGS를 도입한 이래 유럽의 UPC도 HGS 제품을 도입했다. 유료방송 플랫폼 사업자인 CJ 헬로비전도 스마트 셋톱박스를 활용한 스마트홈 시장 진출을 서두르고 있다. 이 셋톱은 안드로이드 기반 제품뿐만 아니라 웹표준 HTML5 등 다양한 운영체제가 호환된다.

가온미디어는 HTML5 기반의 적응형 홈 클라우드 가상화 서버 기술구축을 준비 중에 있다. 셋톱박스가 어시스트 게이트웨이(AG) 디바이스가 되어 홈클라우드와 사용자 단말을 연결해 주는 역할을 한다. 가온미디어는 핵심 기술 상용화 검증을 통해 스마트 홈 클라우드 서비스를 구현한다는 계획이다.

3. 차세대 스마트 셋톱박스의 기술

유료방송 플랫폼은 경쟁적으로 '스마트 셋톱박스'를 속속 내놓으며 자사 셋톱박스가 가장 똑똑하다며 경쟁하고 있다. 위성방송, IPTV, 케이블은 디지털 TV에서 음성검색, 유튜브 채널 제공 등 TV를 스마트하게 만들어 주는 스마트 셋톱박스뿐만 아니라 최근에는 OTT(Over the Top)와 미라캐스트 기능을 담은 동글(Dongle)경쟁까지 펼치고 있다. 기술 변화가 이뤄지면서 유료방송 셋톱박스 이용자는 나날이 증가하고 있다.

1) USB형 OTT 동글

가장 먼저 USB형 OTT '동글'을 내놓은 에브리온 TV의 '캐스트' 판매가 본격적으로 시작됐다. TV HDMI 단자에 연결하면 모바일 에브리온 TV의 250개 채널을 TV에서 바로 시청할 수 있다. 에브리온 TV 캐스트 판매 영향에 따라 다른 유료방송 플랫폼의 '동글' 서비스가 가시화될지 주목된다. CJ 헬로비전과 KT가 검토 중인 것으로 알려졌다.

OTT까지 발전했지만 셋톱박스는 디지털 방송의 발전 중심에 항상 자리잡고 있었다. 2012년 12월 31일 지상파 아날로그 방송이 종료되면서 디지털 방송이 시작됐다. 셋톱박스는 IPTV, 케이블, 위성, 지상파 방송을 다양하게 지원하며 각 국가마다 사용량은 계속해서 늘고 있다. 셋톱박스는 다양한 기술과 결합해 새로운 상품으로 거듭나고 있다.

매달 월정액을 내고 TV를 보는 유료방송시청자를 위해 유료방송 플랫폼은 PVR 기능, 한 가정에 여러 대의 TV에 적용될 수 있는 복합 셋톱박스 모듈레이션, 인터넷 사용과 전화 서비스 기능의 시스템 판매 등 새로운 기능을 추가한 모델로 업그레이드하고 있다. kt 스카이라이프가 내놓은 클라우드 PVR은 셋톱박스와 네트워크를 이용한 기술로 이용자가 꾸준히 늘고 있다.

셋톱박스 화질은 UHD급으로 진화 중이다. 현재 유료방송 플랫폼은 디지털 셋톱박스는 HD급으로, 스마트 셋톱박스는 풀HD급으로 방송을 내보내고 있다. 케이블 업계는 이달 TV내장형 UHD 셋톱으로 UHD 방송을 시작할 계획이다. 하반기에는 외장형 UHD 셋톱박스를 출시할 예정이다. 셋톱박스를 제조하는 가온미디어와 휴맥스도 연내 UHD 셋톱박스를 출시하기 위해 박차를 가하는 중이다.

한편 가온미디어는 동글형 셋톱박스를 출시했다. 휴맥스도 연내 동글형 셋톱박스를 내놓을 예정이다.

2) 미라캐스트 기능 추가한 OTT

에브리온 TV가 스마트폰 화면을 TV로 옮기는 '미라캐스트(mirracast)' 기능을 추가한 OTT(Over The Top) 결합 제품을 N-스크린 TV업계 최초로 선보였다. 현대 HCN과 판도라 TV가 합작 설립한 무료 N-스크린 TV '에브리온 TV'는 N-스크린 TV 업계 최초로 미라캐스트 기능을 포함한 '에브리온 TV 캐스트'를 발표했다.

'에브리온 TV 캐스트'는 에브리온 TV가 출시한 첫 번째 하드웨어이자 N-스크린 TV 업계 최초로 출시하는 OTT 결합 미라캐스트 제품이다.

에브리온 TV 캐스트의 미라캐스트 기능을 이용하면 스마트폰에 담긴 동영상, 모바일 게임 등의 콘텐츠를 TV의 큰 화면으로 그대로 옮겨서 이용할 수 있다. 에브리온 TV 캐스트와 HDMI 단자만 있다면 일반 TV도 스마트 TV처럼 사용이 가능하다.

[그림 3-11] STB의 미라캐스트 기능

또한 사진촬영, 영상통화 등의 스마트폰 전용 기능 역시 TV의 넓은 화면에서 이용할 수 있다. '프로젝터, PC 모니터 등 다양한 스크린에서 사용할 수 있으므로 학생이나 직장인들의 프리젠테이션 시에도 유용하다. 미라캐스트 기능은 와이파이 다이렉트(WiFi direct) 및 LTE, 3G망 내에서도 사용이 가능하다.

영상 시청이 가능한 모든 디바이스에서 TV를 이용할 수 있는 올스크린(all-screen)과 빅스크린(big-screen) TV 트렌드를 결합, TV-모바일 연결이 가능하다. "에브리온 TV 캐스트는 에브리온 TV의 '올 앤 빅' (All & Big Screen)을 반영한 제품이다. 에브리온 TV 캐스트만 있으면 HDMI 단자가 있는 모든 스크린에서 에브리온 TV의 250여개 채널을 시청할 수 있고 휴대가 가능하기 때문에 원하는 모든 장소에서 시청이 가능하다. 에브리온 TV는 무료 서비스이기 때문에 OTT 디바이스 출시에 있어서도 좀 더 자유로울 수 있다.

제4장

스마트그리드 네트워크 기술

01 스마트그리드의 현황
02 스마트 미디어 플랫폼의 개요
03 스마트 전력관리용 플랫폼 설계
04 한국형 PLC 동향

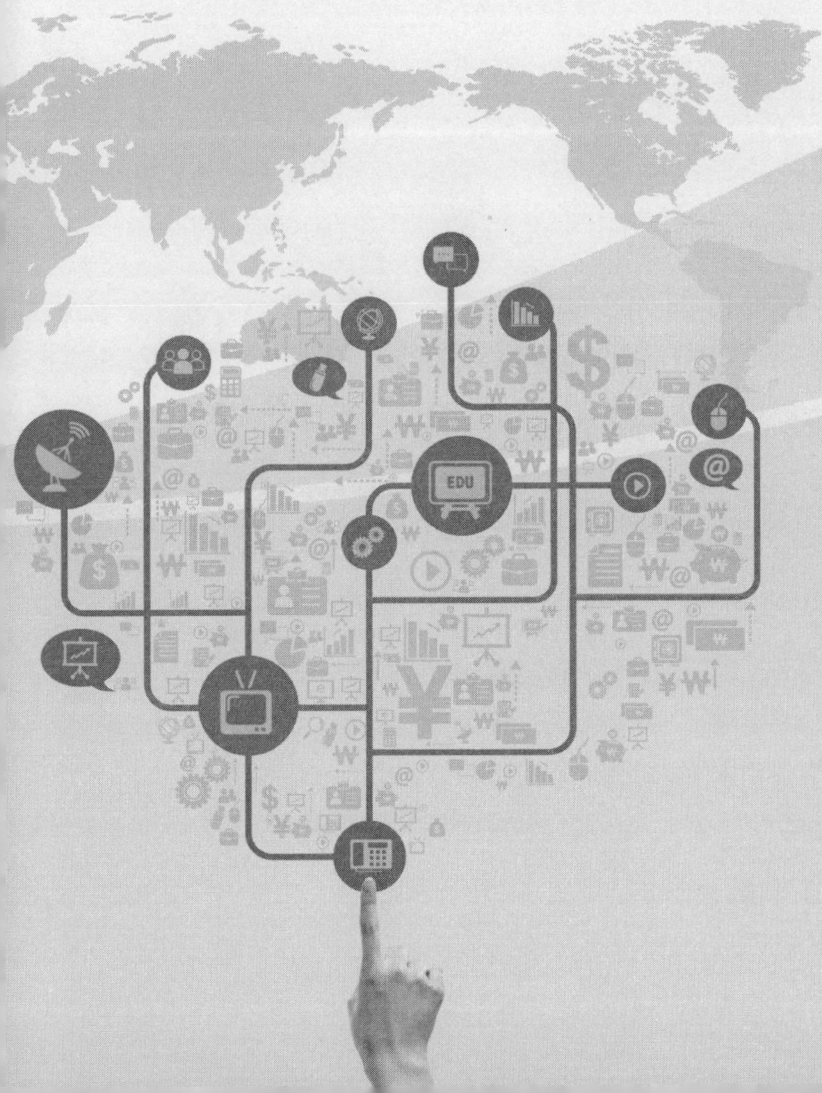

01 스마트그리드의 현황

1. 스마트그리드의 개요

스마트그리드는 기존 전력망에 정보통신기술을 접목하여 전력망의 신뢰성, 효율성, 안전성을 향상시키는 한편, 전력의 생산 및 소비정보를 양방향·실시간으로 처리함으로써 에너지 효율을 최적화하기 위해 제안된 차세대 전력망 기술이다. 국내에서는 지능형 전력망이라는 이름으로 불리고 있다.

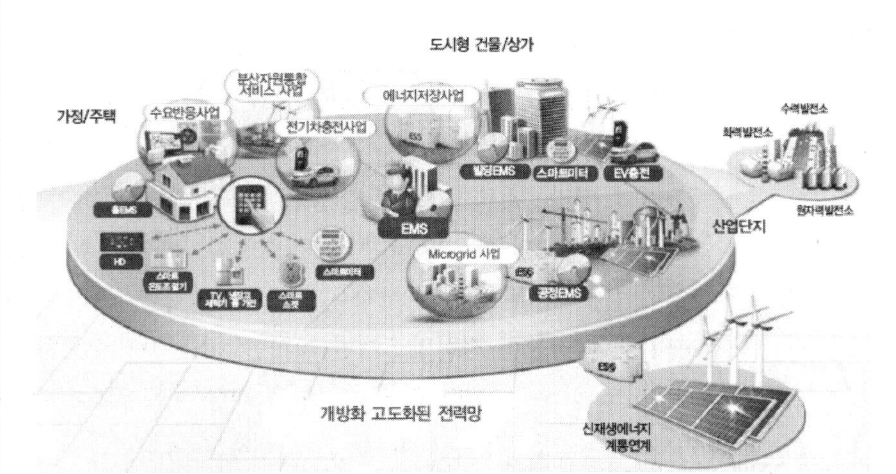

[그림 4-1]
지능형 전력망

그간 정부는 국가 온실가스 목표 달성을 위해서는 저탄소 녹색성장 인프라 구축이 시급하다는 인식 아래, 고유가 지속 및 자원 민족주의 강화에 따른 최근의 에너지 위기 속에서도 지속가능한 성장을 위한 에너지 자립 및 에너지 저소비 사회로의 전환이 필요함을 주지하고 2009년 스마트그리드 로드맵을 발표했고, 2010년에는 유관법령의 지속적인 제정·개정을 추진했다. 또한 2012년에는 지능형 전력망 국가 기본계획을, 2013년도에는 지능형 전력망 시행계획을 발표하였다.

스마트그리드 국가 로드맵의 정책 비전은 스마트그리드 구축을 통한 저탄소 녹색성장 기반 조성으로 설정하였다. 이를 완성하기 위해 2014년까지 세계 최고 수준의 스마트그리드 시범도시 구축, 2020년까지 소비자 중심의 광역단위 스마트그리드 구축, 최종적으로 2030년까지 세계 최초의 국가 단위 스마트그리드 구축이라는 단계별 목표를 설정했다. 모두 5개 분야에 걸쳐 구체적인 세부 계획이 수립되었는데, 각각 지능형 전력망, 지능형 소비자, 지능형 운송, 지능형 신재생 및 지능형 전력 서비스 분야이다. 이를 바탕으로 민간기업의 참여 및 투자를 유발하기 위해 전력·통신·가전 등 168개 기업이 참여한 가운데 총 2,395억 원을 투입하여 2009년 12월부터 2013년 5월까지 '제주실증단지 구축'을 시행하였다. 또한 스마트그리드 거점도시 구축은 스마트그리드 확산 사업으로 그 명칭을 변경하고, 케이티(kt)와 한국전력을 포함한 총 8개의 예비사업자를 선정하여 2015년부터 본격적으로 확산시키기 위한 기반을 마련하였다.

정부는 스마트그리드 로드맵의 구체적 실현을 위한 방안으로 관련 법령의 개정을 검토하였으며, 이는 주로 기존 '전기사업법'과의 불일치를 해소하기 위한 방향으로 진행하였다. 그러나 현행 전기사업법은 사업자 규제 법률로 전력과 ICT가 융합한 스마트그리드를 체계적으로 육성·촉진시키기에는 한계가 있다는 지적에 따라, 전력·정보통신 융합 인프라의 안정적인 구축 및 융합산업의 체계적 육성·촉진을 위한 '지능형 전력망법' 제정을 추진해왔다.

이 법안에 명기된 민간의 투자유도와 사업활성화, 그리고 이를 제도적으로 지원하기 위한 지능형 전력망 5개년 계획을 2012년에 수립하여 다양한 방향에서 구체화하고 있는 중이며, 연도별 이행을 위한 시행계획이 수립하여 매년 실적을 평가하고 추진방향을 새로이 수립·시행하고 있다.

2. 스마트그리드의 시행계획

이 계획은 지능형 전력망의 구축 및 이용촉진을 위해 2012년 6월에 수립한 '제1차 지능형 전력망 기본계획(2012년~2016년)'의 연도별 이행을 위한 2013년 시행계획으로 수립하였다. 이 계획은 「지능형 전력망의 구축 및 이용촉진에 관한 법률」 제6조, '지능형 전력망 시행계획의 수립·시행' 중 ① '산업통상자원부 장관은 기본계획을 이행하기 위하여 지능형 전력망의 구축 및 이용촉진에 관한 시행계획을 매년 수립·시행하여야 한다'에 수립 근거를 두고 있다.

주요 내용은 ① 지능형 전력망의 중·장기 정책목표 및 방향에 관한 사항, ② 지능형 전력망 기술의 개발, 실증(實證), 보급 및 확산에 관한 사항, ③ 지능형 전력망의 운영 및 이용에 관한 사항, ④ 지능형 전력망 산업의 진흥에 관한 사항, ⑤ 지능형 전력망의 표준화, 시험·검사 및 인증에 관한 사항, ⑥ 지능형 전력망 전문인력의 양성에 관한 사항, ⑦ 지능형 전력망 산업의 국외 진출 및 국제협력에 관한 사항, ⑧ 지능형 전력망 정보의 보호 및 안정성 확보에 관한 사항, ⑨ 지능형 전력망에 대한 투자에 관한 사항, ⑩ 지능형 전력망의 제도 개선에 관한 사항, ⑪ 그 밖에 지능형 전력망의 구축 및 이용촉진을 위하여 필요한 사항 등을 포함하고 있다.

1) 2012년도 시행계획 추진성과 평가

정부는 지난 2012년도 시행계획의 추진성과 중 제도개선 분야와 관련해서는 계절별·시간대별 공급원가 차이를 반영하는 계시별 차등요금제 적용 대상을단계적으로 확대하여 소비자 선택권을 강화하였다는 판단이다. 기존에는 1,000kW(킬로와트) 이상의 수용가에게 적용해왔으나, 2012년 1월부터는 300kW 이상 수용가에게도 적용을 했으며, 2013년 1월부터는 선택형 최대 피크 요금제의 시범 도입을 통해 그 대상을 확대하였다.

한편 스마트그리드 기술을 이용하여 신속하고 신뢰도 높은 수요자원을 확보하고 성공적으로 시범운용을 시행하였다. 총 12회에 걸쳐 감축을 시행하여 평균 52.5MW(메가와트)의 부하를 감축하였다.

시장창출 분야에서는, 국내 기업의 스마트그리드 기술과 제품의 트랙레코드를 확보하는 등 해외수출을 촉진하기 위한 해외실증과 시범사업을 추진하였다. 대표적으로 2012년 11월에 미국 일리노이주의 오크파크시와 협력약정를 체결하고, 2012년 2월에 미국 하와이주와 스마트그리드 협력의향서(LOI)를 체결하였다. 동시에 스마트그리드 핵심 기기의 연계 보급 등을 통해 초기 시장창출을 지원하고, 인증·세액 공제제도를 도입하였다.

기술개발 및 기반조성 분야에서는 KS 7건, 단체표준 11건을 제정하고 일본 경산성과 미국 SGIP 등과의 정기 교류를 추진하는 등, 핵심기기의 국내 표준제정, 국제 표준협력 및 한국 주도로 국제 표준화 대상지정 등을 통해 기술표준화를 추진하였다.

한편 스마트그리드 산업을 '기반구축', '제조', '서비스 산업' 등 3개로 대분류하고, 8개 중분류, 41개 소분류, 7개 세분류의 분류체계를 구축함으로써, 스마트그리드 산업의 체계적 육성을 위한 산업 분류체계를 마련하여 향후 산업통계 분석을 위한 기반을 구축하였다.

종합적인 평가에서는 제주실증사업(2009년 12월~2013년 5월), 지능형 전력망 특별법 제정(2011년 5월), 지능형 전력망 기본계획 수립(2012년 6월), 주요 기기보급 사업(2012년) 등을 통해 스마트그리드의 외형적 기반을 마련하였다는 평이다. 그러나 새로운 서비스 시장창출 및 사업화, 민간투자 유인, 규제 개선 등 실질적 성과 확보는 미흡했다는 평가를 내리고 있다.

높은 초기 투자비용, 낮은 전력요금 및 경직적 요금·시장구조 등을 스마트그리드 활성화 장애요소로 지적하고 있다. 한전 소유의 저압 AMI 보급, 전기차충전기 등 일부 스마트그리드 기기보급의 당초 계획 대비 지연이 지적을 받았다.

한편 거점지구 조성계획이 철저한 사전조사 및 이해당사자 의견수렴 필요성 등으로 인해 수립이 다소 지연되었고 전력수요 관리예산 전용에 따라 2012년 전력원천 융합기술 개발사업(스마트그리드 포함) 신규 R&D 사업의 중단도 문제로 남아있다. 따라서 시의 적절한 정책추진과 민간의 적극적 투자유인을 통해 스마트그리드가 창조경제의 핵심 과제로 추진될 수 있도록 역량을 집중할 필요가 있다.

2) 2013년 시행계획

이러한 성과평가를 바탕으로 이 시행계획은 '창조 경제시대 스마트그리드 생태계 기반조성'을 큰 방향으로 잡고, 제도개선 분야에서는 수요관리형 요금제도입과 거점지구 추진기반 마련을, 시장창출 분야에서는 핵심 기기 본격 도입과 지능형 수요관리 확대를, 기반조성 분야에서는 핵심 기술·표준 개발과 상호 운용성 시험센터 구축으로 구성된 관련 상세계획을 준비하였다.

먼저 제도 개선 분야에서는 요금제도 개선과 거점지구를 추진하면서 동반 성장과 함께 규제체계를 정비하는 것으로 그 목표를 정하였다. 시장창출 분야에서는 국내와 해외에 실증을 추진하면서 수요관리를 확대하고 핵심 기기를 보급하는 것으로 목표를 정했다. 기반조성 분야에서는 기술개발, 표준 및 보안, 인력 양성을 통해 산업을 진흥하고 소비자의 참여를 진작할 예정이다.

3) 세부 추진과제

(1) 제도개선

다양한 요금제도도입 추진 방향은 다음과 같다. 경직된 요금제도로 가격 신호에 따른 합리적 소비자 반응의 한계를 극복하기 위해 전력소비자 특성(부하 패턴, 위험기피도 등), 전력수급 상황 등을 고려한 다양한 선택형 요금제를 도입하여 소비자 선택권을 강화할 예정이다. 또한 계시별 요금제(TOU)와 선택형 최대피크 요금제(CPP)를 확대하고, 주택용 누진요금제 개선, 거점지구에 선택형 요금제 적용 확대를 추진하고자 한다.

계시별 요금제는 2013년 5월부터 일반용·산업용 고압수용자(100킬로와트 이상) 전체를 대상으로 확대하였으며, 선택형 최대피크 요금제는 2013년 7월부터 일반용·산업용 대규모 수용가를 대상으로 시행하고 있다. 전기소비자별 전기사용 패턴과 전력수급 상황 등을 고려한 선택형 요금제는 다양한 선택형 요금제의 도입을 위해 검토할 것이다. 또한 석유·가스 등의 에너지 원별 가격 신호에 따른 합리적 에너지 소비를 유도하기 위해 전기요금의 현실화도 함께 검토할 예정이다. 이 사업은 산업통산자원부 주관으로 한국전력공사에서 시행할 예정이다.

스마트그리드 거점지구 추진계획은 스마트그리드 확산사업으로 그 명칭을 수정하고, 제주실증사업 등에서 검증된 기술·사업 모델을 기반으로 2016년까지 7개 지역 거점구축을 위한 정책방향 수립을 목표로 하고 있다. 상세 내용으로는 판매경쟁, 신사업 모델, 다양한 요금제 등 제반 제도의 거점지구 우선 적용을 통해 국가 단위 스마트그리드 구축의 중간 거점으로 활용하고자 계획하고 있다. 먼저 확산사업 내 판매경쟁 시범시행에서는 산업단지·오피스·주거지역 등 소비자 유형별 판매경쟁 시범사업을 시행하고, 비즈니스 모델 도출을 위해 유형별로 기술적·경제적 타당성을 분석·평가하여 적용 가능성이 높은 유형부터 순차적으로 시범 시행할 예정이다. 아래의 표는 비즈니스 모델의 사례를 보여준다.

〈표 4-1〉 확산사업 비즈니스 모델 사례

판매사업 모델 유형	소비자
에너지 관리 서비스(EMS)+전력판매(스마트 소비자)	아파트, 대형 상가, 산업단지
지능형 부하관리(DR)+전력판매(스마트 서비스)	대형 마트, 빌딩
에너지 저장+전력재 판매사업(ESS)(스마트 신재생)	산업단지
전기차 충전+충전기 교환+전력재 판매(스마트 운송)	전기차 소유자

다양한 요금제 시범 도입을 위해서는 현행 '일률적 차등률(하계 3.2배, 춘·추계 1.8배, 동계 2.5배)'을 '시간대별 차등률'로 다양화하고, 중·장기적으로 품질별 요금제, 맞춤형·실시간 요금제를 실시할 예정이다. 본 사업은 산업통상자원부 주관으로 한국 스마트그리드 사업단에서 시행할 예정이다.

한편 대·중소기업 동반성장 지원에서는 동반성장 문화정착을 통해 중소기업 경쟁력을 제고하고, 산업간 융·복합 촉진을 통해 지능형 전력망 생태계를 육성할 것이다. 특히 중소기업 역량강화를 위한 애로사항을 발굴하고 수출기반을 지원하는 한편, 중소기업우대 정책을 수립·추진할 예정이다. 먼저 보급 지원 등 정부지원 사업에 중소기업 가점제를 도입하여 사업자 선정시 중소·중견기업(컨소시엄 포함)에 가점을 제공하고, R&D 중소·중견기업 비중 확대(2012년 10.8% → 2013년 38.1%)를 추진할 계획이다.

또한 중소기업 특화 인력양성을 위해 해외 바이어 등 중소기업이 취약한 해외 인력교류를 추진하고, 이 밖에도 중소·중견기업 지원책을 지속적으로 발굴하여 동반성장 모델을 확산시킬 계획이다. 이 사업은 산업통상자원부, 중소기업청 등 관련 기관들이 공동으로 주관하고, 한국 스마트그리드 사업단, 한국 에너지 기술 평가원, 지능형 전력망협회 등에서 각각 보급사업, R&D, 인력양성을 담당하여 시행할 예정이다.

또한 투자활성화를 위한 규제체계 정비분야에서는 민간의 투자를 활성화하고 스마트 기기보급을 촉진하여 시장을 조기에 창출할 수 있도록 법·제도 등 규제체계 정비를 추진 방향으로 설정하였다. 이를 위한 고시·규정 개정사항 등은 연내 개선을 추진하고, 법 개정사항은 개정(안)을 마련하여 2014년 내 개정을 추진할 예정이다. 이 사업은 산업통상자원부, 안정행정부, 국토교통부, 환경부 등에서 주관할 예정이다.

〈표 4-2〉 개정수요예시

기기	주요 내용	소관 부서
AMI	신·증축 건물에 AMI 보급 의무화(주택법)	국토교통부
ESS	비상발전기를 ESS로 대체 인정(소방법)	안전행정부
	ESS를 발전자원으로 인정(전기사업법)	산업통상자원부
	신재생 발전량의 일정비율 이상 에너지 저장장치 보급 의무화(신재생법)	산업통상자원부
	공공기관 설치의무화(에너지용합리화법)	산업통상자원부
	현 100kWh 이하만 인증 대상인 고효율 인증기기 대상규모 확대(에너지 이용합리화법)	산업통상자원부
전기차 충전기	전기차 충전사업자의 법적지위(전기사업법)	산업통상자원부
	전기자동아 충전기 보급계획 수립	환경부, 산업통상자원부
지능형 DR	수요자원의 전력거래 참여 허용(전기사업법)	산업통상자원부

(2) 시장창출

국내 실증 성과활용의 추진방향은 스마트그리드 관련 기술과 사업 모델의 검증을 위해 제주실증단지 인프라 등을 통합 운영하고 사업에 대한 객관적 평가를 바탕으로 거점지구 등 후속 사업에 성과를 반영하는 것을 목표로 하고 있다. 이를 위해 먼저 제주실증사업을 마무리하고, 2016년까지 평가결과를 거점 사업에 반영하고, 제주실증단지 종합홍보관을 연장 운영함으로서 성과를 확산하고, 실증단지 인프라를 활용하여 사업성과를 지속적으로 확산할 예정이다.

이 사업은 에너지 특별회계 에너지 자원산업융합 원천기술개발 예산을 193억 1,800만 원 규모로 활용하여 산업통상자원부 주관 하에 한국스마트그리드사업단이 시행할 계획이다. 해외시장 진출 분야에서는 지역별·권역별 특성을 고려한 해외 공동 실증사업을 추진하여 우리 기업의 해외시장 진출을 지원하고, 주요국 정부와 협력약정 등을 체결하여 우리 기업진출의 교두보 확보를 추진하고 있다.

주요 계획으로는 해외 실증 협력선 다변화를 추진하고, 해외 실증사업 참여확대 및 협력사업 발굴과 동시에 중소기업 해외시장 진출지원 체계화 추진을 계획하고 있다. 이 사업은 기술료 예산을 활용하여 680백만 원을 투입하고, 산업통상자원부 주관 하에 지능형 전력망협회, 한국스마트그리드사업단 및 KOTRA 등에서 시행할 예정이다.

지능형 수요관리 확대분야에서는 수요관리는 전력수급 안정을 위한 비용 효과적 수단으로 단기수급 대응, 발전소 건설의 불확실성 해소를 위한 대안이라는 인식 하에 2016년까지 1,200MW의 수요자원 확보를 추진하고 있다. 이를 위해 지능형 DR 자원 100MW 확보를 목표로 2013년에는 총 13개 사업자로 확대하여 하계·동계 수급을 대비할 계획이다. 또한 수요관리 활성화를 위한 제도 개선을 추진하고, 수요관리 전(全)주기를 관리하는 사업자 육성을 위해 현 수요자원별 감축실적 평가방식을 사업자별 평가방식으로 전환하며, 사업자 수요관리 역량 강화, 지능형 DR BM 교육실시 등을 추진하고자 한다. 이 사업은 7,147백만원의 전력산업 기반 기금 전력부하 관리 예산을 활용하여 산업통상자원부가 주관하고 전력거래소가 시행할 예정이다.

스마트그리드 핵심 기기보급을 위해서는 현재 스마트그리드 구현에 필수적인 핵심 기기(AMI, ESS, 전기차충전기)의 보급 촉진을 위한 제도개선, 조기 시장 창출을 위한 보급을 추진하고 있다. 2016년까지 AMI 50%이상, ESS 200MWh, EV충전기 15만기 보급을 중기 목표로 삼고 있다. 이를 위해 AMI 보급촉진을 위한 전환계획을 수립하고, ESS 보급 활성화를 위한 제도개선 추진과 더불어, 전기차 충전 인프라 구축 활성화를 위한 종합계획 수립과 스마트그리드 보급사업을 지속적으로 추진할 계획이다. 이 사업은 199억 원의 전력기금과 2,102억 원의 한국전력공사 예산을 활용하여 산업통상자원부, 안전행정부, 기획재정부, 국토교통부 및 환경부가 주관하고 한국스마트그리드사업단, 한국전력공사 및 에너지 관리공단에서 시행할 계획이다.

(3) 기반조성

스마트그리드 기술 개발분야에서는 전력망 지능화·개방화 기술, 스마트그리드 상용화 기술, 공통 기반 기술 등의 개발을 통해 기술개발-실증-사업화의 선순환 구조를 구축하고 2016년까지 SEI 스마트그리드 성숙도모델(SGMM) 수준 3을 달성할 목표를 갖고 있다. 이를 위해 스마트그리드 기술개발 체계를 개편하고, 전력계통 및 전력기반 분야의 파급효과가 큰 중대형과제 지원과 더불어 중소·중견기업이 주관하는 과제 비중을 확대할 예정이다. 이 사업은 전력산업 기반 기금 전력산업 융합 원천 기술개발 예산을 활용하며, 산업통상자원부가 주관하고 한국에너지기술평가원이 시행할 예정이다.

스마트그리드 표준 개발을 위해서는 2016년까지 스마트그리드 상호운용성 확보, 적합성 평가 시스템 구축을 위해 표준, 인증시험 기반을 마련할 계획이다. 이를 위해 스마트그리드 조기 구현을 위한 표준화 추진체계를 확립하고, 기기성능, 안전성 확보를 위한 시험 · 인증 표준 개발과 동시에 상호 운용성 센터 구축과 같은 상호운용성 확보를 위한 기반 구축을 추진할 것이다. 이 사업은 500백만 원의 전력산업 기반 기금 에너지 표준화 및 인증지원 예산을 활용하여 산업통상자원부(기술표준원)가 주관하고 지능형 전력망협회(스마트그리드 표준화 포럼)가 시행할 계획이다.

스마트그리드 보안구축 분야에서는 2016년까지 세계 최고수준의 정보보호 체계구축을 위해 제도적 기반을 마련하고, 핵심 보안기술 설계를 목표하고 있다. 구체적으로 지능형 전력망 보안 가이드라인 제정과 동시에 지능형 전력망 사업자의 보호지침 이행확인 체계를 마련하고, 스마트그리드 취약성 분석, AMI 이상징후 탐지, 기기침입 대응 기술 등과 같은 핵심 보안 기술개발을 지속적으로 추진할 예정이다. 이 사업을 위해 4,450백만 원의 전력산업기반 기금 전력산업 융합 원천 기술개발 예산을 투입하며, 산업통상자원부와 국가정보원이 주관하고 한국스마트그리드사업단과 국가보안기술연구소가 시행하게 된다.

스마트그리드 산업 통계조사 추진을 위해서는 정부 정책수립과 민간투자에 활용할 스마트그리드 산업 통계생성 및 분석을 위한 산업 분류체계 마련을 목표로 하고 있다. 먼저 스마트그리드 산업 실태조사 실시(2차)와 스마트그리드 산업생태계 분석 및 생태계 모델 도출을 진행할 예정인데, 180백만 원의 예산으로 산업통상자원부가 주관하고 지능형 전력망협회가 시행할 계획이다.

TV 유휴주파수 활용방안 마련은 지능형 전력망 통신을 위해 TV 유휴주파수 등 무선통신을 활용한 기술을 스마트그리드에 적용 추진하는 것을 목표로 삼고 있다. 2013년에는 TV유휴주파수대에 대한 기술검증을 실시하고, 스마트그리드 전용 TV 유휴주파수 할당 방안검토와 무선통신 운용기술 핵심 기술개발을 추진할 예정이다. 이 사업은 산업통상자원부와 미래창조과학부가 주관하고 한국전력공사가 시행한다.

스마트그리드 전문인력 양성은 기능 인력, 기초 · 고급 인력, 산업체 · 글로벌 전문인력 등 스마트그리드에 필요한 수요맞춤형 인력양성을 목표로 하고 있는데, 2013년에는 교육수요 충족을 위한 교육 프로그램 개발과 전문 강사진 보완

등 지속적인 전문인력 양성 추진을 진행할 예정이다. 이 사업은 고용노동부 고용보험과 전력산업 기반 기금 에너지 인력양성 예산을 활용하여 산업통상자원부와 고용노동부 주관으로 지능형 전력망협회 및 전기안전공사에서 시행할 예정이다.

스마트그리드 홍보 및 국민참여 강화를 위해 스마트그리드에 대한 소비자의 이해를 높이고 공감대 확산을 통해 스마트그리드 국민 인지도향상과 수용성 제고를 추진하고 있다. 2013년에는 유사 성격의 개별전시회를 통합, 종합전시회를 개최하고, 소비자 체감형-참여형 홍보강화를 추진할 계획이다.

이 사업은 전화·개방화 기술, 스마트그리드 상용화 기술, 공통 기반 기술 등의 개발을 통해 기술개발-실증-사업화의 선순환 구조를 구축하고, 2016년까지 SEI 스마트그리드 성숙도모델(SGMM) 수준 3을 달성할 목표를 갖고 있다. 이를 위해 스마트그리드 기술개발 체계를 개편하고, 전력계통 및 전력기반 분야의 파급효과가 큰 중대형 과제지원과 더불어 중소·중견기업이 주관하는 과제비중을 확대할 예정이다. 이 사업은 전력산업 기반 기금 전력산업 융합 원천 기술개발 예산을 활용하며, 산업통상자원부가 주관하고 한국에너지기술평가원이 시행할 예정이다.

스마트그리드 표준 개발을 위해서는 2016년까지 스마트그리드 상호운용성 확보, 적합성 평가 시스템 구축을 위해 표준, 인증시험 기반을 마련할 계획이다. 이를 위해 스마트그리드 조기 구현을 위한 표준화 추진체계를 확립하고, 기기성능, 안전성 확보를 위한 시험·인증 표준 개발과 동시에 상호운용성 센터 구축과 같은 상호운용성 확보를 위한 기반구축을 추진할 것이다. 이 사업은 500백만 원의 전력산업 기반 기금 에너지 표준화 및 인증지원 예산을 활용하여 산업통상자원부(기술표준원)가 주관하고 지능형 전력망협회(스마트그리드 표준화 포럼)가 시행할 계획이다.

4. 향후 추진방향

스마트그리드를 위한 국가적/사회적 공감대 형성과 시행노력에 따라 스마트그리드 로드맵, 제주도 실증단지 구축, 지능형 전력망법, 제1차 지능형 전력망 기본계획, 2013년 지능형 전력망 시행계획 등을 중심으로 스마트그리드의 구현을 위한 시도들이 활발히 진행되고 있다. 하지만 참여 민간기업을 위한 비즈니스의 활성화와 관련 기술의 개발이 가장 시급한 현안으로 떠오르고 있다. 이에 따라 스마트그리드 거점지구 사업을 중심으로 지자체와 민간 사업자의 참여를 통한 생태계 활성화를 구체적으로 진행하고 있다.

산업통상자원부에서는 그간 공급에 집중되었던 에너지 정책의 방향을 수요관리에 집중하는 것으로 패러다임 전환을 선언하고, 2013년 8월 14일 '경제관계장관회의'를 거쳐 관계 부처 합동으로 '창조경제시대의 ICT 기반 에너지 수요관리 신시장 창출 방안'을 수립한 바 있다. ICT와 전력시장을 창조적으로 융합하여 시장을 창출함으로써, 전력 수요관리를 전문으로 하는 서비스업과 창의적인 일자리가 창출되어 창조경제 실현을 뒷받침할 것으로 기대하고 있다.

이렇게 마련된 정책이 이행될 경우 ESS, EMS, 스마트그리드 분야의 대규모 신규 투자를 유도하여 2017년까지 총 3조 5,000억 원 이상의 시장이 창출될 것으로 예상한다. 또한 수요관리 시장창출로 인해 1.5만개의 일자리와 70~100만 kW의 전력피크 절감효과가 있을 것으로 전망한다.

02 스마트 미디어 플랫폼의 개요

최근 가정, 회사 및 공장 내에 정보/가전기기의 사용량 증가에 따라 피크 타임 절전과 블랙아웃(blackout)과 같은 상황에서 전력이 공급되지 않아 필히 동작해야 할 정보/가전기기가 동작하지 않는 현상이 일어난다. 이러한 스마트 전력관리를 위한 기존 기술로는 스마트그리드 시스템에서 적응형 에너지 전력 센서를 통해 측정된 전력사용량 및 관련 사용량 통계 데이터를 모니터링하고 필요 시 전원을 on/off 제어하는 모니터링 기능을 제공하는 정도에 불과하다.

갑작스런 전력난이나 피크 전력시간 등의 비상전력 상황에서 필수적으로 동작해야 할 정보기기기가 전력을 공급받기 위해 우선순위(priority) 제어기능을 부여한 스마트 플러그 기반의 스마트 콘센트에 의한 스마트 모니터링 및 표시장치를 갖는 스마트 미디어 플랫폼의 제어기능 설계를 제안한다. 이러한 스마트

게이트웨이는 에너지 저장장치(ESS : Energy Storage System)와 연동함으로써 스마트 플러그가 양방향 송배전과 우선순위 제어형 스마트 제어 모듈에 의한 전력관리 효율을 극대화할 수 있다.

이 절에서는 ESS 연동형 스마트 콘센트가 블루투스나 지그비(ZigBee)의 무선통신과 전력선통신(PLC : Power Line Communication)에 의한 ESS와 스마트 콘센트의 전기사용을 제어함으로서 스마트 콘센트 기반으로 전력관리의 효율을 극대화하기 위한 스마트 플랫폼이 필요하다. 스마트 전력제어 시스템은 스마트 콘센트와 스마트 플러그에 연결되어 정상전원시 가장 저렴한 시간대역에 유휴전력을 저장하고 필요시 비상전력을 공급하는 에너지 저장장치와 연동하도록 구성한다.

이로서 게이트웨이 콘센트와 스마트 콘센트는 스마트 콘센트로 유입되는 전력량을 감지하고 감지정보를 유선과 무선으로 제어부에 전송하는 전력감지 센서, 스마트 콘센트 또는 스마트 플러그로 공급하는 전원의 우선순위를 할당하는 우선순위 테이블, 우선순위 테이블에 기록된 우선순위에 따라 스마트 콘센트와 스마트 플러그로 공급하는 전력을 제어하는 제어부에 의해 비상전력 상황에 효율적으로 관리할 수 있다.

이때, 스마트 미디어 플랫폼으로 활용 가능한 월패드와 스마트 디바이스 및 스마트 TV 등을 통해 전력사용량, 전력송전량 등의 전력정보의 모니터링을 가능하게 하고, 스마트 콘센트의 우선순위 제어기능을 통해 우선순위에 따른 정보/가전기기를 자동으로 전원제어가 가능하다. 적응형 에너지 전력 센서 기반의 스마트 플랫폼이 ESS와 연동하는 통신망의 활용으로 전력 피크의 비상상황인 스마트 콘센트의 우선순위를 활용하는 액티브 상태의 스마트 콘센트에 의한 스마트 플러그와 스마트 미디어 플랫폼의 제어 릴레이로 전력활용을 극대화할 수 있다.

03 스마트 전력관리용 플랫폼 설계

1. 우선순위 기반의 스마트 플랫폼 설계

여기에서는 [그림 4-2]와 같은 기존 스마트그리드 전력제어 시스템에 [그림 4-3]과 같은 '우선순위 기반의 스마트 플러그와 ESS 연동형 스마트 미디어 플랫폼'을 설계하기 위한 추가기능을 부가하기 위해 외부 전력을 유입하여 분배하는 게이트웨이 콘센트, 게이트웨이 콘센트로부터 전력을 공급받아 스마트 플러그를 통하여 정보/가전기기로 전력을 전달하는 스마트 콘센트의 우선순위에 의한 전력 ON/OFF 제어기능을 갖는다.

이러한 스마트 콘센트는 사용되는 전력량을 모니터링하는 스마트 모니터링 장치와 스마트 플러그에 연결되어 정상전원시 유휴전력을 저장하고 필요시 비상전력을 공급하는 에너지 저장장치로 구성된다.

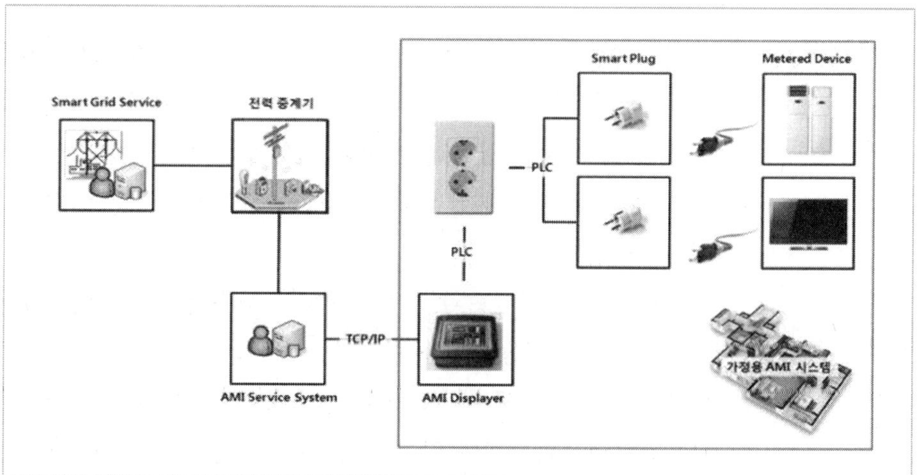

[그림 4-2] 기존 스마트 플러그 기반의 그리드 전력제어 시스템

우선순위 기반의 스마트 플러그 연동형 스마트 플랫폼은 스마트 콘센트는 유입되는 전력량을 감지하고 감지정보를 유/무선으로 제어부에 전송하는 전력감지 센서를 내장하고 있다.

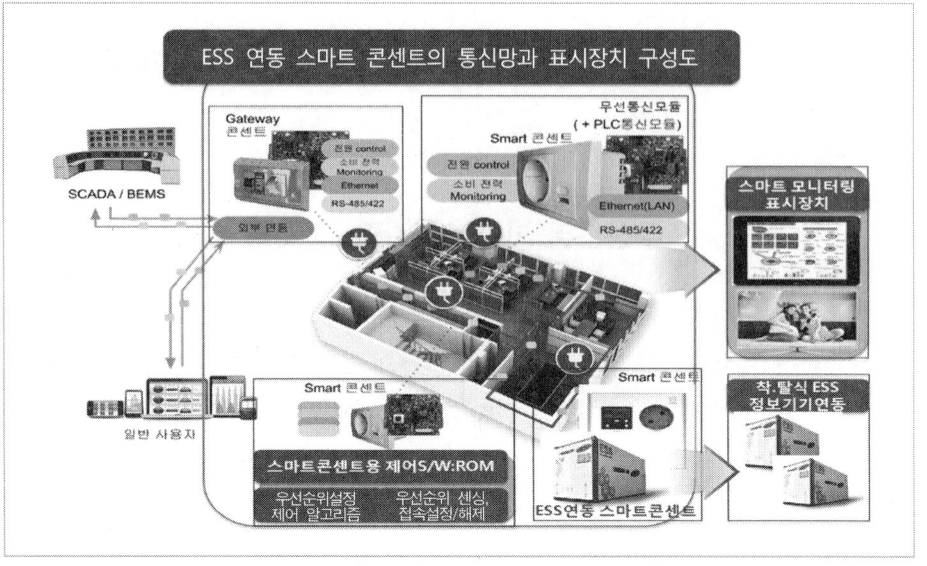

[그림 4-3]
우선순위 기반의 스마트 플러그 연동형 스마트 플랫폼

이로서 스마트 플러그로 공급하는 전원의 우선순위를 할당하는 우선순위 테이블에 기록된 우선순위에 따라 스마트 콘센트 또는 스마트 플러그로 공급하는 전력을 제어하는 제어부의 제어신호에 따라 전원을 ON/OFF하는 전력차단부로 구성된다.

또한, 우선순위 기반의 스마트 플러그 연동형 스마트 플랫폼에서 스마트 플러그에 의한 전력제어 시스템은 외부 전력을 유입하여 분배하는 게이트웨이 콘센트로부터 전력을 공급받아 하나 이상의 스마트 플러그를 통하여 정보기기와 가전기기로 전력을 전달하고 전력량을 모니터링하는 스마트 모니터링 장치로 구성되어 있다.

이때, 스마트 콘센트와 스마트 플러그에 연결되어 정상전원시 유휴전력을 저장하고 필요시 비상전력을 공급하는 ESS와 같은 에너지 저장장치를 포함하여 구성되며, 스마트 모니터링 장치는 스마트 콘센트와 스마트 플러그로 공급하는 전원의 우선순위를 할당하는 우선순위 테이블(lookup table)을 갖고 있다.

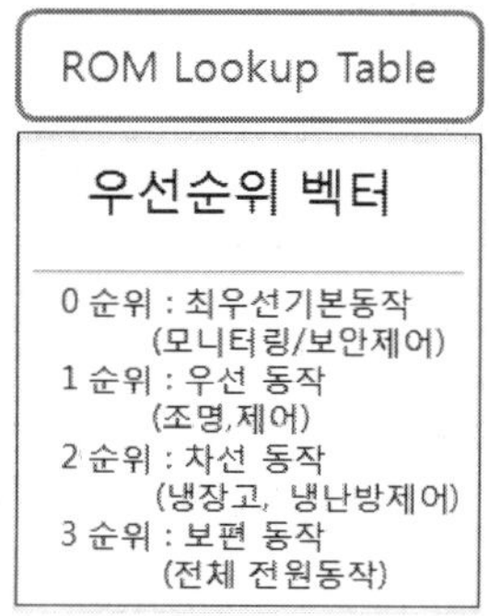

[그림 4-4] 우선순위 기능의 메모리 룩업표 설계

[그림 4-4]와 같은 우선순위 기능의 메모리 룩업표(lookup table)처럼 우선순위 테이블에 기록된 우신순위에 따라 스마트 콘센트와 스마트 플러그로 공급하는 전력을 제어하는 제어부가 존재하며, 게이트웨이 콘센트와 스마트 콘센트 및 스마트 콘센트로 유입되는 전력량을 감지하는 정보를 유선과 무선으로 제어부에 전송하는 전력감지 센서의 제어신호에 따라 전원을 ON/OFF하는 전력차단부로 구성한다.

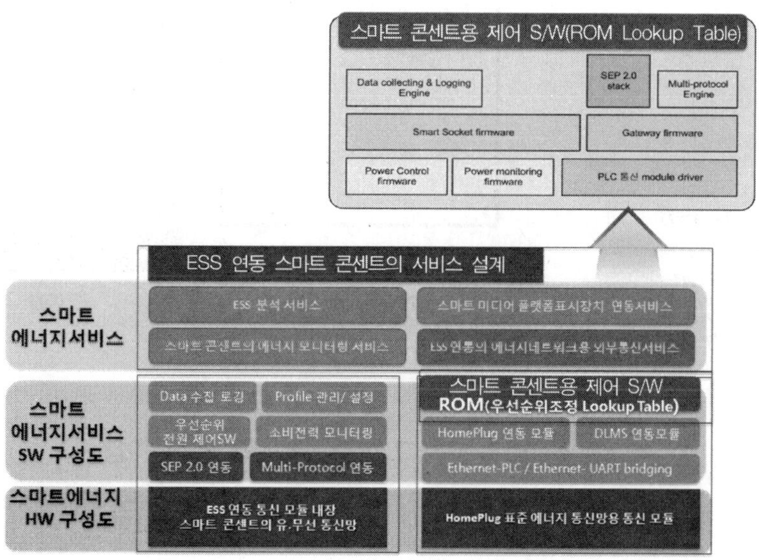

[그림 4-5] 우선순위 기반의 스마트 플랫폼의 SW 및 서비스 구성

2. 우선순위 기반의 스마트 플러그 구성

우선순위 기반의 스마트 플랫폼용 제어기능을 위해 우선순위 테이블에 기록된 우선순위에 따라 스마트 콘센트 또는 스마트 플러그로 공급하는 전력을 제어하는 절차를 관장하는 제어 SW 모듈(control SW module)을 구성한다.

[그림 4-6]과 같이 우선순위 기반의 스마트 플로그의 HW 및 SW의 설계도처럼 제어 SW 모듈은 전력감지 센서의 유입전력 감지량이 소정의 최저 임계값 이하로 떨어지는 경우, 우선순위 테이블에 설정된 최우선순위의 스마트 콘센트/플러그만 ON시키고 나머지 우선순위의 스마트 콘센트/플러그는 OFF시키는 제어신호를 발생시키도록 제어신호를 발생하도록 최우선순위의 스마트 콘센트/플러그에만 비상전원을 공급하도록 에너지 저장장치 제어신호가 발생하도록 설계한다.

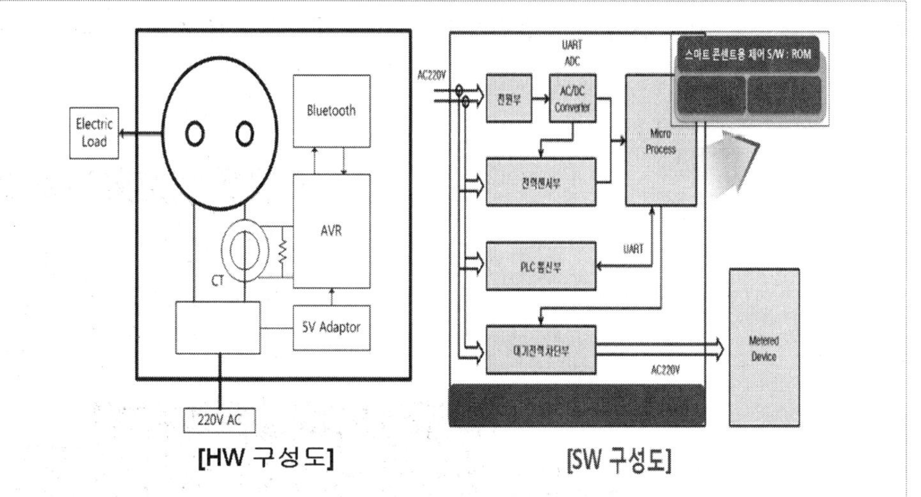

[그림 4-6] 우선순위 기반의 스마트 플러그의 HW 및 SW 구성도

3. 스마트 플러그와 플랫폼의 연동구성

[그림 4-7]의 우선순위 기반의 스마트 콘센트와 ESS 연동 흐름도처럼 스마트 콘센트의 제어부는 [그림 4-4] 우선순위 테이블에 기록된 우선순위에 따라 스마트 콘센트 또는 스마트 플러그로 공급하는 전력을 제어하는 제어 SW 모듈을 구성한다.

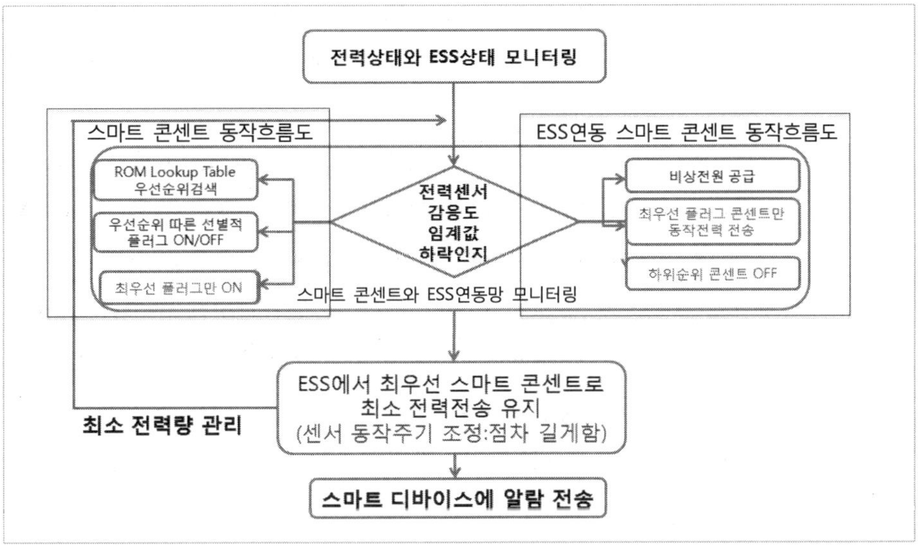

[그림 4-7]
우선순위 기반의
스마트 콘센트와
ESS 연동 흐름도

[그림 4-6]의 우선순위 기반의 스마트 플로그의 HW에 탑재된 제어 SW 모듈은 전력감지센서의 유입전력 감지량이 소정의 최저 임계값 이하에서 최저 임계값 이상으로 올라가고, 정상 전력 임계값 이상에 도달하는 경우 우선순위 테이블에 설정된 우선순위에 따라 순차적으로 상위 우선순위의 스마트 콘센트와 플러그에 순차적으로 전원을 공급하도록 제어신호를 발생하도록 구성한다.

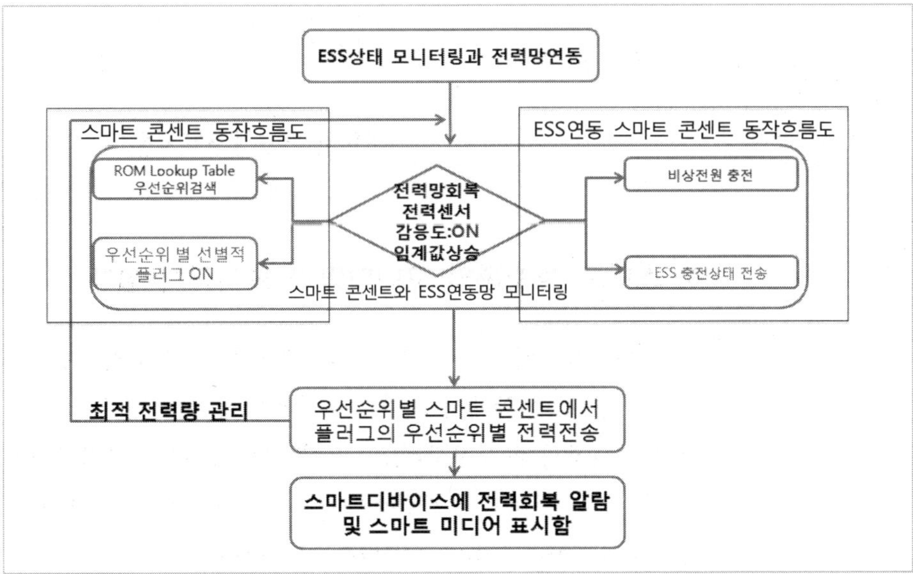

[그림 4-8]
스마트 콘센트의
ESS 모니터링과
전력회복 흐름도

또한, 최우선순위의 스마트 콘센트와 플러그에 비상전원 공급을 차단하고 에너지 저장장치를 충전 모드로 전환하도록 에너지 저장장치 제어신호를 발생하는 절차를 구성한다.

한편, 스마트 콘센트와 플러그의 제어부의 SW는 우선순위 테이블에 기록된 우선순위에 따라 스마트 콘센트와 플러그로 공급하는 전력을 제어하는 절차를 관장하는 제어 SW 모듈 설계로 제어 SW 모듈은 전력감지 센서의 유입전력 감지량이 최저 임계값과 정상 전력 임계값 사이에 머무르는 경우 우선순위 테이블에 설정된 우선순위에 따라 상위 우선순위의 스마트 콘센트와 플러그에 순차적으로 전원을 공급하도록 최우선순위의 스마트 콘센트와 플러그에만 비상전원을 공급하도록 에너지 저장장치 제어신호를 발생하도록 구성한다.

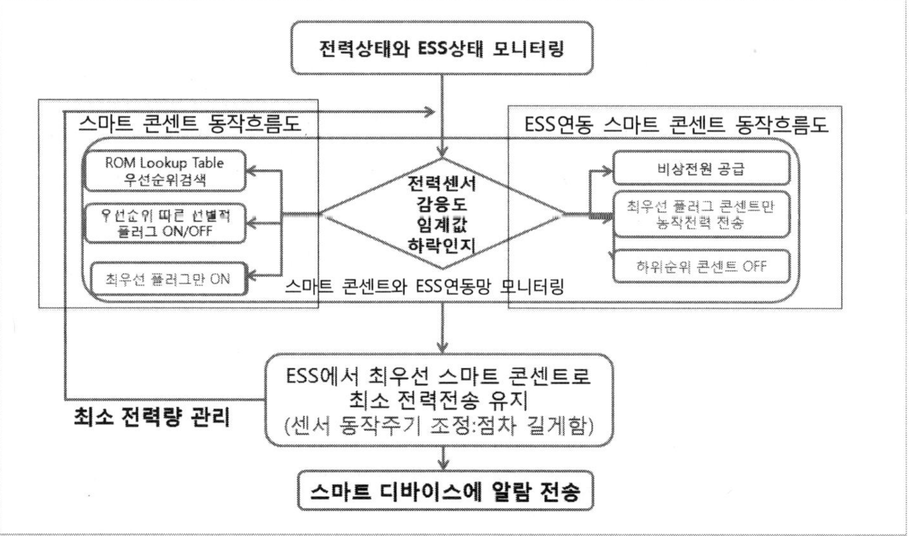

[그림 4-9] 스마트 콘센트의 ESS 모니터링과 Black 흐름도

4. 스마트 플랫폼의 모니터링과 표시장치 설계

우선순위 기반의 스마트 콘센트와 스마트 미디어 플랫폼이 연동하는 전체 시스템의 구성 및 동작에서 스마트 콘센트와 플러그의 우선순위 설정과 정상전력 상태에서 비상상태(정전상태)로 천이하는 경우 및 정전상태에서 정상전력으로 회복되는 경우 스마트 플랫폼이 전체 네트워크 내의 상태를 모니터링하고 이를 스마트 미디어에 표시하는 방법을 제안한다.

[그림 4-7]과 같은 우선순위 기반의 스마트 콘센트와 ESS 연동 흐름도와 [그림 4-8] 스마트 콘센트의 ESS 모니터링과 전력회복 흐름도 및 [그림 4-9] 스마트 콘센트의 ESS 모니터링과 Blackout 흐름도에 필요한 "대기상태"와 "액티브 상태"의 정의는 다음과 같다.

1) 대기상태 : 정상동작

① 파워 온 또는 리셋 시 활성화된 상태이다.
② 모든 ROM에 우선순위 조정기능을 갖는 적응형 스마트 콘센트 기반의 변수를 초기화하고 스마트 플러그에 양방향 전력을 공급하기 위해 파워릴레이-ON상태를 유지한다.

2) 액티브 상태 : Blackout, Peaktime

① 적응형 에너지 전력 센서 통신망에서 전력 피크 시간대와 전력품질 저하와 Blackout(완전정전)이 발생한 경우이다.
② 스마트 콘센트의 메모리(ROM)에 우선순위에 따른 스마트 플러그에 연결된 사무기기 또는 가전기기가 정상동작의 대기상태에서 액티브 상태(active mode)인 스마트 플러그의 파워릴레이를 우선순위에 따라 순차적으로 제어 릴레이를 "OFF"한다.

3) 상태변화의 경우

① 대기상태(정상전력)에서 액티브(정전) 상태로 천이하는 경우이다.
② 액디브(정전) 상대에서 대기상대(정상전력)로 회복되는 경우이다.

4) 스마트 콘센트/플러그의 우선순위 설정 및 변경

위와 같은 동작 시스템의 상태를 유지하기 위해 스마트 플러그에 내장된 제어 SW 모듈은 에너지 저장장치에서 최소 전력전송을 유지하도록 전력감지 센서의 동작주기를 점차 길어지도록 조정한다. 아울러, 스마트 모니터링 장치에 현재 전력상태 알림정보를 전송하는 알고리즘을 추가로 수행한다.

이때, 스마트 모니터링 장치에는 사용전력량을 디스플레이하고, 사용자가 우선순위 테이블을 설정/변경할 수 있도록 하는 사용자 인터페이스를 제공하여 우선순위 테이블이 설정/변경되는 경우 그 설정/변경값을 제어부의 메모리에 저장한다.

5. 스마트 미디어 플랫폼의 연동망 구성

스마트 플러그 연동형 모듈 및 스마트그리드 연동 시스템에서 홈플로그 기반의 전력선 통신 네트워크와 전력선 통신 기반 센서 네트워크 및 이더넷(Ethernet) 네트워크 연동에서 적응형 에너지 전력 센서 통신망에서 전력 피크 시간대와 전력품질 저하로 인한 스마트 콘센트의 우선순위에 따른 부분적인 스마트 플러그의 순간 정전제어와 적응형 전력량계 스마트 콘센트에서 수집된 데이터와 연동하는 다양한 에너지 관리 프로토콜(Multi-protocol; DLMS, SEP2.0 등) 지원한다.

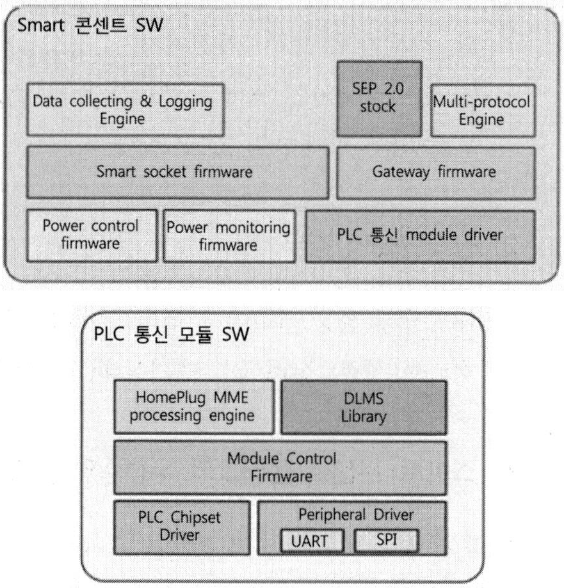

[그림 4-10] 스마트 콘센트의 통신망 연동의 SW 구성도

[그림 4-10]의 스마트 콘센트의 통신망 연동의 SW 구성도처럼 능동대기 모드를 지원하는 스마트 플러그 기반의 가전기기는 스마트 미디어 플랫폼과 연동하는 네트워크 기기의 대기모드 전환을 위한 능동대기 모드에 대한 기준 및 프로토콜 규격은 EnergyStar, EuP 등을 활용한다.

[그림 4-11] 스마트 콘센트의 통신방식 분석 및 활용

[그림 4-11]과 같이 스마트 콘센트의 통신방식 분석과 활용을 통해 유선 네트워크의 에너지 절감을 위한 표준규격으로 IEEE 802.11az 에너지 효율적인 이더넷(Ethernet) 표준을 활용한 Intel, Broadcom 칩셋의 인터럽트를 활용할 수 있다.

speed	company	country	modulation	transfer rate	remarks
High speed (Broad band)	Altheros〉Qualcomm	USA	DPSK-based OFDM	85M, 200M, 500M	HomePlug
	DS2〉Marvell	Spain	Advanced OFDM	200M	HomeGrid Forum
	Xelline	Korea	DPSK-based DMIT	24M, 200M	HPLCSA
	Panasonic	Japan	Wavelet OFDM	190Mbps	HD-PLC
Low speed (Narrow band)	Echelon	USA	Dual Frequency BPSK	5.4K	LonWorks
	Yitran	Israel	DCSK/ACSK	1.25K~7.5K/2.5M	HPCC
	Planet	Korea	DCSK(Spread Specturm)	1.2K~7.2K	Z-bus
	Maxim/ERDF	France	DPSK-based OFDM	~250K	G3-PLC
	STMicro,T1/Iberdroda	Spain	DPSK-based OFDM	~128K	PRIME

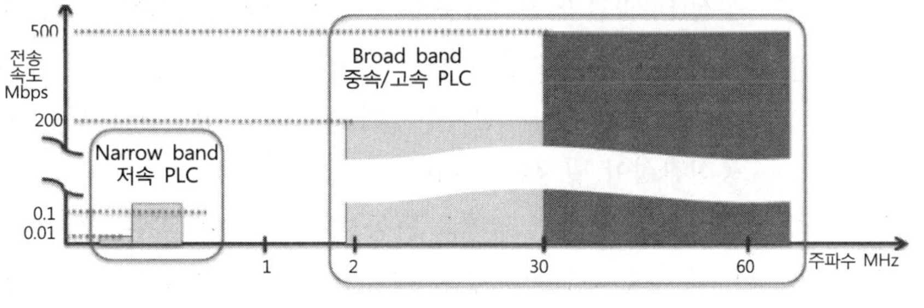

[그림 4-12] 스마트 콘센트의 PLC 특징분석과 연동활용

또한, [그림 4-12]처럼 스마트 콘센트의 PLC 특징분석과 연동활용으로 스마트그리드 연동시스템에서 비상시와 전력 피크 시간대 및 전력품질저하 상태에서 에너지 소비에 대한 빅데이터를 활용함으로써 착탈식 정보기기의 ESS의 전력량 검침을 통해 적응형 에너지 전력제어 모듈을 통해 여력의 잉여전력을 송전량을 스마트 디바이스 플랫폼을 통해 사용자에게 전략사용량과 전략송전량을 모니터링하는 스마트 플러그 연동 서비스를 위한 모듈을 구성한다.

이러한 스마트 콘센트의 우선순위에 따른 부분적인 스마트 플러그의 Blackout와 전력사용 피크시간에 따른 스마트 플러그의 제어 릴레이를 제어하는 알고리즘은 정보기기마다 전력을 자동으로 차단할 수 있다.

또한, 전력비상 시에 연동하는 지능형 전력센서 전력저장장치(ESS)는 전력 피크 시간대와 정전발생 시 비상전원으로 활용하기 위해 ESS의 전력량 검침을 통한 스마트 미디어 플랫폼(Wall-pad, 스마트 TV, 홈게이트웨이, 스마트 패드(PAD) 등)을 통해 사용자에게 전략사용량과 전략송전량을 모니터링을 할 수 있다.

04 한국형 PLC 동향

1. 전력선통신과 자동차 충전기의 간섭

한국전력공사 주도로 개발한 스마트그리드 원격검침 인프라(AMI)용 전력선통신(PLC)칩과 전기자동차 충전기 간에 통신간섭이 불거졌다. 최근 한국전기연구원 · 한국산업기술평가관리원 주도로 실시한 전기차용 완속(AC)충전 국제표준(TYPE1) 방식과 한국전력의 원격검침 인프라와 상호 공존 필드 테스트 결과 통신간섭이 발생한 것이다.

급속(DC) 충전 국제표준(콤보)과도 미미한 수준의 통신간섭이 발생했다. 국내 급속충전기 표준에 콤보(TYPE1) 방식을 수용하되 완속충전기에는 국제표준 채택을 금지하는 방안을 검토 중인 것으로 알려졌다. 세계에서 유일하게 국내만 AMI용에 고속 PLC만을 고집해 논쟁은 더욱 가열될 전망이다.

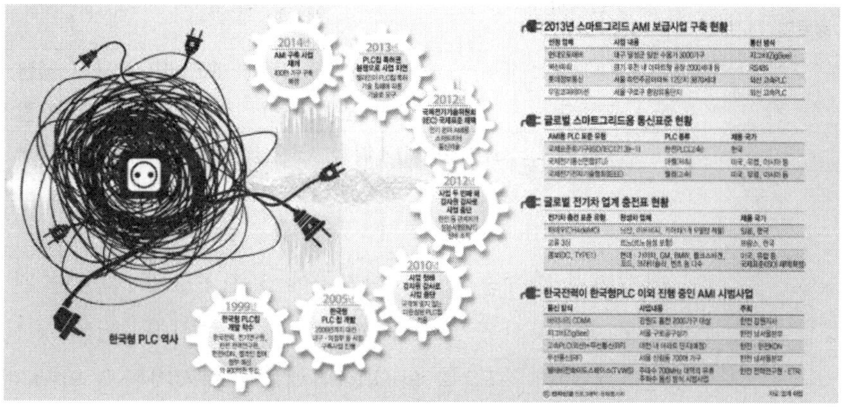

[그림 4-13]
한국 PLC의 현황

완속충전기는 단상 220V 7kW를 이용해 차량에 충전하며 시간은 약 5~7시간이 필요하다. 급속충전기는 3상 380V 50kW 고출력을 이용해 약 20분만에 충전이 가능하다.

완속충전기는 급속과 달리 주로 가정이나 공동주택에 구축된다. 이 때문에 가정 등 수용가의 전기사용량을 실시간 파악해 분석하는 AMI와 충돌은 불보듯 뻔한 일이다. 두 장치 간 통신간섭은 같은 공간에서 동일한 주파수대역(60Hz)을 사용하기 때문에 발생한다. 통신간섭으로 어느 한쪽의 정보전달 시간이 늦어질 수 있다. 심각한 경우 전기사용량에 따른 과금이나 수요관리에 필요한 정보 등 AMI 본연의 역할을 수행하지 못할 수도 있다.

〈표 4-3〉 2013년 스마트그리드 AMI 보급사업 구축 현황

업 체	사업내용	통신방식
현대오토에버	대구 달성군 일잔수용가 3000가구	ZigBee
벽산파워	경기 부천내 아파트형 공장 2000세대등	RS485
롯제정보통신	서울 하안동 아파트12단지 3870세대	외산 저속 PLC
우암코퍼레이션	서울 구로구 중안유통단지 대상	외산 고속 PLC

〈표 4-4〉 글로벌 스마트그리드용 통신표준현황

AMI용 PLC 표준유형	PLC 종류	채용국가
국제화표준기구(ISO/IEC12139-1)	한전 PLC(고속)	한국
국제전기통신연합(ITU)	마벨(저속)	미국, 유럽, 아시아 등
국제전기전자기술협회(IEEE)	퀄컴(고속)	미국, 유럽, 아시아 등

〈표 4-5〉 글로벌 전기차 업계 충전표현황

전기차 충전표준현황	완성차 업계	채용국가
차데모(CHAdeMO)	닛산,미쓰비시,기아차(1개모델만 적용)	일본, 한국
교류3상	르노(르노삼성 포함)	프랑스, 한국
콤보(DC,TYPE1)	현대, 기아차, GM, BMW, 폴스바겐, 포드, 크리이슬러, 벤츠 등 다수	미국, 유럽 등 국제표준(ISO) 채택(확정)

현재까지 완속충전기나 전기차에 고속 PLC를 적용한 완성차 업체는 없지만, 차세대 통신방식에 고속 PLC 채택이 유력하다. 이에 통신간섭 논쟁은 계속될 것으로 보인다. 글로벌 완성차 업체가 한국시장만을 위해 별도 표준규격을 채택할 확률은 적기 때문이다.

PLC는 다수의 다른 통신에 비교해 전기차 충전에 가장 적합하다. 대다수 완성차 업체가 완속(AC) 충전에 PLC 통신을 채택하지는 않았지만 앞으로 출시하는 차량에는 PLC 채택이 유력할 것으로 본다.

한국이 AMI에 고속 PLC만을 사용한다면 전기차 산업 간 통신간섭 논쟁은 계속될 것이다. 정부는 국내 출시하는 전기차와 완속충전기에는 국제표준 채택을 단기간 금지하는 방안을 검토 중이다.

2. AMI는 PLC+RF와 전기차의 고속 PLC

세계에서 유일하게 국내서만 스마트그리드 AMI와 전기차 인프라 간 통신 간섭이 극심하다. 한국스마트그리드사업단이 실시한 AMI 보급사업에 선정된 업체 4곳 모두 한전 PLC를 채택하지 않았다. 통신성능에 따라 데이터 수집 · 처리 등 실시간 검침률이 좌우되기 때문이다. 사업에 선정된 롯데정보통신과 우암코퍼레이션은 외산 PLC를 채택했으며, 현대오토에버와 벽산파워는 각각 ZigBee와 RS485 통신을 채택해 사업 수행 중이다.

한전과 국가기술표준원을 주축으로 스마트그리드 AMI 핵심 부품인 PLC칩을 개발해 시범사업을 거쳐 인프라 구축에 나섰지만 한전 구축사업 첫 해인 미완성된 칩을 사업화시켜 중단했고 이어 2년만에 재개된 사업 역시 상호운용성 등 미완성 칩을 통과시키려는 부당행위로 두 차례 모두 상용화에 실패했다. 여기에 지난해 계획된 구축사업은 특정업체와 특허권 분쟁으로 또 한해를 넘겨 다음 달에나 착수할 예정이다.

해외에서는 저 · 고속 PLC를 포함해 지그비 등 다양한 무선 방식을 채택하고 있다. 한전 PLC는 2009년 ISO 국제표준(IEC 12139-1)에 지정됐지만 완전한 구축 사례는 없다. 반면에 미국 마벨의 PLC칩은 국제전기통신연합(ITU)에 등극, 미국 등에 적용됐으며 인도네시아 · 일본 등에도 사업이 진행 중이다. 퀄컴도 국제전기전자기술협회(IEEE)에 이름을 올려 미국 등에서 구축사업이 한창이다.

전력 수요반응을 위한 스마트그리드 통신기술 표준규격 '오픈 ADR(Open ADR)'과 SEP(Smart Energy Profile)를 효과적으로 연계하는 솔루션 개발이다. 이를 통해 스마트 가전의 효율적인 수요관리 자원화 체계가 마련될 전망이다.

제5장

스마트 센서 네트워크 기술

01 무선통신 기술

02 u-센서 네트워크(RFID/USN)

03 향후 추진방향

04 RFID 기술

05 유비쿼터스 센서 네트워크 기술

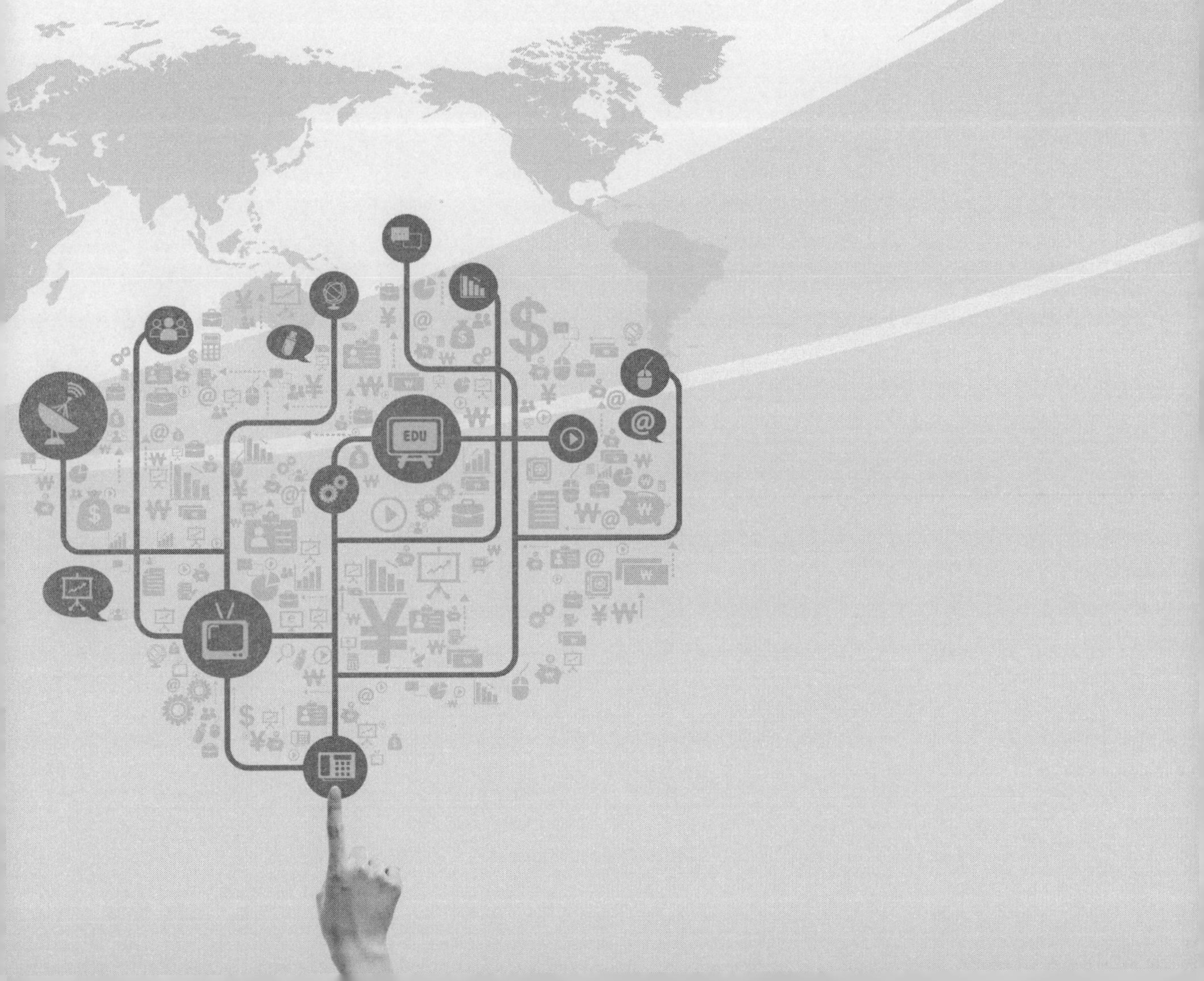

01 무선통신 기술

1. 무선통신 기술의 특징

정보기술의 급속한 발전에 따라 모든 사물이 지능화되고 네트워크화됨으로써 사물과 사람, 사물과 사물간의 의사소통이 가능한 사회, 즉 지능기반사회(ubiquitous society)로 변해가고 있다. 현재 세계 각 국에서 진행되고 있는 유비쿼터스 정보화시대의 주요 수단으로서 전파식별(RFID : Radio Frequency Identification)과 USN(Ubiquitous Sensor Network)에 대한 관심이 높아지고 있다. RFID는 제품에 태그(tag)를 부착하여 사물의 정보를 확인하고 주변상황 정보를 수집 · 저장 · 가공 · 추적함으로써 위치정보, 원격처리, 관리 및 정보교환을 가능케 하는 기술이다. 이러한 RFID 서비스를 위한 시스템은 기본적으로 태그라고 불리는 고유정보를 전기적으로 저장하는 트랜스폰더(transponder), 해독기를 가진 송수신기 역할을 하는 리더기, 호스트 컴퓨터 이렇게 3가지의 구성요소로 이루어진다.

USN은 단순 인식정보를 제공하는 전자태그에 Sensing 기능이 추가되고 이들 간의 네트워킹이 이루어져 실시간으로 통신이 가능하게 되는 형태를 의미한다. 즉, 필요한 모든 사물에 전자태그를 부착하고(ubiquitous), 이를 통하여 사물의 인식정보를 기본으로 주변의 환경정보(온도, 습도, 오염정보, 균열정보 등)까지 탐지하며(sensor), 이를 실시간으로 네트워크에 연결하여 정보를 관리하는 것으로(network) 궁극적으로 모든 사물에 Computing 및 Communication 기능을 부여하여 Anytime, Anywhere, Anything 통신이 가능한 환경을 구현하기 위한 것이다.

2. 무선기술

무선기술은 주파수 영역에 따라 WAN, LAN, PAN으로 구분하고 데이터 전송비율에 따라서 그림처럼 구분되는데, TinyOS가 제공하는 영역은 블루투스 및

ZigBee 영역과 ISM 밴드 주파수 영역을 포함한다. ZigBee의 중요한 목표는 정보처리의 상호운용을 가능하게 하고 광대역에서 낮은 데이터 전송률의 무선 애플리케이션을 사용하게 하는 단순화된 솔루션을 OEM과 개발자에게 제공하는 것이다. ZigBee는 몇몇 장점을 가지고 있는 피어-투-피어, 매쉬 네트워킹과 같은 네트워크 토폴로지로 이루어진 다른 많은 타입에도 적합하다.

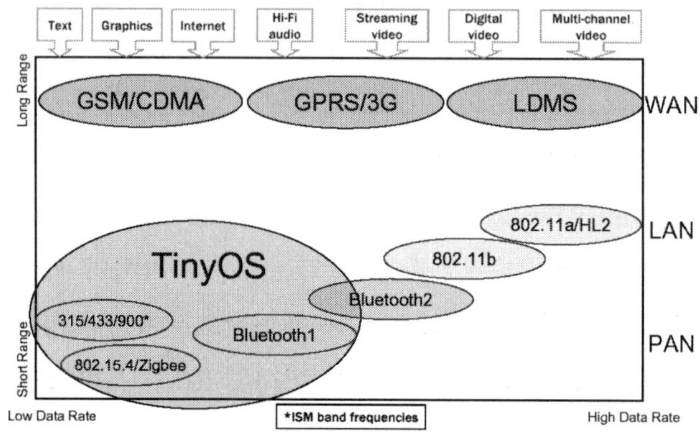

[그림 5-1] 주파수영역 및 데이터 전송비율별 구분

3. 무선 주파수 스펙트럼

Mote는 무선 스펙트럼에 의한 주파수의 항목에 따라 RF 에너지를 사용하여 자유공간을 통해 통신을 한다. ISM(Instrumentation Scientific Medical), 즉 기계, 과학, 의료기기 등의 많은 다른 장치들이 이 스펙트럼 안에서 동작한다. 흥미 있는 역사적인 기록에서 ISM 밴드는 특별한 주파수(예를 들면, 마이크로 웨이브 오븐)에서 RF 에너지를 발산하기 위한 전장 장치를 위한 것으로 되어 있다.

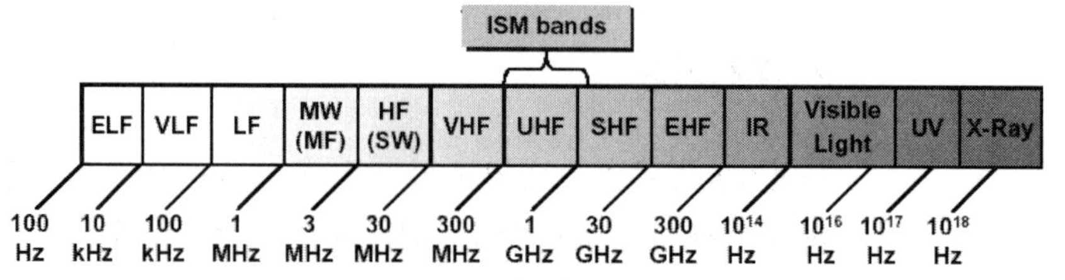

[그림 5-2] 무선 주파수 스펙트럼

4. 무선통신의 표준화

시장에서 손쉽게 채택할 수 있는 상호작용하는 시스템은 표준화를 요구하고 있다. 대부분의 회사들은 사실상 표준에 대하여 양자택일을 시도함에 따라서 표준에 따라서 그들의 시스템에 탑재하기를 원한다. 그리고 표준은 미국에서 TIA/CTIA에 의하여 결정되는데 IEEE 표준이 자주 선택되고 있다. 전세계 표준은 유럽에서 ITU-T에 의하여 결정된다. ETSI는 IEEE와 동등하다. 표준화는 관심의 충돌과 비효율이 내포한 과정이다.

02 u-센서 네트워크(RFID/USN)

1. 개 요

RFID/USN 신기술을 선도하여 u-IT 분야 시장수요를 창출하고 기술개발을 촉진하며, 업무효율성 향상과 프로세스 혁신, 국민의 삶의 질향상을 도모할 목적으로 추진된 u-센서 네트워크 사업은 2003년부터 정보통신부(現미래창조과학부) 주관으로 다양한 분야에 무선 센서 네트워크를 적용하여 검증하는 시범사업을 추진하였으며, 2008년 정부조직개편에 따라 공공부문 사업은 행정안전부, 산업부문 사업은 지식경제부로 기능을 분리하여 추진하고 있다.

2008년 이후 지속가능한 RFID/USN 수요확산을 추진하며 선도적 시장수요 창출을 위해 단위 사업장별 사업추진 방식을 지양하고, 기업군(value chain)별로 통합 지원하여 지속 가능한 방식의 지향 및 민간 수요자 주도로 사업을 전환하여 추진하고 있다. 또한, 의약품 유통 질서확립 등 주요 정책적 효과 기대영역에 관계부처 합동으로 업종별 전면 도입대책을 마련을 통해 태그 부착의무화, 인센티브 제공, 관련 R&D 지원 등의 다양한 활성화 사업을 종합적으로 추진하였다.

RFID 사업 및 시범사업 추진을 통해 초기 수요를 창출하고 시장을 확대하여

RFID 인프라를 구축하고 민간으로의 확산 촉진을 유도하기 위해 RFID 시범사업 발굴 추진 단계에서는 파급효과가 큰 신규분야의 시범사업의 지속 발굴을 추진하였으며, 시범사업의 추진을 통해 분야별로 다양한 참조모델을 마련하고 신기술에 대한 초기 수요의 창출로 지속적인 개발을 유도하고, 사업의 확대 발전 단계에서는 성과가 우수한 시범사업 및 대규모의 수요를 창출할 수 있는 유망분야로 이 사업과의 연계를 추진하고 공공분야에서의 본격적인 RFID의 적용을 통해 우수사례를 제시하기 위한 사업을 추진하고 있다. 또한, 민간부문으로의 확산을 유도하는 단계에서는 RFID/USN 인프라가 민간부문에 조기에 확산될 수 있도록 지원하고 개별기업이 투자하기 어려운 SoC 개념의 RFID 공통인프라 구축하였다.

RFID/USN 사업의 활용도별로 나누어 사업추진 점검해 보면 RFID_B2B에서의 활용도 향상을 위해 미래 ICT 시장을 선도하고 산업 인프라의 효율성을 향상시킬 수단으로 주목받으며 산업분야에 확산, RFID를 산업별 특성에 따라 효율적인 생산관리와 재고관리 및 자산관리 등 전 SCM 단계에 걸쳐 활용할 수 있는 사업을 전개하였으며, RFID_B2B2C에서의 활용도 제고를 위해 사용자 기반의 확대가 필수, 모바일 RFID라는 새로운 비즈니스 모델이 창출됨에 따라 이를 활용하여 소비자 영역으로 확대하였다. 또한, USN의 경우 사람, 환경, 사물간의 개방형 정보 네트워크를 구성하고 언제, 어디서나, 다양한 서비스를 이용할 수 있도록 하는 지식기반 서비스 인프라로 RFID를 포함하는 개념으로 향후 미래 지능형 인프라로 발전할 수 있는 사업을 추진하였다.

RFID/USN 사업은 2008년~2012년까지 총 89개 과제를 추진하였으며, 그 중 계속과제의 중복성(25개)을 제외하면 공공분야 및 산업분야에서 총 64개 과제를 추진하였다. 이를 연도별 사업추진내역을 살펴보면 2008년에는 공공부문으로의 확산을 유도하는 시범단계로 주류, 국방, 전력기기 등 국가적으로 중요하고 향후 확산이 쉬운 RFID 분야(10개), 모바일 분야(1개), USN 분야(10개)를 추진하였으며, 2009년에는 대규모 적용이 가능한 민간산업 분야의 발굴을 통해 단계별로 확산을 진행하였으며, RFID/USN분야 지원과제는 정부부처와 민간기업으로 RFID 분야 계속과제(4개)/ 신규과제(6개) 및 USN 분야 계속과제(1개)/ 신규과제(7개)에서 사업을 추진하였다. 2010년에는 민간기업의 주도로 대량수요를 창출하고 기업의 경쟁력을 향상시키기 위한 대형 성공모델을 창출함으로써 IT 융합 확대와 효율성을 향상시키기 위해 RFID 분야는 국세청이 주관기관이 되어 진행하였던 부처협력과제와 완제품 물류, 부품 물류, 확산 분야의 계속과제(4개)/ 신규과제(8개), USN 분야 신규과제(2개)에 대한 사업을 추진하였으며, 2011년에는 2015년까지 RFID 2조원대 시장창출을 목표로 7대 분야를 집중지원, 모바일 RFID 신시장창출 및 RFID 확산 기반조성을 위하여 RFID분야 계속과제(5개)/신규과제(7개), 모바일 분야 신규과제(5개), USN 분야 신규과제(3개)를 추진하였다. 마지막으로, 2012년에는 RFID/USN을 기업 및 국민생활에 보편적으로 적용, 활용을 일상화하여 관련 산업발전 촉진하는 차원에서 RFID 분야 계속과제(7개)/신규과제(4개), 모바일 분야 계속과제(2개)/신규과제(1개), USN 분야 계속과제(2개)를 추진하였다.

이를 다시 공공분야와 산업분야로 나누어 분석해보면 2008년~2009년에 공공분야에 집중적으로 RFID 분야(9개), USN 분야(5개) 사업을 추진하였고, 주로 RFID 공통인프라 구축 및 기술검증을 통한 확산사업의 기반을 조성하였다. 2009년~2011년 이후에는 RFID의 민간산업분야 수요창출을 위하여 민간중심 사업모델을 발굴하고 대규모 수요창출이 가능한 소수과제에 집중하는 한편 산업별 성공모델을 발굴 및 연관 산업분야에 확산을 유도하였다. USN 분야는 기술검증을 통하여 생장환경, 설비관리, 산업안전, 에너지 관리 등 기존 산업의 고부가가치 및 생활편의 증진 분야 위주로 사업을 하였다.

2. 추진현황

1) 제약분야 RFID 적용을 통한 유통투명화

의약품은 국민생명과 직결되어 생산·유통·소비 등 모든 프로세스가 법에 의해 엄격히 규제되고 있으며 안전성 기준이 중요해짐에 따라 GMP의 요구조건이 지속 강화되는 추세이며, 이에 대한 대응책으로 ICT 기술을 활용한 자동화 및 전문화가 이루어지고 있다. 또한, 가짜 및 불법유통 의약품 근절과 사회적 이슈사항으로 대두되고 있는 프로포플 등 향정신성 의약품으로부터의 국민건강 안전을 도모하기 위해 RFID 도입요구가 증대되고 있는 추세이고, 제약사는 자사 의약품 유통정보 파악에 어려움이 있어 과잉 생산에 따른 비용발생과 회수의약품의 폐기비용을 부담하고 있으며 불법 또는 비정상 의약품 유통으로 인한 손실발생 가능성에 상시 노출되어 의약품 이력관리 및 진품인증 체계의 필요로 사업을 추진하였다. 2010년 지경부 · 복지부 · 식약청은 공동으로 위기관리대책회의에 '제약+IT 융합발전 전략'을 발표하고, 제약산업의 고부가가치 산업으로의 진화를 도모하고, '제약+IT 융합 발전전략'은 '세계 최초 IT 융복합 제약산업 정착 및 신성장 동력화'를 비전으로 15개 세부과제를 도출하여 2009년도 한미약품을 시작으로 2012년까지 총 7개 제약사를 대상으로 의약품 제조 · 유통 프로세스에 RFID를 적용하는 확산사업을 추진하였다.

세계 최초 단품단위 전 생산품에 RFID를 적용한 전략분야로 연간 8천만 개 이상의 대규모 태그 수요창출을 통해 가격인하(60원 대)를 주도 하는 등 국내 RFID 시장확대를 견인하였으며, 금속, 액체 등 포장재질의 특성을 반영한 기술적용 및 인식률 개선하였고, RFID 기술의 특성상 액체 및 금속에 대해서는 인식률이 저하되는 단점이 발생되나, 제약분야 적용시 포장재에 별도의 이격을 두어 인식률 개선을 추진하여 의약품의 유통이력의 추적, 관리를 위한 고속 인코딩(분당 200개) 및 다량의 제품을 리딩할 수 있는 기술이 적용되어 타 산업으로의 확산되었다.

2) 주류 RFID 적용을 통한 가짜 양주 근절 및 지하경제 양성화

주류 제조사, 유흥업소 등의 매출 은폐, 부가세 환급을 목적으로 한 가짜 세금계산서 발행 등 세금탈루 목적의 주류 불법거래에 대해 단속강화 필요성이 제기되어 국세청은 가짜 위스키 근절 TF 및 신고 포상금제 등 다양한 노력이 시도되었으나, 소비자 신고에 기반을 둔 단속으로 효용성이 저하되어 좀 더 효율적인 단속시스템이 요구되었다. 또한, 주류 제조기업은 가짜 위스키 유통으로 인한 브랜드 이미지 실추 및 매출실적 감소 등을 방지하기 위해 제조사별 다양한 가짜 위스키 판별법 개발에도 가짜 위스키 근절 실패하여 ICT 기반의 주류 유통관리시스템 구축이 제기되었다.

2008년부터 지식경제부(現산업통상자원부), 국세청은 시범 · 확산사업 및 법제도 개선을 추진하여 RFID 도입기업 세제지원 및 RFID 부착 · 진품확인의 의무화 확대를 위해 「주세법」시행령, 국세청 고시 개정(RFID 태그 부착의무화 : 서울(2010년) 수도권 · 6대시(2011년) 전국(2012년)/수입위스키 포함, 진품확인 의무화 : 서울(2011년) 수도권 · 6대시(2012년) 전국 (2013년) 2008년~2009년에 서울 강남구를 대상지역으로 국내제조 3개 사의 위스키 200만 병 및 소매업체 1,350개소에 시범사업 적용하였고, 2011년~2012년에 서울지역으로 한정된 위스키의 유통 단계별 이력정보, 진품확인 서비스 제공을 전국으로 확대하는 확산 사업 추진하였다.

3) 자동차 부품분야 RFID 적용을 통한 대기업–협력업체간 상생협력 기반마련

자동차 산업의 납입체계는 완성차 업체에 직접 납품하는 1차 협력업체를 기준으로 2차, 3차 협력업체까지 연계되어 있는 복잡한 공급망을 형성하고 있어 자동차 생산 및 조달물류체계에 직·간접적으로 영향을 미치고 있다. 이에 원활한 부품조달 및 체계적 생산관리를 위해 협업 기업간 상호 정보교환 및 자동화관리 필요한 실정이다. RFID 기술을 자동차부품에 적용하여 기업 간 물류정보 통합으로 관련 기업의 생산성 향상 및 대·중소기업의 동반성장을 통한 자동차분야 글로벌 경쟁력강화 필요 목적으로 사업을 추진하였다. 세계 최초 자동차 부품단위 RFID 기술을 적용한 GM 대우의 도입 확대로 부품 서열공급 관리체계 검증확산 및 산업기반 고도화하였으며, 현대엠시트는 자동차 시트(seat) 부품 전 협력사 41개의 기업간 정보 실시간 공유 등 완성차와 부품제조사 간 협업 추진하였다.

4) 센서 기술의 일상생활 적용, 이용자 편의향상을 위한 모바일 RFID(NFC) 시스템 구축 및 부가 서비스 발굴

RFID 기술은 미래 IT 시장을 선도하고 산업 인프라의 효율성을 향상시킬 수단으로 주로 B2B 영역과 공공부문에 제한적으로 적용하였으나, 최근 스마트폰의 급속한 확산과 함께 모바일 RFID 인프라 구축을 통해 사용자에게 새로운 가치를 전달하는 환경을 제공함으로써 국민의 삶의 질개선 및 새로운 산업영역의 발굴·확대를 추진하였다. RFID 시장확대 및 산업활성화를 위해서는 사용자 기반의 확대가 필수적이며, RFID 서비스의 본격확산을 위해 국내의 우수한 이동통신 기술과 최근 컨버전스 추세와 일반 소비자 대상 다양한 비즈니스 모델 접목이 가능한 모바일 RFID의 필요성이 부각되었다. 또한, 모바일 RFID 서비스를 통해 B2B와 B2C 서비스 모델이 연계된 B2B2C 서비스가 가능하게 되어 제품에 대한 다양한 정보제공 등 고객만족도 강화를 통해 모바일 RFID를 도입하는 추세이다.

모바일 RFID는 RFID/USN 사업을 통하여 2011년 이후 본격화되었으며, 씨너스, 통신사(SK, KT), 카드사(삼성카드, 신한카드, 마스터카드)와 공동으로 올해 말까지 코엑스 메가박스 등 전국 10개 극장에 이러한 모바일 RFID 존을 구축하여 모바일 RFID(NFC) 기반의 결제·마케팅 서비스 구현 사업을 통해 새로운 사업의 확산 방향을 제시하고 RFID(NFC) 기반의 모바일 결제·마케팅 분야의 성공사례를 구현을 추진하였다.

또한, NFC와 GPS를 결합한 스마트 캠퍼스 모델 개발 및 구축 : 한동대학교에서는 NFC와 GPS 기술을 활용, 스마트폰으로 교내시설(열람실, 도서관 등) 이용 및 관리(출결관리, 자산관리 등) 시스템 구축하였으며, 모바일 RFID 기술의 활용한 전자영수증 서비스와 스마트 쇼핑과 연계될수 있도록 사업을 추진하여 신세계 백화점 전점(10개), 대형마트(1개), 슈퍼마켓(1개) 대상 NFC 기반 전자영수증 서비스 제공 및 NFC 자동 주차정산 등 부가 서비스를 제공하였으며, NFC 기반의 차세대 편의점 서비스 구축사업을 추진하여 보광훼미리마트 전점(7,000개)에 NFC 기반 전자영수증 서비스 제공 및 DS(디지털 사이니즈) 확대 구축, 서비스 고도화를 통한 활성화 기반을 마련하였다.

5) USN 기술의 다양한 모델 검증을 통한 확산 기반마련

공공분야 중심의 USN 타당성 검증 사업추진을 위한 물류, 환경, 안전, u-Health, u-Defense, u-Farm 등 RFID/USN 확산기반 인프라 구축에 주력하여 에너지 효율화, 4대강 살리기, 위해물 유통관리 등 새로운 정책수요를 반영하고, 관련 분야에 대한 USN 기술검증 과제를 추진하여 시장확대 기반을 조성하였다. 생장환경, 에너지 관리, 산업안전 등 분야를 중심으로 3년간 13개 USN 과제의 기술적 경제적 타당성을 검증 지원하였다.

USN 분야는 주로 검증하는 사업으로써 농축산 생장 환경 및 기업의 에너지 관리분야는 u-ICT 사업을 통해 검증을 완료하고 타 정부사업으로 확대되었으며(농축산 IT 융합 모델 사업화(농림수산식품부, 2010), IT 기반 ESCO 사업(지식경제부, 2011)), 변압기 관제 등 사업의 효율성이 입증된 과제를 중심으로 해외진출 사례가 가시화 되고 있다(파라과이에 10만불 수출(2012년 5월) → 연간 100~300만불 규모까지 확대 전망).

3. 주요 성과

2008년부터 시작된 RFID/USN 사업은 시범적용(공공부문 확산유도) 단계-확산(민간중심 성공 모델발굴) 단계-본격확산(대규모 수요창출 모델 지속발굴) 단계를 거치며 산업발전에 기여하였다. 2008년 이후 현재의 u-IT신기술검증확산사업이 본격적으로 전개되었고, 2008년 대비 2011년에 5천억원 이상이 증가하여 공공부문과 민간부문을 통한 검증 및 확산사업의 성과가 시장규모의 확대로 나타나게 되었다.

또한, 한편, 본격적인 u-IT 신기술검증확산사업이 전개된 2008년 이후 RFID/USN 관련 산업은 꾸준히 고용이 증가 추세임이 확인되었다. 2008년 이후 본격적인 RFID/USN 사업이 전개됨에 따라 관련 사업의 전문기업이 증가하였다. RFID/USN 산업동향조사에 따르면 RFID, USN 전문기업과 두 분야를 겸업하는 기업이 382개로, 특히 RFID 전문기업이 꾸준히 증가 추세임이 확인되었다.

03 향후 추진방향

국내 RFID/USN 시장은 한국 RFID/USN 협회의 산업실태조사 결과를 기반으로 세계시장성장률을 반영하여 추정할 때 2008년 약 9천4백억 원에서 2018년에는 25조4천7백억 원 정도에 이를 것으로 전망되고, 2008년부터 2018년까지의 연평균 누적성장률(CAGR)은 약 39.1%에 이를 것으로 추정되고 있다. 국내 RFID/USN의 세계 시장점유율은 2008년 9.2% 수준에서 2018년에는 20%를 차지할 것으로 예상(CAGR: 8%)되며, RFID/USN의 GDP 비중 또한 2008년 0.09% 수준에서 2018년에는 0.92% 정도(CAGR: 26%)에 이를 것으로 전망된다.

그간 민관의 강력한 시장활성화를 위한 노력이 산업계에서 가시화되고 있으며, 정책추진의지로 기술개발과 다양한 검증·확산사업 추진(총 55개, 750억 원)으로 태그가격, 리더가격, 매출액 증가 등의 소기의 목적은 달성하였으나,

산업융합 측면에서 기업 생산·유통 효율화가 가능한 전략 분야에만 집중하여 미래 IT 먹거리 모델 발굴은 미흡하였으며, 수요확산을 통한 시장창출을 목적으로 대형 수요기업 발굴에만 집중, 상대적으로 중견·중소기업 직접 지원은 소홀하였다. 정부정책도 시장창출을 위한 단순 확산정책에 국한되지 않고 스마트폰·SNS 등과 연계, 개인생활과 밀접한 관련이 있는 M2M, IoT 등의 기술과 연계된 서비스 확산과 대국민 인지도 개선이 가능하고, 기업의 자발적 투자가 예상되는 유망 IoT 전략분야를 연내에 발굴 및 시범사업을 추진할 예정이다. 또한, 중견·중소기업 지원을 위한 다양한 지원 Track을 마련하여 서비스 확산을 위한 시범·확산사업 외에 원천 IoT/M2M 기술을 보유한 중소·벤처기업을 대상으로 제품 상용화 및 기술 사업화 지원정책을 추진할 예정이다. 국내 시장의 본격확산과 함께 우리의 경제 규모에 의해 그 범위가 한정되며 하드웨어, 소프트웨어, 서비스 등을 제공하는 업체가 골고루 포함된 건강하고 통합된 비즈니스 생태계가 형성되도록 지금부터 준비해 나갈 예정이다. 그런 측면에서 RFID/USN 구축 ·운영 전문업체의 발굴·육성은 이제 시급한 정책과제라 할 수 있으며 개별 사업장이나 업종에 국한되었던 문제를 공개하고 공유하여 세계시장을 겨냥한 기능별 컨소시엄의 경험을 쌓아가도록 글로벌 시장에 도전하는 과제를 발굴하고 전략적인 지원을 추진할 예정이다.

04 RFID 기술

1. RFID 개요

RFID는 가청 주파수 대역인 무선 주파수(RF : Radio Frequency, MHz · GHz)와 제품에 붙이는 태그에 생산, 유통, 보관, 소비의 전 과정에 대한 정보와 연동되는 식별자인 전자 칩을 이용하여 물체(물건, 사람 등)를 식별할 수 있는 기술로써 자체 안테나를 갖추고 있으며, 리더로 하여금 이 정보를 읽고, 인터넷과 이동통신망이나 인공위성 등의 다양한 네트워크를 통해 정보 시스템과 통합하여 사용되는 시스템을 말한다. 용도 및 형태에 따라 RFID, 무선 주파수 인식 시스템, 전자태그 등 다양한 명칭으로 불리고 있다. 다른 인식 시스템과의 RFID 시스템과의 여러 조건에 따라 관계를 〈표 5-1〉에 나타내었다.

〈표 5-1〉 다른 인식 시스템과 RFID 시스템과의 비교

시스템 항목	바코드	OCR	음성인식	생체인식	스마트 카드	RFID 시스템
전형적인 데이터 크기(byte)	1~100	1~100	—	—	16~64k	16~64k
데이터 밀도	낮음	낮음	높음	높음	매우 높음	매우 높음
기계적인 인식률	좋음	좋음	낮음	낮음	좋음	좋음
사람에 의한 인식	제한적	간단함	간단함	어려움	접촉식의 경우 가능함	불가능
오염물질에 의한 영향	매우 높음	매우 높음	—	—	—	영향이 없음
시야 가림에 대한 영향	완전 차단	완전 차단	—	가능		영향이 없음
방향과 위치에 의한 영향	낮음	낮음	—	—	단방향성	영향이 없음
마모성	제한적	제한적	—	—	접촉에 의함	중간
가격	매우 낮음	중간	매우 높음	매우 높음	낮음	없음
운영비용 (예 : 프린터)	낮음	낮음	없음	없음	중 간 (접 촉 식)	
비인가 복사/수정 가능성	약간	약간	가능 (오디오 테이프)	불가능	불가능	불가능
인식속도 (데이터 운반포함)	낮음~4초	낮음~3초	매우 낮음 〉5초	매우 낮음 〉5~10초	낮음 ~4초	매우 빠름 ~0.5초
최대 인식거리	0~50cm	〈1cm 스캐너	0~50cm	직접 접촉	직접 접촉	0~5m, 마이크로파

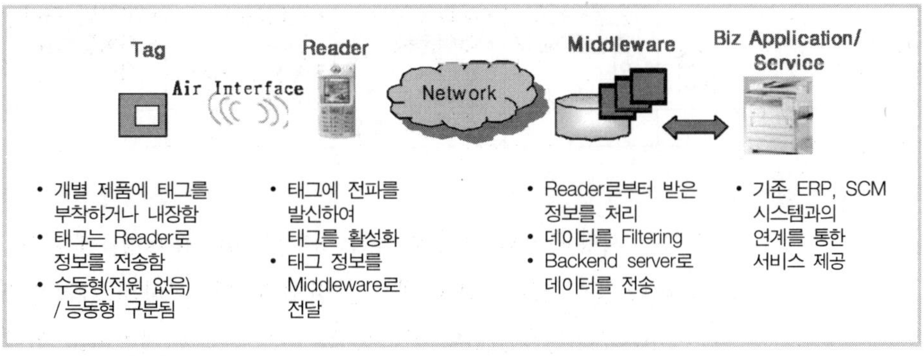

[그림 5-3] RFID 시스템

RFID 시스템은 하드웨어(태그, 리더기, 안테나, 호스트컴퓨터)와 소프트웨어(운영체계, 미들웨어, 호스트 애플리케이션)로 구성된다.

RFID 시스템의 하드웨어 구성은 트랜스폰더(transponder : 태그), 리더(reader)와 안테나(결합장치 : coupling device)로 구성된다.

RFID 시스템은 ISM(Industrial, Scientific, and Medical) 주파수 대역에서 135 kHz, 13.56MHz, 433MHz, UHF(860~960MHz), 2.45GHz 대역의 주파수를 사용한다.

〈표 5-2〉처럼 태그가 송신하는 전파의 에너지원(전원)을 얻는 동작방법에 따라 수동형(passive)과 능동형(active)으로 구분하고, 수동형은 리더기로부터 수신되는 전파에서 송신 전원을 얻고, 능동형은 별도의 배터리에서 송신 전원을 얻는다. 리더기는 수집된 정보를 네트워크를 통해 센터에 전달한다.

〈표 5-2〉 RFID 시스템의 주파수별 구분

주파수	저주파	고주파	극초단파		마이크로파
	125~135kHz	13.56MHz	433.9MHz	860~930MHz	2.45GHz
인식거리	60Cm 미만	60Cm까지	50~100m	3.5~10m	~1m이내
일반특성	• 비교적 고가 • 환경에 의한 성능 저하 없음	• 저주파보다 저가 • 짧은 인식거리와 다중 태그인식이 필요한 응용 분야에 적합	• 긴 인식거리 • 실시간 추적 및 컨테이너 내부 습도, 충격 등 환경 센싱	• IC 기술발달로 가장 저가로 생산 가능 • 다중 태그 인식 거리와 성능이 가장 뛰어남	• 900대 태그와 유사한 특성 • 환경에 대한 영향을 가장 많이 받음
동작방법	• 수동형	• 수동형	• 능동형	• 능동형/수동형	• 능동형/수동형
적용분야	• 공정자동화 • 출입통제/보안	• 수화물관리 • 대여물품 관리 • 교통카드 • 출입통제/보안	• 컨테이너 관리 • 실시간 위치 추적	• 공급망 관리 • 자동통행료 징수	• 위조방지

태그는 사용목적과 크기에 따라 칩형, Chip-less형, 센싱 및 초소형 태그, 태그 안테나 등이 있다. 칩형 태그는 현재 500원 이하의 가격을 목표로 하고 있으며, Chip-less형은 100원 이하를 목표로 기술을 개발하고 있다. 또 RFID는 부착물의 특성 및 주변환경에 매우 민감함에 따라 각각의 특성에 적합한 패키징

기술도 연구되고 있다. 태그에 저장 가능한 데이터 용량은 ISO(International Organization for Standardization) 18000-6 시리즈와 EPC global에서는 태그에 저장 가능한 기본 데이터 용량을 최소 64비트에서 최대 256비트로 정의하고 있다. 현재 구입 가능한 태그는 태그 제조업체에 따라 사용자 영역이 최소 32비트에서 최대 1024비트까지 제공되고 있다.

RFID 리더는 태그 신호충돌 방지 알고리즘을 채용해 현재 초당 100개까지 인식이 가능한 수준이며, 수백 개 이상을 목표로 기술이 개발되고 있다. 아울러, 여러 대역에서 인식이 가능한 멀티밴드, 멀티프로토콜 리더기도 개발되고 있다.

현재 리더기는 인식성능을 높이기 위해 2~4개의 안테나를 배열해 사용하고 있으나, 앞으로 주변환경에 적응해 빔을 제어할 수 있는 안테나 기술도 개발되고 있다.

RFID 시스템의 결합방식은 전자파를 이용하는 방식(후방산란결합, backscatter coupling)과 자장을 이용하는 방식(상호유도결합, inductive coupling)이 있다. RFID를 이용해 사물의 식별이 가능해야 하므로 용도에 따라서 단위지역 또는 전 세계적으로 유일한 인식번호를 부여하는 식별체계를 정립해야 한다.

현재 유럽표준화기구(EAN)와 북미표준화기구(UCC, Uniform Code Council)가 공동 제안한 EPC(Electronic Product Code)와 일본에서 제안한 u-ID 체계가 있으며, 국제표준화가 진행되고 있다. 한편 인터넷 주소체계로는 IPv6를 추진하고 있어 EPC와 연계를 위한 코드체계의 표준대응방안을 수립할 필요가 있다.

리더기가 읽은 RFID 정보를 이용해 다양한 상품정보를 사업응용에 연계해주는 미들웨어도 개발되고 있다. RFID 시스템은 인간중심의 유비쿼터스 컴퓨팅 환경 실현을 위한 차세대 핵심 기술이며 2000년대 들어 무선 인식기술의 중요성이 부각되면서 크게 주목받기 시작하여 물류, 유통분야에 본격적으로 도입되기 시작하였다.

최근 정보통신 분야의 최대 화두는 사람과 사람, 사물과 사람, 나아가 사물과 사물 간에 의사소통이 가능한 유비쿼터스 사회를 실현하는 것이다. 유비쿼터스 컴퓨팅이 가능하기 위해서는 가장 기본적으로 사람 혹은 사물을 유일하게 식별하고 이를 바탕으로 서비스되어야 한다는 점이다.

RFID는 자동인식 및 데이터 획득기술의 하나로, 사람의 작업이나 판단을 궁극적으로 배제하고 객체의 ID를 자동적으로 취득, 온라인으로 관련정보를 자동 처리하는 기술이다. 즉, 차세대 유비쿼터스 기술의 핵심 기반 기술이며, 가장 가시적인 성과를 낼 수 있는 기술인 셈이다.

RFID 분야의 중요한 이슈로는 비용, 주파수 규제, 상호운영성, 보안 및 사생활침해 문제, 표준화 문제 등을 꼽을 수 있다. 비용면에서 RFID 태그의 가격이 최소한 50원 이하로 형성돼야만 비로소 RFID시장이 본격적으로 활성화될 것으로 판단된다. 주파수 규제에 관해서는 기존의 서비스를 위해 사용되는 주파수와 RFID 서비스 간의 간섭이 발생할 것으로 예상됨에 따라 관계자간의 의견조정이 요구된다.

RFID의 시장은 1996년 이후 매년 25% 이상 성장하여 세계시장의 경우 2005년 30억 달러 규모에서 2010년 100억 달러 규모로, 국내시장은 2007년 3,180억 원 규모로 성장할 것으로 예상된다. RFID는 단순한 상거래뿐만 아니라 일반적인 기업경영, SCM(Supply Chain Management), CRM(Customer Relationship Management), 자산관리, 현장인력관리, 지식관리, 유통관리, 안전관리 등 거의 모든 비즈니스 활동에 혁신적으로 적용되어 미래 IT 시장을 주도해 나갈 것으로 예상된다.

우리나라에서도 RFID 기반의 통합 인프라 구축에 대한 요구가 증가하고 있으며, 제품의 제조에서 소비자에 이르는 상품 라이프사이클에서 발생하는 물류정보의 통합관리 솔루션의 개발이 필요한 시점이다. RFID 기반의 상품 라이프사이클 물류정보 통합관리 솔루션의 개발은 국내 제조, 유통 물류뿐 아니라 우리나라 경제의 큰 부분을 차지하고 있는 수출입 물류까지 고려되어 글로벌 Visibility 확보와 함께 국가 산업구조를 개선하여 전 산업에 걸쳐 비즈니스 효율을 향상시키는데 기여할 것이다.

2. RFID 특징 및 기술동향

RFID는 리더를 통하여 접촉하지 않고 태그의 정보를 판독하거나 기록하는 시스템으로써, 주로 ISM 주파수 대역을 통하여 태그의 IC 칩에 있는 데이터를 인식하여 관리 및 제어를 할 수 있는 기술이다.

RFID 시스템은 [그림 5-4]처럼 흔히 태그라 불리는 고유 정보를 저장하는 트랜스폰더, 판독 및 해독 기능을 하는 송수신기(리더기 또는 판독기), 호스트컴퓨터(서버), 네트워크, 응용 프로그램(ERP, SCM)으로 구성된다.

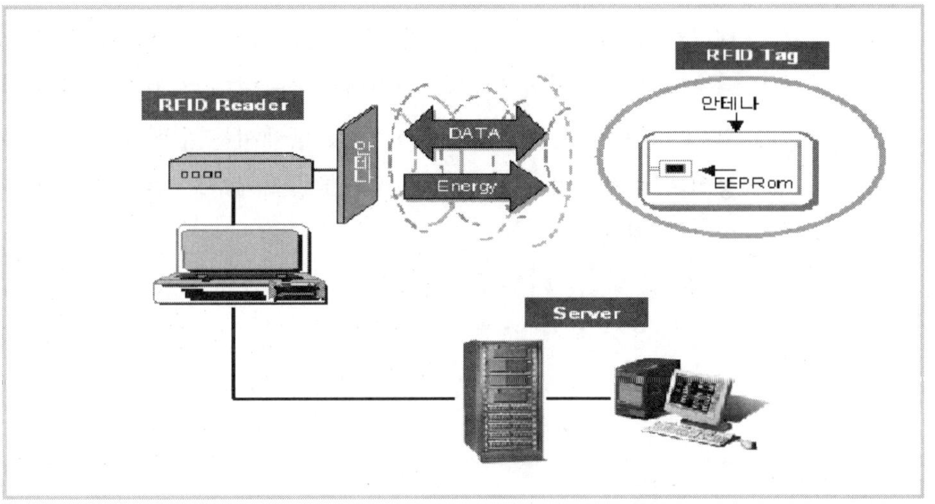

[그림 5-4]
RFID 시스템의
주요 구성도

RFID 기술의 특징은 데이터정보 인식을 레이저와 같은 광학적 인식방식과 달리 가시성을 확보해야 하는 단점이 없고, 무선전파영역에 위치하면 쉽게 비접촉으로 전계 혹은 자계의 세기변화에 의해 RF 태그의 정보판독이 가능하다.

종래의 접촉식 바코드나 광학적 판독방식과 달리 데이터의 판독 및 쓰기도 가능하다. 그러므로 읽기/쓰기가 가능한 RF 태그는 몇 번이고 저장된 데이터의 판독 및 수정이 가능한 이점을 갖는다. 또한 바코드에 비해 고속으로 정보처리가 가능하며 내구성이 뛰어나고 정보량이 바코드에 비하여 월등히 크다.

종래의 상품 패키지에 사용되고 있는 바코드는 제조국, 제조자 및 상품명 등이 표시되고 있으나 상품종류 단위로 관리하기가 어려웠다. 이에 비하여 RF 태그의 특징으로는 대용량 데이터 보유, 데이터 입력 및 수정이 가능하므로 상품관리, 물류관리 및 리스크관리 측면에서 매우 상세한 데이터베이스 처리가 가능하다. 상품 하나하나에 대하여 개별 코드를 부여할 수 있기 때문에 제조공장, 제조연월일, 물류이력, 유통이력 등의 데이터 관리가 가능하여 물류관리에 유효한 툴이 된다.

또한 화물의 출하로부터 분배 등을 취급함에 있어서 효율적이고 이력이 투명하게 되며 RF 태그에 보안기능을 부여하는 경우에 도난방지, 위조방지가 가능하게 된다. 또한 인터넷 등에 연동된 서비스 제공이 가능하다.

RFID 기술의 또 다른 장점은 여러 개의 RF 태그 데이터를 동시에 판독이 가능하다. 즉 1개의 RF 태그를 판독하는 수ms이므로 수십 또는 10개 이상의 무선 태그를 동시에 판독하는 다수 태그 동시인식이 가능한 장점을 갖는다. 이러한 다수태그 동시인식 기술은 데이터의 전송속도에 비례하기 때문에 특히 주파수가 높은 마이크로파 방식 RFID 시스템에서는 수백의 무선 태그 동시인식이 가능하며 주파수가 낮은 저주파 RFID 방식에서는 수십 개의 무선 태그 동시인식이 가능하다.

RFID는 많은 기능에서 우월하나 여러 가지 가능성을 갖는 RF 태그는 현재로서는 비용이 우선 IC 칩 가격이 고가인 상태이다. 바코드 시스템의 대체에 관하여 논의하기 위하여는 우선 비용이 검토되어야 한다.

〈표 5-3〉 RFID 시스템의 주파수별 특징 및 응용 비교

주파수	주요 특징	사용분야
저주파(LF) 135kHz 이하	• 1980년대부터 쓰이기 시작해 현재 널리 사용 • 금속과 액체 주위에서도 인식률이 매우 높다. • 데이터 전송속도가 느리다 • 10cm 정도의 인식거리	• 동물 식별 • 산업자동화 • 출입관리
고주파(HF) 13.56MHz	• 1990년대부터 쓰이기 시작해 현재 널리 사용 • 세계표준 • LF보다 긴 인식거리(1M 이상) • LF 태그에 비해 태그 가격이 싸다 • 금속 주위에서 성능이 좋지 않다.	• 결제 카드와 포인트 카드(스마트 카드) • 출입관리 • 위변조 방지 • 책, 수화물, 보석과 같은 물품 단위를 추적하는 애플리케이션 제작이 가능하다. • 지능형 선반 • 사람 식별 및 모니터링
극초단파 (UHF) 433MHz, 860~ 930MHz	• 1990년대 후반부터 사용되었다. • HF보다 긴 인식거리(3M 이상) • 능동형 433MHz 시스템의 데이터 전송거리는 수십 m가 넘는다. • 대형 소매업체에 납품하는 업체는 RFID 의무화에 따라 세계적으로 각광받고 있다. • 태그 가격이 가장 저렴할 것으로 예상된다. • 지역별 법규 차이에 따른 비호환성 문제가 있다. • 액체와 금속으로 인한 간섭 가능성이 높다.	• 다음의 공급망과 물류 분야 - 재고관리 - 창고관리 - 자산추적
마이크로파 2.45~ 5.8GHz	• 수십년 전부터 사용되었다. • 빠른 데이터 전송속도 • 일반적으로 능동형 또는 반능동형이다. • 인식거리는 UHF와 유사하다. • 액체와 금속 주위에서 성능이 좋지 않다.	• 출입관리 • 전자 통행료징수 • 산업자동화

RF 태그 가격이 내려가긴 하였어도 현재 500원 정도인 점에 비하여 바코드는 수 원 정도에 발행되고 있어 시스템 도입시에 초기 비용이 크게 된다. 그러나 IC 칩은 10만회 이상 메모리 쓰기가 가능하기 때문에 정보변경을 위한 바코드를 재발행하는 경우를 고려하면 장기적으로 운용비용의 절감이 가능하다.

그 외에 RF 태그의 특징으로는 메모리의 대용량, 복수동시 판독 및 표면에 설치할 필요가 없는 장점이 있어 운용측면에서 전체 비용 대 효과가 경제적인 경우가 있기 때문에 시스템 운용 측면에서 종합적으로 검토되어야 한다.

요약하면 RFID는 이와 같은 네트워크로부터 얻는 이점이 있기 때문에 공급하는 측에서 본 사용하는 측의 운용성을 충분히 이해하여 쌍방이 협력하여 이와 같은 성능을 충분히 운용할 수 있도록 노력하는 일이 매우 중요하다. 즉, 단순히 비고드를 대체하는 경우만을 고려하지 않고 본질적으로 RFID로부터 얻는 여러 장점을 활용하지 못하면 새로운 비즈니스 모델은 생성될 수 없다.

LF(125/135kHz)/HF(13.56MHz)/UHF(433MHz, 900MHz, 2.45GHz) 대역의 반송파를 사용하는 RFID 시스템은 전통적인 자동인식(AIDC : Automatic Identification and Data Capture)기술의 한 종류로서 마이크로칩을 내장한 태그, 카드, 라벨 등에 저장된 데이터를 허용 대역 주파수의 무선 전파에 실어서 비접촉 방식으로 읽어낸 다음, 그 읽힌 ID 정보들을 지정 컴퓨터로 처리하여 물

〈표 5-4〉 주파수별 RFID 태그 제품 및 업체비교

대역	주파수	제품명	메모리 용량	제조업체
장파대	125/135kHz	HITAG	32bytes	Philips
		V700	112bytes	OMRON
단파대	13.56MHz	I-CODE	48bytes	Philips
		my-d	256bytes	Infinion
		Tag-It	32bytes	Texas Instruments
		FeliCa	4000bytes	Sony
UHF대	915MHz (860～930MHz)	Auto-ID추천	96bits	
		유비쿼터스 ID 추천	128bits	
마이크로파대	2.45GHz	μ칩	128bits(read only)	히타치
		Intelitag	1024bits	Intermec Technologies
		유비쿼터스 ID 추천	128bits	특판 인쇄 (T-Junction) etc

품들의 진위 여부를 식별하고, 해당 물품의 이력을 자동으로 관리할 목적으로 생산시점에서 해당 물품에 부착되거나 내장되는 반도체 칩 태그들, 관리하는 공간에 설치된 리더(ID 판독기), 그리고 리더들의 데이터를 수집 처리하는 호스트 서버로 구성된다. 사용주파수별 대표적인 RFID 태그 제품명과 제조업체를 〈표 5-4〉에서 비교하였다.

현재 마이크로파 대영역인 2.45GHz One-Chip은 일본 히타치 제작소에서 뮤칩이라고 하여 Mode 1에 해당하는 수동형 태그용칩이 있다. 그 외에는 직접 쓸 수 있는 칩은 Custom 제작하여 RFID 업체들이 태그로 조립하여 판매하고 있는 실정이다. 필립스의 I-code와 EM Microelectronics사의 EM 4223, EM 4422 UHF 칩을 적절히 개조하여 사용할 수도 있다고 생각된다. 리더용 One-Chip은 계속 개발되고 있다.

3. EPC의 개요

MIT Auto-ID센터가 개발, 세계 표준화를 추진하고 있는 EPC(Electronic Product Code)라 불리는 4단위 ID 시스템은 헤더 8비트, 제조업자 24비트(16미터 이상의 다른 항목), 제품 24비트, 일련번호 40비트(십억 이상의 다른 항목)로 구성되어 96비트 메모리칩에 저장한다.

EPC(EPC는 웹 어드레스와 같은 기능)에 의하여 각각의 태그를 부착한 아이템의 정보는 구별되어 하나의 데이터 파일 포맷으로 정보전송이 가능케 되는데, 이러한 파일 정보를 규정하는 언어 방식으로 MIT Auto-ID센터는 널리 사용되는 XML을 응용한 PML(Physical Markup Language)를 개발하였다. 이 PML 파일은 PML 서버에 저장되어 HTTP를 이용 관리할 수 있으며, 또 아이템의 정보뿐만 아니라 각각의 아이템을 구별하여야 하는데 이러한 정보를 저장하기 위하여 MIT Auto-ID센터는 DNS 개념과 비슷한 ONS(Object Name Service)를 개발하였다.

아이템의 정보를 활용한 응용을 위하여서는 백-엔드 시스템과의 연동이 필요한데 이러한 인터페이스를 미들웨어라 한다. EPC 글로벌에서는 RFID의 다양한 특징 및 용도를 기준으로 RFID를 Class 0, 1, 2, 3, 4, 5로 구분하여 각각의 특성에 따라 다양한 분야에 적응 가능하도록 하고 있다.

〈표 5-5〉
EPC 글로벌 태그 분류

	Class 0	Class 1	Class 2	Class 3	Class 4	Class 5
개요	제조사입력/읽기전용	사용자입력/읽기전용	읽기쓰기가 능동형/수동형	반수동형/읽기쓰기가능	능동형/읽기쓰기가능	능동형/독립형/읽기쓰기 가능
능동형/수동형	수동형			반수동형	능동형	
읽기/쓰기	읽기전용		읽기쓰기 가능			
전송성공률	낮음			높음		
배터리	없음			리튬/마그네슘 전지		전원확장성 용이
수명	길음		짧음	길음		
도달거리	짧음		길음	중간	길음	
무선망 네트워크	기능 없음					네트워크 구성가능

IC 태그는 2005년경부터 본격적으로 보급될 것이라는 견해가 강하다. 선구자적인 IC 태그 제조업체로서는 필립스 반도체(Philips semiconductors)와 텍사스 인스트루먼트(TI : Texas Instruments)가 있다.

필립스는 'I-CODE'를 자사 제품의 중심으로 하여 RFID 토탈 솔루션을 제공하고 있으며, TI사는 'Tag-it'에 대응한 태그나 리더/라이터 등을 자사 제품의 축으로 하여 RFID 토탈 솔루션을 제공하고 있다. 히타치, 미쓰비시 매터리얼사(Mitsubishi Materials) 등도 자사 제품을 중심으로 RFID 토탈 솔루션을 제공하고 있다.

필립스는 오래전부터 비접촉형 카드 및 RFID 태그의 개발을 준비하여 왔다. 필립스의 UCODE HSL(High frequency Smart Label)은 수동형 태그와 라벨 칩이다. UCODE HSL은 0~8m 전후의 거리에서 동작 가능하며, 특히 미국의 공급망 관리와 물류 응용에 적합하다. 이 제품은 충돌회피와 충돌조정 기술을 사용하여 같은 안테나로 다양한 태그의 읽기/쓰기가 가능하다. 스마트 라벨 또는 태그가 리더기(읽기/쓰기 장치)의 가독 범위 내에 있을 때 고속의 양방향 데이터 전송이 가능하다. UCODE HSL은 공급 사슬관리, 자산관리, 컨테이너 신원, 팔래트 트레킹(pallet tracking) 등의 응용에 활용된다.

TI에서는 비접촉형 IC 태그인 Tag-it 스마트 라벨은 ISO 15693 규격을 따르는 태그 및 트랜시버를 제공하고 있다. Tag-it은 13.56MHz 주파수 대역을 사용하며 사용자 메모리가 256비트의 TI 오리지널 제품(HF)과 2,048비트의

ISO/IEC 15693 제품(HF-I)을 제공하고 있다. Tag-it은 무전원의 저가격 수동형이기 때문에 2차 미디어에 내장하기에 적합하다.

① Basic : 물류관리, 출입보안, 주차관리, 항만관리, 공장자동화, 동물관리
② Automotive Transponder : 자동차 도난방지, 타이어 관리, 카드키 출입, 원격시동
③ ARC Transponder : 주유 무인정산제, 슈퍼마켓 고객관리, 놀이공원관리
④ Tag-it Transponder : 항공화물, 우편물, 교통티켓
⑤ AVI Transponder : 자동(무선) 요금징수(915MHz, 5.8GHz)-태그형, OBU형

IC 태그는 통신사의 문제로 종이나 플라스틱이 아닌 금속에는 장착하기가 어려웠다. 그러나 미쓰비시 매터리얼사는 축적된 재료 기술력을 기반으로 금속에 부착 가능한 태그와 광범위한 통신거리를 갖는 IC 태그를 개발해 2001년 10월 세계 최초로 13.56MHz 주파수 대역의 온메탈(on metal) IC 태그 제품을 발표하였다(그림 5-5 참조). 그때까지 125kHz 주파수 대역의 IC 태그가 주류를 이룬데 반하여 13.56MHz 주파수 대역은 일본 전파법의 규제완화에 의해 개방된 새로운 주파수 대역으로, 곡면을 포함하는 다양한 형상의 금속에 온메탈 태그를 용이하게 부착할 수 있게 하였다. 또한, 내열 태그의 개발이나 타사의 기존 IC 태그의 온메탈화도 가능하게 하였다.

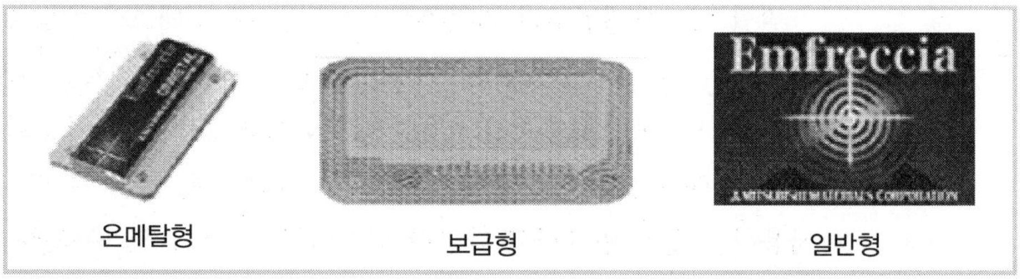

[그림 5-5] 금속대응 온메탈 태그

현재 미쓰비시 매터리얼사의 온메탈 IC 태그인 '엠프레시아 온메탈(Emfreccia ONMETAL) 시리즈'는 각종 형태를 선택할 수 있으며, 무전원 태그이기 때문에 설치장소나 용도에 대한 제한을 받지 않는다. 따라서 금속제품을 다루는 자동차의 생산 라인이나 유통 · 물류 · 각종 대여업 등의 다양한 응용에 적용 가능하다. 13.56MHz 주파수 대역은 125kHz 주파수 대역과 달리 전파가 수분에 흡수되지

않기 때문에 태그가 인체에 접촉된 상태 또는 태그가 비에 젖은 상태에서도 인식이 가능하다. 미쓰비시 매터리얼사의 'BitTag 시리즈'는 다양한 통신 거리 및 환경에 대응한 IC 태그로 라벨형, 카드형, 코드형, FA용 내열 태그 등 다양한 형태가 있다.

RFID 기술은 유통 물류 분야에 핵심기술로 부상하면서 2003년도에 미국의 Matrics, Alien사에서 EPC 규격의 3m이상의 인식이 가능한 UHF 대역의 단일칩 제품의 태그와 시스템을 발표하면서 전 세계적으로 개발의 열기가 가속되어 2004년에는 국제표준(ISO)이 확정되어 Philips, EM, ST Micro에서 UHF대역의 태그용 단일 칩을 발표하고, 2005년 가을에는 IMPinJ에서 EPC C1G2(ISO type C) 규격의 태그용 단일 칩 발표를 시작으로 Philips, TI사 등이 출시하고 그 외 많은 대형 반도체기업에서 출시를 발표하고 있다.

1) UHF 태그칩

기능, 성능, 가격과 글로벌 마켓의 확보가 경쟁력의 관건이지만 안정적 공급을 위한 대체 수단과 핵심기반 기술의 확보라는 측면에서 국내 기술개발이 중요하다. ETRI는 Gen 2 1.04 버전의 칩을 개발하여 기본적인 시험을 완료했으며, 최종 버전인 Gen 2 1.09(type C) 칩은 2차년도 중에 시제품을 완성할 계획으로 국내유수 반도체업체인 '메그나칩'을 공동개발에 참여시켜 상용화와 양산에 대비하고 있고, 삼성전자도 유사한 일정으로 UHF 태그 칩을 개발 중이다.

2) 태그 안테나 개발과 패키징 기술

태그를 부착할 물품의 전기적, 구조적, 환경적인 특성에 적합한 안테나와 패키지가 개발되어야 하고, 글로벌한 유통을 위한 광대역 태그의 개발이 필수적이다. ETRI는 국외에서 도입한 C0, C1 칩을 사용하여 종이, 목재, 금속부착형 등 다양한 태그 안테나를 개발했고, 특허기술을 이용한 60MHz이상의 광대역 태그도 다수 개발해 3개 업체에 기술을 이전하였다. 앞으로 Gen 2(Type C)칩을 이용한 100MHz의 광대역 안테나를 개발하고 시범사업에서 발견된 현장 애로기술의 개발에 역점을 두고 있으며, 패키징은 삼성테크윈, LS산전, 알에프캠프 등 국내유수업체들이 생산설비를 구축하고 대량생산을 준비 중이다.

3) UHF 리더 기술

국내에서도 다수 업체들이 EPC 글로벌, C0, C1와 ISO 18000-6A/B 규격의 리더를 개발 발표하였고, 2005년에 발표된 Gen2(ISO type C) 규격을 지원하는 멀티프로토콜 리더, 모델의 다양성 및 대외 경쟁력 확보가 필요하며, ETRI는 기존 규격을 지원하는 멀티프로토콜 리더를 개발하여 4개 업체에 기술 이전을 하였고 리더아날로그 칩을 개발 중이며, 핸드헬드형 리더의 경쟁력을 향상시키기 위한 아날로그, 디지털 칩을 개발 중이다.

4) UHF 미들웨어와 네트워크 기술

식별 코드를 관리하고 응용 서비스를 지원하기 위한 미들웨어와 인터넷망을 통한 물품정보를 구축, 관리 및 이용이야말로 부가가치를 창출하는 가장 중요한 기술로 ETRI는 휴먼테크, 코리아컴퓨터 등을 포함한 다수 국내업체와 공동으로 멀티리더 프로토콜 지원, 리더 인터페이스, 태그 데이터 필터링 및 요약, 차세대 주소체계인 IPv6 연계 오브젝트 네임 서버(ONS), 규칙기반 실시간 비즈니스 프로세스 연동기능을 가진 자동식별 미들웨어 기본기술을 개발하고 있다.

2005년부터는 능동형 태그 메모리 데이터 저장 및 관리, 전자태그 객체 정보 관리, 플로(flow) 기반 실시간 비즈니스 프로세스 연동, 경량(light-weight) 키 관리서버기능을 가진 자동식별 미들웨어 확장기술과 USN의 게이트웨이를 위한 상황인식 미들웨어를 개발 중이다.

5) 433MHz 능동형 RFID 기술

433MHz 능동형 RFID 기술은 항운, 항공 물류 관리는 물론 군사, USN 등 다양한 응용분야가 있으나 수요가 가장 많은 항만물류용 컨테이너 관리를 위한 기술개발에 중점을 두고, ETRI는 ISO 18000-7 규격의 433MHz 능동형 태그와 리더를 개발하여 3개 참여기업과 개발하였고, 2005년부터는 전자 실(e-seal)형 태그개발, 환경시험, 응용 프로그램 개발, 시스템 및 서비스 시험 등을 수행 중이며, 컨테이너 위치확인을 위한 2.45GHz RTLS(Real Time Location System) 기술개발도 진행 중이다.

6) 스마트 액티브 라벨(SAL), USN 기술

국내 RFID 기술은 선진국에 비해 진입시기가 늦었으나 SAL, USN 기술은 기술선도가 가능하다는 판단 하에 금년부터 본격적으로 기술개발에 착수되었으며, 센서와 배터리가 부착된 얇고 유연성이 있는 반능동형 태그(SAL : Smart Active Label)는 인식거리, 부착 물체 영향 등 RFID의 단점을 보완하고 간단한 센싱 기능을 부가할 수 있는 기술로 ETRI는 2006년 말까지 SAL 기술을 개발 완료하여 실용화한다는 계획으로 추진 중에 있다. 모든 곳에 스며들어 있는 센서 노드에서 획득한 실시간 데이터를 어디서나 다양한 분야에 활용하기 위한 USN 기술의 응용은 실로 광범위하며 유비쿼터스 사회의 기반으로 센서 노드를 위한 소형 운영체제(OS), 저전력 프로세서, 전지기술, 무선통신기술, 애드혹(Ad-hoc) 네트워크 기술과 패키징 기술 등 핵심기술을 중점 개발하고 2006년까지는 산업적 파급효과가 큰 3~4개 서비스를 선보인다는 계획이다.

7) 모바일 RFID와 관련 기술

휴대폰에 RFID 리더를 장착하여 태그가 부착된 광고물, 물품 등에 관한 정보를 이동통신 네트워크에서 가져다 보여주고 구매 등을 할 수 있게 하는 기술로 이 분야는 세계적인 이동통신 인프라를 갖추고 있는 우리나라가 기술을 선도할 수 있으며, UHF 모바일, RFID는 노키아 등이 추진하는 근거리통신 기술인 NFC에 비해 인식거리가 1m까지로 훨씬 길기 때문에 다양한 서비스 발굴, 기술의 표준화 리더시스템 온칩(SoC) 기술개발이 성패의 관건이다.

8) RFID 핵심 반도체

RFID 관련 기기산업은 핵심 칩을 해외에서 수입하여 재가공하거나 주요 부품을 수입하여 단순 조립하는 수준으로서 2004년 '삼성전자'에서 13.56MHz태그 칩을 발표하였고, 중소기업인 '3A 로직스'에서 13.56MHz 리더용 칩을 개발하여 공급하고 있으며 그 외 전량 수입에 의존하고 있다.

9) 정보보호기술

RFID 정보보호기술은 태그와 리더구간의 도청방지기술과 불법적인 리더의 접근방지기술리더와 로컬서버구간의 접속환경문제, 네트워크 인프라 보안기술 적용, DNS 시스템 보안방법도입, 정보 서버에 저장된 데이터, 실질적인 RFID 정보보호의 핵심내용, 시스템 보안방법 도입의 필요 등이 있다. 망을 국내외 업체들이 RFID 정보보호를 위하여 RF 태그와 보유자 밀 리더 등 구성환경에 대한 연구가 활발히 진행되고 있다.

4. 바코드 기술

1) 2차원 바코드 기술

RFID와 유사한 기능을 하는 기술로 현재는 2차원 바코드가 있다. 1차원 바코드는 바(bar)와 스페이스(space)를 조합하여 구성된 심벌로 제한된 텍스트 정보만 표현할 수 있었지만, 2차원 바코드에 비해 100배 이상의 고밀도 정보를 2차원 형태의 심벌로 코드화가 가능하고 문자, 숫자, 사진, 지문, 서명, 심지어 간단한 소리까지 포함하는 대량의 정보를 표현할 수 있다. 〈표 5-6〉은 이들을 비교하였다.

〈표 5-6〉 IC 태그와 바코드, 2차원 코드의 주요 차이

비교항목	IC 태그	바코드	2차원 코드
1개 당 가격	고가	염가	
장거리 인식	가능	곤란	
더럽혀졌을 때의 인식	가능	곤란	
인식 자동화	비교적 용이	비교적 곤란	
정보의 재입력	가능	불가능	
복수 일괄인식	가능	불가능	
기록 가능한 최대 정보량	수십kbyte	수십byte/수kbyte	

또한 정보가 훼손되더라도 상당부분 복구가 가능하며, 자체에 정보를 저장할 수 있기 때문에 데이터베이스와 연동하지 않고서도 해당 정보를 파악할 수 있는 Potable data file의 기능과 전기적으로 연결되지 않은 두 컴퓨터 사이에서 데이터 교환의 가교 역할을 할 수 있는 기능도 동시에 가지고 있다.

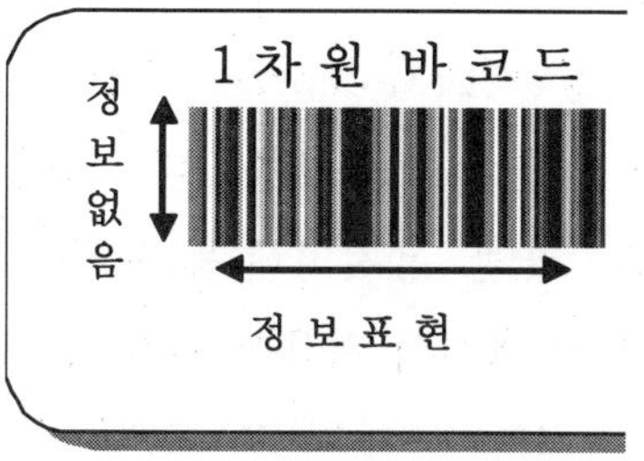

[그림 5-6]
2차원 바코드

1차원 바코드는 인식매체 가운데 제조원가가 가장 싸고, 세계 표준이 제정되어 있어 가장 널리 사용되고 있는 기술이다. 그러나 2차원 바코드는 1차원 바코드에 비해 가격은 다소 비싸지만 많은 정보를 저장할 수 있기 때문에 1차원 바코드 시장을 대체하고 있다.

2차원 바코드는 1차원 바코드의 사용영역이던 유통·물류 분야 외에도 금융 서비스, 문서 및 신분증 코드화 등의 고도 서비스와 행정 분야에도 적용이 가능하고 많은 응용분야에서 활용이 가능하다.

〈표 5-7〉
2차원 바코드의 국제표준/KS 규격현황

CODE명	Data Matrix	Maxi code	QR code	PDF417
심 벌				
개발회사	미국(1987) International Data Matrix	미국(1987) UPS	일본(1994) Denso	미국(1987) Symbol Technologies
특 징	• 고밀도기록중점 • 심벌의 극소화 가능 • 이미지 판독만 가능	• 택배 화물의 고속분류용 • 이미지 판독만 가능	• 해독이 쉽고 대용량화 • 심벌 모서리에 3개의 파인더에 의한 고속 판독 • 일본시장에서 주로 사용 • 이미지 판독만 가능	• 대용량화 • 2D 코드 시장의 60~70% 점유 • 파손 오염시 복구율 가장 유효 • 레이저 스캐너 및 이미지 판독
용 도	• 전자부품에 사용 • 소품에 직접 마킹, 라벨인쇄	• UPS • 택배라벨	• 태그, 라벨 용지인쇄 등 모든 용도	• 태그, 라벨 용지인쇄 등 모든 용도
최대 정보량	• 숫자(3,116) • 영문숫자(2,335) • 2진 1,556byte	• 숫자(138) • 영문숫자(93)	• 숫자(7,336) • 영문숫자(4,464) • 2진 3,096byte	• 최대문자(2,725) • 영문숫자(1,850) • 2진 1,108byte
KS 현황	KS X6721 (한글불포함)	KS X6720 (한글불포함)	KSX ISO IEC18004 (한글포함)	KSX ISO IEC15438 (한글포함)
한글표기	부적격	부적격	적 격	적 격

현재 2차원 바코드는 국제표준규격<표 5-7>으로 등재되었으며, KS 규격은 1999년 제정된 'Data Matrix', 'Maxi code'와 2002년 10월에 제정된 'PDF417', 'QR 코드'를 합쳐 모두 4종이다. 특히 'PDF417', 'QR 코드'는 한글표기가 가능하고 태그, 라벨, 용지인쇄 등 모든 용도에서 활용이 가능해 RFID가 활성화되기 전까지 국내에서 사용이 많이 증가할 것으로 기대된다.

2차원 바코드가 1차원 바코드에 비해 정보저장능력이 향상되었으나, RFID에 비해 저장용량이 작고, 장애물 투과능력이 없는 등 자동인식능력이 떨어지는 단점이 있다. 또한 현재 국내의 2차원 바코드 판독 기술수준은 외국에 비해 낮은 수준이다. 카메라가 연결된 PC를 통한 판독은 가능하지만, 핸드헬드 기기를 통한 판독은 초기 수준이고, 판독기술의 상당부분을 외국 원천기술에 의존하고 있는 실정이다.

RFID의 태그 가격이 현재 2차원 바코드 생산수준으로 낮아지면 자동인식능력이 뛰어난 RFID 기술이 2차원 바코드 시장을 대체할 것으로 판단된다.

현행 바코드와 RFID 기술과의 차이 <표 5-8>은 바코드와 비교하여 장점은 바코드는 눈으로 볼 수 있는 위치에서 하나씩 스캐닝되어야 하고, 인쇄된 종이가 찢어지거나 훼손되면 사용이 불가능하지만, RFID는 눈으로 직접 볼 수 없는 지역이나 거리가 상당히 떨어진 위치에서도 인식할 수 있다. 또한, 한 번에 대량으로 인식가능하며 메모리도 내장하고 있어 태그에 다른 데이터도 저장할 수 있다.

특히, 고속 정보처리가 가능하며, 바코드와 달리 상품 각각에 개별 코드를 부여하여 물류관리 도구로 유효하게 사용 가능하다.

<표 5-8>
바코드와 RFID의 비교

구 분	바코드	RFID
인식방법	광학식 Read Only	무선 Read/Write
정보량	수십단어	수천단어
인식거리	최대 수십cm	최대 100m
인식속도	개별 스캐닝	최대 수백 개
관리 레벨	상품 그룹	개개상품(일련번호)
가격	라벨인쇄 10원 미만	태그 수백원 이하(2007년 50원 목표)

2) 컬러코드와 아이콘

〈표 5-9〉 컬러코드(color code)와 [그림 5-7] 아이콘(icon)은 인터넷 환경을 기준으로 설계되어 콘텐츠, URL 등의 실제 정보는 인터넷 상에 위치하고 컬러코드나 아이콘은 그 정보들을 불러주는 역할을 하도록 하는 새로운 개념의 인식기술이다. 국내에서 개발된 이 두 기술은 코드의 초기 생성, 정보의 업데이트, 정보의 이용권한 조정 등에 매우 유연한 대응 가능하도록 하는 장점이 있다.

〈표 5-9〉 컬러코드의 종류

Code 종류	5x5 ColorCode	5x8 ColorCode	5x5 GrayCode	5x8 GrayCode
Pattern 수	약 170억 개	약 7,2경 개	약 8,600만 개	약 22,8조 개
	code의 cell 수를 늘리면 pattern수는 더욱 증가			
Code Size	최소 : 3mm × 3mm 최대 : 제한 없음			

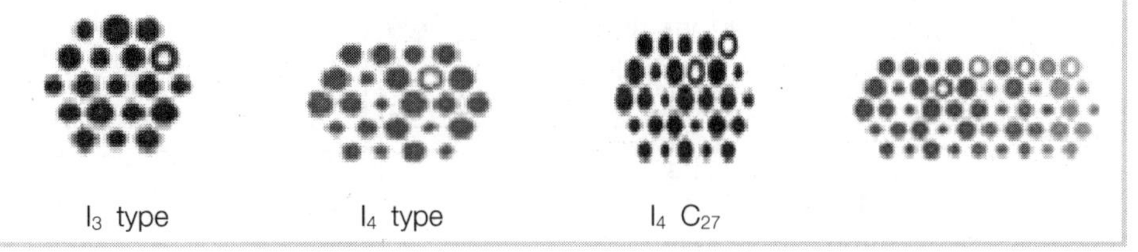

[그림 5-7] 아이콘 모형

컬러코드는 기존의 1차원 바코드보다 정보량을 10배 가까이 늘린 첨단 컴퓨터 인식기술로서 가로×세로 각 3mm인 사각형 안에 적·녹·흑·청 4가지 색깔을 조합하여 나오는 경우의 수를 이용하여 각종 정보를 인식한다.

컬러코드는 10만 화소 이상의 일반 PC 카메라가 장착된 PC, 노트북에서도 인식이 가능하며, 무선 인터넷 환경의 경우 10만 화소 이상의 카메라가 부착된 PDA, 카메라 폰으로도 인식이 가능하다. 카메라가 없는 경우에는 컬러코드 하단의 숫자를 이용해 인식할 수 있다.

아이콘은 19개의 원이 육각형 모양으로 배열된 코드로, 각각의 원의 크기 차이로 정보를 저장한다. 컬러코드와 마찬가지로 2차원 코드 형태의 아이콘에 비추기만 하면 손쉽게 해당 인터넷 사이트 등에 자동 접속할 수 있는 ON-OFF

Line 자동연결 서비스에 주로 사용되고 있다. 정보의 저장용량은 원의 개수와 원의 크기, 단계를 늘림으로써 정보의 양을 확장시킬 수 있다.

아이콘은 원의 형태를 채택하고 있기 때문에 초점이 맞지 않거나 카메라를 비스듬하게 대는 경우에도 화상의 왜곡을 매우 안정적으로 인식할 수 있고, 어느 각도에서 인식하더라도 동일한 결과를 얻을 수 있다. 또한 컬러코드와 마찬가지로 카메라 인식을 목적으로 설계되어 최소 10,000화소의 저해상 CCD/CMOS 센서로도 인식이 가능한 장점이 있다.

컬러코드와 아이콘 등 특수 코드는 저렴한 일반 저해상 PC 카메라 및 휴대폰 카메라 등으로도 인식이 가능하기 때문에 바코드처럼 고가의 전용 스캐너가 필요 없고 별도의 입력장치도 필요 없으며, PDA, 휴대폰 등으로도 효과적으로 이용될 수 있어 모바일 상거래가 활발해질수록 점차 수요가 증가할 것으로 보인다. 〈표 5-10〉에 인식매체별 비교를 나타내었다. 그러나 특수 코드는 암호화가 힘들어 보안상의 문제점을 안고 있다. 또한 동일한 사이즈 상에서의 정보의 집적밀도면에서 2차원 바코드보다 취약하다.

〈표 5-10〉 인식매체별 비교

	컬러코드	바코드	RF 태그
인식기	10만 화소급 이상의 일반 PC 카메라, 카메라 부착 단말기	고가의 전용 스캐너	고가의 전용 인식기 인식 거리도 중요
패턴 수	5×5의 경우 170억개	size에 따라 다름	1038
통신환경	필요	불필요	필요
발행 cost	저가	최저가	고가
보안	낮음	중간	높음

5. RFID의 응용

RFID는 상황, 환경의 인식기술이나 필요한 정보의 추출, 분석기술에 의해 다양한 사회의 경제활동에 있어서 이용자 요구에 보다 가까운 고도화된 서비스를 제공할 수 있다. 이에 따라 공공행정, 경제산업, 개인생활분야의 각종 생산, 수요, 공급과정에서 이용자상황이나 환경에 입각한 IT 이용의 고도화를 도모할 수 있다. 이러한 특징에 따라 응용분야를 분류하면 [그림 5-8]과 같다.

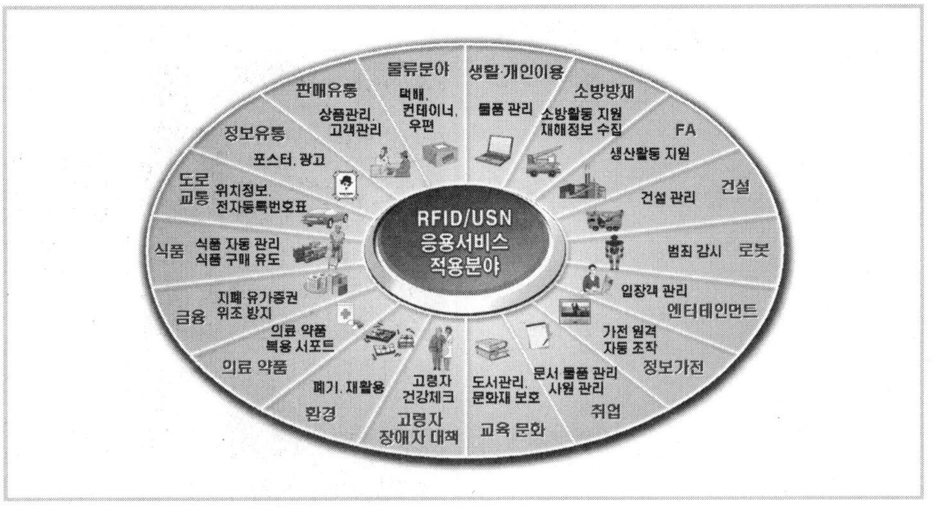

[그림 5-8] RFID/USN 응용 서비스 적용분야

〈표 5-11〉

주파수	활용분야	원 리	
125kHz	동물관리		출생내력 등 식별정보가 입력된 칩을 동물에 이식하여 혈통관리 및 위치파악에 활용
133kHz	스키어 관리 시스템		스키장 통로에 수직 게이트형 안테나를 설치해 스키어들의 입장확인
133kHz	마라톤선수 추적 시스템		가벼운 무선 태그가 선수 운동화에 부착되며 루프안테나가 마라톤 주행도로의 출발선, 중간 반환점, 결승선 등에 설치되어 선수의 기록을 관리

주파수	활용분야	원 리	
13.56MHz	교통카드		카드를 리더에 가까이 대면 카드에 내장된 RFID 칩이 리더와 무선으로 교신하여 자동으로 요금을 징수
13.56MHz	주차관리		태그가 부착된 차량이 접근하면 자동으로 출입통제 장치가 자동으로 개폐
13.56MHz	도서관리		도서에 RFID 칩을 삽입하여 도서 부당반출 시 경보음 울림
13.56MHz	출입통제	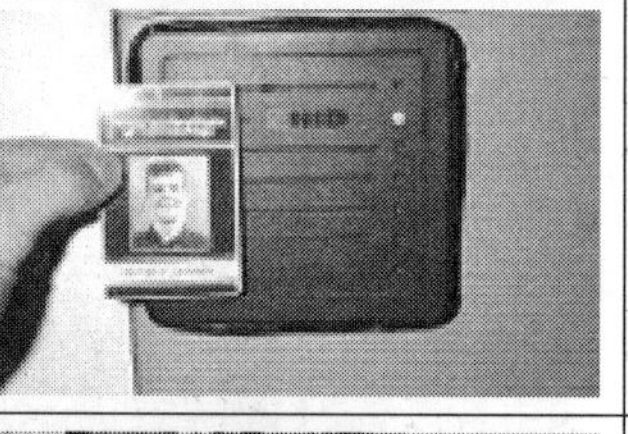	신원정보가 입력된 칩이 내장된 카드를 리더에 가까이 대면 출입자격 여부를 조회하여 출입문 개폐
UHF	물류창고 관리 시스템		팔레트/박스 단위로 태그를 부착해 자동 입출고 처리 및 공급체인을 경유하는 상품의 실시간 위치추적 및 재고관리
UHF	농산물 이력관리		RFID 태그에 농산물의 원산지와 생산자에 대한 정보를 입력하여 농산물의 이력추적 및 관리

주파수	활용분야	원 리	
UHF	고속도로 전자요금 징수 시스템		고속도로 톨게이트에 태그가 부착된 차량이 접근하면 자동으로 요금이 징수되는 시스템
900MHz/ 2.45GHz	타이어 이력관리		타이어에 RFID 태그를 부착해 생산공정에서 생산/품질 이력 정보를 기록하고, 불량품을 자동적으로 선별하며 개별 타이어에 대한 재고상황을 관리
2.45GHz	항공 화물처리		항공수화물의 보다 신속·정확한 판독과 분류, 위험물품 재검사
2.45GHz	의약품 위변조방지		의약품 생산과정에서 RFID를 부착하여 생산공정 관리에 활용하고, 제품이 판매된 후에도 RFID 추적 시스템을 통해 유통경로를 투명화하고 해당 제품의 진품여부를 판단

05 유비쿼터스 센서 네트워크 기술

1. USN의 개요

유비쿼터스 센서 네트워크(USN : Ubiquitous Sensor Network)란 '필요한 모든 곳에 전자태그를 부착하여 사물의 인식정보를 기본으로 주변의 환경정보(온도, 습도, 오염정보, 균열정보 등)까지 탐지하고, 이것을 실시간으로 네트워크에 연결하여 정보를 관리하는 것'을 말한다. 이것은 궁극적으로 모든 사물에 컴퓨팅 및 커뮤니케이션 기능을 부여하여 언제, 어디에서나, 모든 통신이 가능한 환경을 구현하기 위한 것이다.

USN 기술은 유비쿼터스 사회에서 사회적 기반 환경이 될 중요한 기술 중의 하나로서, 이를 통해 전반적인 산업구조 및 시장 구조의 큰 변화를 주도할 기술이다. 그러나 USN 기술 하나로는 큰 변화를 주도하기에는 부족하다.

USN 분야에 가장 대표적인 것으로 ZigBee Alliance를 꼽을 수 있다. ZigBee는 물리 계층과 데이터 링크 계층을 IEEE 802.15.4 기반으로 네트워크 계층부터 상위 계층을 구축한 저전력 센서 네트워크로 AA 배터리 2개만으로 몇 달 동안의 수명을 유지할 정보로 전력 효율이 높다. 또한 ZigBee는 블루투스보다 더 큰 PAN(Personal Area Network)을 구성할 수 있다.

USN은 5가지 기술이 합하여 형성된다.

① 브로드밴드(broadband)를 통하여 동영상을 이용하는 정보량이 풍부한 통신
② 모바일 단말기를 통한 '언제, 어디서나'의 실현
③ 상시접속에 의한 자연스러운 통신
④ 배리어프리(barrier-free) 인터페이스로 어린이, 고령자, 장애인 모두 쉽게 이용
⑤ IPv6를 채용하여 ID가 부여된 단말기 수의 대폭적인 증가

[그림 5-9] USN의 개념은 어느 곳에서나 부착된 태그와 센서로부터 사물 및 환경정보를 감지/저장/가공/전달하여 인간생활에 폭넓게 활용하는 네트워크를 말한다.

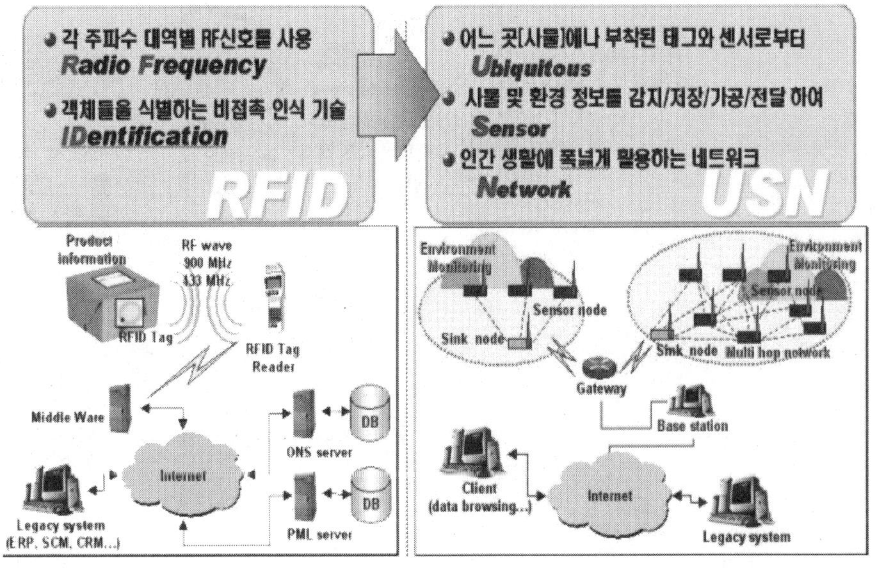

태그	수동형(Real/Write) 능동형(Battery : Long range)
리더	제품정보 인식
미들웨어	수집된 상품정보 데이터 처리

센서 노드	센서, 통신 모듈, 배터리 포함, 환경정보 센싱/전달
싱크 노드	외부 네트워크 통신을 위한 중계 노드
USN 미들웨어	대량의 센서 데이터를 수집/필터링
USN 응용 플랫폼	다양한 산업분야에 응용 서비스 제공을 위한 플랫폼

[그림 5-9]
USN의 개념

2. USN의 특징

1) 저가이며 공격받기 쉬운 많은 센서 노드로 구성

① 10~100,000개의 노드임
② 센서 노드의 위치는 사전에 정해지지 않음
② 각 센서 노드는 저가로 구현되어야 함
③ 간섭 저항하는 노드를 구성하기 어려움

2) 저전력 소비특성

① USN의 노드의 구조 및 특성은 소비전력에 크게 의존함
② USN 토폴로지 및 동작특성 등은 소비전력에 크게 의존함

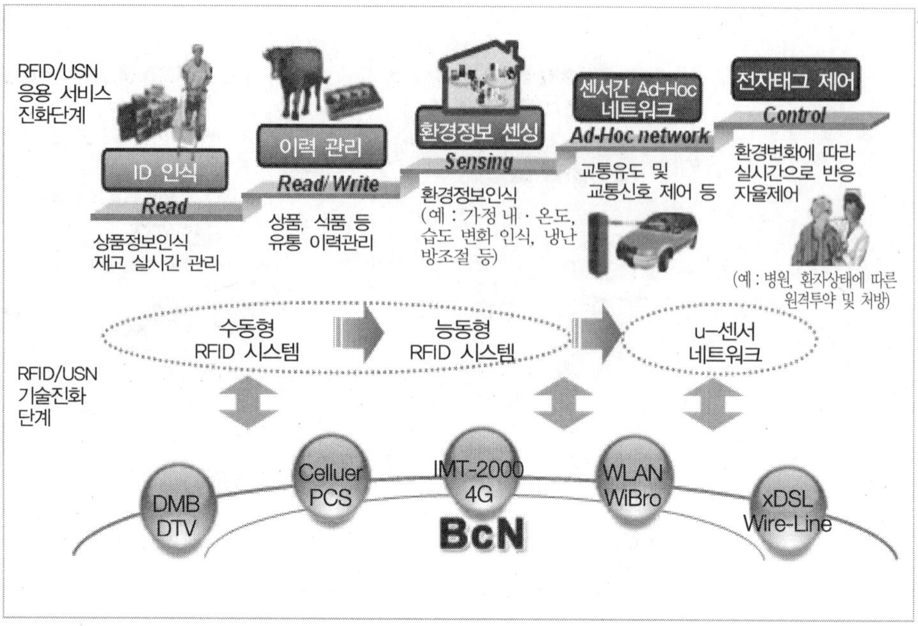

[그림 5-10]
RFID/USN의
기술전망

3) 자가설정이 가능한 네트워크

① 수많은 노드 및 복잡한 네트워그 구성으로 인해 사전 구성이 어려움

② 센서 노드의 실패 가능성 및 새로운 센서 노드 추가시 USN 설정이 가능해야 함

③ Ad-hoc 네트워크 특성을 가짐

4) 보안특성 및 협력적 특성

① 기존의 보안위협(도청, D.S 공격, 프라이버시 침해 문제) 및 USN만의 보안위협이 존재함

② 지엽적 동작들이 협력적으로 수행되어 어떤 원하는 동작을 수행하게 됨

3. USN의 구성

유비쿼터스 센서 네트워크의 궁극적인 목적은 모든 사물에 컴퓨팅 능력 및 무선통신 능력을 부여하여 '언제, 어디에서나' 사물들끼리 통신할 수 있는 유비쿼

터스 환경을 구현하는 것이다.

유비쿼터스 센서 네트워크는 유비쿼터스 환경을 구성하는 초소형, 저가격, 초저전력 센서 소자의 무선통신 네트워크 기술을 말한다. 기본적으로 센서 필드 안에 있는 센서 노드는 감지된 정보를 베이스 스테이션(기지국/0)으로 전달하고, 베이스 스테이션은 인터넷과 같은 기존의 네트워크를 통해 사용자에게 해당 정보를 제공한다. 유비쿼터스 센서 네트워크를 구성하는 3가지 노드들은 다음과 같다.

① 순간적으로 환경정보를 감지하고 변환하여 임시로 저장하는 센서 노드

② 센서 노드를 다양한 동기로 자극하여 정보를 취득하고 상황을 인지하며 사용자 명령에 따라 보고하는 싱크 노드

③ 센서 네드워크를 관리하고 정보취득 명령을 내리며 보고를 접수하여 사용자에게 표현하는 사용자 노드

이것들이 외부의 인터넷과 연결되기 위해서 필요한 게이트웨이 또는 사용자 노드가 수시로 요구하는 네트워크 채널, 다수의 센서 노드들과 싱크 노드가 요구하는 센서 채널이 존재하는 시간 동안 센서 네트워크는 정보를 송수신한다. 이러한 센서 네트워크를 구성하기 위해 필요한 요구사항은 다음과 같다.

① 대규모 센서 노드의 배치(수천 개나 수만 개의 센서 노드 배치)

② 저전력 에너지 소모로 인한 센서 노드 수명 최대화

③ 네트워크 토폴리지 변화의 수용 및 자가구성(self-organization) 네트워크

④ 제한된 병렬 처리능력과 하드웨어 제어구조

4. Ad-hoc 네트워크

센서 네트워크에서의 주요 이슈는 기기의 소형화, 센싱 능력, 그룹 관리, 안전하고 효율적인 라우팅이며 표준화를 위한 아이템으로는 그룹 관리를 위한 키 관리와 안전한 라우팅을 위한 전송 프로토콜 분야가 주요 이슈가 된다.

라우팅은 상황인지(context aware)라는 새로운 인자가 부가되어서 소규모 컴퓨팅 환경에서 어떻게 상황인지를 하여 이웃의 센서 기기의 오동작을 인식하여 우회루트 발견을 실시간적으로 처리할 수 있는 경량의 프로토콜 개발을 목표로 한다. 현재 각광받고 있는 표준은 저전력, 저속, 무선 네트워크 규격인 ZigBee이다.

이 규격은 Ad-hoc 기반의 무선 링크 계층 기반 네트워크와 상위응용과의 관계를 기술하고 있다. 그러나 P2P(Peer-to-Peer) 프로토콜로는 수많은 센서 기기들과의 통신을 완벽하게 관리한다는 것은 그 전제부터가 어려움에 부딪히게 된다. 만약 센서 기기의 수를 P2P 프로토콜이 관리할 수 있는 한계 수준 이하로 제한한다면 문제를 해결할 수 있지만 그 수보다 많은 센서 기기를 이용하는 환경이 전개가 된다면 네트워크 토폴로지에서부터 문제점을 발생하게 된다. 이러한 관점에서 센서 네트워크와 Ad-hoc 네트워크와의 차이점을 비교하면 다음과 같다.

① 센서 네트워크의 센서 노드의 수가 Ad-hoc 네트워크에서 사용하는 노드 수의 수배가 될 수 있다.
② 센서 노드는 밀집되어 분포가 되어 있다.
③ 센서 노드의 오동작을 허용한다.
④ 센서 네트워크의 토폴로지는 매우 수시로 변화를 한다.
⑤ 센서 노드는 브로드캐스트 통신환경을 사용한다.
⑥ 전력, 컴퓨팅 능력과 그리고 메모리에 제한적이다.
⑦ 센서의 개수와 오버헤드 때문에 센서 노드는 글로벌 인식자(ID)를 갖지 않아야 할 것이다.

Ad-hoc 네트워크는 AP가 없이 흩어져 있는 무선으로 통신이 가능한 노드들끼리 서로 통신하는 네트워크 구조이다. 이 구조에서는 중간에서 제어하는 노드가 없으므로 각 노드들은 자신이 가질 수 있는 정보를 최대한 활용하여 네트워크에서 통신이 가능하도록 라우팅해야 한다.

이러한 통신특성 때문에 센서 네트워크에서 노드들 간의 무선통신은 Ad-hoc 통신으로 이루어진다. 즉, Ad-hoc 네트워크의 경우에는 이동단말들이 유선환경에 기반을 둔 기지국이나, AP를 중심으로 구성되는 인프라가 있는 네트워크와는 완전히 다르다.

즉, Ad-hoc 네트워크로, 무선 센서 네트워크 시스템에서는 센서 필드 안에 있는 센서 노드들이 네트워크를 구성할 때 사용되는 네트워크 방식이다. 이러한 Ad-hoc 네트워크는 다음과 같은 몇 가지의 주요한 특징을 가지고 있다.

① 유선 기반망 없이 무선이동 호스트로만 구성
② 각 호스트는 라우터의 역할 병행

③ 유선망을 구성하기 어렵거나 단기간 사용에 적합
④ 호스트의 이동에 제약이 없음
⑤ 빠른 망구성과 비용의 저렴화
⑥ 용도는 긴급구조 상황, 전쟁, 착용가능 컴퓨팅(wearable computing)

5. Ad-hoc 네트워크의 응용분야

Ad-hoc 네트워크의 응용 분야는 기존의 기반 통신시설을 배제한다. 그리고 순수한 이동 Ad-hoc 네트워크로만 구성할 수 있는 서비스에는 회의 및 그룹통신 서비스, 긴급구조 서비스, 그리고 군용통신 서비스 등이 있다. 다음은 미국의 표준연구원(NIST, http://www.antd.nist.gov/wahn.home.shtml)에서 요약한 무선 Ad-hoc 센서 네트워크의 응용분야이다.

① 적의 침투나 이동, 폭발과 같은 정보를 얻거나 감지하기 위한 군사용 센서 네트워크
② 화학적, 생물학적, 방사선, 핵과 같은 공격이나 물질을 감지하기 위한 센서 네트워크
③ 평원, 숲, 대양에서의 환경적 변화를 모니터하거나 감지하기 위한 센서 네트워크
④ 고속도로나 도시의 혼잡지역의 교통량을 모니터링하기 위한 무선 교통 센서 네트워크
⑤ 쇼핑몰, 주차장, 주유소 등과 같은 곳의 안전을 위한 무선 감시 센서 네트워크
⑥ 어느 곳이 비어 있고, 어느 곳에 주차되어 있는지를 결정하는 무선 주차 센서 네트워크

6. ZigBee

ZigBee의 어원은 표준화의 초기에 여러 제안 및 결정을 위한 혼선의 모양을 빗대어 Zig Zag에서의 Zig와 가장 경제적으로 통신을 한다는 벌(Bee)의 개념을 도입하여 ZigBee(IEEE 802.15.4)로 명명하였다. 특히 최선 무선 센서를 이용한 홈 랜 및 무선기술로 ZigBee에 대한 기술개발과 표준화가 필립스와 모토로

라 등이 주축이 된 ZigBee Alliance와 IEEE 802.15.4에서 PHY와 MAC 프로토콜의 표준인 IEEE 802.15.4 LR(Low Rate)-WPAN 표준화 작업은 완료되고 MAC상위 계층에 표준화 작업이 진행 중에 있다.

PHY로 2.4GHz 대역 (QPSK 변조방식)의 16채널, 915MHz대역(BPSK 변조방식)의 10채널, 868MHz 대역의 1개 채널을 이용한다.

Frequency Band	License Required?	Geographic Region	Data Rate	Channel Number(s)
868.3 MHz	No	Europe	20kbps	0
902-928 MHz	No	Americas	40kbps	1-10
2405-2480 MHz	No	Worldwide	250kbps	11-26

[그림 5-11] 주파수 밴드별 구분

1) IEEE 802.15.4 표준 특징

IEEE 802.15는 WPAN을 다루는 표준화 단체이며 IEEE 802.15.1은 Bluetooth로서 2002년 초에 표준으로 이미 채택되었고, IEEE 802.15.2는 같은 주파수 대역을 사용하는 무선 LAN과의 공존성 및 같은 기기끼리의 충돌을 해결하기 위한 그룹이며, 2000년 3월에 시작한 IEEE 802.15.3은 동영상, 고화질 정지화상 등 중대역 멀티미디어 무선 전송을 위한 고속 전송기술 표준을 제정하기 위한 그룹이다.

또한, 2000년 7월부터 시작된 ZigBee는 무선 통합 리모컨, 가전기기 컨트롤러, 빌딩제어, 장난감 등에 사용하기 위한 저속이나 저가격, 저소비전력의 무선 전송기술의 표준을 제정하기 위한 그룹이고, 2002년 12월부터 새로 만들어진 IEEE 802.15.3a는 IEEE 802.15.3의 PHY 부분에 UWB 기술을 적용하기 위한 그룹이다.

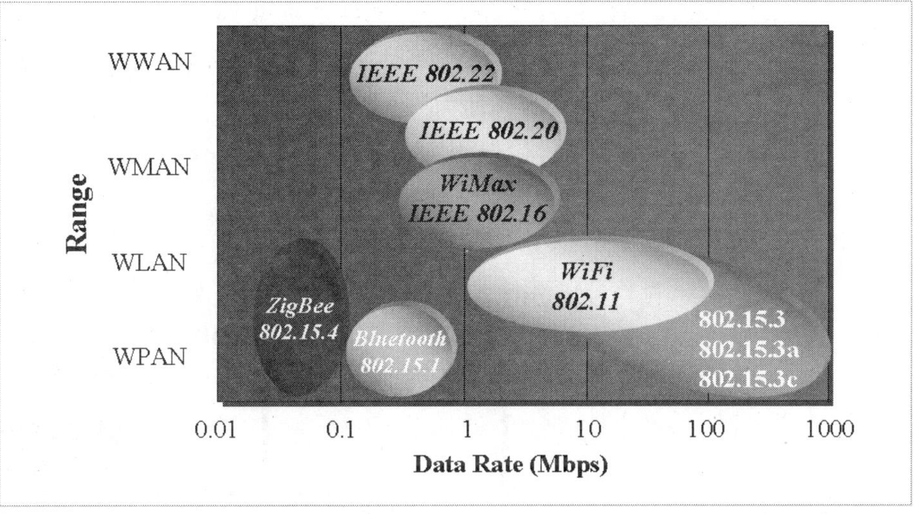

[그림 5-12] IEEE 802 무선 공간

저속 W-PAN을 위한 기술인 ZigBee는 낮은 데이터 전송률 기반의 가정 자동화 및 무선 데이터 네트워크 실현에 요구되는 무선통신 기술이다. 이러한 ZigBee 기술의 표준화를 위해 지난 2000년 12월에 창설된 IEEE 802.15 Task Group 4, 즉 TG4에서는 저속 W-PAN을 위한 PHY 및 MAC의 표준화를 진행하고 있고, 관련 산업체 콘소시엄인 ZigBee Alliance에서는 PHY 및 MAC을 비롯해서 데이터 링크 계층, 네트워크 계층, 응용계층까지의 표준화에 박차를 가하고 있다.

한편, ZigBee를 위한 최초의 기술표준인 IEEE 802.15.4는 ARQ(Automatic Repeat reQuest)를 통한 높은 신뢰성, 오류제어 능력, 우선순위에 따른 통신, 직접 시퀀스 대역확산 기술사용, 간섭방지를 위한 사용 주파수 변환, 사용자에 의한 보안수준 결정 등을 제공하는 강력한 패킷 데이터 프로토콜을 제시하고 있나. ZigBee는 가정 또는 사무실의 조명, 보안 등을 무선으로 제어할 수 있는 효율적인 네트워크를 구축하기 위한 핵심 기술로 고려되고 연결 기기들의 전력소모가 적은 것이 특징이며, 휴대전화, 노트북 등을 1 Mbps의 속도로 연결시켜주는 기존 블루투스의 저속 및 보급형 버전이라고 말할 수 있다. 이러한 ZigBee를 위한 물리계층은 Dual PHY 형태로서 사용하는 주파수 대역은 무선전화, IEEE 802.11b, 전자레인지 등의 동작 대역과 같은 2.4GHz ISM(Industrial, Scientific and Medical) 대역, 그리고 868MHz 및 915MHz 대역을 점유하고 있다. 또한, 하나의 무선 네트워크에 최대 255대의 ZigBee 기기를 연결할 수 있으며, 저전송률 단점을 극복하기 위해 전력소모를 최소화하도록 설계되고 있다. ZigBee 기술 표준인 IEEE 802.15.4의 Dual PHY 특징 비교를 제시하고, [그림 5-13]에서는 Dual PHY를 위한 주파수 채널의 형태를 비교하고 있다.

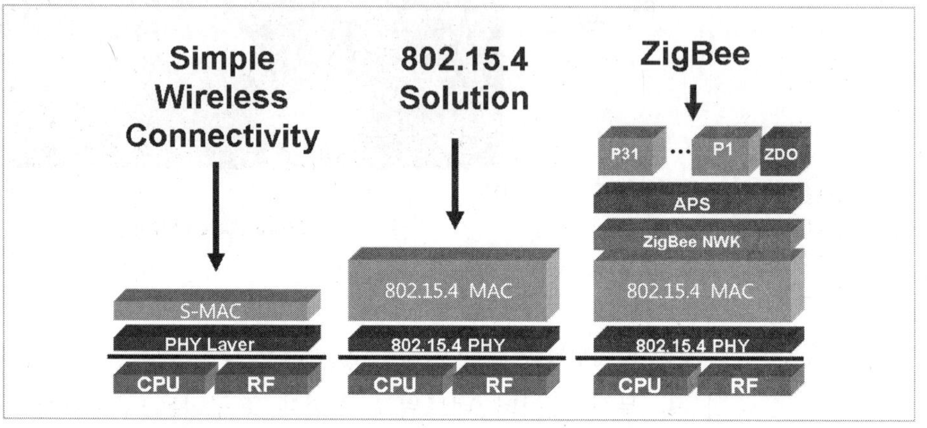

[그림 5-13] IEEE 802.15.4/ZigBee의 멀티 제공 접근

현재 이미 많은 휴대전화 및 부품 업체들이 ZigBee의 저전력, 저비용 특성에 주목하여 이 기술의 채택을 적극적으로 검토하고 있으며, 또한 전자부품 업체들도 ZigBee 모듈 개발에 힘쓰고 있다. 특히 근거리 핵심 전송기술인 ZigBee 기술은 자동제어뿐만 아니라 무선 센서 네트워크를 구성할 수 있는 기술로 부각되고 있어 향후 유비쿼터스 시대를 대비하는 저전력 핵심 기술로 관심을 모으고 있다.

한편, 저속 ZigBee 표준을 기반으로 향후 유비쿼터스 네트워크 구축에 필수적인 위치추적 관련 기능을 수반하는 저가의 저전력 물리계층의 결정을 위해 지난 2003년 3월 IEEE 802.15 Alter-nate Study Group 4a, 즉 SG4a가 창설되었다. 같은 그룹에서는 추가적으로 데이터 전송률 및 적용 가능 거리의 유동성까지 고려하여 기존 ZigBee 기술보다 새로운 핵심적인 응용분야 개발 및 관련 시장에의 높은 선점 가능성을 예상하고 있으며, 이를 위해 기대하는 응용 분야의 범주는 다음과 같이 분류될 수 있다.

① 스마트 태크, 스마트 홈, 위치추적, 인명구조 등의 위치추적 분야
② 원격 센서 및 위치인식장치 등을 기반으로 하는 각종 제어 분야
③ 신체관리 모니터링 및 의료진 위치파악 등을 요구하는 의료 관련 분야

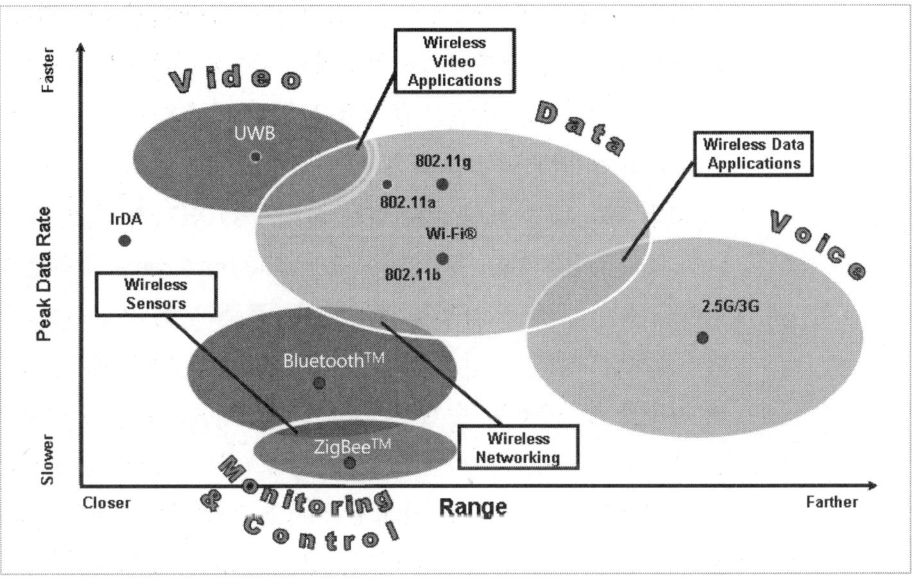

[그림 5-14]
무선 표준기술별
범위 및 특징비교

앞서 언급한 바와 같이 IEEE 802.15 SG4a에서 기존의 ZigBee 기술 표준과 차별적으로 추구하는 가장 두드러진 핵심 요소가 위치 예측 기능과 저전력 특성이므로, 최근 이에 부합하는 가장 유력한 후보 기술로 UWB가 거론되고 있는 상황이다.

ZigBee는 가정, 사무실 등의 무선 네트워킹에서 10~20m 내외의 근거리 통신시장과 최근 주목받는 유비쿼터스 컴퓨팅을 위한 기술로서 높은 관심이 모아지고 있다. 근거리 저전력 무선 네트워크 표준화 단체인 ZigBee Alliance (www.ZigBee.org)는 하니웰, 모토로라, 미쓰비시, Invensys, 필립스 등을 중심으로 30여개 업체가 IEEE 802.15.4의 표준 제정에 앞장서고 있다. ZigBee Alliance는 표준규격을 확정해 ZigBee 관련 기기를 시장에 내놓을 예정이다.

ZigBee는 무선통신 분야에서 IEEE 802.11이나 다른 802.15와는 달리 단순기능이 요구되는 매우 작은 사이즈, 저전력, 저가격 시장을 목표로 하고 있다. 특히 블루투스와 비교해 전력소비가 적다. 실생활에서 사용되고 있는 AA 알카라인 건전지(2개)만으로도 수개월에서 1~2년까지 사용이 가능하다.

또한 칩 개발에 있어 블루투스 정도의 복합 기능 구성이 요구되지 않아 타임-투-마켓이나 응용분야의 확장성에서 큰 장점을 가지고 있다. 저전력 무선 커뮤니케이션 표준에 대한 요구와 수개월에서 수년간의 배터리 수명, 낮은 복잡성은 IEEE 802.15.4(task group 41)의 발전에 박차를 가하였다. IEEE 802.15의 Task Group 4는 국제적으로 무면허의 주파수대들에서 통신하기 위해 단거리, 저전력, 낮은 비율 무선의 장치들을 위한 기준을 조사, 개발하였다. 표준의 초안인 D18는 2003년 5월 13일 승인되었다.

IEEE 802.15.4 표준 디테일은 물리계층(PHY)과 중간접근제어(MAC) 명세, 그리고 스타형(star), 매쉬형(mesh), Cluster Tree로 알려진 다른 타입의 네트워킹을 위한 구축용 블록을 제공한다. 표준 직렬 인터페이스는 8 혹은 16비트 마이크로컨트롤러와 같은 호스트 컨트롤러에 접근할 수 있고, 디지털화된 데이터 패킷을 송, 수신할 수 있다. 2 테스크 그룹(task group) 4는 더 높은 프로토콜 계층을 정의하기 위하여 ZigBee 워킹그룹(working group)과 협력하고 있다.

IEEE 802.15.4 PHY의 중요한 특징은 다른 무선 네트워크들과의 개선된 공존성을 위한 에너지 링크 퀄리티(link-quality)의 감지와 깨끗한 채널 선택 방식을 포함한다는 점이다. MAC는 자동화된 패킷 승인을 조건적으로 지정하고, 먼저 채택된 시간 간격의 범위에 전달을 위한 조건을 제공한다. 그리고 128비트 AES의 안정성을 지원한다.

다음은 IEEE 802.15.4 표준에 대한 일반적인 특징이다.

① 250kb/s와 20kb/s의 데이터 전송률
② 마스터-슬레이브 혹은 피어-투-피어 동작
③ 최대 254개 네트워크 기기 혹은 64,516개 분배점
④ 조이스틱과 같은 보조기기에 대한 지원
⑤ CSMA/CA 채널 액세스
⑥ 코디네이터에 의한 자동 네트워크 설치
⑦ 동적 어드레싱 기기
⑧ 전송 신뢰를 위한 충분히 동의되는 프로토콜
⑨ 저전력 소모를 보증하는 전력관리
⑩ 전세계 2.4GHz 비허가 대역에서 16채널(DSSS 변조), 915MHz 비허가 대역(미국)에서 10채널과 유럽의 868MHz 대역에서 1채널

ZigBee의 중요한 목표는 정보처리의 상호운용을 가능하게 하고 광대역에서 낮은 데이터 전송률의 무선 애플리케이션을 사용하게 하는 단순화된 솔루션을 OEM과 개발자에게 제공하는 것이다. ZigBee는 몇몇 장점을 가지고 있는 피어

-투-피어, 매쉬 네트워킹과 같은 네트워크 토폴로지로 이루어진 다른 많은 타입에도 적합하다.

현재 ZigBee Alliance에서 표준 규격 안으로 거론되고 있는 전송속도는 블루투스와 비교해 낮은 250kbps, 40kbps, 20kbps 정도이며 일반적으로 2.4GHz를 쓰는 경우 16채널, 미국의 915MHz를 쓰는 경우는 10채널, 유럽의 868MHz를 쓰는 경우는 1채널이다.

ZigBee 표준화는 신뢰성 있는 무선 데이터 전송을 제공하기 위해 IEEE 802.15.4 PHY, MAC 계층을 사용한다. 그것은 애플리케이션 네트워크와 프로필을 포함하는 보통의 애플리케이션 플랫폼으로부터 프로토콜 스택의 높은 계층을 정의할 것이다.

ZigBee 프로필은 정보처리 상호 운용과 상호 호환성으로 목표가 된 애플리케이션을 제공한다. ZigBee 스택은 약 28kbyte로 매우 작다. 그것은 수개월에서 수년간의 배터리 수명을 필요로 하는 장비를 위해 매우 낮은 가격과 매우 낮은 전력의 무선 연결을 제공하는 것을 가능하게 한다. 저전력 마이크로컨트롤러 혹은 ZigBee 칩셋 장치는 300에서 4000byte의 RAM을 갖는다.

ZigBee 와 802.15.4에 기초한 표준은 시스템 디자이너에게 도구의 몇몇 클래스를 제공하는데 그것은 다음과 같다:

① The reduced-functionality device(RFD)

② The full-functional device(FFD)

③ The network coordinator

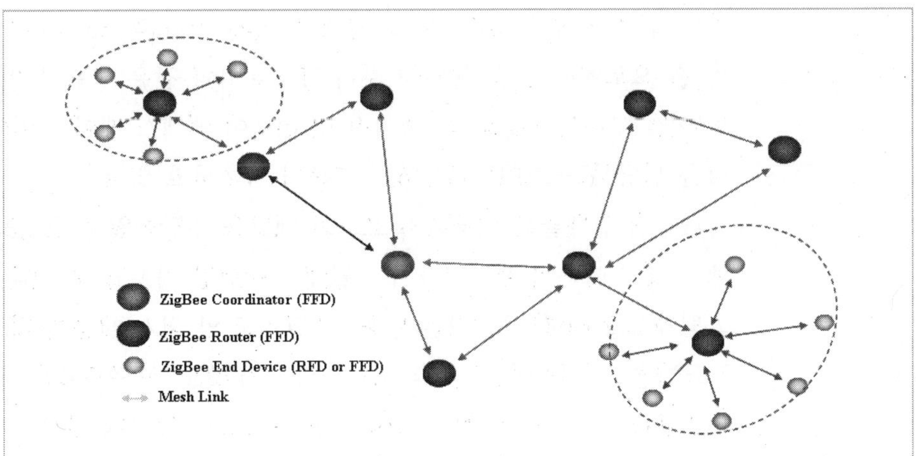

[그림 5-15] ZigBee 네트워크 모델

모든 ZigBee 네트워크는 적어도 하나의 RFD 또는 FFD를 갖고 네트워크 코디네이터와 확장된 네트워크는 네트워크 토폴로지에 의해 요구되는 링크와 폼 브리지에 FFD와 네트워크 코디네이터를 사용하게 될 것이다. ZigBee 네트워크는 연결성과 기능에 기초하여 자율적으로 모양을 이룰 수 있다. 〈표 5-12〉는 WiFi, 블루투스 및 ZigBee의 특성을 비교하였다.

〈표 5-12〉 WiFi, 블루투스, ZigBee의 특성 비교

Market Name Standard	Wi-Fi™ 802.11b	Bluetooth™ 802.15.1	ZigBee™ 802.15.4
Application Focus	Web, Email, Video	Cable Replacement	Monitoring & Control
System Resources	1MB+	250KB+	25KB - 50KB
Battery Life (days)	.5 - 5	1 - 7	100 - 1,000+
Network Size	32	7	255 / 65,000
Bandwidth (Kb/s)	11,000+	720	20 - 250
Transmission Range (meters)	1 - 100	1 - 10+	1 - 100+
Success Metrics	Speed, Flexibility	Cost, Convenience	Reliability, Power, Cost

2) ZigBee와 블루투스 비교

저가, 저전력의 빠른 데이터 전송기술을 자랑하는 ZigBee는 이미 잠재 고객들의 주목을 받고 있다. 이들 업체는 Honeywell과 Eaton사와 같은 산업제어 및 홈 오토메이션 업체들에서부터 Mattel사와 같은 장난감 업체에 이른다. 또한 이들 모두는 ZigBee의 물리적 및 미디어 액세스 제어 레이어의 기술사양 개발을 담당하고 IEEE 802.15.4 그룹에 참여하고 있다.

블루칩 업체들은 이제까지 표준화 개발을 주장해왔다. ZigBee의 전력소모는 매우 낮기 때문에 배터리가 수개월에서 수년간 지속될 수 있다. 이들은 또한 시스템에 ZigBee를 구현하는 비용이 2달러도 안 되기 때문에 네트워크에 더 많은 노드들을 저렴하게 설치할 수 있다. ZigBee 프로토콜은 블루투스나 고속 PAN(Personal-Area Networks), 또는 IEEE 802.11x 무선 LAN 프로토콜보다

훨씬 간단하다.

Philips Semiconductors사는 ZigBee 시스템 사양을 마무리하고, 시스템 분석을 통해 무선 및 베이스밴드에 통합된 최초의 원칩 ZigBee 솔루션 샘플을 출시할 것이라고 한다. 한편 Motorola(Free scale로 변경) RF 트랜시버를 포함한 2.4GHz의 완벽한 ZigBee 시스템을 제공한 계획이다. 또한 IEEE 802.15.4 사양이 요구하고 있는 전 기능 및 일부 기능 디바이스용 애플리케이션 스택을 포함하는 8비트 마이크로컨트롤러를 선택 옵션으로 제공한다.

ZigBee의 휴면 모드는 ZigBee의 가장 주목할 만한 특징 중 하나는 바로 저전력 소모이다.

배터리 동작 디바이스는 ZigBee가 블루투스 및 무선 LAN와 분명한 차이가 있음을 보여주는 확실한 부분이다. ZigBee 칩셋은 외부 이벤트에서 인터럽트를 트리거할 때까지 '휴면' 모드로 유지될 수 있다. ZigBee 시스템은 휴면 모드 상태에서 몇 마이크로앰프의 전력만을 이용할 것이다. 이에 비해 블루투스는 적어도 100 마이크로앰프를, 그리고 무선 LAN의 수십 밀리앰프의 전력을 소모할 것이다.

일단 ZigBee가 가전제품 및 PC 주변 기기에 이용되기 시작한다면 블루투스와 어떻게 공존해 나갈 것인가가 초두의 관심사이다. "블루투스는 홈오토메이션 애플리케이션에는 사용되지 않을 것이며, ZigBee는 휴대전화나 헤드셋에 장착되지 않을 것"이라고 예측하고 있다.

비용 또한 ZigBee를 선택하는 결정적 요인이 되고 있다. 현재 약 7~10달러대인 블루투스 시스템 솔루션의 가격이 내년에는 4달러 정도로 낮아질 것이라고 전망하고 있다. 블루투스 개발자들은 "블루투스의 가격은 이보다 훨씬 더 낮아질 수도 있을 것"이라고 말한다. 반면에 ZigBee 솔루션은 2005년에 "2달러 이하"로 거래될 것이라고 한다. ZigBee의 RF 링크 프로토콜과 가전 애플리케이션은 8비트 마이크로컨트롤러가 주축이 되는 반면에 블루투스는 베이스밴드 프로토콜 스택을 관리할 전용 코어와 프로토콜 인터페이스 및 애플리케이션을 관리할 전용 호스트 디바이스를 필요로 한다. ZigBee의 RF 링크 프로토콜과 사용자 애플리케이션은 단지 8비트 마이크로컨트롤러를 기반으로 동작하고, 실행 코드 사이즈의 크기가 작으므로, 전체 ZigBee 스택을 위한 코드 사이즈가 32kbyte 이하로 구현 가능하며, 특히 RFD(Reduced Function Device)와 같은 단순한 기능을 가진 노드의 경우 4kbyte 이하의 코드 사이즈로 구현이 가능하다. 결국 ZigBee의 코드 사이즈는 고객이 전 기능을 원하는지 않으면 일부 기능에 따라 4~30kbyte의 코드와 300byte~4kbyte RAM으로 작다. 반면에 블루투스는 전체 소프트웨어 스택의 경우 100~200kbyte의 코드와 약 150kbyte ROM을 필요로 한다.

〈표 5-13〉 지그비와 블루투스 특성비교

항 목	지그비	블루투스
시스템 리소스	4-32kB	250kB 이상
배터리 수명	100~1000일 이상	1~7일
네트워크 크기	255/65,000	7
대역폭(kB/s)	20~250	720
전송영역(m)	1~100m 이상	1~10m
링크 비율	20~250kps	1Mbps
네트워크 접속시간	30ms	3s
Air interface	FHSS	DSSS
프로토콜 스택	28kb	250kb

ZigBee의 큰 특징 중의 하나인 저렴한 가격은 직접 방식인 스펙트럼 확산 기술을 기본으로 한 간이 변조 방식을 채용하여 무선 송수신 회로의 구성을 단순화하고 칩셋의 가격을 미화 1.5달러 정도로 억제하는 것을 지향하고 있다. 결국은 모듈의 외형 크기도 블루투스 수준으로 하는 것을 지향하고 있다. 이러한 사양의 실현으로 센서 네트워크의 표준 방식이 가능성이 매우 크다. 블루투스가 1Mbps, 1mW 이상의 송신전력을 갖는데 반해 ZigBee는 250kbps, 1mW 미만의 송신전력을 사용하고, 2.4GHz 주파수 대역에서 16채널을 지원하여 같은 대역 내에서 더 많은 사용자를 수용할 수 있다.

ZigBee의 통신 모드가 마스터-슬레이브 방식을 기본으로 하고 있지만 'Mesh Mode'라 불리우는 점대점 방식의 네트워킹이 가능하고 네트워크 안에서 하나의 기기를 조정자(coordinator)로 명하여 송/수신의 활동이 필요한 경우에만 Sleep 모드에 있는 노드들을 활동 상태로 변경하는 방식을 채택함으로써 전력소모를 극소화하였다. 또한, 이러한 조정자 간의 통신이 가능하며 특정 노드가 매쉬 모드의 네트워크 상의 다른 모든 노드들을 인식하지 못할 때 네트워크를 스스로 구성할 수 있다.

인접한 네트워크 및 시스템과의 간섭에 Robust할 수 있도록 2.4GHz와 5GHz의 무선 LAN에서 사용하는 DSSS(Direct Sequence Spread Spectrum) 방식을 제안하였고, 2.4GHz 대역에서 O-QPSK 변조 방식을 채택하였다.

ZigBee의 기본 프로토콜은 IEEE 802.15.4에서 정의된 표준에 따르며 다른 IEEE 802 기반 무선 네트워크에서와 마찬가지로 채널할당에 CSMA/CA 방식을 채택하였고, 실시간 데이터 전송을 지원하기 위해서 선택적으로 GTS 할당 방식을 적용하고 있다. ZigBee는 PHY로 2.4GHz대역(QPSK 변조방식)의 16채널, 915MHz 대역(BPSK 변조방식)의 10채널, 868MHz 대역의 한 개 채널을 이용하며 매우 낮은 듀티 사이클(〈 0.1%)을 유지한다.

MAC/LLC로는 WLAN과 같은 CSMA-CA 방식을 사용하며 Dynamic Device Addressing을 이용하여 네트워크를 형성한다. 또한, ZigBee 노드들은 코디네이터 혹은 디바이스(슬레이브 노드)로서 동작이 가능하며, 통신에 있어서 필요한 모든 부하를 코디네이터에 집중시킴으로써 상대적으로 슬레이브 노드의 기능적 요소가 적고, 구현에 필요한 비용이 저렴한 이점이 있다.

ZigBee에서 정의된 네트워크 상에는 250노드를 지원하여 여러 가지 응용 분야에 충분한 적용 기회를 제공하고 있으며, 현재 ZigBee 표준에 부합한 기기가 생산되지 못했음에도 불구하고 무선으로 연결되는 온도계, 전등조절장치, 화재감지기, 연기감지기, 빌딩 감시, AV 원격제어 등의 센서 네트워킹 솔루션에 커다란 잠재력을 소유하고 있다.

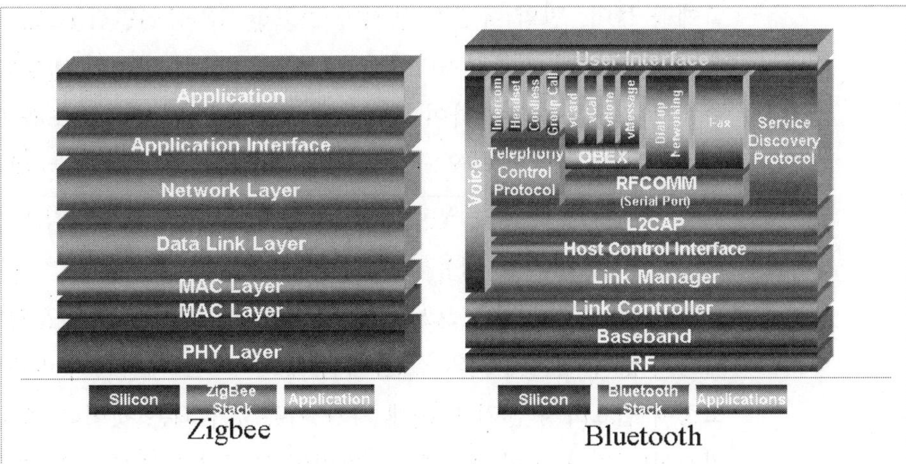

[그림 5-16]
ZigBee와 블루투스 구조비교

3) ZigBee의 장점

(1) 에너지 효율/저전력 필요조건

ZigBee는 기기들이 완전히 필요할 때만 서로 통신하도록 한다. 이것은 전력 소모를 줄여주고 배터리 생명을 수 개월에서 수년으로 증가시킨다. 게다가 매쉬(mesh) 구조는 주어진 네트워크 범위에서 전체의 전송 출력전력을 줄여줌으로써 배터리-충전 애플리케이션의 최대 전력효율을 달성하는 것을 도와주고 그것 때문에 전송손실에 의한 전체적인 전력소모를 낮추어준다.

오직 주변의 몇 지점으로만 전송함으로써 전송전력을 줄이게 됨으로써, 설계자들은 멀리 있는 지점의 채널에 접속하는 것을 피할 수 있다. 이것은 복합적인 메시지가 동시에 네트워크의 다른 파트로 이동할 수가 있게 하는 "공간 다중화" 라고 불리는 셀룰러 네트워크의 현상이 일어나게 한다.

(2) 자가설정/자가치유 네트워크

ZigBee가 Ad-hoc 매쉬 네트워크상에서 개발되었기 때문에 자가조직(self-organizing)이 가능한 네트워크를 제공하므로 수동설정(manual configuration)이 필요 없다. 이 때문에 새로운 장비를 더하거나 존재하는 장치를 재배열하는 것이 자동으로 되기 때문에 간단하게 처리된다. 네트워크는 새로운 접속점을 발견하고, 존재하는 시스템에 자동적으로 포함시킨다. 즉, 매쉬 네트워크는 원래 신뢰성을 갖는 것이 아니라 적응화 되는 것이다.

예를 들어, 만약 유량계 센서와 견고한 RF 통신연결(communications link)을 위한 데이터 기록장치가 한 장소에 설치되어 있다면 네트워크 안의 더 많은 중계기 노드들을 추가하여 매쉬 네트워킹을 경제성이 있도록 만들어준다. 인터넷에서 만약 하나의 라우터가 작동하지 않게 되면 메시지는 다른 라우터를 통과하여 보내지는데, 같은 원리로 만약 장치 또는 매쉬 네트워크 링크가 깨지면 메시지는 다른 장치를 경유하여 보내진다.

하나 또는 그 이상의 노드가 손실되는 것은 네트워크를 운영하는데 큰 영향을 미치지 않기 때문에 이와 같은 매쉬 네트워크는 메시지의 라우팅을 위한 사람의 조정이 필요하지 않기 때문에 자가 치유적이 되는 것이다. 약한 신호가 생기는 지점이나 전파 음영 지역은 그 자리에 중계기 노드를 놓는 것만으로 해결된다.

(3) 인터페이스에서의 신뢰성/저항

인터넷과 다른 피어-투-피어 라우터 기반 네트워크 같은 매쉬 네트워크는 네트워크 도처에 여분의 다중 통신경로를 제공한다. 만약 어떤 이유로 하나의 링크가 깨지면 네트워크는 자동적으로 다른 통로로 메시지를 라우트한다. 매쉬 네트워크에서 링크 품질을 증가시키면 노드간의 거리를 단축시킬 수 있다. 만약 두 가지 요인에 의해 거리가 줄어들게 되면 결과 신호는 수신기에서 적어도 4배 이상으로 커지게 된다. 매쉬 네트워크에서 거리를 증가시킬 수 있고, 잉여 노드를 부가함으로써 네트워크의 일반적인 신뢰성을 간단하게 증가시킬 수 있는 것이다. ZigBee는 상대적으로 작고 짧은 패킷을 보냈을 때 네트워크가 다른 데이터 전송에 간섭이 일어나지 않으면 발생확률을 줄일 수 있을 것이다.

CSMA/CA (Carrier Sense Multiple Access/Collision Avoidance)라 불리는 네트워크 충돌감지와 분석에 기초하여 각 노드는 데이터를 전송하기 전에 네트워크의 상태가 깨끗한지에 대한 신호를 받고, 1ms 정도의 아주 짧은 시간에 데이터를 주고 받는다. ZigBee는 각 장치들이 연속적으로 동시에 작동하지 않기 때문에 데이터 충돌의 가능성이 줄어들며 원래의 명세에서 남는 분량을 체크하여 네트워크 에러율을 낮춘다.

(4) 안정성

이론적으로 ZigBee 네트워크는 확장된 어드레싱, 즉 64비트(264) 주소로 수백 만개의 노드를 지원할 수 있으며, 로컬 어드레싱은 65,000개의 디바이스들을 서비스하고 16비트(216)의 어드레스를 제공한다. ZigBee가 매쉬 형태의 네트워킹을 제공하기 때문에 중앙 제어부 없이 필요할 때 다수의 데이터 수집부나 게이트웨이를 더할 수 있는 편리함을 제공한다.

ZigBee는 계층과 함께 높은 레벨에서의 점점 더 중심으로 모이는 조작과 낮은 레벨에서의 분포된 운영 분포된 운영을 통한 물리적인 민감함을 유지하며 네트워크에 접속할 수 있다. 또한 매쉬 네트워크의 노드들은 릴레이 포인트이기 때문에 네트워크의 기반 설비는 확장될 수 있다.

(5) 가격절감

ZigBee는 개별적인 노드, 서비스, 배터리 가격 등 전체적인 시스템을 감소시킨다. 역시 이것들은 충분한 가치를 하는 가격과 시스템 성능에 대하여 고려하는 센서 시스템 개발자와 다양한 Tradeoff들에게 제공할 수 있는 충분히 유연성이 있다. 예를 들어 개발자들은 서비스 간격에서의 소모되는 배터리 수명을 활용할 수 있고 노드 가격과 복잡성은 아마도 네트워크의 복잡성의 위해 타협될 것이다. 처음 ZigBee 칩셋은 대략 한 유닛에 7불에 판매될 것이고 4년 이내에 2불로 떨어질 것이다. ZigBee Alliance 는 ZigBee 칩셋이 유닛당 1불 또는 그 이하의 가격에 도달할 것으로 기대된다.

(6) IEEE 802.15.4와 IEEE 802.11b 스펙트럼 관계

IEEE 802.15.4와 IEEE 802.11b 스펙트럼 관계는 [그림 5-17]과 같다. 그리고 와이파이와 블루투스와 공존하므로 채널 선택이 중요하다. 단지 채널 25, 26을 중첩하지 않았다.

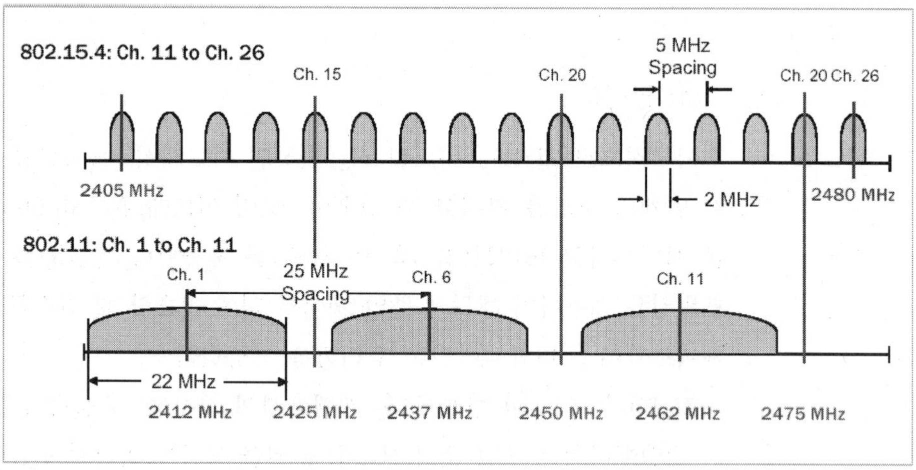

[그림 5-17] IEEE 802.15.4과 IEEE 802.11b 스펙트럼 관계

제6장

스마트 방송 네트워크 기술

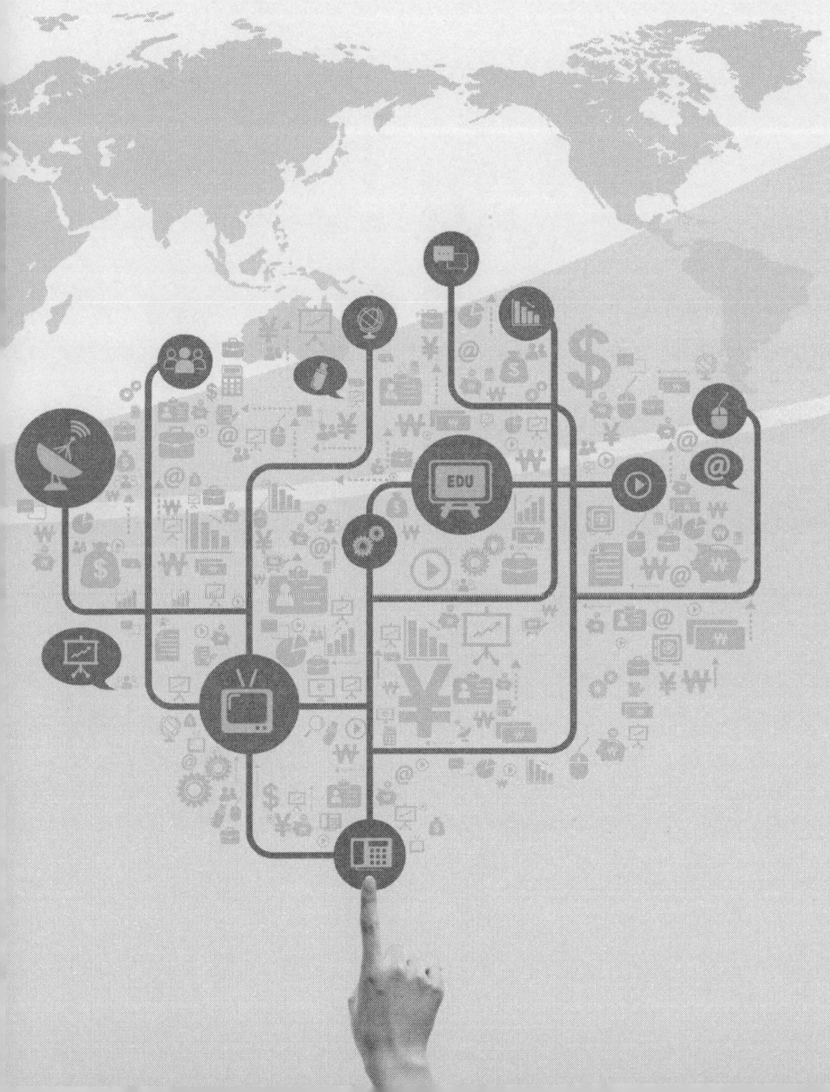

01 방송통신융합 현황

1. 방송통신융합 서비스 확산촉진

세계 방송통신시장은 스마트 기기의 확산, 오픈 플랫폼 기반으로의 전환 등에 따른 융합 환경이 가속화됨에 따라 급격히 변모하고 있다. 이러한 변화는 사회적, 문화적 변화의 가능성을 열어주었다는 점뿐만 아니라 신규 서비스들을 통해 새로운 이용경험과 시장기회를 제공해 줄 수 있다. 특히 최근 선진국을 중심으로 한 세계적인 경기침체, 재정위기, 고용 없는 성장 등 불확실한 환경 속에서, 스마트폰, 태블릿 PC, 스마트 태블릿 등 모바일 중심의 세계 방송통신시장의 성장은 경제성장의 새로운 돌파구가 될 수 있다는 기대감을 불러오고 있다.

새로운 방송통신 서비스들은 유무선 네트워크에서 연결을 통해 일상생활, 기업활동, 경제활동 등에 활력을 부여하고 새로운 비즈니스 기회와 일자리를 창출할 것이다. 그 변화의 중심에는 SNS, 사물인터넷(IoT : Internet of Things. M2M), 클라우드, 빅데이터 등이 있고 이들 기술 및 서비스들은 통신, 금융, 제조 등 다양한 분야와 융합되며 효율성 향상, 신제품 및 서비스 개발, 새로운 사용자 경험 제공 등을 통해 사회, 경제, 문화 전 영역의 패러다임을 바꿔나가고 있다. 이러한 변화에 따라 맞춤형, 감성, 실감형, 참여형, 연동형 등 새로운 시청 경험을 만들어 내고, 이에 따라 인지능력 및 소통능력 확장, 감성 중심 소비와 소비 패턴의 다양화 등이 주요 이슈가 되고 있다.

국내 방송통신산업 또한 LTE-A 망구축 및 확대, 모바일 서비스의 확대, 스마트 디바이스의 확산, IPTV의 급성장 및 디지털 케이블 보급확대, 셋톱박스(STB) 고성능화, 다양한 애플리케이션 등장 등을 맞이하여 본격적인 방송통신융합 환경으로 변모하고 있다. 특히 2012년 지상파의 디지털 전환 이후, 유료방송의 디지털 전환이 추진됨에 따라 셋톱박스 성능향상, 편리한 유저인터페이스(UI)의 개발, 스마트 디바이스들과의 끊김없는(seamless) 연동기능, 클라우드 서비스, N-스크린 서비스 등 급격한 진보를 보이고 있다. 또한 모바일을 중심으로 한 통신 서비스 영역, 특히 스마트폰을 중심으로 OS와 오픈마켓이 방송영역까지 확산되어 결합된 개방형 플랫폼으로 전환되고 있다. 이에 스마트 광고 및 연동형 T-Commerce, 셋톱박스 없는 방송 서비스, 웹 클라우드 게임 서비스 등 새로운 사업 모델들이 현실화되고 있다.

융합 미디어 환경에서는 산업 간의 경쟁 및 협업 패러다임이 변화하고 있다. 특히 방송통신 시장은 스마트 기기들의 확산에 따라 개방형 모바일 플랫폼을 중심으로 콘텐츠 비즈니스의 확산이 기대된다. 통신에서의 LTE 서비스는 도입과 함께 현격하게 높아진 이용속도를 통해 이용자들이 급격하게 증가하여 2012년 12월 기준 1,581만 명을 넘어섰다. ICT 기기의 발전과 함께 개선된 트래픽 속도는 유통되는 영상과 음질 개선을 일반화하고, 기존 제조업 및 유선통신 중심에서 인터넷 및 모바일 융합으로 변화하고 있다.

아이폰(iPhone)으로 대표되는 스마트폰 열풍은 네트워크를 보유하고 있지 않은 단말기 제조업자에 의한 콘텐츠-단말기의 융합 서비스 사례로 볼 수 있다. 또한 구글(Google)의 이동통신 단말 시장 진출(안드로이드폰)이 보여주듯 방송통신의 중심 무대가 유선 인터넷에서 무선 인터넷으로 옮겨가고 있다. 이러한 측면에서 향후 방송통신융합 산업은 모바일을 중심으로 한 다양한 소셜서비스, 정보제공 서비스, 클라우드 서비스, 신규 동영상 서비스 등에 있어 커다란 변화가 예상된다.

신규 방송통신 서비스들은 개별 기업들에게 성장동력의 기회이자 글로벌 경쟁체계로의 전환의 필요성이 높아지는 위기로 작용하고 있다. 이제 융합 환경에서의 미디어 기업들은 이용자들이 원하는 ICT 서비스를 제공하기 위한 기술을 빠르게 개발해야 한다. 클라우드, 빅데이터, 근접통신(NFC), 소셜네트워크서비스(SNS), 사물인터넷(IoT.M2M), 인지기술, 가상현실 및 증강현실 기술 등의 확대 적용을 통해 신규 융합 서비스 사업창출, 업무효율성 향상, 차별화된 미디어 이용경험 제공 등이 주요한 관심사가 될 것이다.

정부는 방송통신융합 서비스가 환경적, 사회적 문제에 대한 해소와 이용자 삶의 질향상, 새로운 사업기회 제공 등 당면한 문제를 해결하고, 국가 성장동력원으로서 역할을 할 것으로 기대해 왔다. 현재 미래창조과학부로 조직개편 이전 주무 부처였던 방송통신위원회는 디지털 융합 추세에 적극 대응하여 방송 통신 부문의 규제개선 및 법제 통합을 추진하고 방송통신 산업의 새로운 미래 성장동력으로 육성하는 것을 출범 취지로 표방하였다.

이에 정부는 방송통신융합 서비스 촉진 방안으로 공공정보의 스마트한 활용을 통한 생활편익 증진 및 서비스 확대를 추진해왔다. 공공정보 제공 기기가 PC에서 양방향 TV, 스마트폰 등으로 확장됨에 따라 다양한 분야의 융합형 서비스를 활용한 공공 서비스 도입을 추진해왔다. 그 대표적 사례로 국방 IPTV, 학교 IPTV, CCTV 교통정보, SNS 고속도로 애플리케이션, IPTV 영상민원 서비스 등을 들 수 있다.

또한 공공정보에 있어 정보, 기능의 제공 수준에서 이용자의 능동적 활용 가능성을 구현하는 다양한 서비스를 시도해 왔다. 고화질 영상통화, N-스크린, SNS 등 시장에 파급력이 있는 기술을 접목하여 서비스의 상호작용 역할을 강조하였으며, 영상 민원에서 상호작용에 의한 무방문 서류발급이나 교육의 경우 학생들에게 학습의욕을 고취할 수 있는 가능성을 제시하였다. 신기술검증 및 상용화 사례로서 IPTV 멀티앵글 서비스를 통한 프로야구중계, 웹 브라우저형 스마트 IPTV, 4분할 실시간 방송 서비스 제공, STB-free IPTV, HTML5 혹은 안드로이드 기반의 스마트 셋톱박스 등이 있다.

2. 국내 방송통신정책 환경

1) 융합형 방송통신 서비스로서 IPTV의 안착과 성장

최초의 방송통신융합 서비스로 시작된 IPTV는 2008년~2012년 연평균 169%의 성장을 기록하고, 2013년 분기별 성장률이 7%를 상회(1분기 7.21%, 2분기 7.86%)하는 급격한 성장을 통해 2013년 10월 현재 가입자 800만 명을 돌파하여 성공적으로 안착하였다는 평가를 받고 있다. 초기 IPTV 서비스는 지상파 방송 재전송 협상의 난항, 복수 채널을 소유한 종합유선방송사업자(MSP)의 채널 공급 거부 등으로 가입자 확보에 어려움을 겪었지만 실시간 방송 채널 수급문제의 점진적 해결, 결합 서비스를 통한 공격적인 마케팅, VoD를 중심으로 한 다양한 콘텐츠 공급 등에 힘입어 가입자 수가 급격히 증가하고 있다.

이와 같이 IPTV가 보다 빠른 성장을 보이는 것은 후발주자로서 여타 유료방송 사업자와의 경쟁에서 성공을 거두었다는 측면의 의미가 있다. IPTV 사업자 및 정책당국은 지속적으로 콘텐츠, 인프라 투자확대, 신규 서비스 개발, 차세대 원천기술개발 등을 통해 지속적인 성장 여건의 마련을 위해 노력하고 있다.

IPTV 관련 업계 간의 공동협업을 바탕으로 성공적인 서비스 모델 개발사례를 만들어 업계 전반에 IPTV 융합 서비스의 경쟁력 강화를 위한 협력 모델 확산에 지속적으로 노력하였다.

특히 정부에서는 학교 인터넷망 고도화, 군부대 영상면회소와 IPTV 공부방 설치 등 공공부문 수요창출과 공공 콘텐츠 보급확대 등을 통하여 IPTV 서비스의 시장안착을 지원하여 왔다. 사회적 공익 측면에서도 IPTV 서비스는 교육, 의료 등 공공서비스를 통해 개별기업의 수익 모델을 넘어 사회문제 해결에도 그 역할을 확대해 가고 있다. 나아가 IPTV는 VoD, 멀티앵글, 4분할 실시간 채널 제공 등 새로운 시청경험을 제공함으로써 방통융합 영역을 확장시키며 발전하여 온 것으로 평가받고 있다.

이러한 노력들은 서비스 차별화와 품질경쟁을 촉진시켜 정체되어 있는 유료방송 시장에 활력을 불어 넣고, 국내 미디어 산업을 한 단계 업그레이드하는 계기를 마련한 것으로 평가받고 있다. 더 나아가 스마트 TV 등 융합형 서비스의 등장 및 경험에 있어 시발점(trigger)임과 동시에 해외의 거대 글로벌 미디어 기업, 다양한 OTT 서비스들과의 경쟁에 대응할 수 있는 경쟁력 확보에 있어 핵심적인 역할을 수행하였다고 할 수 있다.

향후 IPTV는 포화된 유료방송시장에서 기존 케이블 방송 및 위성방송 등과 지속적으로 경쟁하면서 스마트 TV의 도입으로 상호협력 및 경쟁을 통해 새로운 미디어 환경에 직면할 것으로 예상된다. 비록 높은 성장을 보이고 있지만 IPTV 사업자들은 지속적인 기술개발과 콘텐츠 확보 등을 통한 경쟁력 확보노력이 필요하다. 또한 소외 계층을 위한 배려와 국민의 삶의 질을 높이기 위한 노력 등을 통해 지속적인 혁신을 추구하여야 할 것이다.

2) 융합 환경에서의 방송통신산업 정책

(1) 통합법제 추진

디지털 케이블 TV, IPTV, 스마트 TV 등 방송통신 융합형 서비스의 보급이 진행되면서 「방송법」, 「전기통신사업법」, 「인터넷멀티미디어방송사업법(IPTV법)」 등으로 분리된 현행 방송·통신법제의 통합 필요성이 높아지고 있다. 현재의 법체제는 기술발전 추세에 맞지 않는 칸막이 체계로서, 방송과 통신

분야를 별도의 법으로 규율하고 있어 인터넷을 통한 방송 콘텐츠 전송 서비스 등 신규 서비스의 수용이 곤란한 상황이다.

즉 현재 IPTV, 종합유선방송, 위성방송이 유료방송 가입자 시장에서 사실상 경쟁 관계에 있어 별도 법률로 규율하는 것이 비효율적인데다가, 스마트 TV 등 신규 융합형 서비스를 관련 법령 내에 수용할 필요성이 높아졌다. 특히 최근 확산, 보급된 스마트 디바이스 등을 통해 제공되는 유사 유료방송 서비스들은 새로운 수익 창구로서 작동이 가능하다는 점과 전통적인 방송 영역의 서비스들의 대체재로서 작동할지 혹은 보완재로서 작동할지 여부의 측면에서 주목받고 있다.

최근 등장한 스마트 미디어(OTT, N-스크린 서비스)에 대해 어떠한 사업적 지위를 부여하고, 어떠한 규제 원칙을 적용할지의 문제가 스마트 미디어의 진흥 필요성과 더불어 방송통신 융합정책의 현안으로 부상하고 있다.

이에 미래창조과학부는 2013년도 규제정비 종합계획추진 과제로서, '정보통신 최강국 건설'이라는 국정과제를 성공적으로 수행하기 위해 「방송사업간 기술결합 서비스에 대한 정책방안 마련을 위한 특례법」 제정을 추진하고 있다. 이에 앞서 미래창조과학부는 방송통신위원회와의 협의를 통해 통합법제 마련을 추진하고 있다. 방송통신 통합법제의 도입은 「방송법」, 「전기통신사업법」, 「인터넷 멀티미디어 방송사업법」 등의 통합 및 재정비를 필요로 하는 방대한 작업이다.

지난 정부는 방송위원회와 정보통신부(現미래창조과학부, 現방송통신위원회)의 조직 통합을 통해 5년간 방송통신융합의 기틀을 마련하고 방송통신 시장에 경쟁체제를 도입하는 등 방송통신산업의 활성화 기반을 조성하였다. 방송통신위원회는 디지털 융합 환경에 능동적으로 대응하기 위하여 방송통신에 관한 기본사항 및 진흥에 관한 사항들을 하나의 법률로 통합하는 작업을 진행해 왔으며, 이러한 작업의 결실로 방송통신의 통합법제를 제정하기에 앞서 2010년 「방송통신발전기본법(이하 기본법)」이 제정되었다.

그러나 「기본법」은 방송통신융합의 제도적 기반을 마련하였다는 데 의의가 있지만, 주된 내용은 방송통신의 통합개념, 방송통신정책의 기본방향, 기본계획수립, 기금관리, 재난관리 등 추상적이거나 논쟁의 여지가 적은 사항에 국한되어 있다. 통합법제의 핵심이라고 할 수 있는 방송통신사업 분류방식, 수평적 규제체계의 도입방식, 사업자와 이용자의 권리 · 의무 규정 등의 쟁점 사항은 후속 단계인 통합법의 입안이 구체화되는 시점에 논의되어야 할 것으로 보이므로, 방송통신 통합법제 실현을 위해서는 아직 해결해야 할 문제가 많다.

특히 융합 서비스의 대표적인 정책적 논쟁을 불러온 접시 없는 위성방송(DCS)의 사례를 통해 기존 방송법을 통해 규제 혹은 진흥을 할 수 없는 새로운 서비스에 대한 규제의 필요성이 급격히 대두되었다. 이에 미래부는 현재의 칸막이식 규제를 혁신하기 위해 2013년을 기점으로 시장점유율 규제, 기술융합 서비스 제한 등 시장·기술 환경변화에 부응하지 않는 매체간 칸막이식 규제개선을 시도할 계획이다. 이러한 문제해결을 위해 2013년 3월 국회에서 정부조직법안 처리 시 2013년 6월 임시국회 기간에 「(가칭) ICT 진흥특별법」 창조과학을 제정키로 여·야간 합의하였다.

당시 신설된 미래부가 ICT 분야에서 신성장 동력을 만들어내고 창조경제 생태계를 조성할 수 있도록 ICT 산업진흥정책을 종합·조정하고, ICT 신성장산업 분야에서 국내 기업이 해외 기업에 역차별을 받지 않도록 제도를 개선하기 위한 (가칭)ICT 진흥특별법과 ICT 산업발전에 걸림돌이 되는 규제와 관련법을 제·개정한다는 것을 잠정 합의하였다. 또한 미래부는 2013년 10월까지 플랫폼·콘텐츠·인프라 등 성장 기반 마련을 위한 '방송산업진흥종합계획'을 수립하기로 하고, 2014년까지 우선적으로 유료방송규제 형평성제고를 위한 「방송법」·「IPTV 법」 일원화를 추진할 계획이다.

(2) 네트워크 인프라 확장 및 개선

방송통신융합 서비스의 안정적 제공을 위해서는 네트워크 인프라 구축이 절대적으로 필요하다. 이에 미래창조과학부는 트래픽 폭증시대에 대비하고 역동적인 ICT 생태계 조성 및 인터넷 인프라 선도국 입지강화를 위해 세계 최고의 유·무선 네트워크 구축계획을 수립하였다.

2012년 국제전기통신연합(ITU : International Telecommunication Union)이 발표한 2012년 ICT 발전지수에서 우리나라는 조사대상국 155개국 중 3년 연속 1위를 차지하였다. 이는 전 세계에서 정보통신기술에 대한 접근성, 이용도, 활용력 등이 가장 높은 국가임을 의미한다. 이와 같은 위상을 유지하고 지속적으로 방통통신 서비스 시장을 선도하기 위해서 정부는 현재보다 10배 빠른 기가(Giga) 인터넷을 전국에 보급하고자 하는 로드맵을 제시하고 있다. 즉 정부는 세계 최초로 현재(100Mbps급)보다 최대 100배 빠른 10Gbps급 인터넷 선도서비스를 추진하여 네트워크 인프라 강국의 입지를 강화함으로써 다양한 방송통신 서비스들을 제공할 수 있는 여건을 만들고자 한다. 이를 위해 시범 서비스를 통한 사업자의 최신 인프라 구축 및 상용화를 유도하여 2017년 Giga 인터넷 전국 보급 90% 달성을 위해 통신 3사(KT, LGU+, SK Broadband)의 상용화를 유도하고 있다.

2013년 1월 기준으로 전국 84개 지역 Giga 인터넷의 커버리지는 10.4%에 이르고 있는데, 2013년 말까지 15%를 달성할 계획이다. 동시에 2013년까지 48억원의 예산을 투입하여 지능형 백본망 검증을 추진 중이다. 동시에 공공 무료 와이파이존을 확대할 계획이다. 공익목적이 큰 공공장소에 대해 통신사간 WiFi 공동구축활용을 통해 무료 서비스 제공을 유도할 계획이다(2013년 1,000개소 이상). 또한 2017년까지 관공서 민원실, 도서관, 박물관, 터미널, 기차역 등 4,000개소 이상에서 공공 무료 와이파이를 제공할 계획인데, 서민 소외계층 이용시설에 대해 정부, 지자체, 통신사가 비용을 부담(1:1:2)하여 공동구축 및 개방을 추진할 계획이다.

2013년까지 정부는 10억 원을 투자하여 1,022개소에서 서비스가 제공될 예정이고, 2015까지 169억원을 투자하여 전통시장, 보건소, 복지시설 등 6,000개소 이상으로 확대할 계획이다. 무선 인터넷 환경 또한 LTE보다 40배 빠른 무선 인터넷 개발을 계획하고 있다. 단계적 LTE-Advanced 기술개발, 검증 및 국제표준화 추진을 통해 1Gbps급 무선 인터넷 기술을 개발할 계획이며, 2014년 부산 ITU 전권회의, 2014년 인천 아시안게임, 2018년 평창 동계올림픽 등 국제적 행사에서 기술시연을 추진할 계획이다. 2017년까지 1,045억 원을 투입하여 같은 기술시연을 위한 스마트 ICT 환경 시범 구축사업을 추진할 계획이다.

(3) 창조경제와 방송통신융합 서비스 진흥

ICT 분야의 진흥을 통한 창조경제 실현이라는 정책목표 달성을 위해 방송통신산업 분야의 일정 업무를 기존 방송통신위원회에서 미래창조과학부로 이관하는 정부조직 개편을 실시하였다. 정부는 지난 50여년 간 국가 경제를 주도한 대기업 주도의 성장 중심 추격형 전략은 고용 없는 성장, 양극화 심화 등 근본적 한계에 봉착하고 있다고 보고, 이를 해결하기 위한 화두로서 '창조경제'를 제시하였다. 이제 국내 경제는 기존의 시장을 단순히 확대하는 방식에서 벗어나 융합의 터전 위에 새로운 시장, 새로운 일자리를 창출하는 '창조경제'로의 과감한 패러다임 전환이 필요한 것이다. 정부에서 설명하고 있는 창조경제는 '상상력과 창의력이 곧 경쟁력이 되는 시대'로서 국민의 상상력과 창의성을 과학기술과 ICT에 접목하여 새로운 산업과 시장을 창출하고 기존 산업을 강화함으로써 일자리를 만들고 궁극적으로 희망의 새 시대를 여는 새로운 정책 패러다임을 의미한다.

창조경제 실현에 있어 방송통신 산업분야의 SW 및 콘텐츠를 핵심 산업화하는 방향을 추진하고 있다. 그러나 국내 콘텐츠 사업자는 대부분 영세하여 콘텐츠 제작, 유통 등과 관련된 인적·물적 인프라가 취약한 실정이다. 이에 미래창조과학부를 중심으로 정부 당국은 산업진흥을 위한 정책을 펼치고 있다.

첫째, 규제 최소화를 통해 신규 방송통신융합 서비스 활성화를 위한 진흥을 추진하고자 한다. 그 대표적 예로서 빅데이터 등 신규 서비스의 활용도를 높이기 위해 투명한 절차를 통해 개인정보를 활용할 수 있도록 가이드라인을 마련하여, 기업의 불확실성을 해소하기 위해 노력하고 있다. 개인정보를 이용하지 않는 위치정보 서비스에 대해서는 허가신고를 면제하도록 추진 중이다.

둘째, 창조경제의 핵심 요소인 방송 콘텐츠 제작기반을 조성하고, 콘텐츠 유통 활성화를 위한 적극적인 지원정책을 펼치고 있다. 대표적 예로서, 사업자별로 방송 프로그램 정보 분류체계가 달라 온라인 유통의 제약이 발생한다는 측면에서 방송 프로그램 유통정보 표준화를 추진함으로써, 융합환경에서 콘텐츠 유통의 합리성을 높이는 표준화 사업을 추진 중이다.

2013년 말까지 방송 프로그램 분류기준을 마련하고, 한국정보통신기술협회(TTA)를 통해 국내 표준화를 추진할 예정이다. 또한 창의적 아이디어를 가진 방송통신 콘텐츠 기업의 창업 및 재기 지원을 위해 '위풍당당 콘텐츠 코리아 펀드' 조성 및 랩을 설립할 예정이다. '위풍당당콘텐츠 코리아 펀드'의 조성을 통해 창업지원, I&D(Imagination & Development) 투자, 창의적이고 실험적인 콘텐츠 제작지원, 방송통신 콘텐츠 투자조합 등에 활용할 계획이다.

2014년~2017년에는 관련 랩을 설립하여 산업계와 대학의 인재들이 참여하는 창의적인 아이디어·스토리·기획안을 인큐베이팅할 수 있는 모바일·TV앱, 인터넷 드라마, 대형 다큐(3D 포함) 등의 분야에서 15개 랩을 설립 및 운영할 계획이다.

셋째, 대기업 중심이 아닌 중소 콘텐츠와 동반 성장할 수 있는 미디어 생태계를 조성할 계획이다. 2013년 중 기기-서비스-중소 콘텐츠 기업이 참여하여 콘텐츠를 개발하고 서비스를 제공하는 동반 성장 프로젝트를 추진할 계획이다. 이를 위해 2013년 중 총 412억 원(대기업 350억 원, 국고 62억 원)을 중소 콘텐츠 기업의 콘텐츠 개발에 지원할 계획이다. 이외에도 중소 스마트 콘텐츠 제작사에게 입주공간 제공, 테스트베드, 해외유통 등을 지원하는 스마트 콘텐츠 인큐베이팅 사업(2013년 117억 원 투입예정)을 추진할 계획이다. 또한 중소사업자들을 지원하기 위하여 방송 콘텐츠의 제작, 송출, 유통 등을 원스톱(one-stop)으로 통합·지원할 수 있는 복합설비(스튜디오, 편집실, 송출실, 업무시설)인 '빛마루 방송지원센터'를 건립하였다.

넷째, 방송통신산업의 규모확대를 위해 스마트 미디어 및 광고산업을 중점 육성할 계획이다. 2014년 중 N-스크린 관련 공통기술 표준화 등을 통해 콘텐츠 호환성을 제고할 계획이며, 광고시장 확대 및 미디어 산업의 발전을 견인하기 위한 스마트 광고산업을 중점적으로 육성할 수 있도록 전략을 수립하여 추진 중에 있다.

3. 방송통신융합 서비스 활성화 정책 추진현황

방송통신위원회는 2012년 3월 미래 ICT의 글로벌 주도권을 확보하고 3대 신성장 ICT 융합 생태계 조성을 위한 '2012년도 방송통신융합 서비스 시범사업'을 공모하였다. 시범사업은 상용화를 전제로 참여기관의 대규모 매칭을 유도하여 시범 서비스의 질적 수준제고와 동시에 참여기관의 책임성도 강화하는 방식으로 추진되었다. 방송통신융합 공공 서비스를 보다 효과적이고 전략적으로 추진하여 TV 및 모바일 기기뿐만 아니라 제4의 스크린이라고 불리는 '텔레스크린'까지 포함시켜 시민이 참여할 수 있는 다양한 공연·문화 행사 정보제공 및 지역 소상공인 매장홍보 등의 N-스크린 기반의 시범사업을 추진하고 있다.

2012년도에 개발한 6대 신(新) 방통융합 공공 서비스는 모바일 생활방송, 시민참여형 야외 스튜디오 방송, 텔레스크린 기반 공공 아웃도어 서비스, HTML5 기반 지자체 통합 미디어 서비스, 전통시장 마케팅 지원 서비스, 문화공연 라이브방송 서비스를 스마트폰, 스마트 TV, 텔레스크린 등의 N-스크린 매체를 통해 모바일, 홈, 아웃도어 분야 영역에서 제공받을 수 있게 되었다.

방송통신위원회는 선도 시범사업을 단순히 시범사업으로 그치는 것이 아니라, 개발과 기술시험 및 검증과정을 거쳐 상용 서비스로 제공할 계획이다. 추진되는 방송통신융합 서비스 개발은 새로운 웹기반의 개방적 플랫폼 환경구축을 통해 모바일 콘텐츠, 대화면 양방향 콘텐츠, 아웃도어의 광고·홍보·생활 정보 등 새로운 애플리케이션 및 콘텐츠 수요를 창출하여 IT 융합 생태계 조성에 기여할 것으로 예상된다.

02 디지털 방송의 현황

1. 방송산업현황

1) 방송사업자 현황

방송업은 지상파 방송업, 유선방송업, 위성방송업, 프로그램 제작공급업, IPTV 사업, 기타 방송사업으로 분류한다. 지상파방송은 텔레비전과 라디오, 지상파 이동멀티미디어(지상파 DMB)로 구분한다. 2011년 12월 기준, 지상파 텔레비전 방송사업자(TV와 라디오 채널 동시 운영 또는 TV 채널만 운영하는 사업자)는 KBS, MBC와 18개의 지역 MBC, EBS, SBS를 포함한 11개 지역민방사업자 등 32개 사이다.

라디오 방송사업자(라디오 채널만 운영하는 사업자)는 지역 라디오방송 2개사, 종교방송 5개사, 교통방송 2개사, 영어방송 3개사, 보도전문방송과 국악방송, 공동체 라디오 7개사로 총 21개 사이다. 지상파 이동 멀티미디어 방송사업자는 지상파 텔레비전 사업자인 KBS, MBC, SBS와 지역 지상파 텔레비전 13개 사업자(KBS 지역 지상파 DMB, 부산 MBC, KNN, 안동 MBC, TBC, 광주 MBC, KBC, 대전 MBC, TJB, 춘천 MBC, GTB, 제주 MBC, JTBS) 이외에 YTN DMB, 한국 DMB, 유원미디어의 19개 사업자가 있다.

지상파 방송은 KBS, EBS, MBC, 18개 지역 MBC를 포함하는 공영방송과 SBS, 지역민방이 해당되는 민영방송 그리고 지역라디오방송(경기방송, 경인방송), 종교방송(기독교방송, 평화방송, 불교방송, 원음방송, 극동방송), 교통방송(서울특별시교통방송, 도로교통공단), 영어방송(국제방송교류재단, 부산영어방송, 광주 영어방송), 보도전문(YTN 라디오), 국악전문(국악방송), 공동체 라디오방송으로 분류한다.

유선방송은 종합유선방송과 중계유선방송으로 구분한다. 종합유선방송사업자는 전년과 동일한 94개이며, 중계유선방송사업자는 97개사로 전년에 비해 3개사가 줄었다. 위성방송은 케이티스카이라이프와 위성이동 멀티미디어 방송사업자인 SK 텔링크가 있다. IPTV 사업자는 KT(Olleh TV), SK 브로드밴드(B TV), LG 유플러스(LG U+) 3개사가 있다.

방송채널사용사업자(PP)는 2011년 12월 말 기준 승인 PP 17개 사와 등록 PP 161개 사로 총 178개 사다. 승인 PP에는 2011년 12월 홈쇼핑 PP 1개 사, 종합편성PP 4개 사가 추가되면서 홈쇼핑 PP 6개 사, 종합편성 PP 4개 사, 보도전문 PP 2개 사, 데이터 방송채널사용사업자 5개 사가 포함되어 있다. 방송유형별로는 TV와 라디오 방송채널사용사업자는 156개, 데이터 방송채널사용사업자는 22개 사업자가 있다.

2) 방송산업 종사자 현황

2011년 12월 말 방송산업에 종사하고 있는 종사자의 수는 3만 2,443명이다. 방송산업 종사자 수는 2003년 이후 매년 감소 추세를 보이다가 2008년과 2009년 소폭 증가한 이후 큰 변화가 없었으나, 2011년에는 종합편성채널의 개국 등으로 전년 대비 8.6% 증가하였다. 매체별 구성비를 보면 지상파 방송사(지상파 DMB 제외)가 1만 3,691명으로 전체의 42.2%를 차지하고 있다. 방송채널 사용사업자는 1만 2,654명으로 39%, 종합유선방송사는 4,846명으로 14.9%를 차지하고 있다. IPTV는 520명(IPTV 사업부문의 운영인력만 포함)으로 전체의 1.6%를 차지하고 있다.

3) 방송사업자의 방송사업 매출액

2011년도 방송사업자의 방송사업수익 11조 8,567억 원으로 2010년 대비 13.6% 증가하였으며, 방송사업자의 방송사업매출액 총규모는 2008년~2011년 사이에 37.4% 증가하였다. 이는 위성 DMB와 중계유선 방송을 제외한 모든 방송사업자의 방송사업수익 증가에 의한 것으로 특히 IPTV, 방송채널사용사업, 지상파 DMB는 전년 대비 높은 성장세를 보였다.

지상파 방송사업자의 방송사업수익은 3조 9,145억원으로 전년도(3조 6,497억 원)에 비해 7.3% 증가한 것으로 나타났다. 매체별로 볼 때 텔레비전은 전년 대비 7.6% 증가, 라디오는 5.3% 증가하였다. 이는 텔레비전의 경우 방송사업수익에서 가장 큰 비중을 차지하는 광고수익과 프로그램 판매수익이 전년 대비 각각 8%와 31.5% 증가하였고, 라디오는 기타 방송사업수익이 전년 대비 47.2% 증가한 것에서 기인한다. 지상파 DMB(지상파3사 KBS, MBC, SBS)의 방송사업수익도 169억 원으로 전년 대비 16.4% 증가한 것으로 나타났다.

유선방송사의 방송사업수익은 2조 1,222억 원으로 전년 대비 9.5% 증가하였다. 종합유선방송의 2011년 방송사업수익은 2조 1,169억 원으로 전년 대비 9.8% 증가하였는데 이는 단말장치 내여수익, 홈쇼핑 송출수수료수익, 협찬수익 등에서 수익이 증가했기 때문이다. 중계유선방송 방송사업수익은 54억 원으로 전년보다 42.1% 감소하였다.

방송채널사용사업(PP)의 방송사업수익은 4조7,177억 원으로 2010년(3조 9,602억 원) 대비 19.1% 증가한 것으로 나타났다. 이는 광고수익과 홈쇼핑 방송매출수익, 행사수익이 크게 증가한 것에 기인한다. 지상파 계열(지상파+계열 PP) 사업자의 방송사업수익 점유율은 감소 추세이나 비지상파 계열 PP의 점유율은 증가 추세이다. 지상파 계열 사업자의 방송사업수익 점유율은 2008년 44.1%에서 2011년 39.4%로 감소하였으나, 비지상파 계열 PP의 점유율은 같은 기간 30.7%에서 33.4%로 상승하였다. 지상파 계열 PP를 지상파군에 포함할 경우 여전히 지상파 방송사업자의 방송사업수익 점유율(39.4%)이 비지상파계열 PP 점유율(33.4%)보다 높은 것으로 나타났다.

2011년에 홈쇼핑 사업자로 신규 등록한 홈앤쇼핑을 포함한 6개 홈쇼핑 PP의 방송사업수익은 2조 5,748억 원으로 전년 대비 19.1%의 성장률을 보였다. 전체 PP의 방송사업수익에서 6개 홈쇼핑 PP가 차지하는 비중은 54.6%로 전년과 동일한 것으로 나타났다. 일반위성방송사업(KT 스카이라이프)의 방송사업수익은 전년 대비 6.3% 증가한 3,739억 원으로 이는 홈쇼핑 송출수수료수익의 증가(전년 대비 57.4% 증가)에 기인한다. IPTV의 방송 사업수익은 6,612억 원으로 전년 대비 52.4% 증가하였다.

4) 방송광고 시장규모

2011년도 방송광고 시장규모는 3조 7,342억 원으로 전년 대비 11.8% 증가한 것으로 나타났다. 지상파 방송(DMB 포함)은 2조 3,843억 원으로 전년 대비 7.2% 증가하였으나, 전체 광고 시장에서 차지하는 점유율은 63.8%로 전년 대비 2.7% 감소하여 2003년 이후 지속적인 하락추세를 보이고 있다. 종합유선방송은 1,144억원으로 전년(1,112억 원)에 비해 2.9% 증가하였으며, 방송채널사용사업은 전년에 비해 23.9% 증가한 1조 2,215억 원으로 나타났다. 2011년 광고매출 기준 시장점유율은 MBC 계열 27.7%, SBS 계열 23.4%, KBS 계열 19.8%, CJ 계열 11.4%이고, 2006년 이후 순위변동 없이 점유율만 등락하고 있다. 상위 3사의 점유율은 2006년 78.5%였던 것이 점차 감소하는 추세이며, 2009년에만 약간 상승했다가 2011년은 70.9%까지 다시 감소하였다.

5) 방송사업자 시청점유율

방송사업자의 시청점유율은 2012년 말 기준, 텔레비전 방송채널을 운영하는 총 234개 방송사업자(법인 기준) 369개 채널을 대상으로 산정하였다. 2012년도 방송사업자 시청점유율 산정결과, 방송법 제69조의 2 제1항에 따른 시청점유율 30% 초과 사업자는 없었다.

한국방송공사가 36.163%, (주)문화방송 16.022%, (주)SBS 11.408%, 씨제이이앤엠(CJ계열) 9.384%, (주)조선방송 8.785%, (주)제이티비씨 7.878%, (주)채널에이 5.874%, (주)매일방송 3.310% 등으로 나타났다. 그 외에도 챔프비전(티브로드계열) 2.822%, 씨유미디어(C&M 계열) 1.960%, EBS 1.935%, YTN 1.776%, (주)KNN 1.630%, 연합뉴스 TV 0.777%, 현대미디어(HCN 계열) 0.660%, 씨엠비홀딩스(CMB 계열) 0.257% 등으로 나타났다.

2. 유료방송현황

1) 가입자 현황

2011년 12월 말 기준 유료방송 가입자는 2,429만 명으로 2010년 2,336만 명에 비해 4% 증가했다. 이는 IPTV, 디지털 종합유선방송, 일반위성방송 서비스의 가입자 증가에 기인한다. 아날로그 종합유선방송 방송가입자는 1,059만 명으로 2010년에 비해 7.4% 감소했으나, 디지털 방송가입자는 419만 명으로 22.3% 증가했다. 중계유선방송 가입자는 18만 명으로 2010년과 비슷하며, 일반위성 방송가입자는 326만 명으로 2010년 대비 15.4% 증가했다. 개인용 이동수신방송인 위성 DMB 가입자 수는 117만 명으로 2010년 대비 36.3% 감소했다. IPTV의 가입자 수는 489만 명으로 2010년 대비 34.2% 증가했다.

2) 채널 운영현황

2011년 12월 말 기준 종합유선방송의 아날로그 방송운영 채널은 평균 74개이며, 디지털 방송운영 채널은 평균 204개, HD방송 채널은 평균 47개이다. 디지털방송 운영 채널은 지상파 채널 평균 5개, 직사 지역채널 평균 1개, PP채널 평균 144개, 해외위성 채널 평균 6개, PPV채널 평균 6개, 가이드 채널 평균 2개, 음악 채널 평균 29개, 데이터채널 평균 11개를 운영하는 것으로 나타났다.

중계유선방송사들의 가용 채널은 평균 29개이며, 이중 운영 채널은 평균 26개이다. 운영 채널은 지상파 채널이 평균 6개, 녹화방송 채널이 평균 4개, PP채널이 평균 13개, 공지채널이 평균 1개였다. 중계 유선방송사가 운영하는 PP채널은 대부분 공익채널이다. 일반위성방송사인 케이티스카이라이프는 총 309개의 채널(지상파 66개, PP 비디오 채널 170개, 음악 채널 31개, 해외위성 채널 20개, PPV 채널 16개, 직사 채널 3개, 가이드 채널 2개, 데이터 방송 채널 1개)을 제공하고 있다.

3. 방송의 디지털 전환 추진현황

2008년 3월 제정된 「지상파 텔레비전 방송의 디지털 전환과 디지털 TV 방송의 활성화에 관한 특별법」에 근거하여 2012년 12월 31일 지상파 아날로그 TV 방송이 종료되었다. 방송통신위원회는 지상파 디지털 TV 방송 전면 실시에 대비한 다양한 정책을 시행하였다.

1) 직접수신 가구에 대한 지원

방송통신위원회는 안테나를 통해 아날로그 지상파 TV 방송만을 직접 수신하는 가구의 최소한의 시청권 보장을 위해 DTV 구매 보조 및 디지털 컨버터 지원 등의 정책을 실시하였다. 2011년 7월에 수도권 저소득층에 대한 지원을 개시하여 11월 전국으로 확대하였으며, 2012년 1월에는 지원 대상을 일반 가구까지 확대 하였다. 특히 2012년 8월에는 유료방송에 가입했거나 디지털 TV를 보유했더라도 안테나로 직접 수신하여 시청하는 아날로그 TV가 있을 경우 추가적으로 지원할 수 있도록 지원 대상을 더욱 확대하였다. 또한 방송통신위원회는 저소득층이 선명한 HD화질의 방송프로그램을 시청할 수 있도록 DTV 구매를 지원(10만원)하고 저소득층 전용 DTV를 선정하여 보급하였으며, 노인과 장애인 등 사회적 취약계층에게는 컨버터와 안테나를 무상으로 지원 · 설치하는 등의 정책을 추진하였다.

2) 디지털 방송 송 · 수신 환경개선

2012년 12월 31일 지상파 아날로그 TV 방송이 종료되고 디지털 TV 방송으로 전환됨에 따라 디지털 TV 방송을 시청하지 못하는 난시청 가구가 발생할 수 있다. 이에 방송통신위원회는 디지털 난시청 해소를 위해 디지털 TV 방송보조국과 소출력 중계기를 확대 · 구축하였다. 특히 방송통신위원회는 신규 디지털 TV 난시청 가구에 대하여 위성방송 수신기를 무상으로 임대하여 디지털 난시청에 대응할 수 있도록 하였다. 그 결과 2012년 12월 28일 기준으로 7,005대의 위성 수신기를 지원하여 디지털 난시청을 해소하였다.

3) 유료방송 디지털 전환 촉진

유료방송의 디지털 전환은 2005년부터 유료방송사업자가 자체적으로 진행하고 있으나, 2012년 6월 기준 유료방송 가입자의 디지털 전환율은 54.8% 수준으로, 약 1,100만에 달하는 아날로그/SD 가입자가 남아 있다. 특히 저소득층은 디지털 TV 구매비용 및 아날로그에 비해 높은 디지털 유료방송 이용요금에 대한 부담 때문에 디지털로 전환하기 쉽지 않은 문제가 있다. 이에 따라 방송통신위원회는 케이블 방송의 디지털 전환을 활성화하기 위한 '유료방송 디지털 전환활성화 정책방향'을 2012년 10월 확정하여 발표하였다. 방송통신위원회의 유료방송 디지털 전환활성화 정책방향은 다음과 같다.

첫째, 유료방송사업자 간 경쟁을 활성화하기 위한 제도개선

둘째, 저소득층의 디지털 전환지원

셋째, 아날로그 TV 보유가구의 시청권 보호 등이다.

03 IPTV 서비스의 현황

1. IPTV 서비스의 개요

IPTV는 TV 신호를 기존 아날로그 신호에서 패킷 신호로 바꿔 인터넷을 통해 전송한 뒤 가정에 있는 셋톱박스에서 패킷 신호를 TV를 통해 실제 영상물로 보여주는 TV를 의미한다. 즉 압축된 디지털 정보를 전송하는 IP 셋톱박스를 이용하여 기존의 TV를 초고속 인터넷망을 통해 스트리밍 방식으로 TV를 시청하는 방식이다. IPTV 서비스는 2008년 11월에 KT의 QOOKTV(現 olleh tv)를 시작으로 상용화되었으며, 2009년에 SK 브로드밴드의 hana TV(現 Btv)와 LG유플러스의 myLGtv(現 U+TV)가 서비스를 개시하였다. 국내 IPTV 서비스는 상용서비스 초기 가입자 수 정체가 지속되었지만, 원활한 콘텐츠 수급, 결합 서비스 출시 등으로 꾸준히 성장하고 있다.

2. IPTV 서비스의 현재와 미래

1) IPTV 서비스의 성장

IPTV는 2008년 9월 방송 개시 이후 2009년 가입자 174만 명, 2010년 309만 명, 2011년 457만 명을 확보한데 이어 2012년에는 631만 가입자를 확보하여 유료방송 시장에 성공적으로 안착하였다. 2013년 5월 기준, IPTV 가입자는 700만 명을 넘어섰다. 케이블TV가 700만 가입자를 확보하는데 8년, 위성방송은 300만 가입자 달성에 9년이 걸린 것과 비교하면 유료방송 중 최단기간 달성기록이다. 사업자별 가입자 비율을 보면 2012년 말 기준으로, KT가 가장 많은 가입자인 384.6만 가입자(70.0%)를 확보하고 있으며, 그 뒤로 SKB(140.2만, 22.2%), LGU+(106.2만, 16.82%) 순으로 가입자를 확보하고 있는 것으로 나타났다. IPTV는 스마트폰과 마찬가지로 주요 선진국보다 도입은 늦었으나, 가입자 규모는 OECD 국가 중 프랑스, 미국에 이어 세 번째이다.

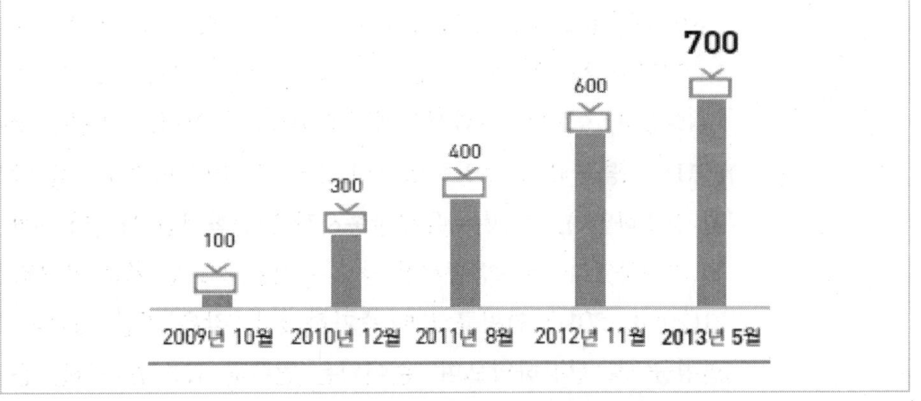

[그림 6-1] IPTV 가입자수 추이

IPTV 3사는 2009~2011년의 3년 간 총 2.7조 원을 투자하여(콘텐츠 7,433억 원, 설비 2조 69억 원) 약 1조원의 매출을 달성하였다. IPTV의 방송사업수익은 2011년 말 기준, 6,162억 원으로 전년대비 52.4% 성장하는 등 높은 성장세를 보이고 있다. IPTV의 사업수익 중 대부분은 가입료와 VoD, PPV를 포함하는 요금수익이다. IPTV의 광고시장은 2008년부터 2010년까지 상대적으로 높은 성장률을 보여왔으나, 2011년 광고매출액은 오히려 감소(-17.1%)하였다.

IPTV 콘텐츠 사업자는 2012년 9월 기준 총 472개사이며, 이 중 콘텐츠 제공사업자 286개, 채널사업자(PP) 118개, 종편 4개, 홈쇼핑 6개, 보도채널 2개 등으로 구성되어 있다. IPTV 제공사업자의 매출액 대비 프로그램사용 수신료는 2009~2011년 평균 79%대로 높은 비율(2011년 수신료 4,582억 원, 매출액 5,737억원)을 차지하고 있으며, 타 플랫폼과 비교하여 수신료 대비 콘텐츠 지급비율이 높은 것으로 나타나고 있다.

2) IPTV의 성장과 방송시장의 변화

IPTV의 가장 큰 성과는 유료방송시장의 경쟁도입으로, 기존 케이블 TV 위주의 독점적 유료방송시장에 서비스 경쟁을 촉발하였다. IPTV 도입 이후 단방향·실시간 위주의 케이블에서도 VoD 서비스 등을 적극 도입하여 타 플랫폼 서비스의 한 단계 업그레이드에도 기여하였다. 또한 IPTV 도입으로 공익적 사고 중심의 방송시장에 경제 메커니즘에 의한 시장구조가 형성될 수 있는 토대를 마련하여 규제완화 및 케이블 산업 내 M&A를 촉진하였다.

IPTV는 유료방송 시장의 파이를 크게 키웠다. IPTV 도입 직전인 2008년 말 1,690만 전체 가구에서 케이블 TV와 위성가입자는 1,754만 명으로 보급률은 104%였다. 이러한 포화시장에서도 IPTV는 서비스 혁신을 통해 3년간(2009~2011) 연평균 67% 성장하였으며, 약 1조 원의 방송수익을 달성해 새로운 시장을 창출하였다. IPTV는 유료방송시장 활성화뿐만 아니라 전체 방송시장 성장에도 기여하였다. 유료방송시장 방송 수익은 2011년 기준 약 3조 1천억 원으로 4년간(2008~2011) 연평균 15% 증가하였다. 같은 기간 케이블 TV의 방송수익도 연평균 8% 성장하였으며, 순이익은 연평균 37% 증가하는 등 안정적인 성장을 달성하였다.

IPTV 보급확대는 국내 방송의 디지털 전환의 확산으로 이어지고 있다. 출시 첫해인 2009년 IPTV는 전체 디지털 유료방송의 31.7%를 차지하였으며, 2010년부터는 디지털 전환을 선도하였다. 이에 따라 디지털 전환경쟁이 촉진되었고, 케이블 TV의 전환속도도 빠르게 증가하게 되었다. 2012년 말 현재 유료방송 시장은 61.2% 디지털 전환율을 보이고 있다.

IPTV는 이용자들의 시청행태를 VoD를 통해 TV를 보는 방식으로 바꾸면서 기존에 없던 새로운 콘텐츠 시장을 창출하였다. 지난 70여년간 TV 시청방식은 방송국이 보내주는 프로그램을 수동적으로 보는 것이었다. TV 시청행태는 VoD가 등장하면서 원하는 시간에 원하는 방송을 찾아보는 방식으로 변화하고 있다. IPTV의 VoD 이용률은 33.5%로 디지털 케이블 9.8%의 3.5배에 달한다.

IPTV 사업자는 콘텐츠 부문 투자와 대가지급을 통해 콘텐츠 시장을 성장시켰다. 출범 이후 3년간(2009~2011년) 약 6천억 원을 콘텐츠 부문에 투자하였다. 그리고 방송수신료의 60~70%를 콘텐츠 사용료로 지급하였는데, 이는 케이블TV의 비중 25%보다 훨씬 높다. 그 결과 방송 프로그램을 제공하는 사업자(PP)의 매출이 크게 증가하였다. 2008년과 비교해서 2011년 PP의 방송사업수익은 54%, 프로그램 판매수익은 146% 증가하였다.

3) IPTV 서비스 진화방향

최근 미디어 환경은 디지털 기술의 확산, 다양한 디바이스 보급의 확산, IP 기반 네트워크의 융합, 기술과 플랫폼의 진화, 콘텐츠 서비스의 발전, 콘텐츠 이용 행태의 변화 등 급변하고 있다. 특히 기존 미디어가 제공하지 못하는 다양한 기능과 서비스를 제공함으로써 전체 미디어 환경을 급격히 변화시키고 있는 스마트폰, 스마트 TV, 태블릿 등과 같은 '스마트'한 미디어들이 미디어 간 기능수렴과 통합을 촉진하고 새로운 서비스와 가치를 창출하는데 있어 주도적인 역할을 하고 있다.

해외 뉴미디어 시장은 애플, 구글 등 글로벌 인터넷 기업들이 스마트 TV를 통한 혁신적인 서비스를 가지고 시장을 주도하고 있다. 스마트 TV의 등장으로 IPTV는 새로운 경쟁 환경에 직면해 있다. 또한 현재 뉴미디어 시장에서는 Daum TV, 지상파 3사가 제공하는 인터넷 TV인 콘팅, 케이블사가 제공하는 인터넷 TV인 Tving 등 인터넷 기반의 유사 방송 서비스가 출현하고 있다. 이러한 변화와 함께 IPTV는 여러 매체를 통한 방송 서비스 시청, 이용자가 편리하고 쉽게 이용할 수 있는 리모컨 기술개발 등 혁신적인 서비스 도입에 나서고 있다.

현재 IPTV의 가장 큰 기술적 전개는 '스마트 IPTV'로의 전환이라고 할 수 있다. IPTV가 스마트화된다는 것은 현재의 폐쇄형(walled garden) 서비스가 다양한 애플리케이션이 자유롭게 서비스될 수 있는 개방형 IPTV로 전환되는 것을 의미한다. 개방형 IPTV는 IPTV에 개방형 플랫폼을 채용하여 다양한 콘텐츠와 애플리케이션을 일반인이 개발하고 공급하는 시스템을 의미한다. 스마트 IPTV로의 진화는 기존 IPTV 플랫폼의 폐쇄성으로 인해 갖고 있던 한계를 극복함으로써 경쟁력 있는 콘텐츠 수급을 가능하게 하며, 콘텐츠 제공 및 사업자에게 새로운 형태의 서비스 모델을 제공한다. IPTV는 스마트 TV의 기능까지 가지게 될 뿐만 아니라 보다 안정적인 서비스 품질보장이 가능하게 변모하고 있다.

IPTV 서비스의 N-스크린에서 가장 중요한 측면은 모바일 서비스의 성공적인 안착이라고 할 수 있다. 스마트폰, 태블릿 등의 스마트 디바이스 보급의 확산에 따라 이동성이 강화된 퍼스널 미디어 이용행위는 스마트 미디어 환경의 핵심적 특성이 되고 있다. 이에 따라 IPTV 역시 언제, 어느 장소에서든 이용이 가능한 모바일 컴퓨터, 즉 스마트 미디어로의 변화 요구에 직면하게 되었다. IPTV는 기존에 가지고 있던 TV라는 제한된 이동성(mobility)을 극복하고 모바일 환경에 대응하기 위한 전략을 모색하고 있다.

2011년을 전후로 각 IPTV 사업자들은 자신들이 가지고 있는 IPTV 콘텐츠의 N-스크린 연동을 목표로 클라우드 서비스를 내놓기 시작했다. IPTV의 N-스크린 서비스는 사용자들이 IPTV 콘텐츠를 어디에서든 어떤 디바이스를 통해서든 이용할 수 있도록 하는 데 중점을 둔다. N-스크린화는 클라우드 컴퓨팅 기술과 개방형 미디어 마켓을 활용, 언제, 어디서나 IPTV, PC, 모바일 단말로 게임, SW, 콘텐츠 등을 끊김없이(seamless)이용할 수 있는 서비스가 된다. 매체에 상관없이 콘텐츠를 다양한 단말기에서 이용하는 것이 가능해지며, 결국 이러한 콘텐츠 이동성은 보다 편리한 IT와 콘텐츠 이용을 가능하게 하고, 개방형 플랫폼 구조에서 고객의 충성도를 제고하는 효과를 가져 올 것이다.

또한 IPTV가 점차 스마트화 되어가고 N-스크린이 연동되는 클라우드 서비스 등을 통해 미디어 산업의 핵심적인 위치로서 성장할 수 있기 위해서는 IPTV가 가정 내 정보를 통합·관리하는 컨트롤 타워로서 자리매김하여야 한다. 즉 IPTV가 설치된 가정이라면 IPTV로 방송을 보거나 인터넷에 접속하는 것은 물론, 외출을 하더라도 집밖에서 보안이나 각종 전자제품을 제어할 수 있어야 할 것이다. IPTV가 융합 서비스가 집결된 융합 미디어로서 우리 생활 전반의 중추로 자리매김하는 것은 수익 모델의 확산 차원에서도 매우 중요하다. IPTV를 중심으로 구축된 홈네트워크에서는 대화형 원격교육, 원격검침, 방범, 방재, 양방향 홈쇼핑, 에너지 관리 등과 같은 다양한 서비스를 통해 새로운 수익 모델을 만들 수 있을 것이다.

4) IPTV 공공 서비스 추진현황

IPTV는 TV 이용을 변화시키고 미디어산업을 성장시켰을 뿐 아니라 사회전반의 문제해결에도 기여하였다. 특히 교육, 의료, 민원 서비스 등 IPTV의 양방향 공공 서비스가 확산되어 교육·의료 서비스 확대, 생활밀착형 공공 서비스 제공, 일자리창출 등 다양한 사회적 가치를 창출하고 있다.

IPTV 교육 서비스는 정규교과뿐만 아니라 창의적 체험활동, 방과 후 학교 등 다양한 콘텐츠를 통해 '공교육 내실화–비싼 사교육 부담완화'의 기반을 제공하고 있다. 방송통신위원회는 IPTV를 통해 매월 559억원에서 1,059억 원의 사교육비 절감효과를 분석한 바 있다.

IPTV의 빠른 보급 및 교육 콘텐츠의 확산 등을 고려해 재산정하면, 지난 2009년~2011년 동안 초중고교 사교육비의 6%에 해당하는 총 3조 5천억 원을 절감한 것으로 추정된다. IPTV를 통한 교육은 저소득층 및 농어촌 학생 등 소외계층의 교육격차 해소에 도움이 되고 있다. 상대적으로 초중고 자녀가 있는 저소득층 가구를 중심으로 IPTV 교육 콘텐츠 이용이 확산되고 있다. 특히 'IPTV 공부방'은 사교육 혜택을 받을 수 없는 저소득층 학생들에게 교육기회를 제공한다. 이는 전국 1,200여 개의 지역아동센터를 중심으로 운영되어 학생들의 교육기회 불균등을 완화하고 있다.

3. IPTV 기술동향

정보통신정책연구원(KISDI)에 따르면 2010년부터 2012년까지 유선방송(종합유선+중계유선) 가입가구는 감소추세를 보이고 있는 반면, 위성방송과 IPTV는 증가세를 보이고 있다. 특히 IPTV 가입가구의 경우 가장 큰 폭으로 성장하고 있는 것으로 나타나고 있다.

또한 유선방송이나 위성방송에 가입했다가 해지한 가구주를 대상으로 해지이유를 조사한 결과 'IPTV에 가입해서'라고 답한 비율이 유선방송(N=576가구)은 47.9%, 위성방송(N=490가구)은 27.3%로 모두 가장 높게 나타났다. SK, KT, LGU+ 등의 통신사업자가 제공하는 모바일 IPTV 서비스는 4G LTE 서비스에서만 이용할 수 있다.

〈표 6-1〉 모바일 IPTV 서비스 비교

구분	SKB Btv	KT OTN	LGU+HDTV	TVing	Pooq
서비스 개시	2012년 7월	2011년 4월	2011년 10월	2010년 6월	2011년 10월
서비스 제공 대상	SKT, SKB의 서비스 이용고객	자사의 유무선 상품 1개 이상 이용고객	자사 LTE 고객	제한없음	제한없음
실시간 채널	48	58	37	200	30
이용가격	이용상품 종류에 따라 3천원 ~1천 원	자사 이용상품 3개 시 무료, 2개 시 2천 원, 1개 시 5천 원	5천원	서비스 구성에 따라 변동	실시간 3.9천 원 실시간 + VoD 11.9천 원
사업자 진영	통신사업자	통신사업자	통신사업자	콘텐츠 사업자	콘텐츠 사업자
N-스크린	스마트폰/태블릿	PC/스마트폰/태블릿	스마트폰/태블릿	PC/스마트폰/태블릿	PC/스마트폰/태블릿

3G 전용 스마트폰에서는 3G가 아닌 WiFi만을 이용해야 한다. 한편 Pooq이나 TVing 등의 모바일 IPTV 서비스는 이동통신망의 종류와 무관하게 서비스를 이용할 수 있다. 3G 통신사업자가 제공하는 모바일 IPTV 서비스는 자사의 기존 서비스와 결합한 형태로 제공하고 있다. 비통신사업자가 제공하는 모바일 IPTV 서비스는 이용에 따른 자격제한이 없다.

한편, ITU-T는 FG-IPTV를 통해 IPTV 표준화 요구사항을 도출하고, IPTV-GSI를 거치면서 SG17이 보안기술에 대한 표준을 진행하여 마지막 승인 절차에 들어간 X.iptvsec-8을 포함하여 총 8개의 권고안을 제정함으로써 2013년 4월 ITU-T SG17은 IPTV 보안기술 표준화를 완료하였다. 이로써 5년간 지속되어 온 표준화 작업을 완성하였다고 할 수 있다. 특히 마지막 권고안인 X.iptvsec-8(X.1198) 권고안은 국내 iCAS 표준안과 맥을 같이하는 표준으로 국내 기술의 국제표준 반영 및 관련 기술의 국내 특허확보라는 2가지 장점을 모두 가지고 있다.

04 스마트 TV 서비스의 현황

1. 스마트 TV 서비스 현황

스마트 TV는 OS를 탑재하여 TV 본연의 방송시청 기능은 물론, 인터넷에 접속되어 앱스토어, 웹 검색, 게임, SNS 등이 가능한 고성능 PC 기능을 제공하는 TV이다. 스마트 TV는 기존 커넥티드 TV에 비해 좀 더 강력해진 검색 및 UI 기능과 다양한 애플리케이션 및 멀티스크린 서비스를 제공하는 광의의 개념으로, 디지털 홈의 메인 플랫폼으로 소비자 중심 소프트웨어 기반의 차세대 TV이다.

사업자 중심의 일방적인 콘텐츠 제공형태(단순 시청, 단방향 방송)에서 사용자가 원하는 서비스나 콘텐츠를 선택·가공·소비하는 프로슈머(prosumer) 개념의 정보창조형 방송으로 진화할 것이다.

스마트 TV는 웹이 되는 방송 서비스로부터 시작하여 멀티스크린 서비스를 거쳐 최종적으로는 스마트 홈 형태로 발전할 것이며, 이에 따라 관련 산업도 같이 성장하는 선순환 구조의 산업 생태계가 형성될 것이다.

글로벌 TV 제조사들은 모바일이나 PC 시장경험을 바탕으로 스마트 TV 플랫폼 주도권을 서비스 사업자에게 빼앗기지 않기 위해 다양한 협력 모델을 만들어 대응하고 있다.

〈표 6-2〉 TV 서비스 비교

구 분	IPTV	디지털 케이블	스마트 TV
플랫폼 제공	KT, SKB LG U+	각 케이블 TV업체	삼성전자, LG전자
서비스 구현	기존 TV에 셋톱박스 연결	기존 TV에 셋톱박스 연결	스마트 TV에 셋톱박스 내장
방영 채널수 및 VoD 콘텐츠	110~160개, 8만~13만 건	150~200개, 5만~6만 건	자체방송, 콘텐츠 없음
주요 스마트 기능	자체 제공 부가 서비스	자체 제공 부가 서비스	앱스토어, 검색 서비스 등 제공
요금(인터넷 연결비용 제외)	월 1만~2만 원대	월 1만~2만 원대	없음, 별도 구입 필요

사용자 입장에서는 핵심 콘텐츠를 제공하는 넷 플릭스, 훌루와 같은 OTT 서비스가 북미 시장에 국한되는 경우가 많아 타 지역에서는 플랫폼 사업자가 선보이는 스마트 TV의 매력도가 낮은 상황이다. 앱 개발자 측면에서도 안드로이드와 iOS를 탑재한 스마트 TV 시장은 아직까지 그 규모가 작고 앞으로의 성장가능성도 불확실하기 때문에 적극적으로 생태계에 참여하지 않고 있다.

삼성과 LG로 대변되는 스마트 TV제조사들은 하드웨어 기술을 기반으로 스마트 TV 시장을 형성시켜 오고 있다. 이들은 기기 시장점유율과 모바일의 시행착오를 바탕으로 콘텐츠와 서비스 역량을 강화하기 위해 게임·방송사업자와 긴밀하게 제휴하고 있다. 그러나 아직 플랫폼면에서 애플, 구글 등에 뒤지고 있어 적극적인 대응전략 수립이 필요한 상황이다. 향후 스마트 TV 시장의 주도권 확보를 위한 핵심 경쟁력은 운영체제와 서비스 및 콘텐츠가 될 전망이다. 단순한 하드웨어 경쟁력을 기본으로, 운영체제·서비스·콘텐츠가 핵심 경쟁요소로 대두되며 자체 애플리케이션과 서비스가 더욱 중요해질 것이다.

2. 스마트 TV 보급률 및 시장전망

시장조사 기관인 테크나비오(technavio)는 전 세계 스마트 TV 보급대수가 2013년에는 약 9,000만대를 돌파하였으며 테크나비오가 발표한 자료에 따르면 전 세계 스마트 TV 수요는 계속 증가하여 2015년까지 약 1억 2,000만대 수준을 상회하고, 시장규모는 연평균 20.6%씩 성장하여 약 2억 1,900만달러에 이를 것으로 예상된다.

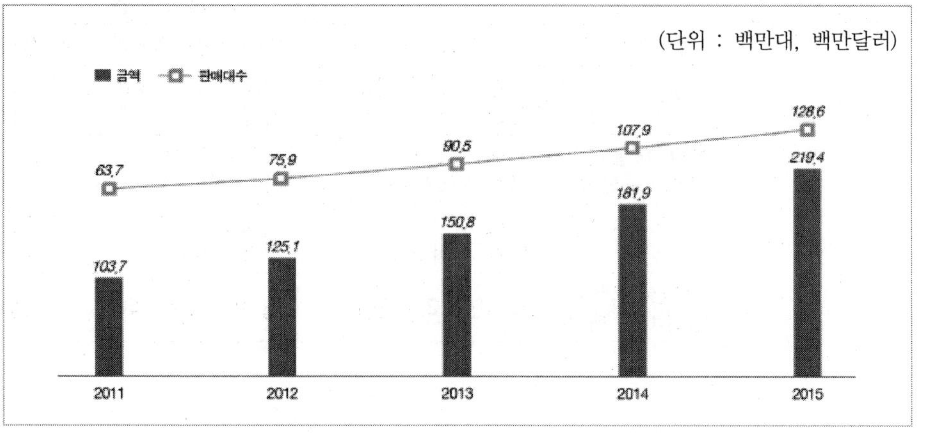

[그림 6-2] 세계 스마트 TV 판매대수 및 시장규모 전망

이같은 예상치는 TV에 인터넷 또는 소셜 기능이 추가된 방식으로 TV시청자의 이용행태가 변화되고 있음을 보여주고 있다.

3. 스마트 TV 표준화 동향

우리나라를 비롯하여 미국, 일본을 중심으로 스마트 TV 시장 국제표준을 선점하기 위한 경쟁이 치열하게 진행되고 있다. 우리나라는 한국정보통신기술협회의 양방향방송 표준화위원회에서 지상파, IPTV, 디지털 케이블 TV, 위성 등 방송사업자와 가전사 스마트 TV 사이에 OS종속 없이 앱을 상호 호환할 수 있는 'HTML5기반 스마트 TV 플랫폼' 표준을 제정하였으며 '스마트 TV 시청자의 이용행태 정보측정'에 대한 표준화과제를 신규로 채택했다. 또한 2013년부터는 제한수신시스템(CAS), 디지털 저작권관리(DRM), T커머스, N-스크린 등을 포함하는 2단계 표준개발에 착수할 예정이다.

〈표 6-3〉 국내 스마트 TV 관련 표준개발 현황

표준 제목	비고
• HTML5 기반 스마트 TV 플랫폼 – W3C의 HTML5 기반 기술의 내용 중 TV 수신환경에 적합한 요소들을 선별 적용, 수신기에서 안정적이고 효율적으로 동작하기 위해서 필요한 사항들을 추가 및 수정	표준화 채택
• 스마트 TV를 위한 이용자 행태정보 측정 – 서비스 이용자의 개인정보와 단말성능 등의 소비환경 정보, 서비스 접속 및 이용 패턴 정보 등의 콘텐츠 소비행태 정보를 원격에서 수집하기 위한 기술 표준화 진행	표준화 과세채택

일본의 경우 스마트 TV 표준을 2013년까지 국제표준단체에 제안하는 것을 목표로 TV제조업체, 통신업체, 스마트 TV 앱 개발업체와 협력하고 있다. 특히 동영상재생 소프트웨어 등 일부 프로그램을 개방해 현재 각 TV업체들이 운영하고 있는 스마트 TV 플랫폼에 공통사양으로 채택하는 방식의 표준화와 웹 기반의 통합 표준까지 다양한 범위에서 표준을 추진 중이다.

한국·일본과는 다르게 TV제조사가 없는 미국은 애플과 구글의 플랫폼이 스마트 TV 표준 역할을 하고 있다. 구글은 안드로이드 운영체제를 바탕으로 LG전자, 소니, 비지오 등과 협력해 스마트 TV를 출시하였고, 애플도 스마트폰, 태블릿PC, PC와 연동되는 스마트 TV 플랫폼을 확보하고 있다.

4. 방송 플랫폼 차별화

IPTV, 케이블 등 방송사업자와 스마트 TV 제조사들은 유료방송시장에서 지속가능한 성장을 위한 전략으로 안드로이드 OS, HTML5, 클라우드 기반의 개방형 TV 플랫폼으로의 전환을 추진하고 있다. IPTV 업계의 경우 추구하는 서비스 전략에 따라 개방형 플랫폼으로의 전환전략이 뚜렷하게 구분되는 특징이 있는 반면 케이블업계의 경우 향후 생태계 확산을 위해 플랫폼을 HTML5 기반으로 단일화하는 전략을 추진하고 있다. 스마트 TV 제조사들은 개방형 플랫폼을 지향하면서도 자사 단말에 특화된 OS를 개발하거나 국제적인 연합체를 결성하여 입지를 넓히는 노력을 하고 있다.

〈표 6-4〉 국내외 방송사업자, TV 제조사, IT 기업별 TV 플랫폼 현황

<table>
<tr><th colspan="2">구 분</th><th>사업자</th><th>플랫폼</th></tr>
<tr><td rowspan="3">IPTV</td><td rowspan="3">국내</td><td>KT</td><td>• HTML5 기반 스마트 STB(셋톱박스)
- HTML5의 호환성을 기반으로 방송과 웹 콘텐츠를 융합한 매사업 서비스 구현</td></tr>
<tr><td>SK 브로드밴드</td><td>• 클라우드 스트리밍 서비스 기반
- 윈도우, 안드로이드, 리눅스, HTML5, 플래시 등 기존 STB OS 및 성능에 관계없이 고사양의 서비스 제공</td></tr>
<tr><td>LG U+</td><td>• 안드로이드 OS기반 스마트 STB
- 구글 플레이스토어와 연계하여 다양한 TV앱 활용</td></tr>
<tr><td rowspan="3">스마트 TV</td><td rowspan="2">국내</td><td>삼성전자</td><td>• HTML5 기반 타이젠 OS 개발(인텔공동개발)
- 다양한 IT기기에 적용하여 기기간·앱간 상호환성 확보</td></tr>
<tr><td>LG전자</td><td>• HTML5 기반 스마트 TV용 SDK2.0 개발·보급
- 파나소닉, IBM 등 해외 12개사와 스마트 TV 얼라이언스 구성</td></tr>
<tr><td>해외</td><td>소니</td><td>• Sony Entertainment Network 콘텐츠 자체 PPV 서비스인 Video/Music Unlimited 론칭
- Hulu, Netflix, Cinema Now 등의 앱 선탑재
- PSP나 엑스페리아 등 자사 모바일 기기와의 쉬운 연동 강점</td></tr>
<tr><td rowspan="7">디지털 케이블</td><td rowspan="4">국내</td><td>티브로드</td><td>• HTML5 기반 스마트 STB</td></tr>
<tr><td>CJ헬로비전</td><td>• HTML5 기반 스마트 STB</td></tr>
<tr><td>C&M</td><td>• HTML5 기반 스마트 STB로 전환 중</td></tr>
<tr><td>현대 HCN</td><td>• HTML5 기반 삼성 스마트 TV 플랫폼 이용</td></tr>
<tr><td rowspan="3">해외</td><td>미국</td><td>• HTML5 기반 STB : 캠캐스트, 타임워너케이블</td></tr>
<tr><td>일본</td><td>• HTML5 기반 STB : 주피터텔레커뮤니케이션즈</td></tr>
<tr><td>독일</td><td>• HTML5 기반 STB : 카벨도이치랜드</td></tr>
<tr><td>IT 및 기타</td><td>국내</td><td>다음</td><td>• STB 형식의 스마트 TV 출시
- 서비스 확산을 위해 케이블 사업자들과 협력
- 콘텐츠가 아니라 사용자 경험에 초점을 맞춘 '서비스 개선'에 주력</td></tr>
</table>

구 분		사업자	플랫폼
IT 및 기타	해외	구글	• 안드로이드 OS를 바탕으로 LG전자, 소니, 비지오 등과 협력해 스마트 TV 출시
		애플	• 스마트폰, 태블릿, PC와 연동되는 스마트 TV 플랫폼 확보
		아마존	• 인터넷 TV 사업진출을 위해 TV STB 출시 예정 – 영화, 드라마, 만화 등 자사 보유 온라인 콘텐츠를 TV에서 재생
		인텔	• 자사 칩셋으로 가정용 STB를 생산하여 B2C 형태로 판매예정 – 기존 OTT 서비스에 다채널의 실시간 방송을 추가하여 전국 단위 서비스 제공 예정
		NDS	• Surface라는 거대한 화면을 통해 새로운 TV 경험창출 – 100인치 정도의 거대 패널, HD보다 4배 큰 4K 픽셀 영상 재생
		IKEA	• 가구의 일부분으로서의 TV라는 개념에 주력 – 스마트 TV 기능 포함, 인터넷 연결, 풀HD 제공, WiFi 포함

05 LTE 방송

1. LTE 방송의 동향

스포츠 경기를 관람하면서 사각지역까지 모바일 기기로 시청할 수 있게 된다. 풀HD 화면은 물론, 버벅임 없는 끊김없는 영상을 감상할 수 있다.

에릭슨은 LTE 방송 솔루션을 통해 시청자가 언제, 어디서든 TV 시청을 보다 풍부하게 할 수있는 LTE 브로드캐스팅을 시연했다. 에릭슨의 LTE 브로드캐스트는 KT가 삼성전자, 퀄컴과 함께 KT 부스에서 시연하기도 했다. 퀄컴 부스에서는 LTE 멀티캐스트리는 명칭으로 시연됐다. LTE 브로드캐스트는 이통사 간 LTE 네트워크를 통해 품질과 비용 대비 효율적인 데이터 전송을 보장한다.

버라이즌(verizon)의 어드밴스드 솔루션(advanced solutions)은 스포츠 팬들이 경기를 보며 완전히 새로운 경험을 할 수 있도록 에릭슨의 LTE 방송을 도입할 예정이다. 우리는 스포츠, 콘서트 심지어 원격교육과 대학수업에 있어서도 이 솔루션을 활용해 새로운 기회를 모색하고 있다.

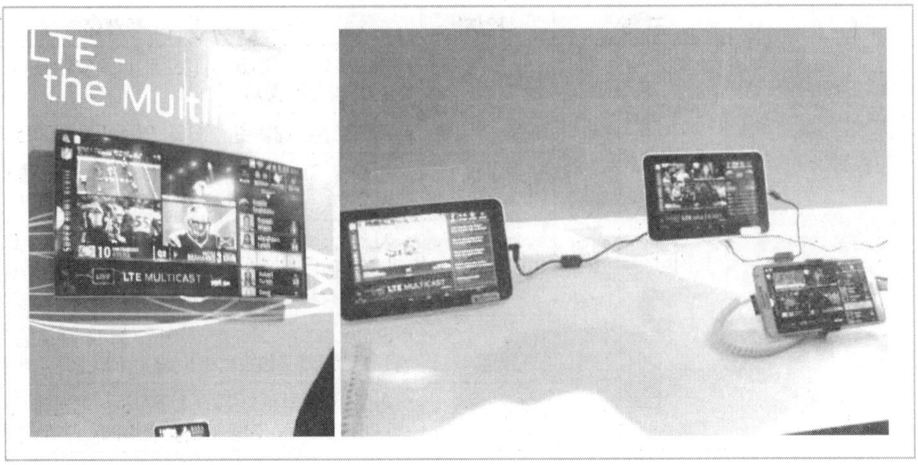

[그림 6-3] 'LTE 브로드캐스트' 서비스와 'LTE 브로드캐스트' 지원 단말

[그림 6-2]는 알카텔-루슨트가 버라이존과 협력으로 수퍼볼 게임에서 선보인 'LTE 브로드캐스트' 서비스와 'LTE 브로드캐스트' 지원 단말이다.

LTE 브로드 캐스트가 가능하려면 크게 3가지 제반사항이 갖춰져야 한다. 우선 네트워크 장비가 필요하다. 네트워크 장비는 기존 기지국에 추가적인 하드웨어 장치가 필요하며 소프트웨어 업그레이드가 동반돼야 한다. 다음으로는 이통사가 제공하는 서비스 플랫폼이 갖춰져야 한다. 어떤 프로그램을 어떤 장치를 이용해 시청자가 스마트폰으로 볼 수 있는지에 대한 과정을 도맡아 처리하게 된다. 이 후에는 이러한 장비와 플랫폼을 통해 시청자가 직접 방송을 시청할 수 있도록 모바일 기기가 이를 지원해야 한다.

즉 장비와 플랫폼이 갖춰져 있다해도 스마트폰 등이 이를 받아내지 못하면 무용지물인 셈이다. 이 분야에서는 현재 퀄컴이 빠른 속도로 개발 중이며, 이미 다양한 칩셋에 적용할 수 있는 수준까지 개발된 것으로 알려졌다. 이러한 요구사항을 충족시키기 위하여 에릭슨과 손잡고 LTE 방송 솔루션이 적용된 네트워크를 통해 고품질의 실시간 및 비실시간 미디어 서비스가 가능한 최첨단 솔루션을 제공할 수 있게 됐다.

2. LTE 방송의 기술

LTE 방송 솔루션은 크게 3가지 기술 표준으로 구분된다. 우선 비디오 콘텐츠를 전송하는데 요구되는 대역폭을 절반으로 줄여주는 HEVC와 모바일 기기를 통한 모바일 방송 서비스의 품질과 효율성을 보장하는 MPEG DASH, 모바일 망에서의 멀티캐스트 구현이 가능한 eMBMS 등이다.

1) HEVC 기술

LTE 방송 솔루션은 크게 3가지 기술 표준으로 구분된다. 우선 HEVC(High Efficiency Video Coding)다. MPEG-4 AVC 표준을 적용했을 때와 비교하여 비디오 콘텐츠를 전송하는 데 필요한 대역폭을 반으로 줄여준다. 즉 트래픽 사용량을 줄이게 되는 셈이다.

2) MPEG DASH 기술

MPEG DASH(Dynamic Adaptive Streaming over HTTP)는 시청자의 모바일 기기로 비디오 적응 전송을 단순화해 더 향상된 서비스 품질 및 효율성을 보장한다.

3) eMBMS 기술

eMBMS(Evolved Multimedia Broadcast Multicast Service)는 모바일 네트워크 상 조밀한 트래픽 환경 하에서 인기있는 콘텐츠 제공문제를 해결하기 위해 방송 및 멀티캐스트 서비스 제공을 가능하게 하는 동시에 무선 네트워크 상, 그리고 백홀을 위한 서비스 제공 비용절감을 가능하게 하는 3GPP 표준이다.

KT와 삼성전자도 최근 HD급 영상을 다수의 시청자에게 전송할 수 있는 LTE 멀티캐스트(eMBMS)를 상용화했다. eMBMS는 LTE 네트워크를 이용해 가입자에게 일반 DMB 화질의 10배에 이르는 HD 영상을 전송하는 기술이다. 종전에는 기지국 내 방송 콘텐츠 이용자 수만큼 같은 데이터를 전송해야 했다. 그러나 이 기술을 적용하면 한 번의 데이터 전송으로 다수의 가입자가 서비스를 받을 수 있다. 대규모 콘서트·스포츠 경기 중계에 효과적이다.

퀄컴은 올해 LTE 방송을 지원하는 칩셋을 잇따라 선보일 계획이다. 다중입출력(MIMO)을 지원하는 솔루션 기술이 보다 고도화될 것으로 보인다. 현재 MIMO 기술은 기지국과 단말기에 2개씩 적용된 2×2까지 상용화됐다.

4×4 MIMO 기술은 기지국에는 이미 구현됐지만 단말기 측면에서 불완전하다. 세계 통신칩 시장을 장악한 퀄컴이 4×4를 지원하는 칩셋을 내놓는다면 문제는 쉽게 해결된다. 퀄컴은 4×4뿐 아니라 5세대용 8×8 MIMO 기술까지 이미 확보한 것으로 알려졌다.

제7장

사물인터넷 및 Giga 인터넷 기술

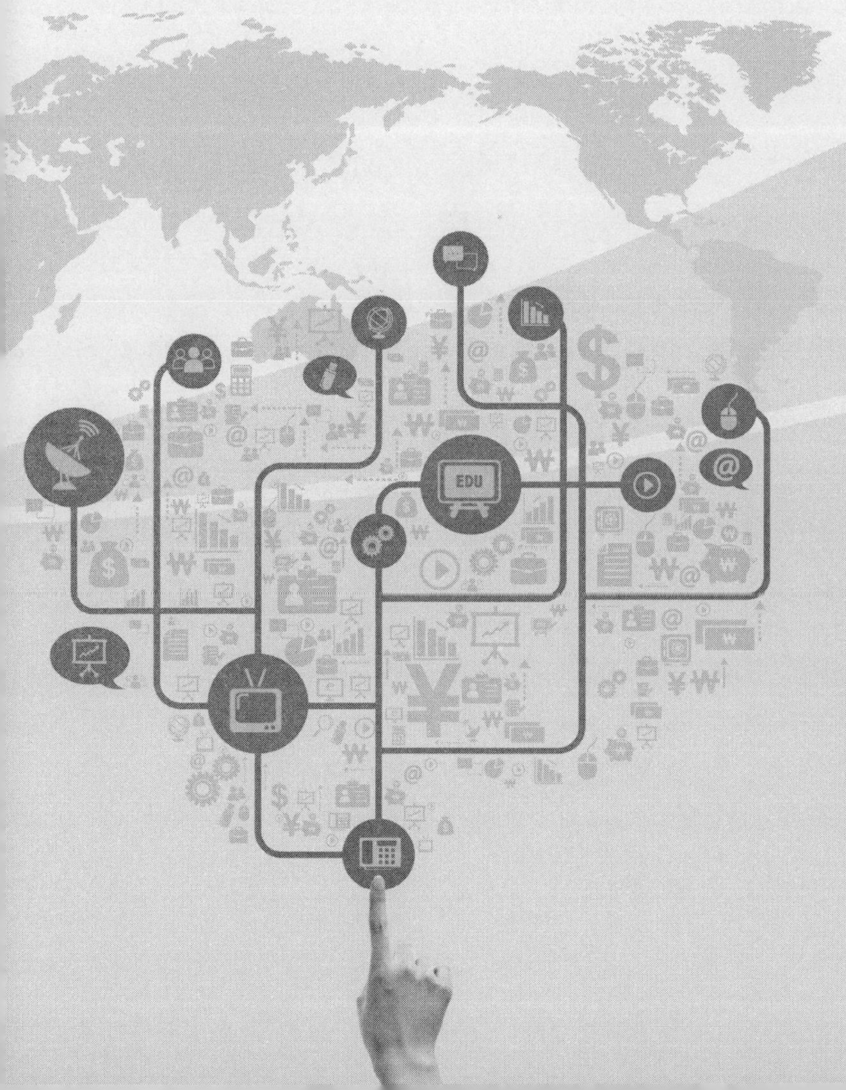

01 사물인터넷 기술

1. 사물인터넷(IoT.M2M) 서비스의 확산

안전하고 편리하며 행복한 삶을 원하는 인간의 욕구는 사람 중심의 통신을 사람과 사물, 사물 간 통신 방향으로 진화시키고 있다. 사물 간 통신은 종래 화재, 홍수 등 재난재해 원격감시를 통한 안전(B2G)과 공장설비와 차량관제 등을 통한 편리함(B2B)을 거쳐, 일반인의 생활영역이며 행복한 생활과 가장 밀접한 공간인 스마트홈, 건강관리를 도와주는 헬스케어(B2C) 분야까지 다양한 분야로 발전하고 있다.

인터넷 기술의 발전과 보편화로 World Wide Web, e-mail로 대변되는 초기 인터넷과 언제, 어디서나 간편하게 인터넷을 즐기는 모바일 인터넷 시대를 거쳐, 다양한 사물이 모두 인터넷으로 연결되고 사물의 지능화로 인간의 삶을 보다 윤택하게 하는 사물인터넷(IoT.M2M) 시대의 도래를 전망하고 있다.

사물통신은 '통신 등 인프라를 사물 간 영역으로 확대 · 연계하여 사물정보를 지능적으로 수집, 가공, 처리하여 상호 전달하는 서비스'라는 이동통신 기반의 사물지능통신(M2M) 개념에서 '정보통신기술을 기반으로 모든 사물을 연결하여 사람과 사물, 사물과 사물 간 정보를 상호 소통하는 지능형 기술 및 서비스'를 의미하는 사물인터넷 개념으로 확대 · 발전하고 있다.

특히 2013년 새로이 출범한 신설 정부 부처인 미래창조과학부에서는 빅데이터 · 클라우드 · 사물인터넷을 인터넷 신산업 육성을 위한 주요 창조 엔진으로 활용하여 창의적 아이디어의 구현 등 창조경제 실현을 주요 비전으로 삼고 있다. 과거 사물인터넷은 시장규모와 투자여건의 미약으로 활성화가 지연되었지만, 스마트폰 혁명 이후 다양한 기기 · 사물을 인터넷에 연결되어 2013년 6월 현재 20억 대에 이르고 있으며, 스마트 센서를 내장한 제품은 향후 500억 개 이상으로 폭발적으로 증가할 것이다. 이에 따라 사물인터넷 기술을 보유한 중견 · 중소기업을 위한 테스트베드, 제품 상용화 및 기술 · 투자 컨설팅 등을 지원하여 제품 및 서비스 확산을 촉진하고자 한다.

사물인터넷(IoT.M2M) 기반의 스마트 센서 신제품 · 서비스 사례로는 스마트 운동화, 스마트 포크, 스마트 도어락, 스마트카 등이 있는데 산업별 제조 · 생산 → 물류 · 유통 → 판매 → 안전시설 등 산업 인프라에 사물인터넷 · 스마트 센서를 융합하여 산업생산성 및 효율성을 제공한다.

미래창조과학부에서는 사물인터넷의 초기 투자활성화를 위한 조치, 서비스의 안정성과 신뢰성 확보 등을 위해 법적 기준을 마련하고, 서비스 간 상호운용성 제고, 사물정보의 공동이용 활성화를 통한 사물인터넷 기반에 대한 중복 투자, 과잉투자 방지를 위해 노력하고 있다.

정부는 초연결 디지털 혁명의 선도국가를 실현하기 위한 '사물인터넷 기본계획'을 확정하였다. 창의적 사물인터넷 서비스 창출과 확산을 위해 사물인터넷 개방형 플랫폼을 민 · 관이 협력하여 개발하고 중소벤처 · 대학 등에 개방 · 공유하며, 사물인터넷과 클라우드, 빅데이터(거대자료)의 융합 서비스 발굴을 위한 시범사업 추진, 창의적 서비스 확산을 위해 이용자가 직접 제품을 제작 · 이용하는 DIY(Do It Yourself) 시범사업도 추진하기로 했다.

사물인터넷이 안전한 정보보호 환경 속에서 활성화될 수 있도록 '사물인터넷 정보보호 로드맵'을 수립하고, 사물인터넷 정보보호 기술개발 및 정보보호 코디네이터를 양성하는 등 사물인터넷 정보보호 인프라도 강화한다.

글로벌 사물인터넷 전문기업 육성'을 위해서 '글로벌 민 · 관 협의체' 구성 및 '사물인터넷 혁신센터' 설립을 통해 사물인터넷 기업가 양성, 대 · 중소기업 파트너십 지원 등 글로벌 협력을 추진한다.

차세대 스마트 디바이스 유망분야(웰니스, 고실감 미디어 등) 기술개발, 오픈소스 하드웨어 개발 · 확산, '창의 디바이스 랩(가칭)' 구축 · 운영 및 사물인터넷 신기술 · 신제품에 대한 시험인증 · 필드테스트를 지원한다. 사물인터넷 핵심부품인 스마트 센서 연구개발(R&D) 및 상용화를 추진하고, 중소 제조기업 유망제품에 사물인터넷을 적용하여 스마트화 · 명품화를 지원한다.

'역동적인 사물인터넷 발전 인프라 조성'을 위해서 사물인터넷 정보보호 로드맵을 수립하고, 사물인터넷 정보보호 기술개발, 정보보호 코디네이터를 양성하는 등 정보보호 인프라를 강화한다.

무제한 인터넷 주소자원(IPv6, 2017년까지 주요 가입자망 구축 완료) 및 5세대 이동통신, Giga인터넷 인프라를 확충한다. 향후 사물인터넷 확산에 따라 기존 규제와 충돌되는 분야는 '정보통신전략위원회'를 중심으로 법 · 제도 개선을 추진할 계획이다.

2. 사물인터넷 기술개요

최근에는 사물지능통신이 확장된 개념인 사물인터넷(IoT.M2M) 기술이 전 세계적으로 주목받고 있는데, 이는 사물에 부착된 통신장치를 이용하여 각 디바이스가 직접 인터넷에 연결돼 데이터를 주고 받는 기술이다. IoT는 사물과 주변환경으로부터 정보를 얻을 수 있는 센싱 기술과 유무선 통신 및 네트워크 인프라 기술, 정보를 가공하고 처리하는 서비스 기술로 구성되어 있으며, ISO/IEC JTC1에서 관련 기술 표준화 작업이 진행되고 있다.

이동통신망을 이용하여 사람과 사물, 사물과 사물간 지능통신을 할 수 있는 M2M(사물지능통신, Machine to Machine)의 개념은 인터넷으로 영역을 확장하여 사물은 물론 현실과 가상세계의 모든 정보와 상호작용하는 개념으로 빠르게 진화하고 있다.

따라서 현재 사물지능통신은 사물인터넷 개념으로 확장될 것으로 보인다. 사물인터넷이라는 용어는 1999년에 P&G사의 케빈 애쉬튼(Kevin Ashton)이 'RFID 및 기타 센서를 일상생활 속 사물에 탑재함으로써 사물인터넷이 구축될 것'이라고 언급하며 최초로 사용되었다. 2005년 국제전기통신연합(ITU : International Telecommunication Union)에서 처음으로 사물인터넷 관련 보고서를 발간해 사물인터넷의 개념을 정립하고 관련 기술과 발전방향을 제시한 바 있다. ITU는 보고서에서 모든 기기 및 사물에 근거리 및 원거리통신 모듈이 탑재되면서 사물과 사람간 또는 사물간의 새로운 통신유형이 등장할 것이라고 예측하였다.

특히 각종 ICT 기술의 진화로 모든 사물이 소형화 및 지능화되면서 사물인터넷 시대가 열릴 것이라고 전망했다. 사물인터넷은 기존의 유선통신 기반 인터넷 및 모바일 인터넷보다 진화된 단계의 인터넷을 의미한다. 초기 유선통신 시대에는 PC와 같은 사물간의 연결을 통해서만 데이터 교환이 발생했으며 매개체로서 사람의 개입이 요구됐다. 무선통신기술의 발달로 사람 대 사람, 사람 대 사물, 사물 대 사물로 통신가능 범위가 확대되고, 나아가 사물간의 자율적 통신도 가능한 사물지능통신으로 발전하였다. 사물지능통신을 통해 주요 구성요소간 센싱, 제어, 정보교환 및 처리 등이 가능한 지능적 관계가 형성되고, 이것이 서비스 형태로 변환된 것이다. 사물인터넷(IoT.M2M)은 이러한 사물지능 통신의 개념이 무선통신을 넘어 인터넷 구조상에 적용됨으로써 현실과 가상 세계의 모든 정보와 상호작용하는 개념으로 진화된 차세대 인터넷 환경으로 볼 수 있다. 정부에서는 사물인터넷을 정보통신기술을 기반으로 주위의 모든 사물을 연결하여 사람과 사물, 사물과 사물 간에 정보를 교류하고 상호 소통하는 지능형 인프라 및 서비스 기술로 정의하고 있다.

3. 사물인터넷의 표준 개발

향후 미래 융합서비스 분야인 사물지능통신의 글로벌 표준 경쟁력 제고가 필요하다고 인식하고 2011년도부터 사물지능통신 표준 개발사업을 적극적으로 추진하고 있다. 이동통신망 기반 MTC 기술 표준 개발', '개방형 M2M 서비스 기술 표준 개발' 등 사물지능통신 표준화과제를 통해 사물지능통신 서비스를 3GPP, ITU-T, oneM2M 등에 표준 기고 활동을 활발하게 진행 중이다.

2011년에 착수한 표준화 과제인 '이동통신망 기반 MTC 기술 표준 개발'은 기존의 이동통신망을 활용하여 사물지능통신 서비스를 제공하기 위해 사물지능통신 식별체계, 서비스 요구사항, 데이터 포맷 등 3GPP 표준화 기반 MTC (Machine Type Communication) 표준 개발을 목표로 진행하고 있다. 이를 통해 국내 사물지능통신 단말 및 서비스 업체에서 표준화된 제품 생산에 큰 도움을 줄 수 있을 것이다.

2012년 착수한 '개방형 M2M 서비스 기술 표준 개발' 과제는 버티컬 사물지능통신 서비스 활성화를 위해 개별적으로 존재하는 각 산업별 사물지능통신 서비스에 필요한 요구사항 정의 및 기본 서비스 플랫폼 개발이 목표다. 이로써 우수한 국내 기술이 2012년 7월 설립된 글로벌 사물지능통신 표준화협의체인 oneM2M의 국제 표준화에도 크게 기여할 수 있을 것으로 보인다.

4. 차세대 사물인터넷의 핵심 기술

정부는 2012년부터 사물지능통신 관련 응용 서비스 개발 등 서비스 관련 중소업체 지원을 위한 과제 발굴 및 개발을 본격화하고 있으며, 사물지능통신 핵심 기술확보를 위해 'WiBro/LTE 기반 사물지능통신 단말 표준 플랫폼 개발', '1nJ/bit ULP(Ultra Low Power) 통신 핵심 기술개발', '모바일 실시간 인접 서비스를 위한 분산형 단말간 통신기술개발' 등 사물지능통신 R&D 원천 기술개발 과제를 추진하고 있다.

WiBro/LTE 기반 사물지능통신 단말 표준 플랫폼 개발' 과제는 사물지능통신 단말의 하드웨어/ 소프트웨어 및 서비스 시험검증을 진행하였으며, MWC 2012나 ETSI M2M 워크숍 등 국제 전시회에 다수 참여하여 기술의 우수성을 증명하였다. 2013년 상반기에는 국내 사물지능통신 종합지원센터에 기술을 이전하여 국내 중소 사물지능통신 업체들이 사용할 수 있도록 제공하고 있다.

'1nJ/bit ULP(Ultra Low Power) 통신 핵심 기술개발' 과제는 초저전력 통신 회로 설계를 위한 원천 핵심 지적재산권 확보에 주력하고 있으며, 원격의료와 관련하여 IEEE 802.15 등 국제 표준화 활동을 병행하고 있다. 이를 통해 국내 기술이 사물지능통신을 활용한 원격의료 분야를 선도하는 데 크게 기여할 것이다. 또한 '모바일 실시간 인접 서비스를 위한 분산형 단말간 통신기술개발' 과제를 통해 기지국 및 유선 코어망으로 송수신이 이루어진 기존 통신방법을 개선, 인접한 단말간에는 기지국을 통하지 않고 바로 송수신이 가능하도록 하여 기존 통신망 인프라 부하를 감소하는 데 기여할 계획이다.

이와 함께 중소기업 및 대학 중심의 자유공모 과제인 '센서 융합기술을 활용한 4G 사물지능통신 기반의 지능형 원격 영상감시 시스템개발' 과제는 원격지에 있는 영상 관제 대상물 또는 주변의 움직임 이벤트 발생 시에만 해당 영상정보를 추출하여 전송하는 방식을 사용, 영상 데이터 처리의 효율성을 높이는 것이 목표이다. 또한 중소기업이 기술경쟁력을 가지고 시장에 진입할 수 있도록 지원하여 중소기업의 경쟁력을 높이는 효과도 기대된다.

5. 사물인터넷 시장현황

시장조사 기관 가트너(Gartner)는 2011년부터 사물인터넷을 향후 정보통신 기술 및 산업에 영향을 미칠 요인으로 인식하고 '하이프 사이클(hype cycle)'에 사물인터넷(IoT, M2M)을 포함시키고 향후 5~10년 사이에 주류 기술로 영향력을 발휘할 것으로 전망하였다. 하이프 사이클은 82개 분야, 1,900개 이상의 기술에 대한 시장의 관심을 기술성숙도 및 유용성과 비교해 측정하는 것으로 기술 트렌드 파악에 활용되고 있다. 2012년 하이프 사이클에서 사물인터넷은 미래 유망 기술로 이름이 올라 있으나, 주류 기술로 진입하기까지 걸리는 시간은 10년 이상으로 조정하였다.

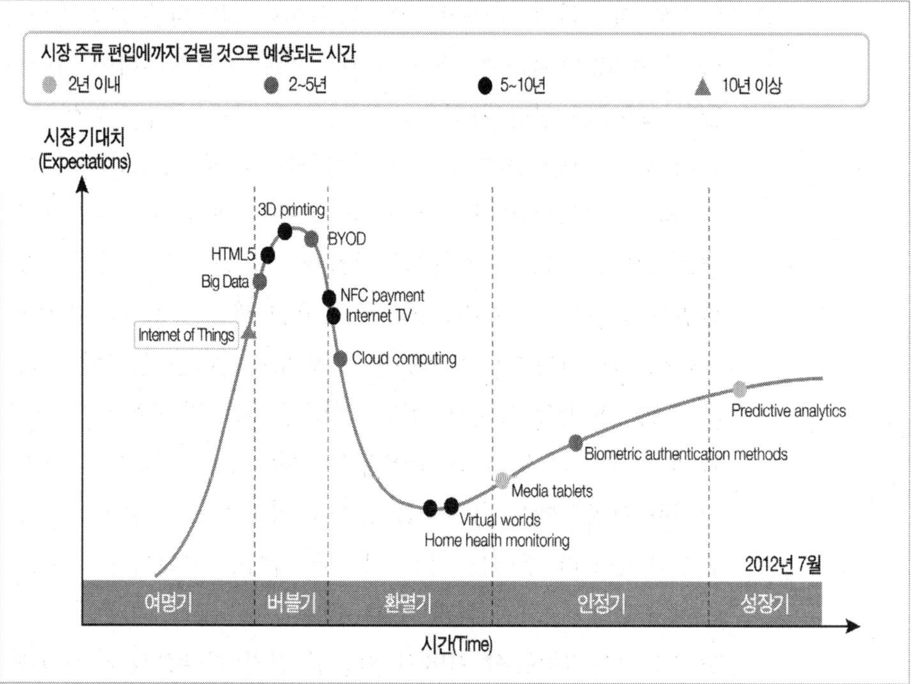

[그림 7-1]
첨단 유망 기술 하이프 사이클

또한 가트너는 성숙 기술 및 신기술 가운데 향후 3년간 기업에 상당한 영향력을 미칠 잠재력을 지닌 2012년 10대 전략기술 중 하나로 사물인터넷을 선정하였다. 가트너에 따르면 사물인터넷은 최근 커넥티드 단말의 개체수 및 유형, 사물의 식별·감지·커뮤니케이션 센서 및 기술 등의 비약적 발전과 증대로 영향력 확장이 예상되는 분야이다.

사물인터넷은 커넥티드 단말의 보급확대, 통신기술의 진화, 클라우드 컴퓨팅의 대두 등 IT 기술진화 추세와 맞물려 미래 새로운 차원의 서비스 및 시장 가치를 창출할 기술로 각광받고 있다.

세계이동통신사업자협회(GSMA : Global System for Mobile communications

Assosciation)는 글로벌 커넥티드 단말의 수가 2011년 약 90억대에서 2020년 약 250억대까지 증가할 것으로 전망하고 있다. 커넥티드 단말 시장규모는 2011년 5,937억달러에서 2020년 1조9,860억달러까지 성장할 것으로 예측되고 있다. 2020년까지 커넥티드 단말 보급에 따른 글로벌 비즈니스 시장 가치는 약 4조 5,000억달러로 추정된다. 권역별로는 아시아·태평양 지역에서 창출되는 수익 비중이 전체의 36%로 가장 높고, 뒤이어 북미(28%), 유럽(25%), 남미(6%), 아프리카(3%), 중동(2%) 순이 될 것으로 추정된다. 산업별로는 자동차 2,020억달러, 의료 970억달러, 가전 4,450억달러, 유틸리티 360억달러로 전망하고 있다.

6. 사물인터넷 향후 전망

미국, EU 등 주요 국가들은 사물인터넷(IoT.M2M)을 새로운 국가 성장동력의 아이템으로 하여 다른 사업과의 융합을 통한 파급효과를 기대하고 있다. 특히 초연결(hyper connectivity) 사회의 도래가 전망되는 만큼 사물인터넷 중심의 미래사회는 이미 어느 정도 예견되고 있는 상황이다. 구체적으로는 빅데이터, 클라우드, 스마트폰 등으로 대표되는 최근의 변화 속에 이들을 하나로 연결하는 매개체로서 사물인터넷의 역할이 중요하다고 할 수 있다. 국내의 사물인터넷 관련 정책은 아직 시작 단계로 국가 차원의 범 부처 추진력이 미약하다고 할 수 있다.

그러나 국제적인 동향을 살펴볼 때 국내에서도 적극적으로 사물인터넷 관련 정책을 추진할 것으로 보인다. 사물인터넷은 그 자체로서 의미보다는 다양한 디바이스와 서비스간 연결을 통해 본질적인 의미를 가질 수 있다. 따라서 향후 IT 융합이 가속화되면서 그 파급효과는 더욱 커질 것으로 전망된다. 최근 스마트폰, 스마트카 등 지능화된 단말기의 보급과 신시장 창출로 향후 5년에서 10년 사이에 주력 분야 기술로 발전하고 관련 시장 역시 고속 성장할 것이다.

세계 사물인터넷 시장은 2017년에 약 2,900억 달러에 이르고, 다양한 산업과의 융·복합을 통하여 기존의 공공 안전, 도소매, 통신 원격관리 서비스뿐만 아니라 헬스케어, 스마트 에너지, 지능형 교통 서비스 등이 성장을 주도하여 시장이 더욱 확대될 것이다.

(단위 : 10억 달러)

〈표 7-1〉 세계 사물인터넷 산업분야별 매출액 전망

구 분	2011년	2012년	2013년	2014년	2015년	2016년	2017년	CAGR% (2012~2017년)
Public Safety & Urban Security	7.9	13.8	21.6	28.7	34.9	41.8	48.7	28.7
Retail	8.8	15.3	34.0	32.0	38.9	46.5	54.2	28.8
Healthcare	4.0	6.9	10.6	14.0	16.7	19.5	22.4	26.6
Energy & Power	2.6	4.8	7.8	10.7	13.5	16.8	20.6	33.8
Transportation	2.0	3.9	6.7	9.8	12.9	16.6	20.5	39.5
Telecom & IT	5.3	9.2	14.3	18.9	22.6	26.5	30.3	27.0
Consumer & Residential	6.2	10.5	16.1	21.2	25.4	30.0	34.5	26.9
Industrial & Commercial Buildings	3.3	6.0	9.6	13.2	16.5	20.5	24.9	33.0
Manufacturing	2.4	4.5	7.2	10.1	12.6	15.8	19.6	34.4
Others	1.5	2.9	4.8	6.8	8.9	11.3	14.2	37.6
Total	44.0	77.0	122.7	165.3	202.8	245.2	290.0	30.1

국내의 경우 이동통신망을 이용하는 M2M 가입자 수는 2011년 146만 명에서 2013년 8월 218만 명으로 증가하여 연간 25% 이상의 성장을 보여주고 있으며, 주요 시장은 종래 관제, 보안, 결제 서비스 중심에서 교통/물류, 홈/가전, 에너지 서비스로 영역이 확산되고 있는 추세이다. KAIT 연구에 의하면 이동통신사업자 중심의 국내 M2M 시장규모는 2011년 4,147억 원 규모에서 2015년 1조338억 원 규모로 성장하여 연평균 34.3%의 성장률을 나타낼 것으로 전망하고 있다.

(단위 : 억 원)

〈표 7-2〉 국내 사물인터넷 산업분야별 매출액 전망

구 분	2011년	2012년	2013년	2014년	2015년
IT & Network	498	624	720	930	1,078
홈/가전	622	908	1,152	1,757	2,291
교통/물류	1,203	1,589	1,944	2,895	3,773
건설	166	227	360	517	674
에너지	622	965	1,296	1,861	2,560
헬스케어	166	284	432	724	1,213
사회안전/정보보호	415	624	792	1,034	1,347
기타	456	454	504	620	539
합계	4,147	5,674	7,201	10,338	13,474

이러한 사물인터넷(IoT.M2M)의 시장성장 환경에 발맞춰 방송통신위원회(現 미래창조과학부)는 2012년을 사물지능통신 활성화 기반조성의 원년으로 삼고 사물지능통신 기술개발 및 표준화, 인력양성, 수요활성화 지원과 산업기반 조성이라는 4대 핵심 과제를 중심으로 다양한 정책을 추진하였다.

02 인터넷 인프라

1. 인터넷 인프라의 개요

1) 도메인 현황

(1) 개 요

도메인은 인터넷에 연결된 컴퓨터에 접속하기 위해 사람이 기억하기 쉬운 문자(영문, 한글, 숫자, 하이픈)를 조합하여 만든 인터넷 주소이다. 도메인은 운영 목적에 따라 국가최상위 도메인(ccTLD : country code Top Level Domain)과 일반최상위도메인(gTLD : generic Top Level Domain)으로 나뉜다.

국가도메인은 해당 국가 공동체를 위해 등록정책을 스스로 정하여 운영하는 도메인으로 영문 도메인(.kr, .jp, .us 등) 247개, 다국어도메인(.한국, .中國 등, IDN : Internationalized Domain Name) 36개(각 국가별로 생성 진행 중)가 있다. 일반도메인은 국가에 관계없이 해당 도메인 관리기관이 운영목적과 등록정책을 정하는 도메인으로 영문도메인(.com, .net, .org 등) 23개가 있으며 향후 추가 생성될 예정이다.

(2) 추진현황 및 실적

① 국가최상위 도메인

우리나라의 국가도메인은 영문은 '.kr', 한글은 '.한국'이다. '.kr' 도메인은 1986년부터 서비스를 시작하여 2013년 9월말 현재 106만 건이 등록되어 있다.

'.kr' 도메인은 도입당시 3단계 체계(예 : abc.co.kr)로 시작하였고, 2003년에 '한글.kr'과 2006년에 'abc.kr'과 같은 2단계 체계를 도입하였다.

국제인터넷주소관리기구(ICANN : Internet Corporation for Assigned Names and Numbers)는 한글을 비롯한 자국 문자를 도메인으로 사용하고자 하는 각국의 요구와 다국어 도메인 기술표준 상황을 고려하여 2011년 11월 다국어 국가도메인 도입정책을 확정하였다.

우리나라는 .한국 국가도메인 서비스를 2011년 5월부터 시작하였으며 2013년 9월 말 현재 7만 여 건이 등록되어 있다. 국가도메인은 각 국가별 국가코드로 정하고, 각 국가별로 등록기준, 요건을 스스로 만들어 등록·운영하고 있다.

OECD국가의 국가도메인 현황을 살펴보면 2013년 9월 현재 독일이 1,556만 여 건으로 가장 많은 도메인을 가지고 있으며, 우리나라는 114만 건(.kr과 .한국도메인 합계)으로 17위 수준이다.

〈표 7-3〉 OECD 국가도메인

순위	국가	도메인	등록건수	순위	국가	도메인	등록건수
1	독일	.de	15,563,247	16	오스트리아	.at	1,211,085
2	영국	.uk	10,460,115	17	한국	.kr	1,135,392
3	네덜란드	.nl	5,310,055	18	체코	.cz	1,080,896
4	호주	.au	2,740,077	19	멕시코	.mx	677,356
5	프랑스	.fr	2,672,458	20	헝가리	.hu	634,846
6	이탈리아	.it	2,606,123	21	노르웨이	.no	595,695
7	폴란드	.pl	2,454,244	22	뉴질랜드	.nz	540,050
8	캐나다	.ca	2,136,383	23	터키	.tr	339,629
9	미국	.us	1,853,475	24	핀란드	.fi	328,986
10	스위스	.ch	1,795,635	25	슬로바키아	.sk	300,221
11	스페인	.es	1,692,058	26	그리스	.gr	300,000
12	벨기에	.be	1,414,481	27	포르투갈	.pt	237,284
13	일본	.jp	1,349,059	28	아일랜드	.je	182,284
14	스웨덴	.se	1,317,939	29	룩셈부르크	.lu	77,548
15	덴마크	.dk	1,240,437	30	아이슬란드	.is	45,581

② 일반최상위 도메인

일반도메인은 ICANN이 생성여부를 정하고 도메인 관리기관(registry)을 지정하면 도메인 관리기관이 등록기준 및 정책을 정하여 운영한다. 인터넷 초창기인 1985년에 생성된 com/net/org/gov/edu/mil 등과 2001년도 이후 생성된 biz/info/coop/museum/name/xxx 등 총 23개 일반도메인이 있다.

〈표 7-4〉 일반 최상위 도메인 등록현황

TLD	도입 시기	관리기관	소재지	등록대상	등록건수
.com	1985	VersiSign, Inc.	미국	제한없음	102,220,788
.net	1985	VersiSign. Inc.	미국	네트워크 제공자	14,784,237
.org	1985	Public Interest Registry	미국	제한없음	9,760,440
.edu	1985	EDUCAUSE	미국	미국 교육기관	N/A
.gov	1985	US General Services Administration	미국	미국 정부	N/A
.mil	1985	US DoD Network Information Center	미국	미군	N/A
.int	1998	Internet Assigned Numbers Authority	미국	국제기구	N/A
.biz	2001	NeuLevel	미국	비즈니스	2,238,972
.info	2001	Afilias Limited	아일랜드	제한없음	8,359,621
.name	2001	Verisign Information Services, Inc.	영국	개인	234,439
.aero	2001	Societe Internationale de Telecommunications Aeronautiques SC, (SITA)	스위스	항공운송 산업	7,750
.coop	2001	DotCooperation, LLC	미국	협동조합	9,549
.museum	2001	Museum Domain Management Association International(MDI)	미국	박물관	443
.pro	2002	RegistryPro, LTD.	미국	회계사, 법률가, 의사 등 전문가	131,144
.mobi	2005	mTLD Top Level Domain Ltd d/b/a/ dotMobi	아일랜드	모바일 콘텐츠 제공자 및 이용자	1,025,007
.travel	2005	Tralliance Corporation	미국	여행 및 관광 커뮤니티	26,048
.cat	2005	Fundació puntCAT	스페인	카탈로니아 언어문화 커뮤니티	52,516
.jobs	2005	Employ Media LLC	미국	인적자원 관리자 국제 커뮤니티	41,750
.tel	2006	Telnic Ltd.	영국	기존 통신수단과 최신 기술(VoIP) 통합/연동 서비스 제공	281,559
.asia	2007	DotAsia Organization	중국(홍콩)	아시아지역	197,532
.post	2009	Universal Postal Union	스위스	우편 서비스	N/A
.xxx	2011	ICM Registry, LLC	미국	온라인 성인 엔터테인먼트	119,029
합 계					139,490,824

ICANN은 점차 늘어나는 도메인 수요를 충족하고 인터넷 이용자에게 다양한 선택권을 주기 위한 취지로 새로운 일반도메인의 도입을 결정했다. ICANN은 2012년 1월 12일부터 5월 30일까지 일반도메인 신청서를 접수받았으며, 그 결과 총 1,930건이 접수되었다.

접수된 신청서는 ICANN이 정한 기준에 따른 평가과정을 거쳐 2013년 10월부터 일반도메인으로 생성되고 있다. 신청접수 결과대로 진행되면 영문뿐 아니라 '.會社', '.삼성' 등 각국의 다양한 문자로 된 다국어 일반도메인도 등장할 예정이다.

(3) 주요 성과 및 이슈

① 한국도메인 도입

2003년 다국어 도메인(IDN : International Domain Names) 국제기술표준이 제정된 후, 도메인 관리기관들은 영문최상위 도메인의 하위단계에 다국어 도메인을 도입하여 '한글.kr', ' 中國語.com' 등의 형식으로 부분적인 다국어 도메인을 서비스하였다.

2007년 6월부터 ICANN은 다국어 국가도메인(IDN ccTLD) 생성 논의를 진행하여 2009년 11월부터 신청서 접수를 시작하였다. 우리나라는 2010년 9월 다국어 국가도메인명을 '.한국'으로 정하였으며, 2011년 2월에는 한국인터넷진흥원이 '.한국' 도메인의 관리권한을 획득하였다. 2013년 10월 현재, 우리나라를 비롯하여 러시아, 중국, 이집트, 아랍에미리트 등 36개 국가가 다국어 국가도메인 생성 및 관리기관 위임절차를 마치고 해당 국가의 다국어 국가도메인을 생성하였다.

우리나라는 2011년 5월부터 '한글. 한국 '형태의 한글 국가도메인 서비스를 시작하였으며, 2013년 10월 현재 6만 2,387건이 등록되어 있다. '.한국'도메인은 2단계 체계로 등록자가 원하는 단어 뒤에 '.한국'을 붙이는 형태이다(예시 : 정보화백서.한국). 한글을 한 글자 이상 포함하고, 17자 이내로 된 단어는 도메인으로 쓸 수 있다. 한글은 한글 자음과 모음이 조합되어 만들어진 1만 1,172자가 모두 허용되며 영문, 숫자도 부분적으로 사용할 수 있다.

'.한국'도메인을 시행하는 한국인터넷진흥원은 도입 초기의 이용자 혼란을 줄이고, 예상되는 도메인 분쟁을 예방하기 위하여 약 19주 동안 초기 등록방안을 적용하였다. 초기 등록방안은 우선 정부·공공기관과 상표권자의 신청을 12주간 접수·등록한 이후에 일반인 신청을 접수하는 방식으로 진행하였다. 일반인 신청에서 동일도메인을 여러 신청자가 신청한 경우에는 추첨으로 등록자를 정하여 등록하는 순으로 진행하였다. 추첨등록이 완료된 이후에는 신청서가 접수된 순서대로 등록하는 선접수·선등록(first come, first served) 원칙을 적용하고 있다.

'.한국'도메인은 기업의 브랜드명, 상호 등을 한글 그대로 직접 홈페이지 주소로 사용할 수 있어 한글을 사용하는 우리 국민 입장에서 인터넷 이용이 편리해지는 효과를 기대할 수 있다.

② 신규 일반최상위 도메인 도입

2005년 9월부터 ICANN은 신규 일반도메인 도입을 위한 정책개발을 추진하여, 2008년 6월 새로운 영문 및 다국어 일반도메인을 생성하기로 결정하였다. ICANN은 다양한 이해관계자 의견 수렴을 통해 일반도메인 신청에 필요한 사항을 담은 일반도메인 신청자 가이드북(gTLD applicant guidebook)을 2011년 6월에 확정하였다.

ICANN은 2012년 1월 12일부터 5월 30일에 걸쳐 1,930건의 신청서를 접수하고 6월 13일에 접수된 신청 문자열과 신청자 정보를 공개하였다. 2012년 5월 30일부터 2013년 8월 30일까지 접수된 신청서에 대한 내용심사(초기평가)를 진행하였고, 2013년 3월 13일까지 신청서에 대한 이의제기를 접수하였다. 심사결과 총 1,745건이 통과했으며, 통과한 신청자들은 ICANN과의 일반도메인 관리기관 계약을 체결하고 기술 테스트를 거쳐 관리권한을 위임받는다. 2013년 10월 기준 총 75건의 관리기관 계약을 체결하였고, 4건의 신규 일반도메인 관리 권한 위임이 완료되었다.

③ IPv6

IPv6의 국내표준화는 한국정보통신기술협회의 IPv6 프로젝트그룹(PG210)을 중심으로 진행되고 있다. 현재 대부분의 IPv6 기본규격 표준개발이 완료되고 IPv4 주소의 신규 할당이 공식적으로 종료되었다. 따라서 국내표준화는 IPv6 보급 확산을 목적으로 IPv6 변환기술 및 전환기술, 오브젝트 네트워킹 등의 IETF와 ITU-T 국외표준을 수용하는 작업을 진행하고 있다. 한국인터넷진흥원에서는 IPv4/IPv6 공존환경에서의 IPv6 종합지원체계를 구축하고, ISP · 서비스 제공자 · 비즈니스 이용자 · SW 및 HW제조사 등 이해관계자별 IPv6 도입을 위해 컨설팅, 테스트 등을 지원한다. 또한 국내외 세미나 및 워크숍를 통한 IPv6 보급확산을 추진하고 있으며, IPv6 관련 교육을 통한 IPv6 인식제고에 앞장서고 있다.

ISOC(Internet SOCiety)는 2011년 6월 8일 전 세계 웹서버에 IPv6를 적용하여 24시간 동안 동시 운영하는 'World IPv6 Day' 행사를 개최하였고, 2012년 6월에는 실제 사업자(웹 서비스, ISP, 제조사)에 IPv6를 적용하는 'World IPv6 launch' 행사를 개최하였다. 국제적 흐름에 발맞추어 국내에서도 2012년 5월 'Korea IPv6 Day' 행사를 개최하는 등 IPv6 이해관계자(ISP, 포털, 제조사, 이용자)를 대상으로 IPv6 적용사업자 수의 확대 및 IPv6 지원 서비스를 제공하기 위해 노력하고 있다.

2. 인터넷망 현황

1) 백본망

(1) 인터넷 상용망

① 코 넷

코넷(KORENT)은 KT가 구축한 국내 인터넷 접속 기간통신망으로 1994년부터 전국 90여 개 지역에 2.5~10Gbps의 고속 전송망을 구축하고, IX는 혜화노드와 구로노드로 이원화하여 운영하고 있다. 네트워크 구성은 대형 라우터 기반 네트워크 구축을 통해 고가용성 및 광대역 처리기술을 적용하였다. 국내외 연동은 해외 약 20개국에 걸쳐 인터넷 회선을 약 550Gbps의 대역폭으로 연동하고 있으며, 국내 ISP와는 약 1800Gbps의 대역폭으로 연동되어 있다.

FTTH, IPTV 등 고품질 서비스를 위하여 별도의 프리미엄 망을 구성하여 유무선 통합 서비스(FMC) 및 유무선 부가 서비스를 제공 중이다. KT에서는 2013년 7월 기준으로 약 800만 명의 가입자를 확보하였고 꾸준하게 트래픽이 지속적으로 늘어나고 있다.

〈표 7-5〉 코넷 국내외 연동현황

구 분	연동현황
연동방식	Pos, ethernet
IX 연동	DIX(740G), SKBIX(780G)
국내 ISP 연동	세종텔레콤(110G), 드림라인(20G), 삼성네트웍스(20G) 등 18개 기관 1,804G 연동
국외 연동	미국, 중국, 일본, 홍콩, 대만, 싱가포르 등 20여 개국 약 550G 연동

② 보라넷

보라넷(BORNET)은 논현과 가산 노드로 망구조를 이원화하여 백본망을 운영 중에 있으며, 국내 최대의 인터넷데이터센터인 한국인터넷데이터센터(KIDC)와 동일 노드에서 연동하고, 전국 70여개의 백본노드와 400개의 가입자 수용노드로 구성되어 있다. 국내외 사업자와 Peering 관계를 기반으로 국내 연동용량은 약1,500Gbps의 규모이고, 해외 연동은 약 140G의 규모를 연동하고 있으며, BGP 연동을 통해 라우팅 정보를 주고받는다.

보라넷을 통해 차세대 통합 플랫폼인 IMS(IP Multimedia Subsystem) 기반의 BcN IP백본망을 구축하고, 50~100M급의 초고속 인터넷을 기반으로 음성(myLG070), 데이터(Xpeed 초고속 인터넷), 방송(IPTV) 및 100Mbps급 초고속 무선 와이파이 서비스를 제공하고 있다.

〈표 7-6〉 보라넷 국내외 연동현황

구 분	연동현황
연동방식	POS, Bhernet
IX 연동	KTIX(740G), SKBIX(470G), 부산지역IX(5G)
국내 SIP 연동	씨앤앰(100G), CJ헬로비전(60G), HNC(40G), 드림라인(10G) 등 30개 기관 1,500G 연동
국외 연동	미국, 중국, 일본, 홍콩, 대만, 싱가포르 등 약 140G 연동

③ SK 브로드밴드

브로드 앤 넷(Broad&Net)은 SK 브로드밴드(주)의 인터넷통신망으로 초고속 인터넷 서비스 제공을 위한 IP망과 MPLS/VPN 서비스 제공을 위한 MPLS망, IPTV 서비스 제공을 위한 IPTV망으로 독립된 3개의 망을 운영하고 있다. 3개의 IX와 12개의 ISP 접속을 통해 국내에서 발생하는 인터넷 트래픽을 교환하고, 국내 총연동 용량은 약 1,790Gbps로 해외는 약 230G로 연동되어 있으며, B인터넷, B전화, B인터넷 전화, TV 등 다양한 인터넷 결합상품을 제공 중이다.

〈표 7-7〉 브로드 앤 인터넷 국내외 연동현황

구 분	연동현황
연동방식	BGP
IX 연동	DIX(470G), KTIX(780G), KINX(40G), 6NGIX(1G)
국내 ISP 연동	드림라인(20G), SKT(280G), CJ(120G), C&M(40G) 등 12개 기관 1,795G 연동
국외 연동	미국, 일본, 중국, 영국, 대만, 싱가포르 등 230G 연동

2) 가입자망

(1) 유선망

유선가입자망은 전화선, 동축케이블 및 광케이블 등의 유선매체를 통해 가정, 기업, 학교 등과 통신사를 연결하는 인프라로 xDSL, HFC, FTTH 기술을 적용하여 인터넷, 방송·통신융합(IPTV, DCATV 등), 유·무선통합(FMC 등), 음성·데이터 통합(VoIP 등) 등의 서비스를 제공한다. 유선망은 현재 100Mbps보다 최대 10배 빠른 Giga 인터넷 확산을 위해 시범 서비스를 통한 사업자의 최신 인프라를 구축하여 상용화한다는 계획이다.

2017년까지 Giga 인터넷 전국 보급 90% 달성을 위해 5개 기간통신사업자(KT, LGU+, SKB, CJ헬로비전, 티브로드)가 참여하여 상용화를 유도하고 지능형 백본망 검증사업을 추진하고 있다. 아울러 2017년까지 소규모 농어촌 지역에 IPTV, 인터넷 전화 등 다양한 방송통신융합 서비스 제공을 위한 농어촌 광대역 가입자망 구축을 지원할 계획이다.

〈표 7-8〉 광대역통합망(u-BcN)과 Giga 인터넷 서비스

구 분	가입자망 속도	대표 서비스	특 징
BCN	50~100M	영상전화, IPTV	방송통신융합
Giga 인터넷	100MHz 초과~1GHz	UHDTV, 3DTV, 스마트 TV 등	고품질 실감형 서비스

KT는 전체 시설의 약 90% 이상을 FTTH, LAN 방식 등을 활용해 100M급으로 고도화하여 가입자를 수용하고 있으며, SK 브로드밴드는 FTTH, LAN, HFC DOCSIS 3.0 등 다양한 방식을 통해 가입자망 고도화를 동시에 추진하고 있다.

LGU+는 LG 계열의 각 사업자를 통합하고 LAN 방식을 중심으로 투자하되, HFC DOCSIS 3.0 방식을 함께 적용하여 서비스를 제공하고 있다. 케이블 사업자 역시 HFC DOCSIS 3.0고도화를 통한 HDTV, 스마트 TV 등 다양한 서비스를 제공할 계획이다.

〈표 7-9〉 초고속 인터넷 가입자수 현황

구 분	xDSL	LAN	HFC	FTTH	위성	계	비율(%)
KT	1,601,877	2,818,493	0	3,613,243	410	8,034,024	43.3
SK 브로드밴드	214,481	1,043,633	981,335	674,290	0	2,913,739	15.7
SKT(재판매)	132,063	666,498	385,056	369,673	0	1,553,290	15.7
LGU+	0	1,704,273	993,189	176,312	0	2,873,774	8.4
종합유선방송	27,885	549,978	2,483,498	0	0	3,061,361	15.5
기타	2,730	66,372	38,880	3,732	0	111,714	10.5
계	1,979,036	6,849,248	4,881,958	4,837,250	410	18,547,902	0.6
비율(%)	10.7	36.9	26.3	26.1	0	100	100

2013년 xDSL, HFC 등을 포함한 국내 초고속 인터넷 가입자 수는 약 1,854만 명으로 집계되고 있다. 서비스 제공방식별로는 xDSL 197만 명(10.7%), HFC 684만 명(36.9%), LAN 488만 명(26.3%), FTTH 483만 명(26.1%) 등으로 과거에는 HFC와 xDSL 방식의 비중이 높은 편이였으나, 최근 몇 년간의 동향을 살펴보면 xDSL 방식의 비중이 줄고 FTTH 방식의 가입자가 지속적으로 증가하고 있다

(2) 무선망

국내에서는 스마트폰 도입 이후 전세계의 이동통신 시장은 음성전화 중심에서 데이터 중심으로 전환되고 있으며, 이통통신망에서의 데이터 트래픽이 폭발적으로 증가하고 있다. 태블릿 PC 등 새로운 멀티미디어 단말기의 출시, 클라우드 컴퓨팅, M2M 등으로 모바일 데이터 수요는 더욱 증가할 것으로 예상된다. 기존의 무선 네트워크 환경(이동통신망, Wibro, WiFi 등)을 통해 다양한 무선 가입자를 수용해왔으나, 모바일 트래픽이 지속적으로 증가함에 따라 무선 네트워크 인프라에 대한 지속적 투자 역시 증가하고 있다.

국내 무선통신 서비스는 이동전화, 무선호출, 주파수 공용통신(TRS) 및 무선

데이터 통신 등의 이동통신 서비스를 제공하고 있다. 2013년 7월말 기준 무선 통신가입자 수는 약 5,500만 명이며, 이 중 97.3%는 이동전화 가입자이다. 국내 무선통신 서비스 규모는 유선통신 서비스의 3배 규모로 유무선 융합환경의 확대에 따라 유선에서 무선으로의 서비스 이동이 폭발적으로 증가하고 있다. 유선전화 간 통화량은 매년 감소하는 반면, 이동전화 간 통화량은 매년 증가세를 보여 이동전화의 성장이 유선시장 축소에 영향을 미치고 있다.

아울러 국내 기존 사업자의 여유 주파수 활용 및 주파수나 네트워크가 없는 사업자도 통신 서비스를 제공할 수 있도록 통신 서비스 재판매제도(MVNO)가 시행되어 가입자 유치에 적극 나서고 있다. 이러한 제4 이동통신 사업자의 등장으로 무선망 서비스 활성화를 통한 요금 인하가 이루어질 것으로 전망하고 있다.

향후 기술면에서도 1Gbps급 무선 인터넷 기술을 개발하여 스마트 IT 환경 시범 구축을 추진, 단계적으로 LTE-Advanced 기술개발, 검증 및 국제 표준화도 병행하여 추진하고, 5G와 스마트 융합 서비스 확산에 대비한 중장기 주파수 계획 '모바일 광개토 플랜 2.0'을 마련할 계획이다.

① 이동통신 네트워크

국내의 이동통신 네트워크는 아날로그망으로 시작해 CDMA 방식의 디지털망으로 전환한 이후 3세대에는 GSM 계열 기술인 WCDMA를 채택하고, 이동통신사들은 CDMA 방식과 WCDMA 방식을 모두 제공하고 있다.

1세대 이동통신은 아날로그 방식으로 음성 위주의 서비스를 제공하며 10kpbs의 속도의 음성을 제공하였다.

2세대 이동통신기술은 디지털 이동통신기술의 도입으로 TDMA (GSM)방식과 CDMA 방식으로 구분되었다.

3세대는 3GPP의 WCDMA 계열과 3GPP2의 CDMA2000 계열 방식으로 서비스가 제공되었는데, 사용자의 데이터 요구사항이 높아짐에 따라 이동통신망에서의 고속 데이터 전송을 위한 4세대 이동통신이 필요해졌다.

ITU에서는 4세대 이동통신기술에 대해 IMT-Advanced로 명명하여 3GPP 주도의 LTE와 IEEE 80.16에서 진행한 Wibro/Wimax를 복수 표준으로 채택하였다. 최근 국내에서도 스마트 단말의 증가 및 데이터 트래픽의 폭발적 증가로 인해 사업자들의 부담이 가중되는 상황에서 이를 수용하기 위한 네트워크 투자비가 꾸준히 증가하고 있는데 그 중 LTE-Advanced 기반의 인프라 구축이 지속적으로 이루어지고 있다.

국내 모바일 트래픽은 스마트폰 사용자의 증가와 무제한 요금제 등으로 인해 빠르게 증가하고 있다. 2012년 한해에만 3G 모바일 트래픽이 10배 증가(2010년 12월 4,366TB → 2012년 12월 55,963TB)하였으며 2012년 1월~2013년 8월까지 4G 트래픽이 18배 증가하였다.

현재 급증하는 트래픽의 소화를 위해 국내 이동통신사업자들은 LTE-A CA(Carrier Aggregation), 광대역 LTE 기술을 통하여 이론적으로 업로드의 경우 약 37Mbps, 다운로드의 경우 약 75Mpbs의 속도를 낼 수 있도록 기술을 개발하여 실제 서비스 제공 중에 있다.

향후 스마트 패드 등 스마트 기기의 확산으로 인한 인터넷 트래픽의 폭발적인 증가는 현재 트래픽의 1000배에 달할 것으로 예측되어 3G · 4G 이동통신만으로는 수용이 어려울 것으로 판단된다. 이를 수용하기 위해 차세대 이동통신기술인 5G 기술에 대한 논의가 진행되고 있다. 5G 기술은 기존 이동통신방식에 비해 향상된 성능 및 용량을 제공하고자 넓은 주파수 대역을 사용하여 기존 LTE 대비 1000배 용량 데이터 전송률을 제공하고 가능한 주파수 대역을 고려하여 기지국과 단말 통신구조를 설계할 예정이다.

② WiFi

우리나라는 최근 스마트폰 출시 이후 무선 데이터의 급속한 성장에 따른 보완적인 기술로 무선랜을 인식하기 시작하여 효율적인 네트워크 운영을 위한 투자가 활발히 이루어지고 있다. 무선랜과 관련해 IEEE는 2009년 9월에 802.11n 기술규격을 차세대 표준으로 선정하였다. 전송속도를 개선한 IEEE 802.11n으로 대표되는 무선랜 기술은 평균 200Mbps, 최대 540Mbps의 전송속도를 가진다. 최근 전송속도를 대폭 향상시킨 차세대 와이파이 규격인 IEEE 802.11ac의 등장으로 많은 이동통신사업자들이 이를 지원하고 있다.

와이파이망은 3G · LTE망 등의 네트워크를 연결하는 브리지 역할을 한다. 급증하는 무선 트래픽의 분산 및 안정적인 무선 인터넷 환경제공을 위해 지속적으로 망을 확장하고 있으며, 와이파이 혼간섭에 의한 속도저하, 접속불량 등 이용자 환경을 개선하기 위해 노력하고 있다. 정부는 2013년 7월에 발표한 '공공 와이파이 확산 계획'에 따라 2017년까지 공공 와이파이 신규 구축 및 통신사 기구축 와이파이 개방을 1만 개로 확대해 나갈 계획이다.

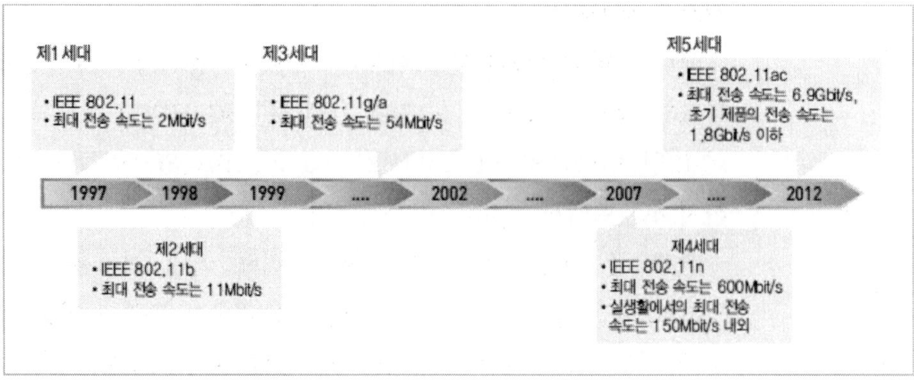

[그림 7-2]
WiFi 규격별
최대속도

현재 우리나라의 유·무선 네트워크 인프라는 세계 최고 수준이지만, 향후 트래픽의 급증에 대비하여 백본, 액세스망의 고도화가 시급한 전망이다. 국내의 2017년 월 인터넷 트래픽은 2005년도 전체 인터넷 트래픽의 15배에 이를 전망이다. 또한 그간 선진국보다 한발 앞선 네트워크 구축을 통해 IT 강국 입지를 강화해 왔지만, 홍콩·미국 등 주요국에 비해 Giga 인터넷 보급이 더딘 실정이기도 하다.

네트워크 고도화는 다양한 영역에서 중요한 기반이 되어 일자리 창출, 신산업 활성화 및 인터넷 경제성장을 이끄는 국가경쟁력의 핵심이며, 클라우드, 사물인터넷(IoT.M2M) 등 모든 것이 네트워크와 연결되는 '초연결 시대'가 본격화되면서 Giga 인터넷의 역할이 증대하고 있다.

그러나 국내에서는 지난 4년간(2009~2012년) Giga 인터넷 서비스 제공지역은 17개시 일부지역 신규 아파트 단지 등에 머물러 인프라 보급이 저조한 상태이다. 전체적으로 전국 84개시 가구 수 1,657만 가구에 머물러 현재 인프라 구축은 약 10%에만 이르고 있다. 따라서, 2017년까지 단계적으로 도시별 창조경제의 원천이 되는 중요한 거점(대학가, 벤처단지 등)에 Giga 인터넷 시범 망구축 및 서비스 제공하기로 하였으며 2013년에 신규 10개시에 서비스를 제공하였다.

또한 지역·사업자별로 Giga 인터넷망 대쉬보드(dashboard)를 마련한다. 한편 전국 84개시 가운데 Giga 인터넷 수용가능 세대 파악 미비로 인해 전국 보급 및 민간의 인프라 투자에 걸림돌로 작용하고 있는데, 초고속 정보통신 건물인증을 받은 6,300여단지(338만세대) 가운데 Giga 인터넷 수용가능 세대를 DB화하여 사업자와 공유하고, 신규 구내망의 광 케이블화를 유도하면서 기존 구내망(구리선)기반 수백Mbps 전송가능 기술을 조기 검증하여 적용한다.

3) 연구개발망

(1) KREONET

국가과학기술연구망인 KREONET(Korea Research Environment Open Network)은 교육과학기술부(MEST)가 지원하고 한국과학기술정보연구원이 관리 운영하는 국가 연구개발망이다. 산 · 학 · 연 등 약 200여 개의 주요 연구기관을 대상으로 다양한 과학기술정보자원, 슈퍼컴퓨팅, GRID, e-Science 응용 분야 등의 연구 및 개발 기반 인프라를 제공하기 위한 네트워크로 16개 지역망센터(GigaPoP)로 구성되어 있다.

16개 지역망센터를 중심으로 범용 연구 및 첨단 응용 연구활동을 지원하기 위한 국가 연구전용 네트워크로서 일반적인 IP 네트워크 서비스는 물론, 람다 네트워킹 서비스가 가능한 하이브리드 네트워크를 제공하고 국내 최초 서울~대전 100Gbps급의 특화된 네트워킹 서비스를 제공한다.

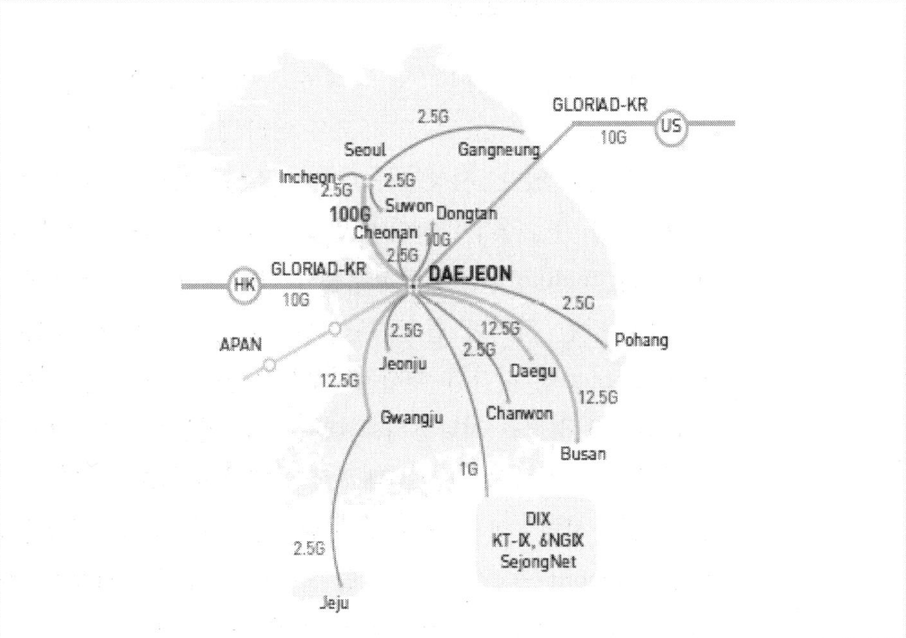

[그림 7-3]
KREONET 구성도

또한 KREONET에서는 대덕연구단지 특화지역의 첨단 연구개발을 지원하기 위하여 대덕 첨단 과학기술연구망(Super SiReN)을 10Gbps 백본으로 구축하고, 7개 기관(KISTI, KAIST, KBSI, KARI, KRIBB, KIGAM, CNU)을 연동하여 고성능 네트워크 인프라를 통한 첨단 응용 연구개발 및 시험 등을 지원하고 있다. 이러한 특화 네트워크 구축은 물론 약 50여 개의 1Gbps급 고대역 회선을 기반으로 첨단 응용 연구수행을 위한 서비스를 제공한다. KREONET의 국제 연구망 서비스는 국제 수준의 공동협업 연구활성화를 위해 전 세계 과학선진국(미국, 중국, 러시아, 캐나다, 네덜란드 등)들과 협력하여 10Gbps급의 고성능 네트워크 인프라인 글로벌 과학기술협업연구망(GLORIAD)을 구축하여 협업 중이다.

03 미래 네트워크

1. 인터넷 기술동향

인터넷 구조를 혁신적으로 개혁하고 미래인터넷을 설계하기 위하여 다양한 기존의 기술들이 재검토되고 새로운 인터넷 인프라 기반기술, 응용기술들이 활발히 연구되고 있다. 시장조사 기관 가트너(Gartner)는 IT 분야 기술의 성숙도와 관심도를 가늠하기 위하여 매년 급부상하는 기술의 과장주기(hype cycle for emerging technologies) 보고서를 발간하고 있다. 가트너에 따르면 각 기술은 방아쇠를 당긴 것처럼 돌연 부각되어 과장된 기대의 정점(peak of inflated expectations)에 다다를 때까지 지나친 관심과 열광을 받게 된다.

그러나 이 정점을 지나면서 기대는 돌연 실망으로 바뀌며 기술은 사람들에게서 잊혀진다. 기술에 대한 과대포장과 환상이 식고 난 뒤 그 기술이 가진 가치를 깨닫는 사람들이 나타남에 따라 기술은 서서히 깨우침의 언덕(slope of enlightenment)을 오르며 기술을 활용한 실용적인 시장이 형성되는 안정적 생산기(plateau of productivity)에 접어들게 된다.

이처럼 미래인터넷을 위한 수많은 기술이 논의되며 트렌드가 빠르게 변화하는 가운데, 각 기술의 성숙도와 주목도를 가늠하여 기술발전에 대한 전망과 가능성을 짚어볼 필요가 있을 것이다.

1960년대 말, 과학자 사이에서 학술정보를 교환하기 위해 이용하였던 폐쇄형 연구시험망인 ARPANET(Advanced Research Projects Agency NETwork)이 최초의 패킷데이터 교환에 성공한 이래 이메일 등 응용 서비스의 탄생(1972년), 미국-유럽 간 연결(1973년), TCP/IP 등 표준 프로토콜의 개발 및 적용(1974년~1982년) 등의 진화를 거쳐 1980년대 접어들어 인터넷의 모양새를 갖추어나가기 시작했다. 하지만 기존 과학자, 전문지식자들의 전유물이었던 인터넷이 대중들의 사랑을 받으며 폭발적인 성장을 하게 된 계기는 웹 기술의 탄생이다.

1990년대 초반, 영국의 팀 버너스 리(Tim Berners Lee)는 WWW(World Wide Web)라고 하는 하이퍼링크를 이용하여 각기 다른 시스템간 이동을 손쉽게 하는 구조를 개발하였으며, 이후 모자이크와 넷스케이프 같은 상용 웹브라우저 유행과 더불어 일반인들도 누구나 쉽게 인터넷에 접속하여 정보를 얻게 됨으로써 인터넷은 단순한 통신수단의 의미를 넘어서게 되었다.

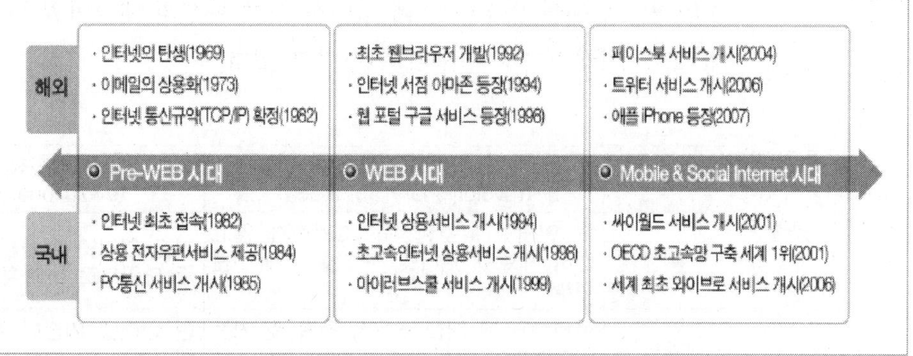

[그림 7-4] 인터넷의 어제와 오늘

21세기에 접어들면서 다양한 소셜 서비스의 출현과 2000년 후반 아이폰 열풍은 인터넷을 거대한 사회적 인프라로 변모시켰다. 이처럼 인터넷의 활용범위가 확대됨에 따라 수많은 새로운 인터넷 서비스가 탄생하였으며, 트래픽 양도 폭발적으로 증가하면서 빅데이터 시대로 진입하고 있다. 글로벌 컨설팅사인 맥킨지(Mckinsey)는 전 세계 데이터 보유량이 매년 40%씩 증가한다고 발표한 바 있으며, 시장조사기 기업인 IDC는 전 세계 데이터 보유량이 2009년 0.8ZB

(ZettaByte)에서 2020년 35ZB로 44배 증가할 것으로 전망하였다. 인터넷이 이용이 확대되고 네트워크 트래픽의 증가하고, 이로 인해 이동성, 보안성, 확장성 등의 지원 및 사용자의 품질향상에 대한 요구사항은 끊임없이 증가하여 왔으며, 계속된 기술의 개발 및 발전에도 불구하고 가파르게 증가하는 요구사항을 따라잡기가 어려운 '성장의 한계'를 인식하게 되었다. 이후 인터넷 연구자들은 보안성, 이동성, 관리성 등 인터넷의 주요 문제점들을 개선하기 위한 다양한 연구들을 수행하였다. 그러나 연구를 거듭할수록 구조는 복잡해지고, 획기적인 성능개선이 나타나지 않자 기술이 답보되는 원인을 인터넷 구조자체에 돌리고, 인터넷 구조를 새롭게 설계하려는 연구를 시도하였다.

미래인터넷 연구 초창기에는 현 인터넷의 기술적 한계가 기존 인터넷의 구조적 결함에서 기인한다는 인식하에 '구조의 재설계'를 미래인터넷의 주요 연구범위로 생각하였다. 이러한 구조의 재설계는 기존 구조와의 비호환성으로 인해 백지기반(clean slate) 연구방법, 혹은 혁신적(revolutionary) 연구방법이라고 불린다. 한편 이러한 혁신적 연구가 기존 인터넷과 호환이 되지 않는 문제에 대한 대안으로 기존 기술과의 호환성을 전제로 점진적 개선을 도모하자는 점진적(evolutionary) 연구방법이 대두되었다. 한때 이 두 가지 연구방법이 미래인터넷의 연구범위를 인정하는 데 있어서 서로 논쟁의 대상이었으나 현재는 두 접근법 모두 미래인터넷 연구로 인정하고 있다.

〈표 7-10〉 미래인터넷 연구에 대한 접근방법

구 분	혁신적 접근법 (revolutiionary approach)	점진적 접근법 (evolutionary approach)
특징	현 인터넷과 호환성을 고려하지 않고 전혀 새로운 인터넷 구조를 설계(15년 이후)	기존 인터넷 기술개선과 신규 통신 표준 도입으로 단계적 발전추구(5~10년)
해결과제	혁신 기술에 대한 효용성 검증 및 기존 인터넷과의 단절 문제해결이 관건	현 인터넷 기술이 지닌 구조적 한계를 해결하는 데 따른 난항 예상

인터넷이 경제에 미치는 영향력이 점점 더 커지고, 국민복지의 수단으로도 작용하게 되자, 미국, 유럽, 일본 등 선진국은 미래인터넷이 국가경쟁력의 기반이 될 것으로 인식하고 인터넷 기술 및 활용의 주도권을 확보하기 위해 정부 차원의 전략을 수립하고 대규모 투자를 진행하고 있다.

인터넷 선진국들은 국가경쟁력 향상을 추구하는 방향에서 공통점을 보이고 있으나 미래인터넷으로 유발되는 가치창출에 대한 시각이나 주된 기술논의 부문 등에서는 약간씩 차이를 보이고 있다. 가장 먼저 미래인터넷 관련 연구를 추진한 미국은 기존 인터넷과 전혀 다른 혁신 아키텍처 개발과 대규모 테스트베드 구축 및 시험 서비스 개발에 주력 중이다. 학계 중심의 실험적인 기술연구 및 시도가 주로 이뤄지고 있으며, 연구집단간 경쟁을 통해 보다 혁신적이고 창의적인 기술에 도전하려 한다.

유럽연합(EU)은 FP7 등 범 유럽 차원의 연구를 통해 인터넷 생태계의 질적 향상을 도모하고 있다. PPP와 같은 대규모 민·관 협력 사업을 추구하는 등 인터넷을 중심으로 기술·경제·사회의 통합을 이루고 공익성이 강조된 것이 특징이며, 유럽만의 독자모델 개발로 미래인터넷 시대의 주도권을 잡으려는 의지도 엿보인다.

일본은 국가 전략의 일환으로 미래인터넷을 준비하고 있으며, 네트워크 인프라의 기술혁신을 목표로 하는 점이 특징이다. 한국은 인터넷 강국으로서의 위상을 제고한다는 취지하에 산·학·연 및 정부의 협력이 돋보인다. 다양한 미래인터넷 관련 포럼에서 학계와 연구계, 산업계가 활발한 연구 및 논의를 진행 중이며 특히 구 방송통신위원회는 2011년 6월 '미래를 대비한 인터넷 발전계획'을 수립하여 2015년까지 글로벌 미래인터넷 5대 추진과제를 제시하였다.

〈표 7-11〉 주요 국가 미래인터넷 추진 동향 비교

구 분	미 국	유럽연합(EU)	일 본	한 국
정부 역할	약함	강함	강함	강함
주관 기관	National Science Foundation	Future Internet Assembly	National Institution of ICT	미래창조과학부
연구 중심	테스테베드 구축 중심(실험 위주, 실용적 접근)	기술·경제·사회 통합연구(인터넷 생태계적 접근)	네트워크 중심 연구(광통신망 구축 등)	종합적인 인터넷 혁신(인프라, 서비스 모두 추구)
추진 전략	모든 전문가 제안·경쟁(상용화 통한 사업성 강조)	선 사업선정, 전문가 참여(유럽 독자 모델 개발)	자국 전략사업의 일환(모바일-가전-서비스 결합 추구)	글로벌 미래인터넷 리더로 도약(인터넷 강국 위상)

2. 인터넷 기반 기술동향

1) 인터넷 라우팅

IPv6의 등장으로 인터넷 주소 자원문제는 해결 가능한 사안이 되었지만, 인터넷 이용자 수 급증 및 각 조직의 망 안정성을 위한 다중 회선운용에 따른 라우팅 테이블 확장문제는 여전히 상존하고 있다. 이에 따라 미래인터넷 기술에 대한 선행연구를 수행하는 그룹인 IRTF(Internet Research Task Force) 산하의 IRTF 라우팅 연구그룹(RRG : Routing Research Group)에서는 차세대 인터넷구조 측면에서 라우팅 및 어드레싱 문제를 해결하는 연구를 진행하고 있다.

RRG에서는 인터넷의 핵심이라고 할 수 있는 라우팅을 위한 다양한 솔루션을 비교·분석하고, 망 진화의 관점에서 새로운 라우팅 및 어드레싱 구조와 우선하여 추진되어야 할 기술 및 표준안 개발작업을 진행하고 있다. 라우팅 연구그룹의 핵심 역할은 새로운 라우팅 구조를 위한 설계방향을 결정하는 것으로, 라우팅의 문제점을 분석한 후에 이를 개선할 다양한 요구사항을 마련하는 것이다.

RRG에서 논의해왔던 새로운 라우팅 솔루션은 현재 라우팅의 확장성과 위치정보 및 식별정보의 분리방안에 관한 내용이다. 미래의 인터넷 라우팅 기술에 대한 새로운 개념은 학계에서 시뮬레이션 등을 통한 분석작업을 거쳐 산업체에서 관련 기술을 개발하고 있으며, 이를 검증하기 위한 테스트베드 등에 대한 논의가 FIND(Future INternet Design) 프로젝트와 RiNG(Routing in Next Generation) 프로젝트 등에서 진행되고 있다.

2) SDN

트래픽의 동적 변화와 새로운 비즈니스 수요 등에 손쉽게 적응할 수 있는 네트워크의 구조적 유연성에 대한 요구가 높아짐에 따라 소프트웨어 정의 네트워크(SDN : Software Defined Network) 기술이 많은 관심을 모으고 있다. SDN은 네트워크 장비의 데이터 전송영역은 그대로 두되 컨트롤 플레인의 역할을 중앙집중화하여 장비 제조사 및 플랫폼에 관계없이 오픈플로우(open flow) 등의 프로토콜을 통해 망 내 트래픽 전달동작을 통제할 수 있도록 설계되었다.

일본의 통신사업자인 NTT 커뮤니케이션즈는 2012년 6월 오픈플로우 기반 클라우드 서비스를 상용화하였으며, 구글은 SDN을 이용해 재정비할 계획이라고 밝혔다. 또한 국내에서는 NHN이 오픈플로우를 가상화 환경에 적용하는 프로젝트를 진행하였고, SK 텔레콤과 KT 등을 비롯한 통신사업자들이 오픈플로우 종합 테스트베드를 구축한 바 있다. 이와 같이 오픈플로우 기반 SDN 기술에 대한 업계의 기대와 관심이 높은 가운데, ITU-T(International Telecommunications Union Telecommunication)와 IETF (Internet Engineering Task Force) 등의 국제표준 기구에서는 SDN에 대한 표준화 논의가 지속되고 있다.

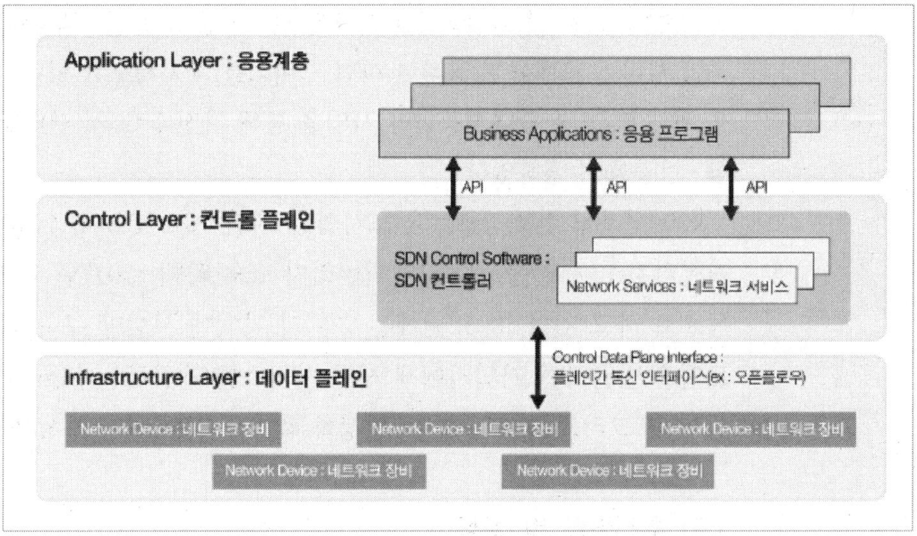

[그림 7-5]
SDN 구조도

3. Giga 인터넷

1) Giga 인터넷의 개요

Giga 인터넷은 대용량·고품질·실감형 멀티미디어 서비스와 다양한 스마트 단말 사용증가로 인한 데이터 폭증 문제를 해결하기 위해 현재보다 최대 10배 빠른 유·무선 Giga급 네트워크 기반을 조성하는 사업이다. BcN 이후 ICT기반 미래창조산업의 부가가치 극대화를 도모하고, 세계 최고의 ICT 인프라 강국위상정립을 위해 정부가 국정 과제의 하나로 선정하여 2009년부터 사업을 추진해 오고 있다.

이를 위해 2009년 4월 방송통신위원회(現미래창조과학부)에서 'Giga 인터넷 도입 추진계획'을 수립하였으며, 한국정보화진흥원을 전담기관으로 지정하여 사업을 추진하고 있다. 방송통신사업자 및 콘텐츠제 작업체, 장비업체 등이 참여하는 시범사업을 통해서 광대역통합망 서비스의 최대 속도인 100Mbps보다 최대 10배 빠른 Giga급 인터넷 서비스를 일반 가정까지 제공할 수 있도록 시범망 구축, 시범 서비스 발굴 및 개발, 기술개발 및 여건조성 등의 사업을 추진하고 있다.

특히 민·관 매칭 펀드로 운영하는 시범사업을 통해 Giga급 시범망을 구축하고 일반 가구를 대상으로 UHDTV 서비스, 무안경 3D 디지털 사이니지, 클라우드 기반 Cross-platform 3D 미디어서비스 등 고품질·대용량의 미래방송통신 융합 서비스 모델을 발굴하여 시범 서비스를 제공해오고 있다. 이러한 목표달성을 위해 2008년 광대역통합망 사업을 통해 사전에 Giga 인터넷 기술에 대한 시험·검증을 수행하였다.

2009년부터 본격적으로 선도사업을 추진하고 있으며, 2013년 Giga 인터넷 커버리지 15% 달성, 2015년 커버리지 40% 확대, 2017년 전국망 90% 완성을 목표로 하고 있다. 2012년에는 7개 시 지역에 시범망 구축 및 Giga급 서비스 모델을 발굴하여 가입자에게 시범 서비스를 제공하는 Giga 인터넷 활성화 시범사업, 그리고 Giga 인터넷 활성화 촉진을 위한 여건 조성사업을 추진하였다.

2) 추진현황 및 실적

(1) Giga 인터넷 활성화 선도 시범사업

방송통신위원회(現미래창조과학부)와 한국정보화 진흥원은 Giga 인터넷 활성화 시범사업 추진을 위해 2009년도에 공모를 통해 2개의 컨소시엄(KT, CJ헬로 비전)을 선정하였고, 2011년에는 LG 유플러스, 2012년에는 SKT와 티브로드가 추가로 선정하여 총 5개의 컨소시엄으로 확대한 후, 서비스 모델 발굴, 가입자망 구축 및 기술방식 검증, 시범가입자 선정 및 시범 서비스 제공 등 Giga 인터넷 기반구축을 위한 사업을 추진하였다.

또한 2012년에 서울, 대구, 인천, 세종, 파주 등 17개 도시 지역을 중심으로 신규 5,823가구(누적 8,353가구)에 WDM-PON(Wavelength Division Multiplexing-Passive Optical Network), G(Gigabit)-PON, RFoG Overlay, RFoG(RF over

Glass)와 PON을 결합한 광가입자망 구축방식을 적용하여 가정까지 최대 1Gbps급 속도를 제공할 수 있게 하였다. 이를 통해 전송구간의 광케이블을 이용하여 방송통신 서비스 품질 및 신뢰성을 검증하였고, RF Overlay 전송기술을 통해 사업화의 경제성을 확보하여 상용화 확산에 기여하였다.

Giga 인터넷 서비스 모델은 2012년에 총 6종을 신규 발굴, 개발하여 일반 가구를 대상으로 시범 서비스를 제공하였으며, 2011년에 개발한 서비스도 보완하여 지속적으로 제공함으로써 Giga 인터넷 상용 서비스에 대한 준비를 하고 있다.

〈표 7-12〉 2012년도 Giga 인터넷 선도 시범사업 컨소시엄별 사업현황

사업자	시범가구 모집		적용기술
	가구수	제공지역	
KT 컨소시엄	1,206 (누적 2,381)	여수, 서울, 용인, 인천 (광주 광주, 대전, 대구)	DWDM-PCN 10G EPON
CJ 헬로비전 컨소시엄	1,267 (누적 2,592)	대구, 부산, 김포, 김해 (기존 서울, 부천)	PCN기반 RF Overlay
LGU+컨소시엄	1,053 (누적 1,083)	파주 (기존 창원)	블루레이 Full HD VOD 전송기술
SKT 컨소시엄	1,275	서울, 이천, 안성	G-PON
티브로드 컨소시엄	1,022	수원, 세종, 인천	RFoG+PON 기술
소 계	5,823 (누적 8,353)	8개 지역 (누적 17개 지역)	6개

〈표 7-13〉 2009~2012년도 Giga 인터넷 응용 서비스 발굴현황

연도	사업자	발굴 서비스	
		서비스명	내 용
2012년	KT 컨소시엄	Could 기반 CRoss-platform 3D 미디어 서비스	OS, 안드로이드 등 스마트 기기의 OS 플랫폼에 상관없이 클라우드 기반으로 사진을 보관/공유하고, 3D로 변환할 수 있는 서비스
	SKT 컨소시엄	적응형 멀티스크린 협업 서비스	VoD 콘텐츠에 대한 관련 인물, 상품 등 부가정보 동영상을 여러 스마트 기기에 동시 제공하는 서비스
		소셜 TV 서비스 (투게더 TV)	실시간 TV 및 VoD에 동영 UCC 콘텐츠를 결합한 고급 멀티미디어
	CJ 헬로비전 컨소시엄	UHDTV 서비스	HD급 대비 4배 해상도의 비디오와 다채널 오디오로 소비자의 품질 요구를 만족시킬 수 있는 4K UHDTV 시범 제공
	LGU+ 컨소시엄	블루레이 Full HD 서비스	블루레이 Full HD급(1080p) 고해상도 VoD 서비스
	티브로드	무안경 3D 디지털 사이니지	무안경 3D 디지털 사이니지를 통한 차세대 실감형 광고 서비스

연도	사업자	발굴 서비스	
		서비스명	내 용
2011년	KT 컨소시엄	SNS기반 N플레이어 서비스	SNS상에서 음원, 동영상을 부가정보와 함께 제공하여 사용자의 자발적 콘텐츠 소비지향
		스마트 네트워크 기반 B2B2C	대용량 콘텐츠를 분산 네트워크 구조를 통해 효과적으로 전달할 수 있는 네트워크 구성
	CJ 헬로비전 컨소시엄	실감형 멀티미디어북	사용자의 Interacton이 가능한 대용량 스트리밍 형태의 전자책 서비스
		지능형 소셜 비디오 스트리밍 서비스	실시간 비디오 스트리밍 서비스를 SNS에 융합한 개인형 방송 서비스로 그룹미팅, 세미나 등에 활용
	LGU+ 컨소시엄	지능형 콘텐츠 유통 플랫폼	효율적인 미디어 전송이 가능한 스마트 네트워크 기반의 N-스크린 서비스 제공
		Giga급 광대역 무선 홈서비스(WHD)	1Gbps급 무선 AV데이터 전송 및 WiFi 데이터 전송을 통해 Full HD급 동영상 등을 실시간 전송
2010년	KT 컨소시엄	3D 멀티앵글 PTV	4시점의 동시영상(멀티앵글)을 3D로 구현
		Giga Home 서비스 (홈 게이트웨이)	다양한 개인 단말들을 홈게이트웨어를 통해 연동하여 외부에서도 자유롭게 콘텐츠 활용
	CJ 헬로비전 컨소시엄	멀티스크린 서비스 (N-스크린)	하나의 회선에서 TV, PC, 모바일폰이 각각 개별적인 방송 또는 인터넷을 사용
		스마트 뷰어	STB와 TV 기반의 양방향 화상통신 및 응용 서비스(영상통화/교육, TV지도, CCTV 등)
2009년	KT 컨소시엄	Giga 웹존	고화질 VoD, Giga 웹하드, 영상 메신저 서비스
		3D 원격교육	3D 영상전송을 통한 원래 의료교육
	CJ 헬로비전 컨소시엄	3D VoD	VoD 형태의 3DTV 콘텐츠 서비스
		PMS (Personal Media Server)	국내 유선방송 또는 개인 미디어 콘텐츠를 원하는 곳에서 시청
계		26종	

(2) Giga 인터넷 선도시범망 고도화

Giga 인터넷 선도시범망은 Giga 인터넷 관련 기술 및 서비스를 시험·검증하고 시범 서비스를 제공하기 위한 선도 시험·시범 백본망 및 가입자망이다. 2012년에는 2011년에 구축한 서울, 수원, 대전, 광주, 부산, 대구 등 6개 지역에 여수를 추가하여 총 7개 지역을 중심으로 네트워크를 구축하였다.

시범망 백본은 미래네트워크 연구시험망(KOREN)의 광전송망을 활용하여 10Gbps급으로 구축하고, 가입자망은 광가입자망(FTTH)과 광·동축혼합망

(HFC) 등 다양한 방식으로 구성하였다. 또한 Giga 인터넷 시범망 구축과 더불어 일반 인터넷망 연동을 통한 이중화 구조로 망을 구성하여 시범가입자에게 Giga 인터넷 시범 서비스뿐만 아니라 일반 인터넷 서비스를 병행하여 이용할 수 있도록 함으로써 망 연동환경을 검증할 수 있도록 하였다.

특히 2012년에는 여수 지역접속점(POP)을 신규로 증설하여 여수 엑스포 시범단지에 대한 Giga 인터넷 서비스를 제공하였다. 이를 위해 신규 라우터(E7508)를 구축하였고, 엑스포 종료 후 대전으로 이전하여 노후 장비를 신규 장비로 대체하였다. 대전 POP의 경우 신규 장비로 대체함으로써 백본종속 및 가입자 연동작업을 통한 백본 POP 안정화 작업을 수행하여 Giga 인터넷 상용화를 위한 백본 고도화를 진행하였다.

(3) 여건조성

한국정보화진흥원은 'Giga 인터넷 도입 추진계획' 및 '방송통신망 중장기 발전계획'을 기반으로 한 Giga 인터넷 상용화 추진과 병행하여 스마트 네트워크 고도화 및 효율화, Giga 인터넷 서비스 기반 무선 인터넷 활성화 방안 등을 연구하였다. 한편 기존 광대역통합망(BcN) 품질관리기반을 강화하여 Giga 인터넷에 적합한 Giga 인터넷 품질 현황조사 및 시험 시나리오를 통해 서비스 품질관리 기준을 제시하여 기술적 객관성을 확보하였다. 또한 구내 방송통신망 개선방안 마련 및 홈네트워크 건물인증 개정 방향검토 등을 통해 다양한 방송통신융합 서비스 제공기반과 홈네트워크 산업활성화의 방향을 마련하였다.

이외에도 향후 네트워크 고도화 정책에 활용하기 위해 유·무선 네트워크 구축·투자에 따른 경제성 분석, Giga 인터넷 관련 장비산업현황 분석을 추진하여 네트워크 구축사업을 통한 경제적인 파급효과의 양적 분석을 실시하였으며, 네트워크 관련 협의회 및 성과 전시회 개최 등을 통해 Giga 인터넷 사업의 발전방안 논의 및 홍보활동 등을 추진하였다.

(4) Giga 인터넷 품질기반 구축

Giga 인터넷 품질관리기반 구축사업은 Giga 인터넷 및 응용 서비스에 대한 품질기준과 품질측정 시스템 구축·보급, 서비스 품질보증제도(SLA) 도입 등을 통해 사업자의 Giga 인터넷 서비스 품질관리를 위한 기반을 제공하고, 이용자에게는 품질정보를 제공하여 종단 간 품질이 보장되는 Giga 인터넷 서비스 환경조성을 목적으로 한다.

Giga 인터넷 사업에서 발굴된 3D 기반의 영상 서비스, 멀티앵글 TV, 스마트 TV, HD급 영상전화 등 다양한 기가인터넷 서비스에 대한 품질관리 기준을 마련하였으며, Giga급 인터넷을 상시적으로 측정하고 그 결과를 확인할 수 있는 Giga 인터넷 품질측정 시스템과 급증하고 있는 스마트폰 기반의 유무선 인터넷 서비스를 이용자가 상시적으로 품질확인을 할 수 있는 도구를 개발하여 보급하였다.

특히 2012년에는 Giga 인터넷 상용화에 대비하여 서비스 구간별 품질현황 조사를 실시하여 저하요인을 파악하고 기술적 객관성을 확보할 수 있는 최소 기준을 제시하였고, 이용자들이 인터넷 품질을 쉽게 이용할 수 있도록 한국정보화진흥원 품질측정 시스템을 고도화하였다.

한국정보화진흥원의 품질측정 모바일 전용 페이지 개발은 이용자가 모바일 기기(스마트폰, 스마트 패드) 품질측정을 위해 쉽게 접근할 수 있는 환경을 제공하였다. 이와 더불어 방송통신정보 지도와 연계하여 품질측정 결과를 상시 공개하는 체계를 구축하여 사업자별, 서비스별, 지역별 통계분석 자동 통계처리 기능을 개발하여 활용하고 있으며, Giga 인터넷 품질기준을 위한 국내 표준화 추진 및 정책연구 등 여건 조성에 힘쓰고 있다.

3) 주요 성과 및 이슈

Giga 인터넷 사업은 광대역통합망(U-BcN) 이후 방송통신 인프라의 고도화를 지속적으로 선도해 나가기 위한 사업이다. 2009년부터 사업을 시작한 지 4년이 지나면서 이제는 민간 부문에서도 Giga 인터넷의 필요성을 인지하고 네트워크 고도화를 준비하고 있다.

기존 Giga 인터넷 시범사업에 참여하고 있는 KT, CJ헬로비전, LGU+뿐만 아니라 올해 SKT, 티브로드 컨소시엄이 추가로 참여하여 시범사업을 추진 중에 있으며, 글로벌 기업 등과도 협력체계를 구축하여 선도적인 Giga 인터넷 사업을 운영해 나갈 계획이다. 통신사업자와 제조업체로 구성된 공동 컨소시엄은 Giga 인터넷과 관련된 장비, 부품, 시스템, 서비스 등에 대해 민간투자를 활성화하여 통신·방송사업자에게 신규 BM 창출 기회제공, 관련 콘텐츠 생산 등 부가가치 시장을 창출할 수 있는 기회를 마련하였다.

지금까지의 Giga 인터넷 서비스는 주요 광역시 · 도를 중심으로 8,353 가구에 제공되었으며, 가입자망의 광대역화에만 치중하여 추진되어 왔다. 하지만 스마트 교육, 스마트워크 등 국민들이 언제, 어디서나 편리하게 교육 · 복지 · 근로서비스를 향유할 수 있는 환경을 제공하기 위해서는 시범사업 차원에서 벗어나 새로운 비즈니스 모델을 발굴하고 글로벌 경쟁력을 확보하기 위한 Giga 인터넷 관련 표준화, 특허 등 기술경쟁 분야에 대한 선점이 필요하다. 이에 Giga 인터넷의 본격 확산 등 네트워크 고도화를 통한 방송통신 시장의 활성화를 유도하여야 할 것이다. 아울러 트래픽 폭증을 대비하고 네트워크 안전성을 위한 효율화 등의 노력도 중요할 것으로 보인다.

4) 향후 추진방향

정부는 2013년 Giga 인터넷 커버리지 15% 달성, 2015년 커버리지 40% 확대, 2017년 90% 완성함으로써 전광(全光)기반의 Giga급 초광대역 커버리지를 전국으로 확산하여 전국적인 균형발전을 유도하는 것을 목표로 삼고 있다. 이를 위해서 향후에는 가입자 수를 크게 확대하여 전국망 커버리지 완성을 위한 기반을 마련하고, Giga급 유 · 무선 서비스의 이용 지역을 확대해 나갈 예정이다. 이는 단순 가입자망의 Giga 속도를 제공하는 차원에서 벗어나 이용자의 유무선 네트워크 접속환경을 Giga급으로 고도화시키는 방향으로 추진할 계획이다.

또한 효율적인 대용량 콘텐츠 전달을 위해 백본 네트워크 효율화 · 구조개선 등의 기술시험 · 검증 등을 추진해 나갈 예정이다. 스마트 기기의 증가 및 대용량 콘텐츠 유통증가로 인해 현재의 네트워크는 수용에 한계점을 드러내고 있으며, 이를 위해 스마트 네트워크 및 초광대역 네트워크 관련 기술시험 · 검증을 통해 효율적인 네트워크 활용방안을 마련할 계획이다.

3. 광대역통합망(U-BcN)

1) 개 요

우리나라는 2004년부터 2010년까지 통신 · 방송 · 인터넷이 융합된 광대역 멀티미디어 서비스를 언제 어디서나 끊김 없이(seamlessly) 안전하게 이용할 수 있는 차세대 통합 네트워크인 광대역통합망(U-BcN) 구축을 추진하였다. U-BcN 구축사업은 광대역 멀티미디어 서비스를 제공할 수 있는 세계 최고 수준의 U-BcN 가입자망을 구축한다는 목표를 설정하였으며, 1단계(2004년~2005년, 기반조성 단계), 2단계(2006년~2007년, 본격구축 단계), 3단계(2008년~2010년, 완성 단계)로 나누어 신규 서비스 모델 발굴과 상용화 촉진, U-BcN 품질관리기반 구축·운영, 개방형 서비스 등의 사업을 추진하였으며, 인터넷 전화와 IPTV, 양방향 디지털 케이블방송 등 대표적인 방송통신융합 서비스를 상용화하였다.

광대역 가입자망 구축에 있어 대도시, 중소도시 및 농어촌 읍면 소재지 단위까지는 U-BcN 서비스가 가능하였으나, 기간통신 사업자가 수익성 저조를 이유로 투자를 기피하는 전국 산간 격오지 소규모 농어촌 지역은 여전히 50Mbps 이상의 광대역 서비스가 불가한 실정이다. 이를 해결하기 위하여 50세대 미만 소규모 농어촌 지역에 대한 '농어촌지역 광대역 가입자망 활성화사업'을 2010년에 착수하여 현재 추진 중에 있다.

2) 추진현황 및 실적

농어촌지역 광대역 가입자망 구축활성화 사업은 도시와 농어촌간 네트워크 인프라 격차 해소를 위해 50세대 미만 소규모 농어촌지역에 50Mbps 이상의 광대역가입자망을 구축 지원하고 방송통신융합 서비스 등 이용활성화를 위한 사업이다.

(1) 농어촌 지역 광대역 가입자망 구축

미래창조과학부는 농어촌 지역 광대역 가입자망 구축을 위해 마을규모별로 지원정책을 분리하였는데, 50세대 이상의 농어촌 마을은 기간통신 사업자에게 저리 융자로 광대역 가입자망 구축비용의 80%를 지원해 망구축을 유도하고 있다. 반면 50세대 미만의 경우 망구축은 통신사업자가 투자수익을 기대하기 어려워 투자를 기피하고 있기 때문에 정부, 지방자치 단체, 사업자간 1:1:2의 투자 비율 매칭펀드로 재원을 마련하여 전국 50세대 미만 1만 3,217개 행정리(마을)에 기존 xDSL 방식의 인터넷 가입자망을 FTTH 기반의 광대역 가입자망으로 확대 구축하고 있다.

50세대 미만 농어촌 지역 광대역 가입자망은 PON 방식의 FTTH망으로 구축하고 있는데 농어촌 지역의 지형적 특성에 맞게 각 가정마다 광케이블을 통해 인터넷을 제공할 수 있도록 하였으며, 사업자의 기반 시설을 최대한 활용하여 구축하고 있다. 2013년 10월까지 50세대 미만 농어촌 지역 망구축은 전체 1만 3,217개 행정리 중 7,065개 행정리에서 진행하여 53.5%의 진척률을 보이고 있다.

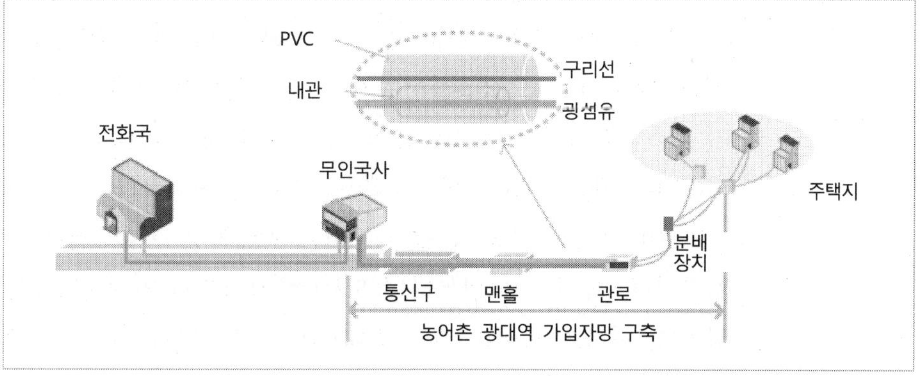

[그림 7-6] 광대역 가입자망 구성도

(2) 광대역망 기반 농어촌 특화 서비스 발굴

농어촌 지역 광대역망 구축과 병행하여 농어촌 실정에 맞는 다양한 광대역망 서비스 모델을 발굴, 서비스 이용환경을 선도적으로 구축하여 시범 서비스를 제공하였다. 농어촌 지역 광대역망 시범 서비스 발굴사업의 주된 목적은 농어촌 지역민들에게 필요한 융합 서비스 모델을 발굴하여 선도적으로 제공함으로써 전국 농어촌 지역으로 점차 확산시키고, 이를 통하여 농어촌 지역 광대역망 서비스 수요창출 및 농어민 생활편익 증대로 광대역망 구축사업의 효율성을 제고하는 것이다.

서비스 발굴은 농어민 교육, 복지, 안전, 산업, 생활·문화 등의 5대 분야를 중심으로 다양한 서비스 모델을 발굴하고 농어촌 지역민들에게 시범사업으로 제공하였다. 2010년부터 2012년까지 총 16종 1,165개(소)에 마을방범 CCTV, 영농교육, 축사시설 관제, 홈지킴이, 원격건강관리, 다문화 가정지원, 지역 특산물 및 관광지 정보제공 등의 다양한 서비스를 발굴하고 제공하였다. 특히

2012년에는 스마트폰 확산에 따라 일부 농어촌 주요 거점 지역에 공공 와이파이망을 시범 구축하고 도시민들처럼 농어촌 지역에서도 무료로 서비스를 이용할 수 있도록 하였다.

3) 향후 추진방향

농어촌 지역 광대역가입자망 구축활성화 사업은 도시와 농어촌간 정보격차 해소 및 농어민 삶의 질향상을 위해 보편적으로 방송통신 서비스에 접근할 수 있는 네트워크 환경을 마련하는 것이다. 기간통신 사업자들은 수익성이 보장되는 지역을 중심으로 광대역망을 구축하고 있으며, 대도시 지역의 경우 이미 1Gbps의 서비스를 상용화하였지만, 인구밀도가 낮은 지역은 망구축을 기피하거나 소극적이어서 도시와 농어촌간 정보격차가 확대되고 있다. 이를 해소하기 위해서는 빠른 기간 안에 광대역망 확대가 필요하다.

2010년부터 추진 중에 있는 농어촌 광대역망 구축사업은 2017년까지 완료할 계획이며, 특히 2014년부터는 도서(섬)지역까지 가입자망 고도화를 추진할 계획이다. 아울러 농어촌 지역 광대역망 구축사업과 함께 농어촌 지자체 및 사업자와 협력하여 농어촌 지역에서 필요로 하는 방송통신융합 서비스 모델을 지속적으로 발굴하여 제공할 예정이다.

제8장

스마트 센서 기술

01 센서의 정의 및 기술
02 센서의 종류
03 센서의 동향
04 센서의 활용

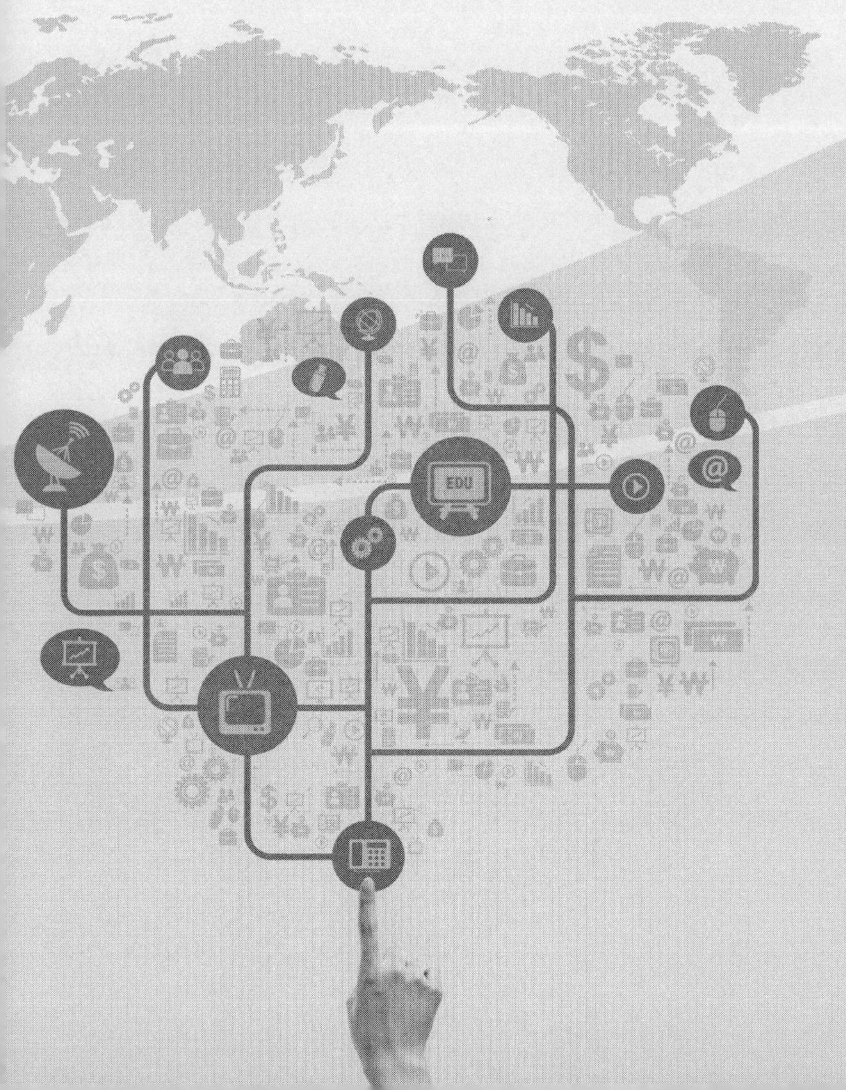

01 센서의 정의 및 기술

1. 센서의 정의

센서(sensor)는 사람이 주변환경 정보를 획득하기 위해서 시각, 청각, 촉각, 후각 그리고 미각과 같은 감각을 이용하여 외부환경과 정보를 교환하기 위해 사용되는 장치나 시스템이다. 우리 몸이 느끼는 온도, 맛, 시각적인 색깔 거리 등 모든 것이 센서 반응에 대한 결과라 할 수 있다.

센서라는 단어는 감각 또는 느낌이란 뜻을 가진 라틴어의 낱말 "Scnsus"에서 유래된 것인데, 인간의 사전에 처음으로 오른 것은 1967년이다. 1967년 McGraw-Hill 출판사의 "English-German Technical and Engineering Dictionary (2nd ed.)"에 센서라는 낱말이 정의가 없이 등재되었고, 1974년 같은 출판사의 "Dictionary of Scientific and Technical Terms(1st ed.)"에 처음으로 정의와 함께 수록되었다.

센서라는 단어의 개념이 트랜스듀서(transducer)와 혼용되는 경우가 많다. 그 이유는 현실적으로 센서가 외부로부터의 자극이나 신호를 감지하여 가장 유용한 전기적 신호로 변환하여 출력하는 장치이기 때문이다. 그러나 엄격하게 정의하면 센서와 트랜스듀서가 서로 구분된다. 일단, 센서가 원초적으로 신호나 정보를 감지 또는 채취하는 기능장치라면 트랜스듀서는 신호의 변환, 즉 신호의 에너지 형태를 변환하는 기능의 장치이다.

그러므로 센서를 감지기(感知器)라면 트랜스듀서는 변환기이다. 현실적으로 센서가 전기적 신호(드물게 광신호)를 출력하게 하는 이유는 그 신호를 쉽게 컴퓨터로 처리 가공하기 위해서 사용되는 원리에 있다. 센서, 트랜스듀서 같이 널리 쓰이고 있는 단어가 액추에이터(actuator)인데, 그것은 신호처리기에 의하여 다듬어져 나온 신호에 부응하여 명료한 작동을 수행하는 작동기이다. 다시 말해, 액추에이터는 정확하게 어떤 명령신호를 집행하는 장치이다.

과거를 돌아보면 인류가 센서라는 낱말을 만들어 내기 훨씬 전부터 실제 다양한 센서를 만들어 사용해 왔었다. 나침반으로 방위를 감지하였고, 한란계 또는 온도계를 만들어 온도를 측정했으며, 측우기로 강우량을 측정하였고, 모래시계를 만들어 시간을 측정하였던 사례처럼 다양하게 실질적 센서 기능을 가지는 장치를 적절히 개발하여 사용하였다.

기술의 발전과 함께 오늘날 센서라는 수단을 통하여 인간이 시각이나 청각으로 감지할 수 없는 적외선, 자외선, 전파, X-선, 초음파, 방사능 등을 감지할 수 있을 뿐만 아니라, 온도가 너무 높거나 낮은 것, 크기가 너무 크거나 작은 것 등도-비교적 쉽게 측정할 수 있다.

요즈음 인류는 전자현미경을 이용하여 우주의 100억광년(光年)이나 멀리 떨어져 있는 퀘이자(quasar)를 관측하고 있고, 레이더(radar)를 이용하여 적기와 같은 고속 이동체의 접근 또는 비행상태를 감지해내고 있으며, 특수 센서시스템을 이용하여 재해를 미연에 방지하거나 생체내부의 상황을 검출하여 의료진단이나 질환의 치료에 사용하며, 그 외에도 어군탐지, 일기예보, 광물탐사, 최첨단 무기개발 등에 센서 기술을 적용하고 있다.

2. 센서의 조건

센서는 기본적인 조건은 감도(sensitivity), 선택도(selectivity), 복귀도(reversibility) 그리고 안정도(stability)가 우수하여야 하고, 동시에 기능성, 적용성, 규격성, 보존성, 생산성, 경제성 등의 부수적인 특성도 좋아야 한다.

가장 기본적인 조건은 감도인데 특히 약한 신호를 포착하기 위해서 감도의 우수성이 보장되어야 하고, 다음으로 선택도인데 용액 중의 이온이나 기체 중의 특정 가스를 검출하고자 할 때 공존하는 다른 종류의 이온이나 가스들의 간섭효과를 배제하고 오직 측정 대상인 이온이나 가스만을 선택적으로 감지해야 한다.

또, 센서가 작동한 후에는 즉시 원래 상태로 복귀하여 다음 작동을 대기해야 하고, 입력되는 새로운 신호에 신속하게 감응 작동을 수행해야 하는데, 일반적으로 새로운 신호에 감응작동을 하거나 원래 상태로 복귀하는데 걸리는 어느 정도의 감응 및 복귀의 시간이 소요된다. 이것은 센서의 이력특성이나 기억특성 때문인데, 일반적으로 이 이력특성이나 기억특성이 크면 센서의 반응이 느려지게 된다. 그래서 특히 현시적(real-time) 감응을 요구하는 경우 복귀도가 뒤떨어지면 사용할 수가 없다.

센서는 일반적으로 아무리 감도, 선택도, 복귀도가 우수하다 해도 안정성이 결여되면 이 또한 센서로서는 치명적이다. 따라서 센서의 성능을 개선한다는 것은 기본 특성과 부수적인 특성 모두의 개선이다.

센서 기술은 새로운 센서 소자의 개발에서부터 센서의 특성개선, 센서 신호처리기술, 센서 신호의 분석-합성기술, 각종 센서들을 조합한 센서의 다기능화 기술, 센서시스템에 지능을 부가하는 센서의 지능화기술, 고도의 다기능 스마트 센서 기술에 이르기까지 센서 관련 기술을 총망라한 기술로 수용하고 있다.

3. 센서 기술의 중요성

센서 기술은 센서 소자기술, 센서시스템 기술 및 센서 응용기술의 계층을 이루는 구조를 가진다.

1) 센서 소자기술

센서 소자기술은 그 검출대상이 위치, 속도 및 가속도, 힘, 광, 영상, 방사선, 온도, 열, 전장, 자기, 파동과 같은 물리학적 양, 각종 가스나 이온의 농도 같은 화학적 양, 또는 포도당, 요소, 항체, 호르몬, 면역원 같은 생물학적인 양에 따라 물리 센서, 화학 센서 또는 바이오(bio) 센서로 분류된다.

대체적으로 물리 센서는 물리적 변환기능을, 화학 센서는 화학적 변환기능을, 또한 바이오 센서는 생물학적 변환기능을 이용한다. 그런데 바이오 센서는 화학적 변환기능을 활용하는 경우가 상당히 많다. 그래서 센서 소자는 변환기능이나 사용되는 주재료에 따라 또는 다른 기준에 따라 분류될 수 있으나, 센서 소자의 분류는 검출대상에 따라 분류하는 것이 가장 일반적이다.

2) 센서시스템 기술

센서시스템 기술은 센서의 인터페이스 기술, 신호처리기술, 지능화기술, 시스템화 기술 등을 포괄한다.

3) 센서 응용기술

센서 응용기술은 공공응용, 민생응용, 산업응용, 특수응용 등으로 대별된다. 한 가지 센서를 여러 가지로 응용할 수 있으며, 응용분야도 아주 뚜렷이 구분할 수 없는 경제적 응용이 있을 수 있고 또 범용으로 쓰이는 경우도 많다. 또, 센서 기술은 실로 학제적이고 복합 기술적인 측면이 강하다. 센서기술의 이러한 특성이 그 기술혁신을 어렵게 하는 중요한 요인이 되고 있다.

어떤 개인이나 소규모의 그룹이 그 다양한 센서와 복잡한 기술들을 폭 넓게 그리고 깊이 있게 이해하고 그 기술혁신을 독자적으로 주도하기란 극히 어려운 일이다. 이러한 센서 기술의 특성이나 중요성을 다음과 같이 요약해 볼 수 있다.

첫째, 센서 기술은 기계장치에 감각기능을 부여하는 기술이고, 인간의 감각기능을 확장하는 기술이다.

기계장치가 센서 기술과 접목될 때 그 기계장치는 감각기능을 가지게 되는데 필히 감각기능을 가지는 기계는 엄청나게 고가격을 가지게 될 것이다.

즉, 기계장치에 센서 기술을 통하여 감각기능을 부여한다는 것은 엄청난 부가가치를 생산하는 것이므로 센서로 인하여 인간의 한계를 초월하여 인간이 보고 듣거나 느낄 수 있게 되므로 센서 기술은 인간의 감각기능을 확장하는 기술이다.

둘째, 센서 기술은 계측기술 및 자동제어기술의 핵심이며, 유비쿼터스 센서 네트워크 기술의 핵심 요소이다.

모든 측정은 센서를 통해서 가능하고, 정밀 센서 기술을 통해서 정밀계측기술이 이뤄지고, 고도의 정밀계측 기술 없이는 고도의 제어기술 또는 고도의 자동화기술도 존재할 수 없다. 유비쿼터스 센서 네트워크 기술은 무선 센서 네트워크 기술과 모바일 센서 네트워크 기술을 포괄하면서 인터넷 신주소 체계인 IPv6 기반의 RFID와 결합한 지능형 복합 센서들을 요구하고 있다.

셋째, 센서 기술은 치열한 국가 간의 기술경쟁에 있어서 승리할 수 있는 거점이 되고 있다.

센서 기술의 핵심 요소들과 고도의 중추적인 기술의 관건성(關鍵性), 그리고 기술적 고부가가치성 때문에 이미 미국, 일본, 유럽을 비롯한 선진국들은 센서 기술의 기술이전을 극히 기피하고 있다. 따라서, 현존하는 국내의 나노 기술, 바이오 기술, 반도체 기술을 복합 또는 융합적으로 활용하여 순수 국내 기술의 확보가 시급하다.

넷째, 국내외 시장에서 소량 다품종 속성을 지닌 센서 기술은 그 파급효과가 지대하며 그 시장규모가 급신장하고 있다.

이제 센서는 현존하는 모든 지상의 공간, 지하의 공간, 수중의 공간, 해저의 공간, 극지방의 공간 등을 망라하며 지구를 감시하고 재해와 재난을 예보하는 서비스에서부터 각 가정의 공간이 진화하고 있는 홈네트워크 및 가정용품들과도 결합하여 새로운 유비쿼터스 서비스를 창조하고 있다.

4. 센서 시장 및 기술의 변천

세계적으로 센서 시장의 규모는 미국이 세계 시장의 38.7%를 차지하였고, 일본이 23%, 독일이 13%, 프랑스가 6.7%, 영국이 5.6%를 점유함으로써 실제 5개국이 세계 시장의 87%를 차지한 반면, 한국은 겨우 1.3%의 세계 시장점유율을 나타냈었다.

최근 점유율을 비교해보면 미국과 일본과 EU가 세계 센서 시장의 87~88%를 점유하여 세계의 기술강국임을 입증하고 있다. 그런데 EU가 25%에서 29%로 상승한데 비하여 일본은 상대적으로 23%에서 19%로 하강하였으며, 한국의 시장점유율이 아주 낮기는 하지만 최근 5년 동안 약간의 상승을 나타내었다. 대표적인 국제 센서학술지 게재 논문 및 대표적인 국제 센서 학술대회 발표 논문의 통계 분석에 나타난 세계적 센서 연구실태도 역시 미국과 일본 그리고 EU가 지배적이다.

국제학술논문지 Sensors and Actuators, Sensors and Materials 및 Biosensors and Bioelectronics에 게재된 연구논문과 국제학술대회 International Conference on Solid-State Sensors and Actuators (Transducers)와 International Meeting on Chemical Sensors(IMCS)에 발표된 논문을 국가별 및 분야별로 분석해보면 총 논문 중 분야별로는 화학 센서가 41.9%, 물리 센서가 40.0%, 바이오 센서가 10.3%, 그리고 센서 재료와 센서시스템과 같은 기타가 7.8%를 나타내었다. 물리 센서 중에서는 역학 센서가 전체의 14%, 광센서가 10%, 전자기 센서가 7%를 나타내었다.

국가별로는 독일이 17%, 일본이 13%, 미국이 12%, 영국이 7%를 나타내었는데 한국은 2%를 차지하였다. 최근의 발표실적은 미국과 일본이 25%이고 EU

가 47%라는 엄청난 변화를 나타내었으며 한국도 상당한 발전을 보였다.

거기에는 경북대학교 센서 기술연구소의 발족과 1991년 한국센서학회의 출범에 의하여 국내 센서 기술에 대한 인식이 크게 고양되었고 대한전자공학회, 한국물리학회, 한국화학학회와 같이 여러 학회와 관련 산업계가 센서 기술의 진흥을 위해 노력한 결과이다.

5. 센서 기술의 새로운 동향

현재 세계가 기술패권주의를 저변에 깔고 첨예한 국제경제경쟁을 펼치고 있는 차제에 센서 기술은 그 핵심 요소성과 관련성 때문에 거의 폭발적인 기술개발 투자가 이뤄지고 있고, 따라서 센서 기술은 급격한 혁신을 거듭하고 있다.

센서 기술은 일반적으로 센서의 특성을 개선해 나가거나 새로운 센서를 개발하거나, 새로운 신호처리 및 센서 응용기술의 개발 바와 같은 일련의 조직화되고 체계적인 과제 수행활동에 의하여 그 발전이 이루어진다. 그러나 최근 눈부시게 발전한 물리학, 화학, 생물학 등의 기초과학의 발달과 이에 기초를 둔 신소재기술, 정밀제조 공정기술, 반도체 집적회로기술, 인공지능기술 등 첨단기술의 대혁신에 기인하여 센서 기술은 엄청난 속도와 규모로 발전하고 있다.

최근 최첨단 센서 소자기술 중의 하나로서 FET(Field-Effect Transistor)형 마이크로센서 기술이 다양하게 개발되면서 크게 관심을 집중시키고 있다. 이 FET형 마이크로 센서란 반도체 집적회로 제조공정과 같은 미세가공기술에 의하여 제조되는 초소형 디바이스로서 FET의 원리에 의하여 동작하는 센서를 총칭한다. 이 FET형 센서는 신소재기술, 정교한 미세가공기술, 전자회로 집적기술, 인공지능기술 등과 같은 첨단기술과 접목되어 제조되는 것으로서 센서의 초소형화, 다차원화, 다기능화, 지능화, 시스템화 등을 위하여 많은 장점을 갖추고 있다.

이러한 FET형 마이크로센서는 단일 칩 위에 여러 개의 같은 종류의 센서를 배열함으로써 다차원화하고, 여러 가지 종류의 센서를 함께 집적함으로써 다기능화하며, 지능회로와 함께 집적함으로써 지능화하고, 관련회로나 장치들을 함께 집적함으로써 시스템화가 용이하므로 최첨단 센서로서 크게 각광을 받고 있다. 작하였다. FET형 센서 중에서 대표적인 것이 ISFET(Ion Sensitive Field-

Effect Transistor)인데, 이는 ISE(Ion Selective Electrode)와 MISFET를 교묘하게 결합시킨 반도체 마이크로센서로서 종래의 ISE에 비하여 월등한 장점(고감도, 빠른 반응, 양산성 및 규격성, 초소형 초경량, in-vivo 및 in-situ에의 응용성, 다기능 스마트 센서로 구현 가능성)을 가지고 있다.

센서의 감지 파라미터에 따라 ISFET를 비롯해 GSFET(Gas Sensitive FET), PSFET(Pressure Sensitive FET), HSFET(Humidity Sensitive FET), OSFET(Optically Sensitive FET), TSFET (Thermally Sensitive FET)등 외에도 ISFET, GASFET, 그리고 H-ISFET를 기반으로 여러 가지 FET형 바이오 센서(BioFET) 등에 관한 연구가 현재 활발하게 진행되고 있다.

최근, MEMS(Micro-Electro-Mechanical System) 및 NEMS(Nano-Electro-Mechanical System) 기술이 급속도로 발전하고 있기 때문에 가까운 장래에 센서 기술과 접목되어 보다 작고, 보다 고감도이며, 보다 안정적인 IpV6 기반의 복합 센서 지능 칩인 UOC(Ubiquitous computing On Chip)가 등장할 것이다. 여기에는 여러 종류의 복합 센서들과 적절한 신호처리회로, 지능에 해당되는 마이크로프로세서 회로, RFID, 그리고 전원공급장치 등이 단일 칩에 3차원으로 집적될 것이다.

따라서, 유비쿼터스 IT(정보기술) 또는 BT(바이오 기술)도 이와 같은 MEMS와 NEMS 기술을 활용하여 센서 및 액추에이터 기술을 융합적으로 접목시킴으로써 유비쿼터스 대혁명을 구현하게 된다. 근래의 센서 기술은 일반적인 위와 같은 정상적 기술발전 양상을 뛰어넘어 가격의 저렴화, 양산화, 규격(표준)화의 방향으로 치닫는가 하면 다시 초소형화, 다차원화(多次元化), 다기능화, 지능화, 시스템화의 새로운 혁신적 발전경향을 보이고 있다. 센서가 어떤 상태를 감지하는데 있어서 센서의 삽입으로 감지하고자 하는 어떤 대상체 상태에 교란이 발생해서는 안 된다.

즉, 센서의 도입이 원래 상태에 미치는 영향을 최소화하므로 어떠한 환경에서나 신속한 반응을 하고, 사용자가 원하는 정보를 적시에 타당하게 제시할 수 있도록 지능적이어야 하며, 어떤 점 위치에서의 상황이나 단일 상태의 감지를 초월하여 다차원적이고 다기능적인 센서의 개발을 시대와 사회는 요청하고 있다. 이미 세계적 연구실에서는 상당한 수준의 다기능 스마트 센서의 개발이 추진되고 있다.

최근 들어 유비쿼터스의 데이터베이스 분야에서 센서 및 네트워크에 대한 연구가 활기를 띠는 것은 [그림 8-1]처럼 무선통신, 센싱 장치 및 임베디드 컴퓨팅 기술이 융합된 센서 노드 기술의 발전으로 연결되어 가고 있다.

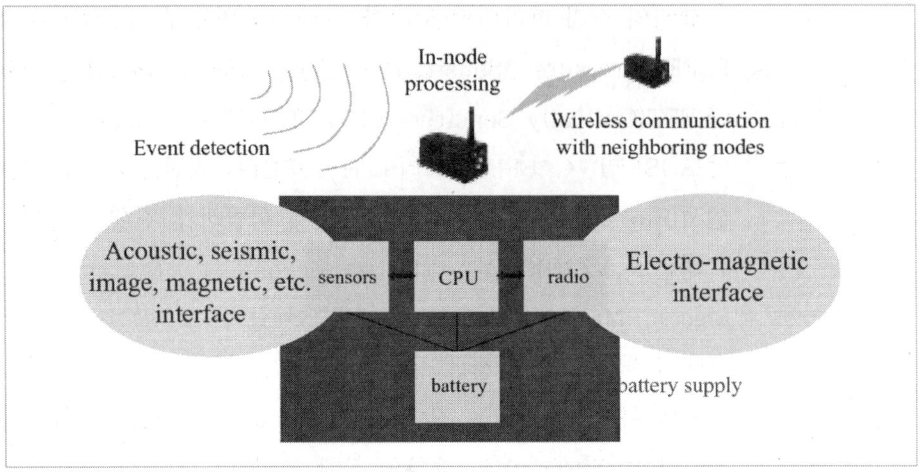

[그림 8-1]
센서와 네트워크
융합 서비스

지금까지 센서를 통하여 정보를 수집할 수 있는 센서 장치들로는 1990년대 초반부터 활용된 원격 영상정보를 제공하기 위한 인공위성, 교통정보를 제공하기 위한 교통제어(traffic controller), 비교적 간단한 인식(identity) 정보 등을 제공하기 위한 RFID(Radio-Frequency IDentification) 등이 있었다.

그러나 기존의 센서 장치들은 데이터베이스 관련 이슈가 거의 없었기 때문에 데이터베이스 분야에서의 관심을 받지 못하였는데, 최근 스마트 센서 네트워크가 발표된 이후로는 데이터베이스 분야의 커다란 관심을 받고 있다.

예를 들어, 인공위성 센서는 수집되는 위성 영상정보의 볼륨이 매우 크고, 인공위성 센서들간의 네트워크를 형성하지도 않았으며, 인공위성의 에너지 효율에 있어서도 큰 문제가 없었고, 위성영상 시장 자체도 활성화 되지 않았기 때문에 데이터베이스 기술의 필요성을 느낄 수 없었다.

교통제어(traffic controller) 또한 수집되는 정보의 복잡도가 높지 않았으며, 교통제어간에 네트워크를 형성할 필요도 없었으며, 서버와 유선으로 연결되어 있기 때문에 무선통신으로 인하여 야기되는 센서의 에너지 효율문제 또한 없었으므로 효율적인 질의 처리를 위한 데이터베이스 기술에 대한 필요성이 전혀 없었다.

RFID의 경우는 상당히 소형이면서 가격도 저렴하여 현재 많은 분야에서 활용되고 있어 데이터베이스 기술이 활용되면 효율적일 것 같지만, RFID간 무선 네트워크 형성이 없으며 RFID 자체의 컴퓨팅 능력 및 무선통신 능력이 떨어지기 때문에 센서 데이터베이스의 기술을 적용할 수가 없었다.

이에 비하여 최근에 새로 보급되는 스마트 센서들은 저렴하고 작은 크기에도 불구하고 새로운 정보를 취득하기 위한 센싱 부분, 취득한 정보를 저장하고 분석하기 위한 컴퓨팅 부분, 분석된 정보를 제공하기 위한 무선통신 부분 그리고 전원 부분으로 구성되어 각 센서 노드들이 정보를 실시간으로 수집할 수 있게 되었다. 또한 무선통신을 통하여 인접 센서 노드와 통신을 할 수 있게 되었고, 센서 노드들이 수집된 정보를 스스로 분석하고 처리할 수 있게 되었다.

이와 같이 센서 노드들의 성능이 월등히 향상되고 그들 간에 네트워크가 형성됨으로써 데이터베이스 분야에서는 기존의 분산 데이터베이스 기술 등을 활용하는 등 센서 데이터베이스에 대한 관심을 가지고 새로운 연구를 시작하게 되면서, 센서 데이터베이스 분야에서는 센서 네트워크 환경에서 각 센서들을 소규모 DB로 가정하거나 각 센서들로부터 수집되는 스트림 정보들을 가상의 데이터베이스 테이블로 가정하고 센서들의 제한된 리소스를 고려하면서 질의처리를 효율적으로 처리하기 위한 연구 등을 활발히 진행하고 있다.

데이터베이스 분야에서는 이러한 센서 데이터베이스를 임베디드(embedded)와 자체 조직 데이터베이스(self-organizing database)의 융합으로 부르기도 한다. 그러므로 대부분 센서에 관련 된 기술들은 센서와 융합된 협업 기술들이다.

이러한 센서와 융합된 다양한 기술응용들을 정리하면 다음과 같다.

① 인터넷 및 외부 망을 통해 센서와 네트워크에 접근하는 기술 : 센서 및 네트워크에서 수집된 데이터는 외부의 다른 센서 네트워크나 원격지에 위치한 서버 혹은 사용자에게 전달하는 기술이다.

② 다양한 종류의 센서 및 네트워크에서 표준화된 포맷으로 데이터를 전달하는 기술 : 서로 다른 종류의 센서 및 네트워크 간 혹은 여러 종류의 센서 및 네트워크에서 데이터를 수집하는 응용개발을 위해서 데이터 전달 포맷에 대한 규약이 필요하다.

③ 센서 및 네트워크에 필요한 데이터를 전달받기 위해 질의 응답하는 기술 : 서로 다른 종류의 센서 및 네트워크로부터 데이터 수집을 위해 공통적인 질

의 응답규약 혹은 다양한 질의처리를 위한 미들웨어 처리기술이 필요하다.

④ 현재 서비스 제공을 위해 적합한 센서 및 네트워크를 검색하는 기술

⑤ 응용개발 프로그래머를 위한 센서 및 네트워크 관련 API 기술

이처럼 센서 및 네트워크 관련 융합 및 협업 기술들이 다양하게 활용되고 있고 좀 더 활성화를 위해 센서 및 네트워크들을 활용할 수 있는 공통된 규약이 필요하다. 그러나 센서 및 네트워크들은 응용 시스템의 특성에 따라 사용되는 프로토콜들이 달라지기 때문에 센서 및 네트워크의 전체 기능을 표준화하는 것은 사실상 불가능하다.

따라서 서로 다른 종류의 프로토콜들로 설계된 센서와 네트워크들을 통합하고 활용하는 연구가 필요하다. 이를 위해 필요한 기술들이 센서 및 네트워크와 인터넷을 연결하는 기술, 네트워크로 이종 센서 및 네트워크 간의 통신을 지원하는 Make-Up Language 기술, 여러 센서 및 네트워크 중 필요로 하는 서비스를 찾아내는 서비스 디스커버리 기술, 그리고 이러한 서비스를 제공하기 위한 센서 및 네트워크 P2P 기술 등이 꾸준히 연구되고 개발되어야 한다.

최근의 센서와 네트워크의 대표적인 융합기술이 바로 USN이다. USN (Ubiquitous Sensor Network)이란 어느 곳이나 부착된 센서 노드간 자율통신을 통해 사물 및 환경정보를 감지, 저장, 가공, 통합하여 언제, 어디서, 누구나 원하는 맞춤형 지식 · 정보 서비스를 제공하는 첨단 네트워크이다. USN은 공공성격을 갖는 교통, 기후, 환경, 행정 정보는 물론 개인 특화 서비스를 위한 각종 위치, 상황, 사무환경 정보 등을 제공하는 복합적인 유비쿼터스 인프라로 발전할 것으로 전망하고 있다.

대표적인 USN의 응용 사례는 u-환경(식수원관리 시스템), u-시설물관리(도시기반시설 관제 시스템), u-기상/해양(기상/해양관측 시스템), u-재난/재해(교량 모니터링 시스템), u-문화재(문화재관리 시스템) 등 분야로 이에 대한 기술적 · 사업적 · 경제적 타당성(feasibility) 검증 및 응용 서비스가 발굴되어 현장에 적용하고 있다.

02 센서의 종류

1. 인체 오감과 센서의 비교

'느끼고 지각해야' 하는 환경조건이 많은 만큼 센서의 종류 또한 다양하다. 센서들의 재료와 외부조건을 감지해내는 원리, 적용분야, 검지해내는 측정대상에 따른 센서 등 센서를 분류하는 것도 실로 만만치 않다. 센서를 이야기할 때 가장 먼저 언급되는 것이 인간의 감각기관과의 비교이다. 센서가 탄생한 것도 최대한 인간과 비슷한 기능을 가진 소자들을 개발하고자 한 의도에서 나온 것이다.

그렇다고 인간의 감각기관에 해당하는 센서만 존재하는 것은 아니다. 초음파 센서나 중력 센서들은 인간의 능력 이상의 것들을 검지하는 센서들이 있다. 이처럼 센서들은 인간의 감각을 극대화하는 소자들로 인간이 접근할 수 있는 환경이나 접근할 수 없는 환경 등 그 어떠한 범위도 제한받지 않고 인간의 손과 발, 눈과 귀가 되어 주고 있다.

〈표 8-1〉에서는 인간의 감각기관과 센서의 기능을 비교하여 분류하였다.

〈표 8-1〉 인체오감과 센서의 비교

인간의 오감	감지종류	기관	센 서		
시각	빛	눈	광센서	광도전소자, 이미지 센서, 포토다이오드	물리 센서
청각	소리	귀	음파 센서	마이크로폰, 압전소자, 진동자	
촉각	압력 온도	피부	압력 센서 감온 센서 진동 센서	스트레인게이지, 로드셀 서미스터, 백금온도 센서 마이크로폰, 다이어프램	
후각	냄새	코	가스센서	바이오케미컬 소자	화학 센서
미각	맛	혀	이온 센서 바이오 센서	산화물, 가스센서	
오감이 아닌 센서			중력 센서, 자기 센서 등		

2. 센서의 분류방법

센서를 분류하는 것은 어떠한 것을 기준으로 하여 분류하는 것에 따라 같은 센서들이 여러 분야로 중복적으로 분류되기도 한다.

〈표 8-2〉는 센서를 구성하는 방법과 측정대상, 센서 구성재료, 검출방법, 동작방식, 출력방식, 에너지 처리형태 및 용도별로 센서의 분류하였다.

〈표 8-2〉 센서의 분류방법

분류방식	센서 구분
구성방법	기본 센서 : 광, 가스, 압력, 온도, 습도, 바이오 등 조립 센서 : 유량, 속도, 거리, 위치, 변위, 중량, 레벨 등
측정대상	광센서, 이미지 센서, 적외선 센서, 온도 센서, 습도 센서, 기하학량 센서, 압력 센서, 위치 센서, 유량 센서, 가스센서 등
구성재료	반도체 센서, 세라믹센서, 고분자 센서, 효소 센서 등
검출방법	전자기적 센서, 광학적 센서, 화학적 센서, 역학적 센서, 변위 센서, 근접 · 위치 센서, 초음파센서 등
동작방식	능동형 센서, 수동형 센서
출력방식	아날로그형 센서, 디지털형 센서, 주파수형 센서, 스위칭 센서 등
에너지 처리형태	에너지 변환형 센서 : 태양전지, 압전형 가속도 센서, 열전대 에너지 전환형 센서 : 포토트랜지스터, 포토다이오드, 서미스터 등
용도별	계측용, 감시용, 검사용, 제어용

1) 검출종류에 따른 분류

센서는 계측분야에 따라 다양한 측정대상인 직선변위, 각도변위, 형상, 힘, 토크, 압력, 속도, 가속도, 온도, 유량, 수위 등에 따라 〈표 8-3〉처럼 분류할 수 있다.

〈표 8-3〉 검출종류에 따른 분류

계측분야	측정대상	센서 종류
기하학량	직선변위	전기마이크로미터, 포텐셔미터, 리니어세일, 레이저 측정기
	각도변위	포텐셔미터, 로터리 인코더 등
	형상	촬상관, 이미지 센서
역학량	힘	변형 게이지, 로드셀, 가압도전고무
	토크	비틀림각 검출기, 변형 게이지
	압력	벨로즈, 다이어프램, 압전소자, 정전용량
운동량	속도	도플러센서, 회전발전기식 센서
	가속도	압전형 센서, 서보형 센서
열량	온도(접촉식)	열팽창식 온도센서, 열전대, 서미스터, 수정온도계
	온도(비접촉식)	방사온도계, 바이파이로센서
유체량	유량	터빈식 센서, 초음파 센서, 교축식 센서
	수위	부력식 센서, 압력식 센서, 초음파식 센서

2) 측정원리 및 응용분야에 따른 분류

측정원리 및 응용분야에 따라 역학 센서, 자기 센서, 광센서, 방사선 센서, 음향 센서, 온도 센서, 화학 센서, 바이오 센서 등으로 분류하여 〈표 8-4〉에 표시하였다.

〈표 8-4〉 측정원리 및 응용 분야

분류	소분류	측정원리	응용 분야
역학 센서	압력 센서	기계식, 전기식, 반도체식	용기나 관의 압력측정
	변위 센서	전위차계, 차동변압기 등	자동 설비
	응력 센서	금속, 반도체 응력 센서	전자저울, 건축물의 안전진단
	유속 센서	피토관, 초음파, 열식센서	생산공정, 주유소 등의 유량계
	가속도 센서	관성식, 자이로, 반도체식	운송수단, 자동화 및 로봇 제어 시스템
자기 센서	전자유도 센서	전자유도작용	자기헤드, 자기포화소자, 서치코일 등
	전류자기 센서	홀소자, 자기저항소자	홀소자, 근접 스위치 등
	철심형 자력계	유도전류	자기장 측정, GPS의 방위각 측정 등
	자기다이오드	자기응축 효과	자기센서
	SQUID	Josephson, 자기양자효과	미약한 자계나 뇌파측정용
광 센서	광전자방출형	광전자 방출효과	관전관, 광전자증배관 등
	광도전형	광도전효과	카메라 노출계, 방사온도계, 광도계 등
	접합형	광기전력효과	광통신 수광소자, 리모콘 등
	복합광소자	수광소자와 발광소자 결합	포토인터럽트 등
방사선 센서		기체전리형, 액체전리형, 반도체식, 섬광형	공업계측, 비파괴검사, 유전자연구, 방사선 치료 등
음향 센서	음파 센서	정전형, 압전형	마이크로폰, 소음계
	초음파 센서	압전 진동자	초음파 제어, 통신소자, 가스센서 등
온도 센서	측온저항소자	금속저항의 온도의존성	온도계측 및 물리량 계측
	서미스터	금속산화물의 온도의존성	
	PN 접합 센서	다이오드의 온도의존성	
	열전대	제백효과	
	초전형 센서	자발분극의 온도의존성	
화학 센서	가스센서	반도체식, 전기화학식, 고체전해질, 접촉연소식	가스센서
	이온 센서	전기화학적 전위차	의료계측, 생산공정, 환경계측 등
	습도 센서	세라믹, 고분자, 전해질, 초음파, 열전도식	습도 센서
바이오 센서		효소, 미생물, 조직 센서	혈액형, 유기물 측정

03 센서의 동향

1. 마이크로 압력 센서

1) 기술개요

지난 반세기동안 진행된 반도체 공정기술의 혁신적인 발전은 집적회로나 마이크로컴퓨터의 개발뿐만 아니라 센서 산업의 발전에도 지대한 영향을 주어 종래의 크고 복잡한 구조의 기계식 센서가 3차원 미세가공 기술을 이용하여 실리콘 웨이퍼 상에 대량으로 제작되는 초소형, 경량의 전자식 반도체 센서로 대체되고 있다. 또한, 시스템의 전자화 추세와 더불어 마이크로프로세서, 메모리, 입출력부품의 집적과 단일 패키징이 용이해지고 있고 보다 효율적이면서 지능화된 시스템 제어가 가능한 센서들이 각광을 받고 있다.

반도체 압력 센서는 선진국에서 실리콘 미세가공 기술을 이용하여 제작된 최초의 센서로서 1980년대부터 상품화되어 자동차의 MAP(Manifold Absolute Pressure) 센서로서 응용되기 시작하였다. 이러한 MAP 센서는 현재 전체 실리콘센서 시장 중 가장 큰 점유율을 보이며, 1990년대부터는 주변회로와 센서가 동일 칩 상에 집적되어 저가격화와 병행하여 더욱 고성능의 압력 센서가 실제에 적용되고 있다.

향후, 실리콘 압력 센서의 자동차 수요는 MAP 센서 이외에도 타이어 압력, 브레이크 압력, 오일 압력, 에어컨 압력 등으로 계속 확대 적용될 전망이고 결국, 자동차 한 대당 적어도 5~8개의 반도체 압력 센서가 필요하므로 향후 막대한 수요가 예상된다. 자동차 다음으로 큰 실리콘 압력 센서의 시장은 의료용으로 일회용 혈압계가 가장 큰 시장을 형성하고 있고, Vital Sign Monitor, Eye Surgery, Hospital Beds, Blood Analysis, Inhalers, Kidney Dialysis Machines, Infusion Pumps/Drug Delivery Systems, Medical Drilling Equipment 등에 일부 적용되고 있으며, 점차 그 시장은 더욱 확대될 전망이다.

또한, 반도체 압력 센서는 종래의 기계식 센서보다 고정밀도 및 우수한 감도 때문에 산업계측 분야에서 공기, 가스 혹은 액체의 유량, 유속, 수위, 음향강도,

온도, 가속도측정용으로 응용되고 있는 추세이고, 그 외에도 가전용, 군수용, 우주/항공용 등 산업 전 분야에 걸쳐 실리콘 압력 센서의 적용이 가속화될 것으로 예측된다.

2) 압력 센서의 개발동향

〈표 8-5〉와 같이 미국에서는 1950년대부터 Bell Technology Lab을 중심으로 Honeywell, Westinghouse에서 실리콘(Si) 소재의 반도체 압력 센서 제조에 핵심 기술인 실리콘 식각기술에 관한 기초연구를 시작하여 1970년대부터 Stanford Univ., Case Western Reserve Univ., U. C. Berkely, Univ. of Michigan, MIT, Univ. of Wisconsin을 중심으로 반도체 센서에 대한 연구개발이 활발하게 이루어졌고, 그것을 토대로 Honeywell, Kulite Semiconductor, GM Delco, Motorola, Ford, IC Sensor, Lucas Nova sensor, Foxboro ICT 등의 업체가 실리콘 소재의 반도체 압력 센서를 공급하고 있다.

〈표 8-5〉 반도체 압력 센서의 기술개발역사

- 1950~1960 Discovery Period
  - -1954 : Smith discovers piezoresistivity at Bell Labs
  - -1958 : Discrete silicon strain gages commercially available
- 1960~1970 Commercialization and Market Development
  - -1961 : Integration of strain gages into silicon diaphragm(Kulite)
  - -1966 : Mechanically milled cavity introduced(Honeywell)
  - -1970 : Isotropic micromachined window introduced(Kulite)
  - -1970 : First piezoresistive acceleration sensors developed(Kulite)
- 1970~1980 Cost Reduction and Application Expansion
  - -1971 : Sensors employing anodic bonding introduced(Kulite)
  - -1974 : First high volumn hygrid sensor(National Semiconductor)
  - -1976 : Anisotropic micromachined windows introduced(Kulite)
  - -1976 : First under-hood automotive(Honeywell)
  - -1977 : First silicon capacitive pressure sensor demonstrated(Stanford Univ.)
  - -1978 : Bossed silicon diaphragms introduced(Endevco)
  - -1979 : Passive on chip temperature compensation(Kulite)
  - -1979 : Ion implantation of strain gages(Honeywell)
- 1980~1990 Micromachining and Rapid Market Growth
  - -1982 : First disposable medical transducer(Foxboro/ICT, Honeywell)
  - -1982 : Active on chip signal conditioning(Honeywell)
  - -1985 : Polysilicon diaphragm sensor by additive process(Wisconsin Univ.)
  - -1987 : Si-Si and Si-SiO_2 lamination implemented into sensor designs(NovaSensor)
  - -1988 : SFB based acceleration sensor with 1000 : 1 overload protection(NovaSensor)
  - -1990 : Introduction of SenStable : new superstable piezoresisitve process/design (NovaSensor)

일본에서는 1992년 1월, 마이크로머신센터가 설립되어 마이크로 머시닝 기술을 확립하고 이 기술을 산업전반에 걸쳐 전파시키고 이 기술을 이용하여 산업체가 상품화시킬 수 있도록 도와주며 마이크로머신 기술분야의 국제적 협력과 공동연구를 촉진시키는 중추적 역할을 수행하고 있다. 미세 가공된 센서는 Fujikura, Fuji, Hitachi, NEC, Sanyo 등에서 실용화되었고, 동경대학, 동북대학 등에서 연구개발이 활발하게 이루어지고 있다.

독일, 프랑스, 영국, 네덜란드, 스위스 등의 유럽에서도 미세 가공된 센서가 실용화되어 사용되고 있고, 국가적인 과제로서 미세가공 관련 연구개발이 활발하게 이루어지고 있다. 먼저 독일의 연구개발은 마이크로시스템 기술을 위해 1990~1994년까지 270Mil DM 이상을 지원하였고 1998년까지 협동연구과제가 진행될 전망이다. 프랑스에서는 국가적 마이크로시스템 기술추진 그룹이 1992년 결성되어 1993년 중반에 연구부, 국방부와 통상부에 의해 과제공모가 이루어졌다.

영국에서도 1993년 Microengineering Common Interest Group이 연구활동을 하고 있다.독일의 Technical Univ. of Berlin, 네덜란드의 Univ. of Twente, 스위스의 Neuchatel 대학, Munich 대학 등에서 센서 및 액추에이터에 대한 연구를 하고 있으며, 독일의 Bosch사, Siemens사, 스위스의 SCEM사, 프랑스의 Sagem사, 노르웨이의 SensoNor사 등에서 실리콘 압력 센서를 공급하고 있다.

〈표 8-6〉 각국의 실리콘 압력 센서의 생산업체 현황

국가	업 체 명	응용분야
미국	Nova Sensor, EG&G, Sensym, Foxboro/ICT, Endevco, Silicon Microstructure, Motorola	의료/산업용
	Kulite Semiconductor, Next sensor, Sentir, Rosemount, Dressor Industry	의료/산업용
	Ford, Delphi	자동차
	Honeywell	우주항공
	Analog Device	자동차
일본	Denso, Hitachi, Mitsubishi	자동차/산업용
	Fujikura, Sumitomo, Matsushida, Kopal	자동차/산업용
유럽	Bosch, Siemens	자동차
	Siemens, SensoNor, CSEM	자동차/산업용

3) 자동차용 압력 센서

자동차용 압력 센서의 경우 자동차라는 특수한 환경 속에서 사용되고 센서 성능이 탑승자의 안전과 직결되는 경우가 다반사로 내환경성 및 고신뢰성이 요구된다. 엔진제어를 위한 중압의 MAP(Manifold Absolute Pressure) 센서, 고압의 에어컨압 제어를 위한 에어컨 압력 센서, 중고압의 타이어 공기압 제어를 위한 타이어 압력 센서 등이 있지만 향후에는 적용 분야가 점차적으로 증가하여 고압의 오일 압력 센서, 저압의 연료탱크 압력 센서, 연료 레벨 센서 등으로 확대될 전망이고 이러한 각종 압력 센서들은 적용분야의 압력범위, 온도범위, 전기적 출력전압 범위 등의 특수사양을 만족하는 설계가 요구되어진다.

현재 자동차용 MAP 센서를 생산하고 있는 업체로는 미국의 GM Delco(압저항형), Ford(용량형), ISS(압저항형), Motorola(압저항형) 등과 일본의 Fuji Electric, Nippondenso, 유럽의 SensoNor, Bosch, Siemens 등이 있으며, 이들 업체는 대부분 자동차부품회사와의 전략적인 제휴로 제품공급을 하고 있기 때문에 영세한 중소업체들의 시장진입은 어려운 상황이다. 국내에서는 선진국의 회사로부터 센서 칩을 공급받아서 조립 생산하고 있다.

기술적으로 MAP 센서는 신호처리회로가 내장된 One-Chip 형태로써 센서와 신호처리회로가 일체화된 On-Chip 센서 혹은 센서와 신호처리회로가 하나로 패키지된 One-Package 형태이며, On-Chip 센서인 경우는 바이폴라 공정이 사용되고, Two-Chip 센서인 경우 ASIC칩은 CMOS 공정으로 제작된 칩이 사용되고 있다. MAP 센서에서 고려할 핵심 기술은 온도보상기술로서 바이폴라 공정을 이용하는 경우 Thick Film 혹은 Thin Film을 이용하여 온도보상을 수행하고 있으며, Bosch사에서는 Switched Current를 이용하여 온도보상을 수행하고 있다.

CMOS 공정을 이용하는 경우 EPROM 혹은 EEPROM을 이용한 온도보상을 수행하고 있는데 향후에는 CMOS ASIC 칩을 이용한 EEPROM이 내장된 Two-Chip 센서가 종래의 On-Chip 센서보다 가격경쟁력이 있고 디지털 Trimming을 수행함으로 별도의 Trimming 장비가 필요없고, 패키징 후에 Trimming을 수행함으로써 패키징으로 인한 센서 특성변화가 발생하지 않는 장점을 갖기 때문에 기존 센서를 대치할 것으로 전망된다.

현재 일본의 Fuji 전기에서는 기존의 바이폴라 On-Chip형 MAP 센서를

CMOS EPROM 센서로 대치할 계획이며, 기존의 바이폴라 공정을 이용한 센서는 에어컨 압력 센서 등에 적용할 예정이다.

4) 의료용 압력 센서

생체계측을 위한 의료용 센서는 일반 환경 하에서 동작하는 센서들에 비해 소형경량, 센서 재료의 생체간 직접적인 정보교환이 가능, 미소한 생체신호에 대해 우수한 감도, 장기간 체내에서 내장될 경우에도 물리/화학적인 내구력이 있어야 하며 무독성이어야 한다.

1983년 이후 MEMS 기술을 이용한 압력 센서의 제작이 효율적이며 가격 대 효율비가 뛰어나서 1회용 혈압 센서제품으로 상용화되었다. 매년 2,000만 개가 넘는 혈압 센서가 수술과 중환자 집중치료에 사용되고 있다. MEMS 공정을 적용하여 제작공정을 개선하면 저가의 혈압 센서를 상품화하여 대량으로 생산할 수 있을 뿐만 아니라 새로 개발되고 있는 미세가공기술은 예기치 못한 수준으로까지 센서 및 시스템을 소형화하고 있다.

미세가공기술로 제작된 폭 0.4mm인 압력 센서 칩은 초소형 도뇨관과 조립되어 사용되고 있다. 일례로, 세계 최소형 압력 센서인 Catheter-Tip 압력 센서는 심장으로 들어가서 심장의 여러 지역에서의 압력을 조사하는데 이는 심장병의 진단할 때 중요하게 사용된다. 기타, 자궁암의 측정, 뇌압의 측정, 약물주입용, 의약운반 시스템, 인슐린 펌프, 호흡계 등에 응용되고 있고, 혈압계에도 가장 큰 시장을 형성하고 있다. 혈압 센서 생산업체로 TRW Nova Sensor, Sensym, Motorola가 미국시장을 주도하고 있다. 일회용 혈압계가 주류를 이루고 있고 Sensym에서는 Nonevasive 초소형 어레이 압력 센서를 개발하였다.

의료용 압력 센서는 자동차용 압력 센서와 달리 Off-chip 형태로 이용하여 가능하다. 특히, 특수한 패키지가 요구되는 일회용 혈압계에는 정사각형 다이어프램 구조로서 15~20μm의 다이어프램 두께가 사용되고 있으며 세라믹 패키지 위에 Thick Film을 이용하여 온도보상을 수행한다.

5) 산업용 압력 센서

산업용 센서 역시 제조설비, 생산공정, 안전관리 등 공장자동화에 필수적으로 채택되는 센서로서 고정밀도와 고신뢰성을 요구한다. 압력 센서는 압력뿐만 아니라 유량(flow), 유체 레벨(fluid level), 음향강도(acoustic intensity) 등 실생활에 필요한 다양한 물리량을 감지할 수 있기 때문에 산업전반에 걸쳐 가장 많이 사용되고 있다. 반도체 공정기술 및 집적회로 기술의 발달에 따라 실리콘 소재의 반도체 압력 센서의 성능이 기존의 기계식 압력 센서 이상의 성능을 갖게 되었을 뿐만 아니라 Batch Processing에 의한 대량 생산으로 저가의 제품을 공급할 수 있게 됨에 따라 산업용 압력 센서는 기계식에서 실리콘 압력 센서로 대치되어 있는 추세이다.

HVAC 시스템, 소용량의 유체 레벨측정, 등에는 2psi 이하의 저압 센서가 적당하다. 중/저압 센서의 응용에는 고도측정, 공정제어, 유압제어 등이 포함되며 250psi 이상의 압력 센서의 적용에는 콤프레셔, 산업 파이프 시스템 등이 있다.

2. Nano/MEMS 관성 센서

1) 기술개요

Nano/MEMS 기반의 마이크로 센서는 기계, 전자, 반도체 재료, 반도체 공정, 패키징 등 다양한 기술의 복합체이다. 관성 센서는 압력 센서와 더불어 산업의 기본이 되는 부품이고, 지난 10여년 간 가장 활발한 연구가 지속적으로 진행되고 있는 분야 중 하나로서 관성 센서의 핵심 기술로는 미세 구조물의 설계 기술, 마이크로머시닝 공정기술, 미소 신호처리용 ASIC 기술, 패키징 기술 등이 포함된다.

관성 센서의 응용분야가 초기 에어백(air bag) 센서에서 최근에는 신종 캠코더, 핸드폰과 같은 일반 가전제품, 차량의 항법 및 제어, 더 나아가 군수시장까지 확대되면서 이제 관성 센서는 mm크기에서 나노급의 정밀한 공정기술과 1mm 이하의 미소 변위를 검출할 수 있는 신호처리기술과 같이 복합적인 고도의 Nano/MEMS 기술을 요구하고 있다.

또한, 관성 센서의 시장이 확대되고 응용 분야가 특화되어감에 따라 여러 기술들이 복합적으로 필요하게 되어 지속적인 연구개발이 진행되고 있다. 따라서 관성 센서 분야는 차세대 비메모리 반도체 산업의 핵심 기술 중 하나로 인식되고 있으며, 미국을 비롯한 일본, 독일 등의 선진국에서는 약 10여년 전부터 정부 주도로 Nano/MEMS 기반한 관성 센서에 관한 연구가 시작되었고, 현재 다수의 기업에서 연구개발이 진행되고 있다. 특히 미국의 경우 상용화를 위한 정부지원은 최근 들어 점점 더 증가하는 추세에 있다.

관성 센서는 크게 가속도 센서와 자이로(Gyro) 센서로 분류되고, 관련 시장 및 응용 분야는 매우 광범위하여 차량의 현가장치 및 브레이크 통합제어, 에어백, 사고 전후차량의 상태를 감지, 저장하는 사고기록 시스템(black box), 차량 위치인식 시스템(CNS : Car Navigation System) 등의 자동차 관련 응용 분야에서 특히 각광받고 있다.

그리고 이동통신 복합단말기에 적용될 휴대용 위치 인식 시스템(PNS : Portable Navigation System), Wearable 컴퓨터와 PDA 등 휴대용 정보기기의 데이터 입력장치, 가상현실 게임시스템의 감지장치, 그리고 3차원 마우스, 캠코더의 화질보정 등의 정보통신 분야에서 응용 또한 활발히 연구되고 있다.

항공우주 분야에서는 일반 항공기의 항법 시스템뿐 아니라, 초소형 항공기(MAV : Micro Air Vehicle), 미사일 등의 자세제어 시스템, 또는 군사용 개인 항법 시스템 등에 적용되고 있고 MEMS 관련 응용 분야는 더 크게 증가하고 있는 추세이다. 한편, 차세대 성장동력 기술로 주목받고 있는 지능형 로봇 분야의 경우, 로봇의 정밀한 동작 및 자세제어와 위치파악에 고성능의 관성 센서 기술이 요구된다. 향후 Nano/MEMS 기반의 관성 센서가 가지고 있는 응용 분야 및 시장이 더욱 확대되어 자동차, 정보통신, 의료, 항공, 우주와 같은 전 산업분야로 파급될 것으로 예상되고, 관성 센서 제작에 필요한 나노급의 정밀 미세 가공 기술과 미소 신호의 검지기술 등 고도의 Nano/MEMS 기술은 그 자체로도 부가가치 및 고용창출 효과가 매우 클 것으로 전망된다.

2) 관성 센서들의 현황

(1) 가속도 센서

가속도 센서는 압력 센서와 더불어 반도체 공정기술과 마이크로머시닝 기술의 발달에 힘입어 상용화가 상당부분 진행된 분야이다. 가속도 센서의 상용화는 자동차의 에어백 충돌 센서에서 먼저 시작되어 현재는 ABS 시스템, 후륜제어 시스템 등 자동차 분야에서 활발히 진행되고 있다. 또한 추후 자동차 외에

PAN(Personal Area Network), 공장자동화 및 계측기기, 휴대폰, 가전제품 등의 응용 분야로 점차 확대되고 있다.

미국 ADI사(Analog Devices, Inc.)의 경우 ±50g의 입력범위를 갖는 에어백용 가속도 센서로 ADXL 시리즈를 개발하였는데, 그 가속도 센서는 질량체 및 스프링과 같은 기계구조물과 신호처리 및 자체진단 기능과 같은 주변 회로를 집적시킨 ADI사의 대표적인 1축 가속도 센서인 ADXL50과 및 2층 가속도 센서인 ADXL202를 보여주고 있다. 이 센서는 폴리실리콘을 이용한 표면 마이크로머시닝 기술로 기계구조물을 제작하고 BiCMOS 공정을 이용하여 신호처리 회로부를 집적하였다.

또한, Motorola 역시 표면 마이크로머시닝을 이용한 ±50g의 입력범위를 갖는 차량용 가속도 센서로 MMA 시리즈를 개발하였다. 이 소자는 1.75um CMOS 기술을 사용하여 신호처리회로를 제작하고, EPROM Trim, 필터링(filtering)과 자기진단기능을 구현하였다. ADI사의 ADXL 시리즈와 Motorola의 MMA 시리즈 모두 개당 5달러 미만의 가격으로 시판되고 있으며, 높은 가격 대 성능비를 보여주며 시장을 선도하고 있다.

한편, Crossbow, Endevco, IC Sensors 등의 업체들이 압저항형 및 용량형 초소형 가속도 센서를 공급하고 있으나, 현재 이들 업체에서 생산되는 가속도 센서는 대부분 자동차 에어백 용도로 국한되어 있다. Honeywell은 Quartz 정밀 가공기술을 이용하여 고성능 가속도 센서를 생산하고 있으며, 여타 상용화된 가속도 센서 중에서 해상도의 가장 높은 성능을 보여주고 있다.

〈표 8-7〉 주요 업체별 가속도 센서의 성능비교

Model	ADI	Motorola	Crossbow	Honeywell
	ADXL150	MMA2202D	CXL10HF3	QA650
Input range	50g	50g	10g	30g
Scale factor	38mV/g	40mV/g	100mV/g	1.33mA/g
Non-linearity	0.2%	1%	1%	
Noise level	1mg	2.5mg		<10μg
Bandwidth	1kHz	400Hz	1～10kHz	>300Hz

(2) 자이로 센서

처음 상용화된 자이로 센서는 대부분 압전형 방식을 채택하고 있다. 현재 Murata에서는 세라믹 압전형 자이로 센서인 Gyrostar 시리즈를 캠코더용으로 개당 약 5달러 대에서 판매하고 있으며, 상용 자이로 센서 시장의 우위를 점하고 있다. Matsushida는 온도특성이 우수한 Crystal 압전형 자이로 센서를 개발하여 연간 약 5~6백만개를 자동차용으로 약 40달러 대에서 판매하고 있다.

최근 Nano/MEMS 기술로 제작된 용량형 자이로 센서가 상용화되었는데, 용량형 센서의 특성상 수십 fm(femto meter) 수준의 변위와 수식 zF(zepto Farad) 수준의 용량을 검출할 수 있는 고난이도의 기술이 필요하다. 현재 자이로 센서의 기술적 난제는 개별소자의 주파수 튜닝, 웨이퍼 레벨 진공 패키징, 신호처리회로의 집적 등을 들 수 있다.

ADI(Analog Device Inc.)사는 2002년 세계 최초로 신호처리회로가 집적화된 0.05°/sec 해상도의 비진공형 자이로 센서 ADXRS를 출시하였고, 삼성종합기술원은 용량형 자이로 센서의 연구가 양산단계에 진입했으며, SensorNor, Honeywell, Panasonic 같은 회사들도 자이로 센서의 시제품을 출시하고 있는 한편, BEI는 Quartz 마이크로머시닝을 이용한 자이로 센서를 출시하고, Silicon Sensing System의 경우 전자력 검출방식의 자이로 센서를 출시하여 차량항법용 등 고성능 자이로 센서 시장을 공략하고 있다. 〈표 8-7〉에 주요 업체의 자이로 센서의 성능을 비교하였다.

3. 바이오 센서

생명체에서 감각기관이라 하고, 이와 유사한 생물세포를 기계화하거나 소자로 만든 경우에 한하여 이를 바이오 센서라 부른다. 최근 Human Genome Project의 완성 등으로 인하여 유전자에 관한 관심이 증대되고 있으며, 특히 DNA Chip을 이용한 생명공학의 급속한 발전은 인간의 의학 및 생활전반에 대단한 혁명을 가져올 것으로 예견되고 있다. DNA Chip을 사용하면 방대한 양의 유전정보를 빠른 시간 내에 분석할 수 있을 뿐만 아니라, 유전자 간의 상호연관성까지 규명할 수 있게 되어 앞으로 유전병 및 암의 진단, 돌연변이의 탐색, 병원균의 검출, 유전자 발현분석, 신약개발 등 폭 넓은 응용분야가 예상된다.

또한 미생물이나 환경오염의 감지기로 이용, 해독물질에 대한 유전자를 찾아내어 유전자 재조합기술을 적용함으로써 해독물질을 대량 생산하거나 의약용 농작물, 저지방 함유 육류의 생산에도 응용될 수 있는 등 거의 대부분의 생물관련 산업에 혁명적인 발전을 가져올 수 있다.

바이오 센서는 광의적으로는 생체물질을 이용하거나, 생체물질의 특성을 모방하거나, 생체물질의 성질 및 반응을 측정할 때 쓰이는 센서를 포함하나, 현재는 생체물질을 이용하여 분석하고자 하는 화학물질이나, 생물을 선택적으로 감지할 수 있는 측정장치로써 정의된다.

바이오 센서가 주로 화학물질 또는 바이오 물질의 검측을 위한 단일공정을 가지고 있는데 반해, 최근에는 MEMS(Micro Electro Mechanical System) 기술을 기반으로 제작 Micro TAS(Total Analysis System) 또는 Lab-on-a-chip을 이용하여 분석에 필요한 각종 시료의 첨가, 희석, 혼합, 반응, 분리, 검출, 등의 모든 단계를 하나의 칩 상에서 수행할 수 있는 Total Solution을 제공하고자 하는 연구가 활발히 이루어지고 있다.

MEMS 기술은 반도체 제조에 이용되는 Lithography 등의 미세 가공기술을 이용하여 전기와 기계부품을 초소형으로 일체화하여 만드는 기술로서 여러 가지 복잡한 단계를 거치지 않고 시료 주입만으로 최종 결과를 얻어낼 수 있는 시스템을 개발할 수 있기 때문에 사용의 간편성뿐만 아니라, 검사자의 실험상 오류를 최대한 제거하여 얻어진 결과에 대해 신뢰성을 부여할 수 있어 대중화에 큰 기여를 할 것으로 기대되고 있다.

1) 바이오 센서의 개요

바이오 센서는 1962년 미국의 클라크(L.C.Clark) 박사가 혈액 속의 포도당 농도를 관측하려는 생각에서 분자식별능력을 갖는 효소와 산소전극을 포함하여 기질(특정 측정물질)의 농도를 알 수 있다는 원리를 제안하면서 시작되었다. 그 제안된 바이오 센서의 구조는 측정하고자 하는 물질을 각종 반응을 측정/기록하기 쉬운 전기적 신호로 바꾸어주는 신호변환기(transducer)로 크게 구분되어진다. 바이오 센서는 사용되어지는 생체감지물질과 신호변환기의 종류에 따라 많은 특성 차이를 가지고 있으며 응용되는 분야에 따라 요구되는 특성을 포함해야 한다.

기본적으로 바이오 센서를 제작할 때 각각의 용도에 따라 대표적인 센서 특징이 요구되어지는 데, 그것은 얼마나 적은 양을 측정할 수 있는가에 대한 민감도(sensitivity) 특성, 얼마나 선택적으로 측정할 수 있는가에 대한 선택성(specificity) 특성, 얼마나 신뢰할 수 있는 결과를 도출하는가에 대한 반복성(repeatability or reproducibility)특성과 더불어, 바이오 센서의 중요한 변수 중에 하나인, 얼마나 오래 사용학도 보관할 수 있는가에 대한 안정성(stability or shelf life) 등을 들 수 있다.

(1) 생체 감지물질에 따른 분류

현재까지 자주 쓰이는 생체 감지물질로는 특성물질과 반응 및 결합할 수 있는 효소, 항체(항원), 렉틴, Hormone receptor 그리고 핵산(DNA or RNA sequence) 등이 있다. 이렇게 사용되는 생체 감지물질의 종류에 따라 바이오 센서는 효소 바이오 센서(enzyme biosensor), 항원-항체 바이오 센서(affinity biosensor), 셀 바이오 센서(cell Biosensor), DNA 바이오 센서(DNA biosensor) 등으로 구분된다.

가장 많이 이용되어 왔고 지금도 상당한 바이오 센서가 사용하고 있는 효소의 경우, 사용의 편의성에 의해 오랫동안 사용되어져 왔으니, 항원-항체 반응을 이용하거나 DNA 등 핵산을 이용하는 경우에 비해 민감도와 선택성이 떨어지고, 고정화 상태에서의 Shelf Life 감소로 인한 센서의 안정된 반복성을 구현하는데 상당한 시간 및 노력이 필요하게 된다. 그럼에도 불구하고, 혈당을 측정하는 혈당 센서를 포함하여 일회용 바이오 센서 시장에 대부분을 차지하고 있으며, 항원-항체 반응을 이용하거나, DNA 및 RNA 측정을 위해서도 측정용 수단으로써 아직도 많은 연구가 진행되고 있다.

항원-항체를 이용할 경우는 효소를 이용하는 경우보다 선택성이 월등히 증가하게 되고, 효소를 이용할 경우에 발생하는 효소 종류의 한계로 인한 측정물질 제약을 받지 않는다. 필요한 항체는 직접 토끼나 쥐를 이용하여 Polyclonal 항체를 제작할 수 있고, 추출분리를 통해 Monoclonal 항체를 얻을 수 있다.

DNA는 주로 DNA와 같은 핵산을 증폭하거나 단백질과 같은 생체물질을 측정하기 위해 이용된다. DNA/RNA는 그 배열에 따라 높은 선택성을 가지게 되어 많은 연구가 진행되고 있다. 또한 효소나 항체와 달리 DNA는 높은 안정성을 가지고 있기 때문에 최근 가장 많이 연구되고 있다.

(2) 신호변환기 원리에 따른 분류

생체감지물질의 반응결과, 즉 특정 이온의 변화, 전기화학적 활성물질의 농도 변화, 발열, 빛의 변화(흡광, 형광, 발광), 흡착에 의한 질량변화 등을 처리하는 신호변환기(transducer)의 원리에 따라 전기화학적(electrochemical), 광학적(optical), 열(thermal), 그리고 압전(piezoelectric) 바이오 센서 등으로 대별된다.

가장 널리 이용되고 있는 전기화학 방법은 전위측정법과 전류측정법으로 구별되고, 산화환원 반응과 같은 특정한 전기화학적 특성을 가지는 측정 대상물질에 적용될 수 있다. 그러나 특정 전기화학적 특성이 측정 대상물질에 없는 경우에는 이용하기 곤란하고, 다른 바이오 센서에 비하여 높은 측정 제한범위를 가지고 있어 상대적으로 낮은 민감도를 요구할 때 사용되어진다.

바이오 센서의 경우는 전기화학식 방법을 사용할 때 나타나는 단점들을 극복할 수 있으나, 고가의 장비가 포함되어지고, 소형화를 하기 힘든 단점이 있다. 이에 반해 압전 효과식 및 수정진동자식 센서는 낮은 측정 제한범위를 가지나, 외부 환경에 또한 민감하게 반응하여 실제 상용화 센서로써 제작되기 위하여 적절한 잡음신호 제거의 장치가 요구된다.

(3) 응용분야에 따른 분류

바이오 센서가 사용되어지는 응용분야별로 크게 혈당측정을 포함하여 젖산, 콜레스테롤, 요소 등 다양한 생체물질을 분석 진단하고, DNA 등을 측정하여 각종 질병진단 및 질병예측에 사용되는 의료용(medical diagnositics), 공장폐수(페놀, cyanide, 중금속) 및 농약 등을 측정하여 환경감시측정 시스템을 위한 환경감시용(environmental monitoring), 식품잔류농약 및 gmo(genetically modified organisms) 측정 및 식중독균 검측을 위한 식품용(food screening), bio terror에 대비하기 위해 실시간 대기 및 수질에 있는 독성(pathogenic) 박테리아 및 바이러스 측정을 위한 군사용(anti-bioterrorism), 제약, 화학, 석유화학 공정에서 특수 화학물질의 분석 및 생물발효공정에서 공정자동화를 위한 산업용(process monitoring), 각종 미세분자 측정 및 분자 간 반응특성 연구를 위한 실험연구용 등으로 구분된다.

최근, 바이오 센서의 시장은 의료용 센서가 90%로 대부분을 차지하고 있으며, 전체 시장의 80%가 혈당센서가 차지하고 있다. 전체 바이오 센서의 시장은 향후 2005년 500억불이 넘어설 것으로 추정된다. 이러한 바이오 센서의 시장의 활성은 많은 부분을 차지하고 있는 혈당 센서와 더불어 최근 응용성이 크게 부각되고 있는 식품안전성 분석용 바이오 센서 분야, 그리고 바이오 센서의 획기적인 전환점을 줄 것으로 기대되는 나노 기술이 접목된 나노 바이오 센서 분야를 기대하고 있다.

바이오 센서의 대부분을 차지하고 있는 혈당측정용 바이오 센서는 사회 경제적 발전에 의한 과식, 운동부족, 스트레스 증가 등으로 인하여 당뇨병 인구가 늘고 있는 추세와 더불어 수 십년 동안 연구가 활발히 진행되고 있으며, 크게 채혈식과 비채혈식으로 구분할 수 있다. 채혈식 바이오 센서는 채혈 시 채혈양의 많고 적음에 상관없이 필연적으로 고통과 상처를 수반되는 결정적인 약점을 가지고 있다.

시중에 판매되고 있는 혈당기는 대부분 채혈식 혈당기로, 이러한 채혈식 기기는 전기 화학방식의 전극기술을 채택하고 있다. 핵심 기술은 전극으로 하이드로겔(hydrogel) 내에서 GOD와 글루코스(glucose)가 반응하여 생성되는 Hydrogen Peroxide에 의해 변화하는 전류를 측정한다. 하이드로겔은 글루코스와 Glucose Oxidase(GOD)가 반응할 수 있도록 GOD를 효과적으로 고정시켜주는 역할을 한다.

혈당을 측정하는 방법으로 다른 착안점은 Cygnus사의 Glucowatch처럼 조직액의 당량을 측정하는 방법이다. 이는 완벽한 비채혈식 기기는 아니지만 피부패치를 사용하는 혈당측정기로, 혈액이 아닌 체액을 고통 없이 혈당값으로 산출할 수 있다. Glucowatch는 시계모양의 기계 뒷부분에 붙은 Patch에서 전기삼투압을 이용하여 빨아올린 조직액을 가지고 혈당농도를 측정한다. 이러한 기기는 20분마다 자동적으로 혈당값을 산출 저장할 수 있고, 이러한 혈당값을 통해 환자의 혈당값 변화추이를 파악할 수 있다.

이것은 환자의 편리성을 근간으로 두고 기기의 목적인 질병의 모니터링뿐 아니라 질병치료에 도움을 줄 수 있다. 구현원리는 전기삼투압을 기본원리로 하는 것으로 피부에 미세한 전류를 가하여 피부 밖으로 글루코스를 추출하는 방식을 이용하는 것으로 일정한 미세 전류가 가해지면 양전하와 음전하는 가지는 이온들이 각각 양극과 음극이 적용되는 하이드로겔로 이동하게 되는데 이러한 이온들의 움직임과 함께 중성의 분자인 글루코스 역시 피부 밖으로 추출되어 하이드로겔 내로 모이게 된다.

수집된 글루코스는 하이드로겔 내에 고정되어 있는 글루코스 산화효소와 반응하여 과산화수소를 생성하게 되며, 센서 내에 존재하는 전극에서는 이러한 효소반응에 의해 생기는 전기화학적 신호를 감지 측정하는 역할을 하게 되고 측정된 전기화학적 신호는 혈당값으로 변화될 수 있다. 미국의 Cygnus사, Minimed사는 Ionotophoresis 방식 등을 이용 미량의 간질액(interstitial fluid)을 피부 표면으로부터 추출한 후 이를 효소 등과 반응시켜 혈당을 진단하는 연구를 진행해왔다. 두 회사 모두 현재 미국 FDA의 승인을 받은 상태이다. 그러나 승인 또한 의사의 처방전이 있는 경우에만 사용이 가능하다.

비채혈식 혈당 센시 기술은 체액성분 중 혈당의 농도를 편리하고 손쉽게 고통이 없이 측정할 수 있는 기술로서 근적외광을 이용한 분광측정방식은 상용화에 근접해가고 있는 기술로서 주목을 끌고 있다. 분광학을 이용한 체액성분 진단에 있어서 가장 중요한 것은 정확도를 높이는 것이다. 세계 인구의 약 3~5%로 추정되는 당뇨병 환자를 위한 혈중 글루코스(혈당) 진단은 막대한 시장 수요로 인하여 많은 연구가 진행되고 있다. 비침습 혈당진단은 미국의 Sensys Medical과 Lifetrac 등에서 활발히 연구가 진행되고 있다.

이중 가장 기술력이 앞서 있는 Sensys사는 전문가용 무혈혈당기를 2005년 말 FDA 승인을 목표로 하고 있는데, 저전력 소형 광원(램프), Fixed Grating, InGaAs 어레이 센서 등으로 송신부와 수광부를 소형으로 구성하여 연구개발에 박차를 가하고 있다. 측정부위로 Fore arm에 빛을 조사하여 반사되는 광의 흡광도(absorbance)를 측정하여 성분농도를 예측하는 반사형 방식이다. 무채혈 혈당기 개발에 있어서 핵심 기술은 센서부도 물론 중요하지만, 무엇보다도 Human Interfacing 기술이다.

특히 생체 Tissue를 인위적으로 조절하여 혈당농도를 측정하는 데에는 한계가 있으며, 가능한 생체 Tissue를 일정하게 유지한 상태에서 혈당정보를 추출해내기 위한 기술이 필요하다. 식품안전성 바이오 센서 분야는 최근 급식산업의 활성화 및 단체 식품가공 및 공업화된 식품 산업분야의 급속한 발전이 크게 부각되지 않고 있던 집단 식중독 사고의 대형화에 의해 매년 급속도로 커지고 있는 분야이다.

바이오 센서 분야는 무엇보다 신속하고 정확한 감지가 요구되어지고 있다. 미국의 경우 매년 7천 5백만 명이 식품병원균으로부터 고통을 받고 있으며, 이 중 5000여명이 사망하고 있다. 주요 식품 유래 병원균은 살모넬라, 리스테리아, 캠필로박터, O157:H7 대장균이며, 국내에서는 2000년 총 7,300여건의 발생 건수 중 40%가 넘는 미생물에 의한 식중독 사고를 보여준다. 이러한 식중독균을 신속하게 측정할 수 있는 바이오 센서는 미국 아칸소대학(U. of Arkansas)의 과학자들이 제작한 센서로 닭의 시체로부터 2시간만에 살모넬라의 세균을 감지할 수 있고, Cornell 대학교에서 개발한 Strip형 바이오 센서는 역시 2시간 이내에, 음료수등에서 극저 농도의 대장균을 측정할 수 있다.

조지아 공대 연구소(GTRI)도 독성 대장균이나 살모넬라를 포함한 여러 가지 독성 미생물의 존재 여부와 농도를 동시에 측정할 수 있는 바이오 센서를 개발하였다. 극독성 미생물을 측정하기 위한 바이오 센서는 미생물의 독성을 측정하여 미생물 전체의 양을 예측하는 항원-항체 방법에서 미생물내의 특정 DNA/RNA을 증폭하여 검출하는 DNA hybridization 방법까지 다양한 방법을 이용한다.

또한 MIT 대학교에서는 면역세포를 이용하여 수초 내에 50C.F.U.정도의 독성 미생물을 측정할 수 있는 CANARY(Cell Analysis and Notification of Antigen Risks and Yields) Biosensor를 개발하였다. 이러한 바이오 센서는 면역세포의 일종인 B셀을 유전자 조작하여 특정 독성 미생물에 반응하도록 다시 조합하여 사용한다.

이러한 바이오 센서 기술의 발전은 실험실에서 24시간 이상 걸리는 임상적 검사를 수분에서 수시간의 짧은 시간에 간편하게 측정하는 장점이 있음에도 불구하고, 상품화된 바이오 센서의 대부분이 일회용 센서(disposable biosensor)에 그치며 측정물질 채취에도 어려움이 있는 실정이다. 따라서 기존 바이오 센서의 한계를 극복하여 현장진단, 재택진단, 실시간 진단이 가능한 개선된 바이오 센서의 개발이 요구된다.

이러한 고기능 바이오 센서의 개발을 위하여 최근 활발하게 진행되고 있는 분야가 나노기술을 응용한 바이오 센서이다. 나노 바이오 센서의 장점은 소형화를 기초로 하여 센서 신호의 고안정화, 빠른 응답시간, 고감도, 고선택성 등의 동작특성이 향상을 들 수 있다. 이로 인해 단일세포의 측정이 가능하고, 연속적,

비침습적 실시간 측정 및 현장진단이 가능하게 될 것이다.

하버드대학의 화학과에서는 Nano FET을 이용한 바이오 센서를 개발하여 2001년에 발표하였다. 이러한 나노바이오 센서를 이용하여 10pM의 Streptoavidin의 결합을 측정할 수 있어 기존의 단분자 분석 감도를 극복한 것으로 나타나고 있다. 이런 나노기술의 접목과 더불어 분석 신호해석 및 감도향상 기술의 발전은 나노사이즈의 거동분석 및 단생체 분자결합 분석에 응용되어 많은 다른 분야의 기술적 발전에 큰 도움을 주고 있다.

4. 방사선 센서

질병의 진단을 위해서 실제 인체의 내부를 해부하지 않고도 내부구조를 관찰하고자 하는 욕망은 1895년 10월 독일의 물리학자 뢴트겐이 X-선을 발견함으로써 실현되었다. X-선 발생장치를 이용한 질병의 진단은 그 원시적인 사용에서 줄곧 발전하여 100여년이 지난 지금 질병의 진단과 치료에 있어서 핵심적인 역할을 수행하게 되었다. 1973년의 Hounsfield가 전산화단층촬영기(computed tomograhpic scanner)를 개발함으로써 컴퓨터가 본격적으로 의료영상에 응용되기 시작하였고 디지털 영상이 구현되기에 이르렀다.

1973년 Lauterbur와 Damadion은 NMR(Nuclear Magnetic Resonance)를 개발하였고, 1979년에는 Mistrettark 디지털 투시술(digital fluoroscopy)을 개발함으로써 의료영상의 분야가 현재의 모습을 갖추게 되었다. 진단방사선학 및 치료방사선학으로 대별되는 현대 방사선의학의 응용분야는 일반 X-선 촬영장치를 비롯하여 1970년으로부터 최근의 30년이 지나는 동안 전산화단층촬영장치(CT), 자기공명영상장치(MRI), 양전자선단층촬영장치(PET) 등으로 발전하였다.

기존의 X-선 발생장치와 필름을 매개체로 하는 일반 X-선 영상은 아날로그 영상으로 분류되면서 아직까지도 전체 의료영상촬영의 약 70%를 차지할 만큼 여전히 임상의학의 영상진단법의 주류를 이루고 있다. 그러나 기존의 X-선 촬영장치의 일반적인 필름/스크린 방식에 의한 촬영은 매년 증가하는 필름의 보관 및 관리 그리고 기존 데이터를 활용할 때 많은 문제점들이 제기되기 시작했다.

첫째, 필름 보관에 있어서 5년의 법정기간을 준수하여야 하는데, 대학 부속 병원급의 종합병원의 경우 하루 촬영필름 수량은 1500~2000장 정도이므로 1년

추산량은 70만 장 정도의 엄청난 부피이며 이런 많은 양의 필름을 보관하고 관리하기 위하여서는 각 병원에서 추가적으로 창고료를 지급하고, 병원외부의 공간을 빌려서 보관 및 관리를 해야 하는 형편이므로 이에 따르는 보관공간비용에 따르는 문제점을 낳았다.

둘째, 이러한 보관관리의 어려움은 특수 질병 케이스에 대한 필름 검색의 어려움을 낳고, 또한 필름자체의 이동범위를 제한하며, 필름 분실로 인한 재촬영율을 높인다.

셋째, 필름의 현상과정에 따른 화학폐기물의 발생으로 이차적 환경오염과 넷째, 현상시간의 지연으로 응급대응이 곤란하며 마지막으로, 병원전산화(HIS) 및 의료영상전송 시스템(PACS) 구현을 위한 디지털화에 커다란 장애요인이 된다는 점이다.

이러한 제반의 문제점들의 해결을 위하여 많은 양의 필름을 컴퓨터 등의 전산정보장비를 이용하여 보관장소를 축소시키고, 데이터베이스 프로그램을 사용하여 데이터의 관리와 검색 및 전달의 편리함을 도모하고자 필름의 디지털화를 위한 연구를 진행하고 있다.

기존의 X-선 영상을 디지털화하는 기술을 디지털 방사선(Digital Radiography : 이하 DR)이라 정의한다. 다시 말하면 X-선에 의한 영상신호를 전기적인 신호로 데이터를 획득하고, 컴퓨터로 영상을 처리하여 화상을 구성하는 기술이다. 최근 디지털 카메라와 휴대폰의 카메라 모듈 기술의 발달로 인하여 고해상도의 기술들이 개발되고 있는데, 영상 센서로 이용하고 있는 영상장치는 크게 Change Coupled Device(CCD)나 CMOS 등의 영상 센서를 이용하는 방법과 평판형(flat panel) 방식으로 구분된다.

5. 지능형 센서

최근 MEMS와 유비쿼터스 기술이 화두에 오르면서 지능형 센서 기술에 대한 관심이 커지고 있다. 네트워크 컴퓨팅 기술과 더불어 지능형 센서가 시공을 초월해 필요한 정보를 얻고 각종 장치들이 스스로 기능을 수행하는데 있어 중추적인 역할을 할 수 있기 때문이다. 이러한 센서의 지능화는 전통적인 센서 활용분야를 뛰어넘어 스마트 홈 시스템, 원격진료 시스템, 대규모의 환경감시 시스템 등에 아주 다양한 센서의 활용영역이 등장하고 있다.

MEMS 기술은 종래의 크고 단순한 센서를 작으면서도 성능이 뛰어난 센서로 바꾸고 여기에 반도체 IC 기술은 센서에 집적되면서 기능의 확장은 물론 센서 자체의 지능을 부여하고 있는데, 특히 Mixed signal CMOS 기술과 SoC(System on Chip) 기술의 발전으로 마이크로센서는 저렴한 MCU를 내장할 수 있게 되었고 이는 결국 컴퓨터가 갖는 우수한 데이터 처리능력, 판단기능, 메모리 기능, 통신기능 등을 활용하여 예인 무선 센서, 자동차 타이어의 TPMS(Tire Presure Monitoring System) 센서, 유비쿼터스 센서 등이 있다.

1) 기술개요

지능형 센서는 물리적 또는 화학적 현상을 전기신호로 변환하는 센서의 단순 기능 이외에 논리제어기능, 통신기능, 판단기능을 가져야 한다. 여기서 논리제어기능은 센서 신호의 디지털화 및 보정/보상을 하고 동작제어를 말하며, 통신기능은 주로 표준화된 디지털 통신 프로토콜을 이용하여 센서 신호를 외부에 전달하고 제어신호를 받는 것이다. 판단기능은 제어기능과 더불어 센서의 최적화 및 자기진단, 전원관리 등을 일컬으며 더 나아가 센서에서 얻은 데이터의 의미까지 파악할 수 있는 수준까지 나아간다.

이와 같이 지능형 센서를 실현하기 위해서는 수준 높은 신호처리회로가 센서에 필요하다. 집적도에 따라 구성과 기능이 가감되지만 지능형 센서의 일반적인 구조는 센서소자, 아날로그 증폭회로, 디지털 제어회로, ADC/DAC, MCU, 비휘발성 메모리, 통신 인터페이스 등으로 구성된다. 다중 센서의 경우는 멀티플렉서(MUX)를 사용하여 나머지 기능을 공유한다.

2) 지능형 센서의 장점

지능형 센서에 내장된 MCU는 입력 오프셋(offset), 스팬(span)오차, 비선형 등을 포함하는 센서의 에러를 보정할 수 있다. 그것도 별도의 하드웨어가 추가되지 않고 소프트웨어적으로 가능하다. 따라서 센서의 보정이 기존의 보정 장비 및 방식에 의존하지 않고 반복적인 시험 및 보정을 전자적으로 일괄처리할 수 있어 제조원가를 개선할 수 있다.

통신기능은 센서의 원격진단을 가능하게 하여 제조 중이나 사용 중에도 센서의 성능을 검사하고 보정할 수 있다. 또한 지능형 센서는 자기보정(self calibration), 계산(computation), 네트워킹(networking), 다중 센싱(multi-sensing) 등에서 개선된 장점들을 갖는다.

3) 센서의 지능화 발전과정

현존하는 센서들은 소형화, 지능화, 무선화, 집적화, 재구성화를 추구하고 있다. 시장의 요구는 MEMS, NT 및 반도체 집적기술의 진보에 따라 충족되어 가고 있는데 센서의 발전과정을 도식화한 것으로 Discrete Sensor, Integrated Sensor, Digital Sensor를 거쳐 지능형 센서(smart sensor)로 진행되고 있다.

제1세대의 Discrete Sensor는 온도, 압력, 가속도, 변위 등의 물리량을 전기적 신호로 변환하는 기능의 센싱 소자와 증폭, 보정, 보상의 기능의 신호처리회로가 별개로 분리되어 있는 초기의 센서의 형태를 갖는다.

제2세대 Integrated Sensor는 센서의 잡음성능을 높이고 소형화하기 위해 센서와 신호처리회로가 결합한 형태로 제작되는데 MEMS 기술이 도입되면서 활발히 개발되었다. Laser Trimming 기법과 같은 아날로그 보정 및 보상기법이 적용되었다.

제3세대 Digital Sensor는 혼성신호 CMOS 기술의 발전으로 아날로그 회로에 디지털 회로가 함께 집적되면서 센서의 이득, 오프셋, 비선형성 등을 디지털 방식으로 보정하고 보정 데이터를 비휘발성 메모리에 저장하고 있다. 또한 ADC 기능을 추가함으로써 출력을 디지털 코드로 변환하고 이를 디지털 인터페이스가 가능해지고 초보적인 네트워킹 센서로 활용하고 있다.

제4세대 지능형 센서(smart sensor)는 MCU(Micro Computer Unit)가 센서에 내장되는 형태로 MCU의 제어, 판단, 저장, RF 통신 기능들을 채용하여 센서의 성능을 높이고 다중 센서, 네트워크 센서, 유비쿼터스 센서로 진화하면서 SOC(System On a Chip)/SIP(System-in-Packaging)/SOP(System-On-Packaging) 기술을 요구하고 있다.

따라서, 센서의 소형화는 최근 Nano 기술과 MEMS(Micro Electro Mechanical System) 기술의 발전과 더불어 가속화되고 있는데, 그 중에서 MEMS는 전기적 요소와 기계적 요소가 결합한 IC 부품 또는 시스템을 말하며 반도체 제조의 크기와 정밀도를 갖는 기계구조물을 실리콘 기판 또는 다른 가능한 기판 상에 구현하고 이를 전기적 회로와 연결하여 기능을 발현하는 기술이다.

MEMS 제조공정 기술로는 크게 벌크 마이크로머시닝(bulk micro-machining), 표면미세가공기술(surface micro-machining) 및 LIGA(LIthographie, Galvano-formung, Abformung)로 나눌 수 있으며 이 공정기술은 센서의 구조물을 초소형으로 제작하는데 활용된다. 여기에 신호처리회로 IC를 센서와 함께 집적하여 집적 센서(integrated sensor)를 구현한다. 요소기술로서 MEMS 공정과 호환성을 갖는 post-CMOS(BIPOLAR) 또는 pre-CMOS(BIPOLAR) 기술이다.

이와 같은 집적 센서의 대표적인 것으로는 Bosch, Fuji 등의 절대압력 센서와 모토롤라의 가속도 센서이다. 혼성신호 CMOs 회로가 보편화되고 EPROM, EEPROM의 비휘발성 메모리가 센서에 탑재되면서 센서의 성능을 높이기 위한 보정 및 보상에 있어 디지털 제어가 가능해졌고 간단한 통신기능을 내장하고 있다. MCU는 기본적으로 메모리와 제어, 통신기능을 갖고 있어 이를 센서에 내장하기 위한 시도는 꾸준히 있어 왔으나 실제 지능형 센서는 오래 전에 기판수준(board level)에서 실현되었다. 최근 마이크로 지능형 센서는 MCU의 가격이 낮아지고 네트워크 센서, 유비쿼터스 센서 등의 수요가 늘어나면서 제품으로 실현 가능성이 높다.

4) 지능형 센서의 보정 및 보상기술

센서의 지능화는 전자보정(electronic trimming) 기술에 대한 요구에 의해 시작되었는데, 원리적으로 전자적 보정은 센서가 갖는 에러, 오프셋, 비선형성의 출력보정과 같은 기능들을 전자적으로 수행하는 것으로서 디지털 보정소자를 이용하거나 ADC/DAC를 통한 전압/전류 조정 또는 DSP/MCU를 통한 보정 알고리즘을 이용한다. 산출한 보정 데이터는 비휘발성 메모리(EPROM, EEPROM)에 저장한다.

전통적인 센서의 경우 후막저항의 레이저 보정(laser trimming)이나 Discrete Diode Fusing과 같은 아날로그 보정방식을 사용하였고, 이러한 아날로그 보정은 보정폭과 항목이 제한적이며 정확도가 낮고 시간과 비용이 많이 들기 때문에 센서의 가격을 낮추기가 어려웠으며, 더욱이 장기간에 걸친 센서의 성능저하(long term degradation)에 대한 대책이 없다. 이에 비해, 전자적 보정은 보정범위가 획기적으로 커지고 비선형 에러의 보정도 가능하다. 또한, 센서 제조 시에 일괄시험(batch test) 및 인라인 보정(in-line trimming)이 가능하고 많은 센서들을 동시에 보정함으로써 제조시간을 줄인다.

보정시간은 제품생산원가를 크게 좌우하는 것으로 종래에는 제품가격의 70~80%를 차지하는 경우도 있었는데, 전자적 보정기술의 또 다른 중요한 특징은 경시변화 및 미세 조정을 하기 위해 계수를 다시 변경할 수 있다는 사실이다. 레이저 보정의 경우, 보정이 끝난 이후 재조정은 거의 불가능하지만 EEPROM을 이용하는 전자적 보정은 간단히 계수를 변경한 후 다시 저장한다.

5) 지능형 센서의 기술동향

(1) 스마트 압력 센서

반도체 기술을 바탕으로 70년대 이후 급속히 발전한 3차원 미세 가공기술인 MEMS 기술은 종래의 크고 복잡한 구조의 기계식 센서를 일괄 생산공정이 가능한 초소형, 초경량 전자식 반도체 센서로 대체되고 있다. 이러한 MEMS 기술을 이용하여 제작된 최초의 센서는 실리콘 마이크로 압력 센서로서 1980년대부터 상품화되어 자동차의 MAP(Manifold Absolute Pressure) 센서로서 응용되기 시작하였고, 1990년대에는 신호처리회로가 센서와 함께 집적된 1개의 칩(one-chip) 압력 센서가 개발되었다. 향후 마이크로 실리콘 압력 센서는 자동차에의 타이어압, 브레이크압, 오일압, 에어컨압 등으로 적용분야가 계속 확대되고 있다.

신호처리회로가 센서와 함께 집적된 센서로 현재 자동차에 적용되고 있는 MAP 센서는 센서의 발전과정으로 구분하면 집적 센서(integrated sensor)에 해당된다. 바이폴라 반도체회로가 적용되었고, 레이저 보정(laser trimming)과 Metal Fusing 보정방식이 적용되었는데, 최근 인피니온사에서 출시한 절대압 센서로 CMOS 회로와 EPROM을 사용하여 스마트 센서가 구현되기도 했다. 동작을 보면 센서의 아날로그 출력을 ADC한 후 PROM에 저장된 보정 데이터를 가지고 보정하여 DAC를 통해 아날로그 출력을 보낸다. 보정 데이터는 시리얼 인터페이스(serial interface)를 통해 입출력되도록 하였다.

(2) 마이크로 무선 센서

최근 시장 수요의 증대에 따라 센서에 무선기술을 채용하는데 적극 나서고 있는데, 무선 센서가 가장 많이 사용되고 있는 분야는 보안 산업으로 이 분야에서는 RFID를 비롯하여 침입감지를 위한 적외선 센서, mm-wave 센서, 도어 센서 등에도 무선 칩을 내장하여 센서를 무선화하고 있다. 또한 유통 분야에서는 바코드를 대체할 무선 Tag(wireless tag)와 환경 분야에서는 스마트 빌딩 및 지능형 도로 시스템 등의 환경 센서에 무선기술이 광범위하게 적용되고 있다.

무선 센서의 시장경쟁력 확보는 PCS(Personal Communication Service) 기술의 비약적인 성장에 따라 무선장치의 원가가 낮아지고 성능이 향상되어 가능해졌고, 소형화와 저소모전력화에 대한 기술이 필요한데, MEMS 기술과 스마트 기술은 그러한 시장요구의 해답이 되고 있다. 무선 센서의 개념은 센서 기술 영역 중 매우 매력적인 영역으로 산업용, 상업용, 소비자 사용의 잠재성은 상상할 수도 없다. 다음에 언급할 TPMS 센서, 유비쿼터스 센서의 기본기술이 된다.

(3) TPMS 센서

스마트와 무선 센서 개념이 합쳐진 대표적인 센서가 운전 중 타이어의 공기압과 타이어 마모상태 등의 정보를 운전자가 알 수 있도록 TPMS(Tire Pressure Monitoring System) 센서가 작동한다. TPMS는 4개의 타이어 내부 링에 장착된 무선송신기, 압력/온도 센서 모듈, 그리고 운전석에 설치된 전용 수신기로 구성되어 있고, 시동을 켤 때마다 모든 타이어의 압력상황이 체크되어 계기판으로 압력정보가 전송되고 위험징후 시 운전자에게 경고 알람을 보내며 디스플레이를 통해 위급상황을 무선으로 알려준다.

TPMS 센서는 회전하는 타이어링에 장착되기 때문에 소형화는 물론 유선으로 전력을 공급하기 어려워 무선으로 공급하거나 배터리를 사용하여야 한다. 따라서 저전력 마이크로 스마트 센서가 필수적이요 측정결과를 송출하기 위한 무선 링크가 필요하다. TPMS는 보통 영하 40도에서 영상 150도의 가혹한 조건에서 10년을 버티는 내구성을 요구한다. 향후 TPMS는 차량용 블루투스로 정보를 보내고 배터리 없이도 작동하는 무전력기술을 채택할 것으로 보인다. TPMS는 적정한 공기압을 유지해 타이어 내구성, 승차감, 제동력을 향상시키고 연비의 효율성도 높이는 효과가 탁월하다.

미국 정부는 타이어의 안전문제가 사회적 이슈로 부각되자 2003년 11월부터 오는 2006년까지 자국에서 출고되는 모든 승용차와 경트럭 등에 압력 센서를 의무적으로 부착하도록 하는 법안을 확정했다. 이에 따라 BMW, 벤츠, 인피니티와 같은 고급차들이 TPMS를 채택했고, 국산차도 미국 현지판매를 위해서 TPMS를 채택할 예정이다. 미국에 이어 안전관리가 철저한 프랑스, 독일, 스웨덴과 같은 유럽 국가들도 차량에 TPMS 탑재를 법제화할 움직임을 보이고 있다.

(4) 유비쿼터스 센서

'유비쿼터스(Ubiquitous)'라는 단어는 라틴어에서 유래한 것으로 언제 어디서나 동시에 존재한다는 뜻을 나타내고, 물이나 공기처럼 우리 주변환경에 내재되어 모든 사물 및 사람이 보이지 않는 네트워크로 연결된 새로운 전자공간이 존재하여 인간의 삶을 복되게 하는 것을 추구하고 있다. 유비쿼터스 컴퓨팅에 의한 전자공간의 혁명은 '언제, 어디서나' '무엇이라도' 추가하여 점조직과도 같은 무선망에 의해서만 성공할 수 있는데, 즉 전파라는 무선 매체에 의지할 때 유비쿼터스 혁명은 급속히 확산될 수 있으며 무선 매체에 의해 창출되는 공간만이 물리공간과 전자공간을 통합할 수 있다. 여기에서, 주위 환경을 감지하는 센서는 유비쿼터스 환경을 구성하는 가장 기본적인 단위로서 미래의 센서 네트워크 기술은 세 가지 단계를 거쳐 발전할 것으로 보고 있다.

첫 번째 단계는 센서가 생활공간에 확산되는 단계다. 정보가전을 비롯해 소파와 침대 그리고 도로 곳곳에도 작고 저렴하며 소비전력이 낮은 센서들이 내장된다. 이들은 독립된 센서로서 고유의 기능을 수행한다.

두 번째 단계는 이들 센서가 연결되는 단계다. 즉 정보기기 속에 숨어 있던 센서들은 단일 네트워크로 통합되어 각자의 정보를 주고 받는다.

마지막 발전 단계는 각종 센서들의 정보가 종합화 되는 단계이다. 센서들이 제공하는 개별적인 정보만으로는 판단할 수 없었던 종합적인 문제에 관심을 기울이는 단계다.

이와 같은 유비쿼터스 센서는 스마트 센서의 응용분야로 무선통신 네트워크 기능이 강화된 것이다. 센서 네트워크 환경에 적합한 OS가 내장되어 센서로의 액세스 및 제어가 용이하고 Plug & Play와 같이 접속이 용이하다. 또한, 센서의 지능을 한 단계 더욱 높여갈 유비쿼터스 센서의 응용분야로서 지능형 빌딩내의 환경 컨트롤, 생산공정 자동제어, 창고물류관리, 병원에서의 물품/정보 관리 및 환자상태 원격감지, 지능형 교통 시스템, 텔레메틱스 등의 그 범위가 광범위하다.

외국의 연구를 살펴보면 미국 UC Berkeley 대학에서 극소형 센서 간의 Ad-hoc PicoRadio에 대한 연구를 진행 중이고, 초소형 환경감시용 영상센서 네트워크인 WINS (Wireless Integrated Network Sensors)에 대해 연구하고 있다. 또 MIT Microsystems 연구소에서는 전력소비를 최소화하기 위한 적응형 센서 네트워크 플랫폼인 u-AMPS(Micro Adaptive Multi-domain Power-awareness Sensors)에 대한 연구도 진행중이다.

유비쿼터스 센서는 네트워크의 고밀도 특성, 제한적 전력원, 극한적 전파환경 등을 고려한 새로운 기술이 더 많이 요구되고 있다. 지능형 센서는 MEMS 센서 기술과 VLSI 기술의 MCU가 만남으로써 실현되고 있고 무선센서, 유비쿼터스 센서로 발전하면서 21세기 인간 중심의 사회에서 산업 전 분야에 걸쳐 사용될 것이다.

04 센서의 활용

센서의 활용은 센서만을 이용하는 것이 아니라 융합되는 서비스가 이루어진다. 특히 센서를 활용한 서비스는 단일 센서만을 이용하는 서비스가 아니고 다양한 종류의 기능과 동작방식을 갖는 이종 센서들이 연동되어 무선이든 유선이든 융합되어 유비쿼터스 서비스를 제공하는 방식이다. 이러한 센서에서 필수적인 요소 및 기술들을 설명하기 위해 대표적인 센서들을 활용한 응용 사례들을 살펴보면 다음과 같다.

사례 1 : 신체 영역 네트워크, 오브젝트 센서 네트워크와 모바일 네트워크와 연동 사례이다.

[그림 1-1]처럼 버스를 타기 위해 버스 정류장에서 시간을 보내야 하는 A군과 B양을 위해 그들의 현재 심리상태와 평소의 관심사를 분석하고 다음 버스가 오기까지 남은 시간을 측정

하여 사용자에 적합한 콘텐츠를 그 사람의 휴대폰으로 전송해 준다.

이 서비스에서 필요로 하는 정보들을 얻기 위해서는 생체신호 측정용 센서 및 네트워크, 버스정류장 주변의 환경정보를 수집하는 센서 및 네트워크, 버스의 운행상태를 알 수 있는 시스템 등이 필요하다.

[그림 8-2] 생체신호 측정용 센서 및 모바일 네트워크 응용

사례 2 : 홈네트워크를 통한 헬스케어 서비스 응용 사례이다.

가정에서 가족 구성원들의 몸에 부착된 생체 센서를 통해 가족들의 식습관 및 건강상태를 측정하여 홈게이트웨이를 통해 주치의가 있는 병원에 가족들의 건강상태를 전달하여 건강 이상 유무를 판단한다. 현재 가족들의 건강상태와 평소의 식습관을 토대로 냉장고에 남은 음식 및 식재료의 남은 양을 판단하여 온라인 슈퍼마켓에 주문을 한다.

[그림 8-3] 홈네트워크를 통한 헬스케어 서비스 응용

사례 3 : U-Farm 응용

과수원에 설치된 온도, 습도, 조도, 토양 등의 데이터를 측정하는 다양한 이벤트를 센서 및 네트워크를 통해 과수의 발육상태 및 토질 등의 환경정보를 수집하고 이 수집된 데이터를 기반으로 시기에 따른 적절한 대처를 할 수 있도록 알려준다.

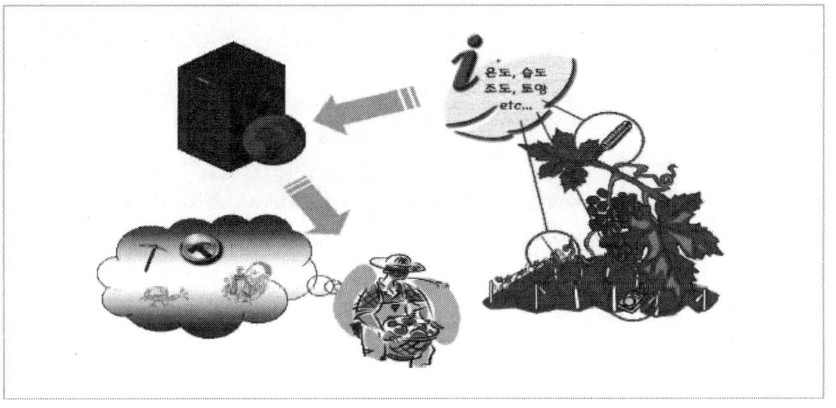

[그림 8-4] U-Farm 응용

유비쿼터스 기반 기술의 현실에 응용하고 향후 유비쿼터스 전 영역으로 확대하여 지하매설물 관리, 도시구조물 관리 등 USN을 활용한 u-City 응용 서비스 모델 및 다양한 분야의 USN 관련 서비스 모델을 발굴하였다. 또한 ZigBee, WMN, IPv6 등 다른 유비쿼터스 기술 및 인프라와 연동할 수 있는 융・복합 유비쿼터스 응용 서비스를 한다는 점에서도 매우 큰 의미가 있다.

사례 4 : 화학물질을 감지하는 센서를 이용한 스마트폰

최근에는 셀-올 이니셔티브(cell-all initiative)가 감지 센서를 통하여 치명적인 화학물질을 감지할 수 있는 스마트폰을 개발하였다. [그림 8-5]처럼 이 제품의 센서를 통하여 테러리스트들이 화학물질 공격을 감행할 시 수많은 인명을 구할 수 있을 것이다. 화학물질의 냄새를 감지할 수 있는 칩의 가격은 약 1달러며, 감지 센서는 컴퓨터 안티바이러스 프로그램처럼 보이지 않는 곳에서 상시 작동하게 된다.

만약 이 칩이 가까운 거리 내에서 독성 화학물질로 판단되는 것을 감지할 경우, 문제의 물질이 무엇이냐에 따라 사용자나 중앙관리센터에 이를 알리게 된다. 중앙관리센터로 보내지는 경고에는 해당일의 시간, 전화의 위치, 감지한 화학물질의 명칭이 포함된다. 중앙관리센터가 동일한 지역에서 동시다발적으로 다수의 경고를 입수할 경우 해당 지역에서의 대피작업이 이뤄질 수도 있다.

출처 : http://www.gizmag.com/homeland-security-cell-all-initiative/14773/

[그림 8-5] 스마트 센서의 응용

사례 5 : 지문인식과 얼굴인식기술이 융합된 시스템

슈프리마는 듀얼 지문인식과 얼굴인식 기술이 융합된 '센서퓨전 기술'을 선보였다. 이 시스템은 1차로 지문인식을 실행한 후 불완전한 지문일 경우 얼굴인식을 실행해 사용자를 인증하는 것으로, 1초안에 1만개의 지문을 인식한다. 이 제품은 2개의 지문 센서를 이용해 인식률을 높였을 뿐 아니라, 서로 다른 2명을 동시에 인증하는 '트윈 지문인증 모드' 등 다양한 응용 모드를 가능하다.

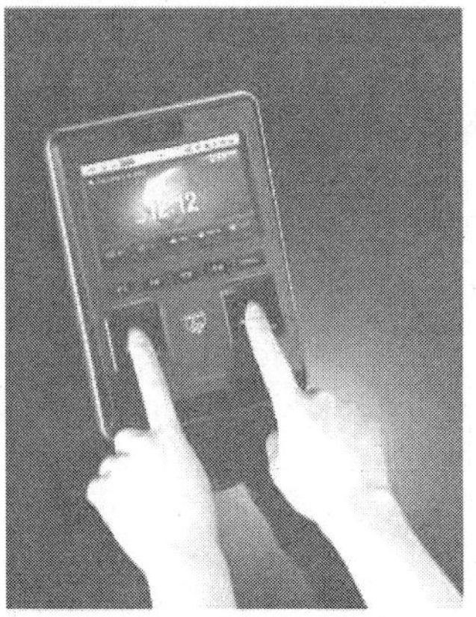

[그림 8-6] 지문 및 얼굴인식 센서 퓨전 기술의 응용

지문은 개인의 고유한 생체정보로서 일생동안 변하지 않는 특성을 갖고 있다. 지문인식은 이러한 지문정보를 이용하여 개인에 대한 인증 및 개인 간의 차이를 식별할 수 있는 기술이다. 또한, 비밀번호나 카드 등에서 발생할 수 있는 분실, 도용 등의 위험이 없으며, 그 신뢰성이 뛰어나고 편의성 또한 높아 차세대 보안기술로서 다양한 응용분야에서 활용되고 있다.

지문은 표피면에서 위로 돌출되어 있는 융선(ridge)과 융선 사이의 공간인 골(valley)로 구성되어 있다. 개인별로 지문의 융선과 골의 패턴이 각기 다르며, 이러한 패턴의 고유성 및 차이를 이용하여 지문인식을 수행하게 된다.

지문 센서는 지문에서 융선을 감지하여 2차원 영상 데이터로 변환을 해주는 소자이다. 지문인식은 다음과 같이 크게 두 가지 과정으로 구성된다.

첫째는, 지문등록(enrollment)으로 지문 센서로부터 취득된 영상 데이터에 대해 고수준의 영상처리 과정으로 구성된 지문인식 알고리즘을 거쳐서 각 지문별로 고유한 특징들이 추출하여 데이터베이스로 저장하는 과정이다.

둘째는, 지문인증(verification)으로 재입력된 지문으로부터 특징을 추출하고, 이를 등록된 지문과 비교하여 동일여부를 판별하는 것이다

(주)슈프리마(http://www.supremainc.com)는 세계 최고의 지문인증 알고리즘 기술을 보유하고 있으며, 출입통제장치로부터 네트워크 기반 보안 시스템에 이르기까지 다양한 응용분야에 지문인식 솔루션을 공급, 지원하고 있다.

1. 지문인식 센서의 종류

1) 광학식 센서

광학식 센서(optical sensors)는 내부에서 광원을 조사하고 지문 융선에 의해 반사된 빛을 CMOS 이미지 센서를 통해 감지하는 원리로 지문영상을 얻어 내게 된다.

2) 열감지식 센서

열감지식 센서(thermal sensors)는 센서 표면이 온도차이를 감지할 수 있는 반도체 셀로 구성되어 있어서 융선이 센서와 닿는 부분과 닿기 않은 부분의 온도차이를 이용하여 지문영상을 얻어내는 방식으로 동작한다. 센서부는 작은 바(bar) 형태로 구성되어 있으며, 손가락을 센서면에 긁음으로써 전체 지문영상을 얻을 수 있다.

3) 축전식 센서

축전식 센서(capacitive sensors)는 센서와 접촉되는 융선부와 골간의 대전되는 전기량의 차이를 이용하여 지문영상을 얻어내는 센서이다.

4) 전기장식 센서

전기장식 센서(electric field sensors)는 센서에서 전기장을 형성하고, 융선부 접촉시 전기장의 변화를 감지하여 이를 지문영상으로 변환하는 센서이다. 피부에서 외피 내부의 진피의 특성을 이용하기 때문에 보다 안정된 영상을 얻을 수 있다는 특성을 가지고 있다.

2. 지문인식 센서별 장점 비교

① 광학식 센서(optical sensor) : 강인한 센서 표면과 비교적 저렴한 가격이다.
② 열감지식 센서(thermal sensor) : 크기가 작고, 대량 주문시 매우 저렴하다.
③ 축전식 센서(capacitive sensor) : 표면이 강화코팅 처리되어 있고 영상 품질이 우수하다.
④ 전기장식 센서(electric field sensor) : 표면이 오염된 지문에 강한 특성을 갖는다.

3. 지문인식 알고리즘

1) 특정기반 알고리즘

특정기반 알고리즘은 지문에서 끝점(ending), 분기점(bifurcation), 특이점(singular points) 등과 같은 특징점(minutiae)을 기반으로 한다. 아울러, 전체적인 융선정보와 같은 부가정보를 활용함으로써 특징점이 갖는 단점을 보완하여 탁월한 인증성능을 보이고 있다. 알고리즘은 크게 특징추출(feature extraction)과 정합(matching)으로 구분된다.

(1) 특징 추출

지문 센서로부터 취득된 지문영상은 다양한 형태의 잡음과 갈라짐, 얼룩, 뭉개짐 등으로 많이 열화되어 있는 상태이다. 특정기반 알고리즘은 이러한 입력영상으로부터 고수준의 영상처리과정을 통해 고품질의 융선을 얻어내고, 잘못 추출된 특징들을 효율적으로 제거하여 최적의 지문특징을 추출해내게 된다.

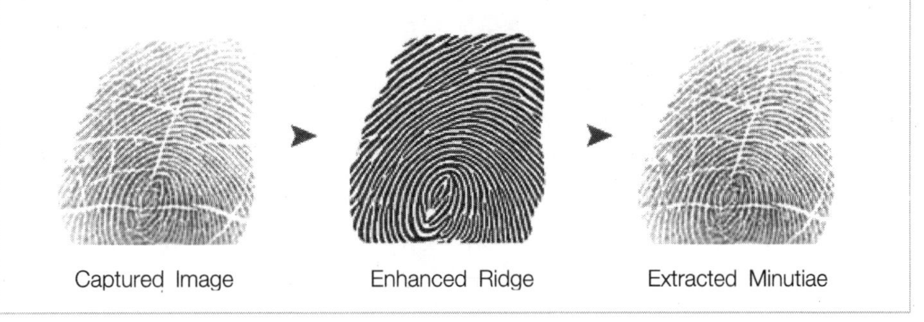

[그림 8-7] 지문인식의 특징추출과정

(2) 정 합

일반적으로 지문인식에 있어서 높은 인증성능을 얻기 위해서는 보다 복잡한 영상처리가 필요하여 인증속도가 느려지는 문제점이 있다. 반면, 이 정합 알고리즘은 높은 인증률과 인증속도라는 2가지의 특성을 모두 갖추고 있어서, 저속 CPU 기반의 임베디드 시스템에도 쉽게 적용될 수 있다는 장점을 가지고 있다. 또한, 대량의 데이터베이스를 고속으로 검색 가능하다.

제9장

스마트 이동통신 네트워크 기술

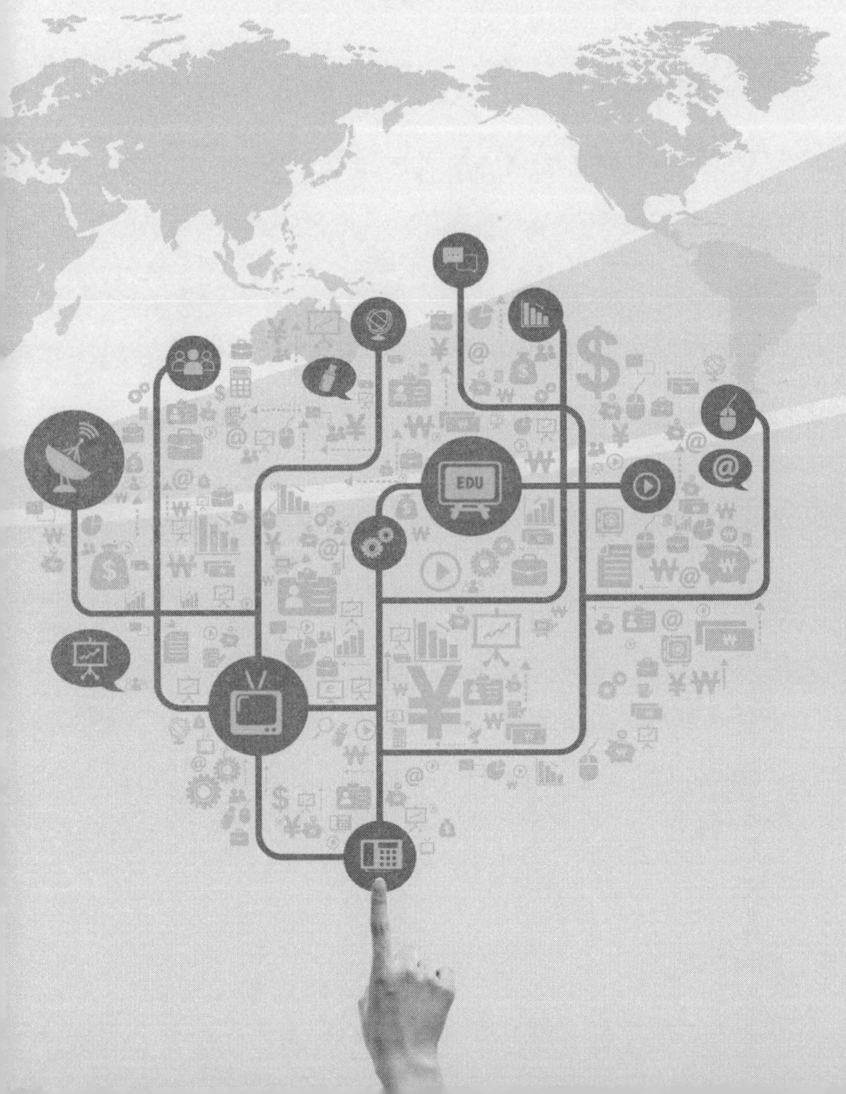

01 이동통신 분야의 개요

이동통신부문에서는 모바일 네트워크 활용확산, 모바일 광대역 시대에 대비한 주파수의 전략적 확보방안 마련 및 가계통신비 부담낮추기 등이 주요 추진정책이다. 먼저, 무선 데이터 트래픽이 매해 급증하고 있는 상황에서 공공 와이파이(WiFi) 망구축을 통해 2013년에는 전국 주요 공공장소를 대상으로 약 1천개의 신규 공공 와이파이망을 구축하여 기존 구축망을 포함한 2천 개의 공공 와이파이망 마련했지만 지속적으로 확대해야 한다. 이러한 공공 와이파이망에서는 이용편의성과 서비스 품질을 확보해야 한다.

작년에 비해(25 Mbps/User) 대비 40배 빠른 초광대역 무선 전송기술 표준화 지원 및 경제적이고 효율적인 고도화 방안 마련을 통해 4G, 5G와 미래 사물인터넷(IoT.M2M) 등이 결합된 가입자 중심의 유무선 융합 소프트 네트워크 인프라를 구현해야 한다. 산업발전뿐만 아니라 가계 통신비 부담이 늘어가고 있는 추세 속에서 서비스 경쟁활성화, 이동통신 가입비폐지, 이용자 선택권 강화 등을 통한 통신요금인하 유도로 가계 통신비부담을 경감해야 한다.

2013년 4월부터 가상이동통신사업자(MVNO : Mobile Virtual Network Operator) 유통업체 등의 알뜰폰 시장진입을 유도하여 알뜰폰 시장확대 및 경쟁활성화를 촉진해야 한다. 현재 2G, 3G의 음성, 데이터, 문자로 한정되어 있는 알뜰폰 사업자의 서비스를 LTE 및 부가 서비스로 확대해야 한다. 동시에 알뜰폰 사업자가 이동통신사에 지급하는 대가정산 방식을 종량제 후불정산에서 정액제 선불정산으로 다양화 해야 한다.

통신비 부담경감 및 이용자 선택권을 강화를 위해 2013~2015년 말까지 3년에 걸쳐 가입비를 단계적으로 인하하여 폐지하고 월평균 3만 원인 현재의 이동전화 가입비를 2013년 40%, 2014년 30%, 2015년에는 30%로 해야 한다. 최근에는 선택형 요금제출시, 맞춤형 요금제확대, 선불요금제 활성화를 시행하였으며, 다양한 통신사에서 사용할 수 있는 LTE 스마트폰이 공급될 수 있도록 LTE 단말기에 유심(USIM)이동성을 적용하였다.

02 스마트폰의 개요 및 현황

1. 스마트폰의 개요

최근 안드로이드 및 아이폰의 폭발적인 인기로부터 시작된 스마트폰 보급의 비약적인 증가는 모바일 인터넷의 확산, 다양한 애플리케이션의 등장 등과 맞물려 세간의 큰 이슈가 되고 있다. 모바일 인터넷의 확산은 인터넷의 확산보다 5배 이상 빠르게 진행될 것으로 예상된다. 국내의 경우에도 스마트폰 이용자가 최근에는 3천만 명을 돌파할 것이라는 낙관적인 전망이 일부에서 제기되고 있다. 우선 스마트폰의 특징을 통해 스마트폰 등장의 의미를 살펴보면 스마트폰은 PC와 마찬가지로 범용 안드로이드 등 운영체제(OS)를 탑재하고 있고, 인터넷 접속도 일반 노트북과 동일한 무선랜(WiFi)과 4G망을 활용하고 있어서 휴대용 PC라고 명명될 수 있겠다.

스마트폰은 또 일반 PC와는 다르게 앱스토어(App Store)라고 하는 모바일 오픈 장터(mobile open market)를 특징적으로 가지고 있다. 이는 스마트폰에서 구동되는 애플리케이션과 콘텐츠를 스마트폰의 앱 스토어에서 거래가 가능한 구조적 생태계를 형성한 것으로 일반 PC와는 다르게 스마트폰의 구매에 있어서는 이러한 앱 스토어의 애플리케이션과 콘텐츠의 양과 질이 중요한 결정요인이 된다. 실제로 애플(Apple)사의 아이폰(iPhone)이 사업적 성공을 거둔 주요한 이유 중 하나로 앱 스토어의 콘텐츠가 꼽히고 있기도 하다. 여기서 앱스토어에 애플리케이션 및 콘텐츠를 제공하는 앱 개발자 및 콘텐츠 제공사업자 등과의 수평적 협업 시스템 형성이라는 새로운 산업생태계 이슈가 등장하기도 한다. 그리고 스마트폰의 등장이 가장 큰 변화를 불러일으켰고 앞으로도 더 큰 변화를 예측하게 하는 것이 바로 모바일 인터넷의 활성화이다.

특히 모바일 산업은 모바일 네트워크의 진화, 스마트폰, 넷북 등 고성능 휴대 단말기의 확대, 모바일 OS 및 브라우저 등 SW 플랫폼의 중요성 증가, 모바일 웹 2.0 등 모바일 인터넷 환경의 도래가 빠르게 진행되면서 새로운 패러다임으로의 이동을 재촉하고 있다. 이렇듯 스마트폰의 빠른 확산 추세와 이로 인해 촉발된 모바일 인터넷의 활성화는 해당 시장의 성장과 함께 관련 산업 전반에 엄청난 파급효과를 가져올 것으로 전망되고 있다. 우선 휴대폰은 더 이상 성능이 뛰어난 하드웨어로서 환영받는 상품이 아닌 플랫폼과 콘텐츠라는 요소에 의해 크게 좌우되는 상품으로 변모함으로써 휴대폰 제조업체들은 새로운 경쟁자 및 새로운 경쟁환경 아래에 놓이게 되었다. 특히 스마트폰 확산과 함께 부상한 애플과 구글(Google)은 제조업자라기보다는 플랫폼 사업자 혹은 인터넷 사업자, 혹은 콘텐츠 사업자 등으로 분류될 수 있는 새로운 경쟁자인 것이다.

이에 따라 기존의 통신산업의 가치사슬이 변화되어 기존의 통신서비스업자 및 휴대폰 제조업체에서 콘텐츠 사업자 및 인터넷 사업자에게 경쟁요소가 이전되는 현상이 일어날 것으로 예상되고 있다. 따라서 스마트폰의 확산이 장기적으로 산업전반에 엄청난 파급효과를 가져올 것이라는 전망뿐만 아니라 단기적으로 휴대폰 제조산업이 스마트폰 위주로 재편되고, 이에 따라 휴대폰 부품업체들에게도 직접적으로 상당한 영향을 미칠 것이라는 점을 예상하게 된다.

이동통신은 한정된 전파자원을 활용하여 유선통신의 공간적 제약을 극복하고, 언제, 어디서나 누구와도 정보교환이 가능한 통신으로, 교환국이나 기지국의 건설 등 대규모 설비투자가 요구되는 자본집약적인 통신부분이다. 이러한 이동통신은 이동통신단말기, 통신장비 등의 이동통신기기와 이동통신 서비스로 구성되며, 특히 이동통신 서비스에는 이동전화, 주파수공용통신, 무선 데이터통신, 무선호출 등이 포함된다. 그러나 이동전화가 다양한 형태의 부가 서비스를 제공하면서 나머지 서비스들은 틈새시장을 확보하는 수준에 머물고 있어, 이동통신 서비스는 대체로 이동전화를 중심으로 시장이 형성되어 있다.

이동통신 시스템은 현재의 LTE Advanced와 Wibro/WiMAX의 개선판 WiMAX-Advanced가 있다. LTE는 4G에 근접한 기술로 인정되었고 지속적인 진화를 거듭하였고, 이제 사용자의 다양한 이동통신 서비스 요구 및 기대치를 충족시키기 위한 4세대 이동통신 시스템 및 서비스에 대한 관심이 지속적으로 증가하고 있다.

차세대 이동통신 시스템의 비전으로 "보다 빠른 데이터 전송속도의 지원"과 "서로 다른 유무선 접속 시스템과 융합"을 목표로 시간과 장소 및 대상의 구속이 없이 언제 어디서나 누구와도 고속 멀티미디어 통신 서비스를 지원하는 것을 목표로 한다. 즉, 4세대 이동통신은 기존의 통신 서비스와 더불어 사용자의 생활에 없어서는 안될 필수요소로서 이로써, 언제 어디서나 사용자의 상황에 적절한 서비스의 제공이 가능한 유비쿼터스 시대로 진화하는 기반이 될 것이다.

[그림 9-1]
LTE 서비스

특히, 차세대 이동통신 시스템은 통신 관련 서비스뿐만 아니라 안전한 생활(긴급통신, 재난/응급구조), 즐거운 생활(영상, 음악, 게임), 건강한 생활(telemedicine, virtual medicine), 지능적인 상황인식, 편리한 u-커머스(banking, shopping), 풍부한 콘텐츠 제공 등 일상생활 전반에 걸친 다양한 서비스를 제공할 것으로 기대된다.

2. 스마트폰의 현황

아이폰이 국내에 보급되기 시작한 지 4년 만에 이동 중인 교통수단뿐 아니라 가정, 커피숍 등 고정장소에서 스마트폰 및 스마트 패드 등 모바일 기기를 통해 인터넷을 이용하는 사람들이 많아졌다. 모바일 기기 이용자들의 모바일 인터넷 이용빈도 및 시간 또한 증가하고 있으며, 앞으로는 노트북, 넷북 등을 이용하여 인터넷을 이용하는 무선 인터넷보다 이동성이 더 강조되는 모바일 기기를 통한 모바일 인터넷 이용이 더욱 증가할 것으로 보인다.

1) 스마트폰 이용현황

만 12~59세 인구의 78.5%가 '스마트폰 이용자'이며, 스마트폰 이용률은 2011년 39.2%에서 39.3%p 증가한 것으로 나타났다. 남성(80.1%)이 여성(76.8%)보다 스마트폰 이용률이 높았으며, 연령별로는 20대가 97.4%로 가장 높고 다음으로 30대(90.9%), 12~19세(80.7%), 40대(74.1%) 등의 순으로 이용하는 것으로 나타났다. 2011년도에 비해 40~50대의 이용자 구성비가 크게 증가한 것으로 나타났다.

[그림 9-2] 스마트폰 이용현황-스마트폰 이용자

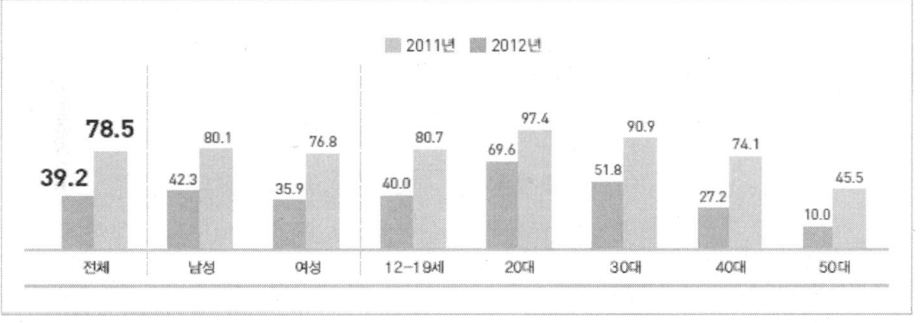

전체 스마트폰 이용 비중을 100%로 가정할 경우, 스마트폰 서비스 중 '음성·영상통화'를 이용하는 비중은 37.1%이며, '문자메시지(SMS, MMS)(33.6%)', '무선인터넷 및 애플리케이션(모바일 앱)(29.3%)'순으로 이용하고 있는 것으로 나타났다.

방송통신위원회와 한국인터넷진흥원이 발표한 '2012년 하반기 스마트폰 이용 실태조사'에 따르면 스마트폰 이용계기는 '다양한 응용 소프트웨어(모바일 앱 등)를 이용하고 싶어서(66.2%)', '수시로 인터넷을 이용하고 싶어서(52.7%)'로 나타나 스마트폰 이용자들이 증가할수록 모바일 서비스와 모바일 인터넷 이용률도 증가할 것으로 전망한다.

2) 스마트폰을 통한 서비스 이용현황

정확한 모바일 인터넷 이용행태를 파악하기 위해 2012년 하반기 스마트폰 이용 실태조사를 통한 스마트폰 서비스 이용행태를 살펴보면 다음과 같다.

한국인터넷진흥원의 '스마트폰 이용 실태조사'결과에 따르면 스마트폰 이용자의 89.2%가 모바일 인스턴트 메신저를 경험한 적이 있으며, 연령별로는 20대의 92.1%가 모바일 인스턴트 메신저 경험자인 것으로 조사되었다. 다음으로는 67.8%가 소셜네트워크 게임(SNG), 67.3%가 '스마트폰을 통한 모바일 쇼핑'을 이용한 것으로 나타났으며, 58.7%는 모바일 뱅킹을 이용한 것으로 나타났다.

스마트폰이 보급될수록 모바일 인터넷을 통한 서비스 이용률도 증가하는 것으로 나타났다.

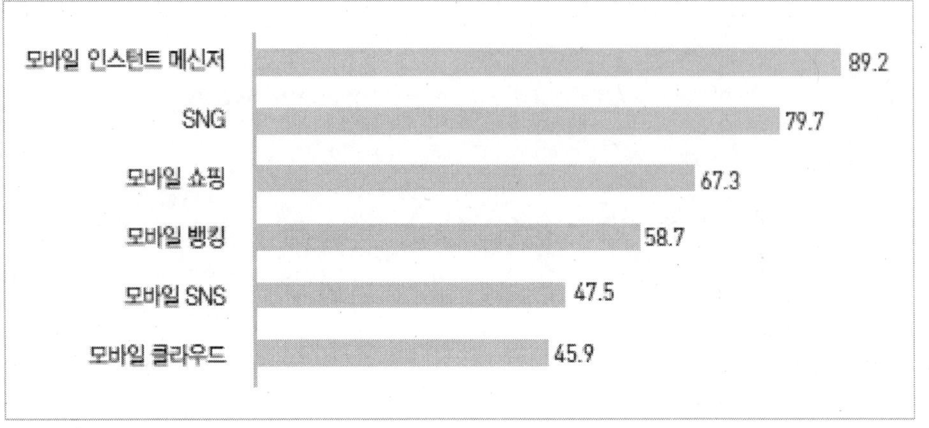

[그림 9-3] 스마트폰 서비스 이용현황- 스마트폰 이용자

3) 스마트 패드 이용현황

만 12~59세 인구의 7.5%가 '스마트 패드 이용자'로, 전년대비 4.4%p 증가한 것으로 나타났다. 남성과 여성의 스마트 패드 이용률은 각각 8.2%와 6.8%이며, 연령별로는 20대 13.5%, 30대 9.5%, 40대 5.7% 등의 순서로 조사되었다.

2010년 10월 이후 출시되기 시작한 스마트 패드의 대중화로 인해 데스크톱 컴퓨터, 노트북 등의 이용이 감소하기 시작하였다. 특히 스마트폰 및 스마트 패드를 통한 뉴스, 생활정보, 기타 정보검색 및 일반적인 웹서핑 등과 같은 서비스 이용의 확대로 자료 및 정보습득 활동 또한 증가하는 것으로 나타났다.

3. 모바일 인터넷 이용전망

향후 무선 인터넷 이용의향에 대한 질문에 스마트폰을 통해 이용할 의향이 있다는 응답이 95.7%로 가장 많아 대부분 스마트폰을 통해 모바일 인터넷을 이용할 것이라 전망되었고, 그 뒤로 '노트북(넷북 포함)(23.5%)', '스마트 패드(12.7%)' 등의 순으로 이용할 의향이 있는 것으로 나타났다.

모바일 기기의 보급확대가 일상생활에서의 모바일 인터넷을 보편화시키면서 모바일 인터넷 이용률 또한 지속적으로 증가하고 있다. 무선 인터넷 이용자의

57.8%가 '가정, 직장 등에서 유선 인터넷 이용이 가능해도 무선 인터넷을 이용한다'라고 응답할 정도로 인터넷 이용이 유선에서 모바일로 옮겨가고 있는 것으로 나타났다.

모바일 인터넷 이용자들의 인터넷 접속방법이 3G에서 LTE로 변하기까지 2년도 채 걸리지 않았다. 이러한 변화도 2G에서 3G로 넘어오기까지 비교도 될 수 없을 만큼 빠른 변화였지만, 현재 LTE가 자리도 잡기 전에 그보다 더 빠른 LTE-A의 출시로 이용자들은 더욱 빠른 모바일 인터넷 이용이 가능해졌다.

유선 인터넷 속도보다 빠른 모바일 인터넷의 등장은 앞으로 인터넷 환경에 더욱 큰 변화를 만들어내고, 기존의 인터넷 시장에도 변화를 이끌어낼 것이다. 예를 들어 느린 속도로 인하여 모바일에서는 PC에서 이용했던 많은 인터넷 서비스를 이용할 수 없었지만, LTE-A의 등장으로 빠른 모바일 인터넷 환경의 제공으로 PC에서 이용했던 인터넷 서비스들을 모바일 인터넷을 통해서도 불편 없이 사용할 수 있을 것으로 기대한다.

모바일 인터넷망의 변화만큼 모바일 기기의 변화도 모바일 인터넷 이용확산을 이끌 것으로 기대하고 있다. 현재는 대부분 스마트폰을 통해 모바일 인터넷을 사용하는 것으로 나타났지만, 모바일 인터넷이 스마트폰을 넘어 구글 글라스, 갤럭시 기어 등의 웨어러블 모바일 기기에 탑재되면서 모바일 인터넷 이용은 더욱 급격하게 늘어날 것이다. 또한 이들 기기들을 서로 연결, 중재하는 서비스의 중요성도 커져갈 것으로 전망한다.

03 B4G 이동통신 시스템 네트워크 가상화

클라우드 기반의 네트워크, 무선 액세스 시스템 및 스마트 단말기를 기반으로 실시간 몰입형 통신(immersive communication) 서비스를 제공하는 B4G 모바일 네트워크에 활용되는 기술로서 서비스 및 기지국 가상화 기술이다. 지금까지의 통신은 단방향에서 양방향으로, 단순 텍스트 전송에서 음성/비디오 등의 멀티미디어 콘텐츠 전송과 같은 상호 통신(interactive communication)의 형태로 발전되어 왔다.

하지만 차세대 통신 네트워크에서는 통신 참여 주체들과 다양한 콘텐츠가 동적으로 결합되어 혼합현실(mixed reality) 환경 하에서 실시간 맞춤형 서비스를 제공하는 신개념의 통신, 즉 몰입형 통신의 중요성이 대두되고 있다.

① 네트워크 가상화 기술은 몰입형 통신을 지원하는 차세대 통신 네트워크의 기반기술로서 개인화 서비스(personalized service)를 통하여 새로운 차원의 통신을 가능하게 할 것이다.

② 모바일 클라우드 환경에서는 데이터 서버 간의 협력/가상화뿐만 아니라 2020년 이후 10억개 이상으로 증가할 모바일 단말 간의 협력/가상화 또한 아주 중요한 문제이며 이를 지원할 수 있는 네트워크 기술, 무선통신기술 등이 종합적으로 연구되어야 한다.

1. B4G 모바일 네트워크

B4G(Beyond 4G) 모바일 네트워크 기술이란 사용자 요구에 따른 개인화 서비스에 소요되는 사용자와 사용자 간, 기기와 기기 간, 혹은, 사용자와 기기 간의 폭발적인 트래픽 증가에 효율적으로 대처할 수 있는 모바일 네트워크 기술로서, 점차로 몰입화되는 개인화 서비스를 통하여 기존에 상상 할 수 없었던 새로운 차원의 통신을 가능하게 하는 클라우드 기반의 차세대 모바일 통신 네트워크를 의미한다.

2. 클라우드 구조

클라우드 구조란 사용자가 임의의 응용 프로그램 실행, 데이터 처리, 데이터의 저장 등을 수행함에 있어 사용자 자체의 단말(PC, 모바일 등)이 아닌 다른 작업수행자(슈퍼컴퓨터, 각종 서버 등)에게 그 작업을 맡겨서 대신 처리해주는 것을 말한다. 즉, 인터넷 기술을 활용하여 가상화된 정보기술(IT) 자원을 서비스로 제공하는 구조이다. 사용자는 IT 자원(소프트웨어, 스토리지, 서버, 네트워크 등)을 필요한 만큼 빌려서 사용하고, 서비스 부하에 따라서 실시간 확장성을 지원받으며 사용한 만큼 비용을 지불한다.

3. 몰입형 통신

Immerse란 몰입해 있다는 의미로써 인간이 가상현실(virtual reality)과 증강현실(augmented reality)이 결합된 혼합현실에서 몰입하여 정보를 교환하는 경우를 의미한다. 즉, 몰입형 통신은 클라우드 구조(cloud architecture) 기반의 네트워크를 이용하여 어디서든(anywhere), 어떠한 기기(any device)를 사용하든 적절한 혼합현실(mixed reality)을 만들고, 그 안에서 자연스러운 인간 상호작용을 구현하는 통신을 의미한다.

4. 네트워크 가상화 기술

1) 기지국 가상화 기술

기존 기지국의 라디오 유닛과 디지털 유닛을 분리하고 여러 기지국의 디지털 유닛을 중앙관제소에 두어 각기 다른 지역에 설치되어 있는 라디오 유닛을 제어하는 기술이다.

2) 서비스 가상화 기술

모바일 클라우드에 분산되어 있는 다양한 애플리케이션을 사용자와 물리적으로 근접해 있는 장치(device)에서 이용할 수 있도록 데이터와 애플리케이션의 흐름을 관리하는 기술이다.

5. 스마트 에이전트 기술

모든 복잡한 연산이 클라우드(서버)에서 수행되는 기존의 모바일 클라우드 서비스와 달리 작업의 특성, 요구사항을 분석하여 모바일 간의 협력을 통해 처리가 가능한 경우 모바일 노드들이 클라우드를 형성하여 작업을 처리하는 기술로 이를 통해 특정 지역 또는 특정 관심사를 가진 노드들 간의 자율적이고 적응적인 클라우드 형성이 가능하여 새로운 형태의 서비스를 지원할 수 있다.

6. M2M 통신

사물에 부착된 통신장치들은 사물의 정보를 자동으로 획득하게 해주거나 사물간의 통신 네트워크를 통해 정보의 상호 공유가 가능해진다. 이와 같이 사물에 부착된 통신장치를 이용하여 사물이 네트워크에 연결되거나 사물간에 통신 네트워크를 구성하는 환경을 사물통신 혹은 사물통신 네트워크라 부르며, 사물통신 네트워크 환경에서는 사람 대 사람, 사람 대 사물뿐만 아니라 사물 대 사물간의 통신 네트워크가 가능해져 모든 객체간의 정보공유가 가능해진다.

7. D2D 통신

다양한 장소에 위치한 디바이스들로부터 수집된 정보를 단말기들 간의 직접 통신하거나 게이트웨이 통신을 통해 서버에 전송하고, 서버로부터 전송된 명령에 따라 정보를 수집하는 국부 네트워크의 효율적인 관리기술이다.

8. 스마트 단말기 기술

이동통신 표준을 지원하는 소프트웨어 기반 단말 모뎀 기술과 M2M 통신용 네트워크 프로토콜 기술을 포함, 클라우드 기반의 단말, 대용량 콘텐츠의 취급으로 컴퓨팅 파워의 증대로 저전력 소자개발 기술을 포함한다.

04 4G 이동통신의 등장

1. 이동통신기술의 진화 및 4G 이동통신의 정의

이동통신의 기술발전을 세대를 통해 구분할 때 아날로그 방식인 1세대와 디지털 시분할접속방식(TDMA) 및 코드분할다중접속(CDMA) 방식인 2세대로 구분하고 2세대부터 진화한 기술이지만 3세대의 요구조건을 만족하지 못하는 GPRS, IS-95B 방식을 2.5세대로 구분한다. 그리고 EVDO, WCDMA 등의 IMT-2000 서비스를 3세대로 분류하며, IMT-Advanced 서비스를 일반적으로 4세대로 구분한다.

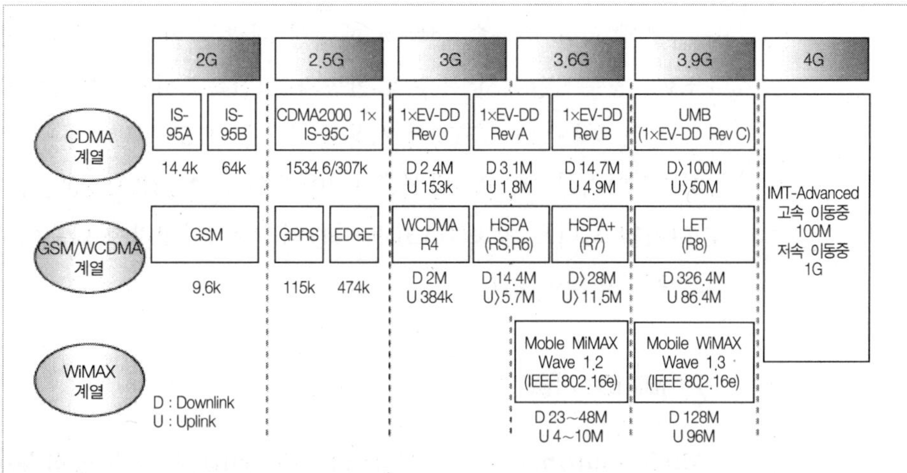

[그림 9-4] 이동통신 기술의 세대별 진화

4G 이동통신기술은 모바일 환경에서 콘텐츠와 앱 등과 같은 데이터를 빠르게 전송할 수 있는 수 있는 LTE(Long Term Evolution), WiMax 및 진화된 3G를 차세대 이동통신기술이라고 할 수 있다.

2. 4G LTE 기본요건

4G LTE는 무선 고속 데이터 패킷 접속규격인 Release8을 기반으로 하고 있다. 핵심 기술인 OFDM 기술과 MIMO 서비스를 이용하여 HSDPA보다 12배 이상 고속전송을 지원한다. 기존의 5MHz 한전 대역폭을 1.25~20MHz까지 확장 가능하며, 최대 100Mbps급의 Down-link 및 50Mbps의 Up-link 데이터 전송 속도를 지원한다.

1) OFDM 방식

OFDM(Orthogonal Frequency Division Multiplexing) 방식은 여러 개의 방송파를 사용하는 다중 반송과 전송의 일종으로 최근 유무선 통신에서 고속 데이터 전송에 적합한 방식으로 각광받고 있다. OFDM 방식은 상호 직교한 다중 반송파를 사용하므로 주파수 이용효율이 높아지고 단일 탭의 간단한 등화기로 다중 경로에 의한 주파수 선택적 페이딩 채널을 잘 대처할 수 있는 장점이 있다.

또한, 송수신단에서 복수의 반송파를 변복조하기 위하여 IDFT/DFT와 동일한 기능을 하는 IFFT/FFT를 사용할 수 있으므로 간단한 구조로 고속 구현이 가능하다. 이러한 OFDM 방식은 이미 무선 LAN(IEEE 802.11a, HIPERLAN/2) 및 디지털 오디오 방송(DAB)과 디지털 지상 텔레비전 방송(DVB-T)의 표준 방식으로 채택되어 있다.

2) MIMO 기술

MIMO(Multiple-Input Multiple-Output) 기술은 송신기와 수신기에서 다중의 안테나를 이용하여 데이터를 전송하는 방식이다. 각 송신 안테나에 대해서 서로 다른 데이터를 동시에 전송함으로써 시스템의 대역폭을 더 증가시키지 않고 보다 고속의 데이터를 전송할 수 있는 Spatial Muliplexing 기술과 다중의 송신 안테나에서 같은 데이터를 전송하여 송신 Diversity를 얻고자 하는 Spatial Diversity 기술로 BLAST 기술은 송신기에서 각 전송 안테나를 통해 서로 다른 데이터를 전송하고 수신기에서 적절한 간섭제거 및 신호처리를 통해 송신 데이터를 구분해내는 것을 특징으로 한다.

BLAST 방식은 많은 데이터를 전송한다는 점에서는 이득이 있지만, 무선 채널 간에 상관도(correlation)가 큰 경우, 안테나 간 데이터의 상관도가 커지게 되어 데이터를 분리하는 데 문제가 제기될 수 있다.

Spatial diversity 기술로는 전송 Diversity를 통해 수신 신호 대 잡음 비를 높이고자 하는 STC(Space-Time Code)가 있다. 최근에는 열악한 이동통신환경에서 데이터 전송속도는 향상시키지 못하나 Diversity 이득을 동시에 얻거나 채널의 변화에 Link Adaptation하기 위해 Spatial Muliplexing과 Spatial Diversity 기술을 결합한 방법에 대한 연구가 진행 중이다.

또한, OFDM(Orthogonal Frequency Division Multiplexing) 기술과 접목되어 AMC(Adaptive Modulation and Coding) 환경에서 발생하는 간섭을 제거하기 위한 기술들과의 결합에 관해서도 연구가 진행되고 있다. 3GPP에서는 MIMO 기술을 무선 링크 향상 기술의 핵심 요소로 Enhanced 표준규격인 Release 7의 주요 Feature로 고려하고 있다. 최대 4개의 송수신 안테나를 사용하는 MIMO 시스템을 고려하고 있으며 RAN(Radio Access Network)에서 MIMO 기술의 표준 반영한다.

3. 4G LTE 속도의 주요 관건 주파수

2G 이동통신의 주파수 대역은 미국, 한국의 800MHz, 1.8GHz, 유럽의 900MHz로 구분되었으니 3G 이동통신에서는 이러한 불편함을 2.1GHz대역으로 통일하여 3G까지는 전세계가 통용되는 글로벌 주파수 대역이 존재하였다.

그러나 4G LTE는 3G와 달리 통용되는 주파수가 없다. 글로벌 주파수는 없고 지역별 주파수 대역 분열(spectrum fragmentation) 및 조각현상이 발생하였다.

표준단체인 3GPP에서 지정한 FD-LTE가 20개 대역, TD-LTE가 11개 대역에 달한다.

4, 국내 LTE 서비스 수준

4G LTE는 3MHz, 5MHz, 10MHz 등 최대 20MHz 대역폭을 지원가능하나, 국내에서는 10MHz 대역폭으로 서비스 실시 중이고 4×4 MIMO 기지국 안테나

의 설치의 어려움과 수신단말의 다수 개의 안테나 내장문제로 인해 2×2 MIMO 가 사용된다.

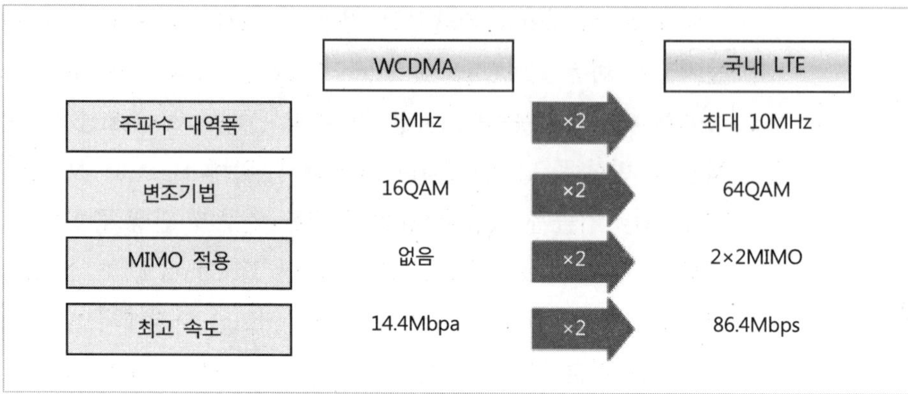

[그림 9-5] 국내 LTE 서비스 수준

따라서 기존 3G에 비해 주파수 대역폭에서 2배, 변조기법에서 1.5배, MIMO 적용으로 2배 속도의 향상으로 86.4Mbps(약 70Mbps)로 서비스되고 있다. 최근 멀티캐리어 방식을 개발 중이며 상·하향 40MHz 대역폭의 LTE 서비스가 가능할 것이다.

05 4G LTE의 기술 및 서비스

1. LTE 단말의 하드웨어 기술

최근에 LTE 단말의 하드웨어 기술은 프로세서와 통신 칩이 하나로 합친 원칩을 채택한 4G LTE 스마트폰이 출시되고 있다. 퀄컴의 스냅드래곤 4G MSM8960 칩셋(1.5GHz, 듀얼코어) 엔비디아 등 여러 회사에서도 원칩이 출시되고 있다.

2. UI/UX 기술

과거 GUI가 PC의 대중화를 터치 UI가 스마트폰의 대중화에 기여했다면 인간과 단말이 커뮤니케이션을 할 수 있는 새로운 방식을 제공하는 UX 혁명을 불러일으키게 될 것이다.

3. 무선충전 기술

단말기의 고성능, 집적화, 화려한 디스플레이, Always Connected 환경에 따라 배터리의 용량 및 사용시간이 갈수록 중요해지고 있다. 별도의 유선 충전기 없이 사용하면서도 충전이 가능한 무선충전 기술이 관심이 증가하고 있다. 무선충전기술은 공진방식과 자기유도방식이 있다.

공진방식 무선충전 기술은 스마트폰이 충전 패드와 떨어져 있어도 충전이 가능한 기술이다. 자기유도방식은 충전 패드 내부 코일이 주변 자기장을 만들어 휴대폰을 충전하는 방식으로 전력전달 효율성이 높지만 스마트폰이 충전 패드와 맞닿아야 한다.

06 5세대 이동통신 네트워크 기술

5G(fifth-Generation)는 5세대 이동통신으로 개발 중인 차세대 이동통신으로, 4G/IMTAdvanced 표준 규격을 넘어서고자 하는 움직임을 일컫는 용어이다.

현재 5G 관련 국제표준화 논의는 시작 단계다. 2013년 1월 유엔 산하 국제전기통신연합(ITU)이 각국 대표단과 함께 5G 비전과 전용 주파수를 논의하는 작업에 돌입했다. 구체적인 기술규격은 2016년경 제안을 접수할 것으로 보이며, 이 시점에 주도권을 확보하기 위한 노력이 각계, 각층에서 이루어지고 있다.

미래창조과학부는 2013년 5월 30일 5G 분야에서 글로벌 시장주도권을 확보하기 위해 산·학·연·관이 함께 참여하는 '5G 포럼'을 창립하였다. 미래창조과학부는 5G 포럼을 통해 5G 서비스의 비전 및 중장기 기술혁신 전략을 수립하고, 5G 핵심 기술에 대한 연구개발 및 국내외 표준화 활동을 수행할 예정이다.

포럼은 한국전자통신연구원, SK 텔레콤, KT, LG U+, 삼성전자, LG전자, LG-에릭슨, KMW, 디오인터랙티브 등 9개 기관으로 구성된 의장단과, 자문위원회, 운영위원회 및 4개 세부 분과(서비스, 기술, 주파수, 대외협력 분야) 등으로 구성된다. 세계 각국도 5G 기술개발 및 표준화를 위한 대비에 박차를 가하고 있다.

중국은 2월 5G 연구를 위한 정부주도의 'IMT-2020(5G) 프로모션그룹'을 결성했고, 유럽연합(EU) 집행부도 2020년 서비스 상용화를 목표로 올해만 5,000만유로(약 720억원)를 투자하기로 하였다. 영국도 3,500만 유로(약 388억원)을 투자하여 2015년까지 '5G 혁신센터'를 완공하고 저전력 5G 기술을 개발할 예정이며, 일본은 NTT 도코모연구소를 중심으로 5G 표준 선행기술을 개발 중이다.

일본의 NTT 도코모는 지난 2월 11GHz 대역에서 10Gbps 전송에 성공하였다고 발표하였고, 삼성전자도 지난 5월 28GHz의 초고주파 대역에서 1Gbps 이상 전송속도와 최대 2km에 이르는 전송거리를 달성한 기술을 개발, 시연하는데 성공하였다고 발표하는 등 차세대 이동통신기술 선점 경쟁이 본격화하고 있다.

최근 5세대 이동통신 개발이 정보통신 분야의 주요 연구 테마로 주목을 받고 있다. 5세대 이동통신은 흔히 LTE/SAE로 일컬어지는 4세대 이동통신 시스템 이후의 시스템을 의미하나, 아직 그 정확한 비전이 확립되지 못한 상태로 세계적으로 그 비전에 대한 공감대 형성을 위한 논의들이 활발히 진행되고 있는 상황이다.

이동통신 시스템은 기술적 측면에서 크게 '무선' 부분과 '네트워크' 부분으로 나누어 볼 수 있다. 먼저 무선 측면의 비전으로는 새로운 무선기술을 이용하여 4G에 비해 1,000배 빠른 데이터 전송률을 제공하고자 한다. 이를 실현하기 위해 스몰셀(small cell) 및 새로운 무선 스펙트럼 할당기술 등에 대한 논의가 활발히 이루어지고 있다. 이에 비하여 네트워크 측면에서는 아직 초기 논의 단계에 있으며 세계적으로 공감대를 형성할 만한 비전은 제시되지 못하고 있다.

네트워크 측면에서 볼 때 현재의 4세대 네트워크는 3GPP EPC(Evolved Packet Core)에 규정된 바와 같이 일반적으로 All-IP 네트워크로 불린다. 이는 모든 통신이 인터넷 기반의 네트워크 기술인 TCP/IP 기술에 기반하고 있음을 의미하는 것이다. 이동통신 네트워크의 All-IP 네트워크로의 진화는 인터넷 기반 서비스의 활성화가 그 기폭제가 되었으며, 이러한 인터넷 기반의 네트워크 기술의 도입으로 CAPEX/OPEX 측면에서 이동통신 네트워크 구현에 많은 장점을 가져왔다.

이러한 긍정적인 측면에도 불구하고, All-IP 네트워크로의 진화로 인해서 이동통신 네트워크가 유선 기반의 컴퓨터 네트워크에서 유래한 TCP/IP 기술의 한계에 제한을 받게 되는 점도 주목할 필요가 있다. 따라서 만일 현재의 TCP/IP 기술이 5세대 이동통신의 기술적인 목표를 달성하는데 한계가 있다면 현재의 TCP/IP를 개선하거나 대체할 수 있는 새로운 네트워크 기술에 대한 연구가 시급하다고 할 수 있을 것이다.

이러한 작업을 위해서는 무선 및 이동환경에서 현재의 TCP/IP가 가지는 한계와 문제점에 대한 분석이 그 첫걸음이 될 수 있을 것이다. 또한 현재 인터넷 분야에서 활발히 이루어지고 있는 미래인터넷 연구에서도 이동환경의 효율적인 지원이 주요 요구사항 중의 하나이기 때문에 5세대 네트워크 기술은 미래인터넷과도 밀접한 관련성이 있다고 할 수 있다.

1. 이동통신 네트워크의 진화

[그림 9-6]은 2세대 이동통신 네트워크에서 4세대 이동통신 네트워크로의 진화단계를 간략히 보여준다.

GSM으로 대표되는 2세대 이동통신 네트워크는 음성 서비스를 위한 회선교환(circuit-switched) 방식을 사용한 반면에, UMTS 기반의 3세대 네트워크에서는 데이터 서비스 제공을 위해 GPRS를 통한 패킷 교환(packet-switched) 방식을 추가적으로 도입하였다. 그러나 3세대 이동통신은 아직 데이터 통신보다는 회선 기반의 음성통신 위주의 네트워크라고 할 수 있을 것이다.

최근 서비스가 시작된 SAE(System Architecture Evolution) 기반의 4세대 이동통신 네트워크는 전술한 바와 같이 'All-IP' 네트워크로 통칭된다.

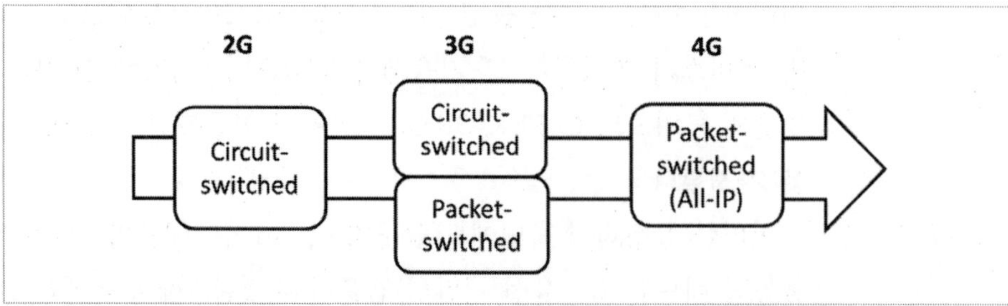

[그림 9-6] 이동통신 네트워크 기술의 진화

이는 [그림 9-6]에서 보이듯이 이동단말뿐만 아니라 eNB, MME(Mobility Management Entity), S-GW(Serving Gateway), P-GW(PDN Gateway) 등의 모든 네트워크 요소들이 IP(Internet Protocol) 기술에 기반하여 통신을 수행함을 의미한다.

3세대에서 4세대로의 진화에서 가장 큰 변화는 3세대까지 유지되었던 회선 기반 네트워크가 사라지고 네트워크가 패킷, 즉 IP 기반의 네트워크로 통합된 것이다. 4세대로의 진화의 동인은 여러 가지가 있을 수 있겠지만 가장 큰 원인 중의 하나는 '스마트폰의 활성화'와 더불어 발생한 '무선 인터넷에 대한 수요의 폭발적인 증가'라고 할 수 있을 것이다.

4세대 All-IP 네트워크는 기존의 이동통신 네트워크 구조에 인터넷의 네트워크 기술인 TCP/IP가 도입된 형태의 네트워크이다. 그런데 기존의 전화 네트워크에서 기원한 이동통신 네트워크와 컴퓨터 네트워크에서 기원한 인터넷 기술은 그 목표가 서로 달랐기 때문에 기본적으로 서로 다른 설계 원칙하에서 개발되었다는 것을 주목할 필요가 있다. 이로 인하여 두 가지가 서로 다른 종류의 네트워크가 결합된 현재의 4세대 네트워크에서 다양한 문제점들이 제기되고 있다. 이 문제점들은 크게 이동통신 측면과 인터넷 측면에서 제기되는 것으로 나누어 볼 수 있다.

먼저 이동통신 네트워크 관점에서 가장 시급한 이슈는 스마트폰으로 대표되는 스마트 이동단말기기 사용자들의 인터넷 접속으로 인한 '데이터 트래픽 폭증' 문제이다. 이동통신을 통한 데이터 트래픽은 매우 빠른 속도로 증가하고 있으나 4세대 이동통신은 이러한 상황을 적절하게 해결하지 못하고 있다.

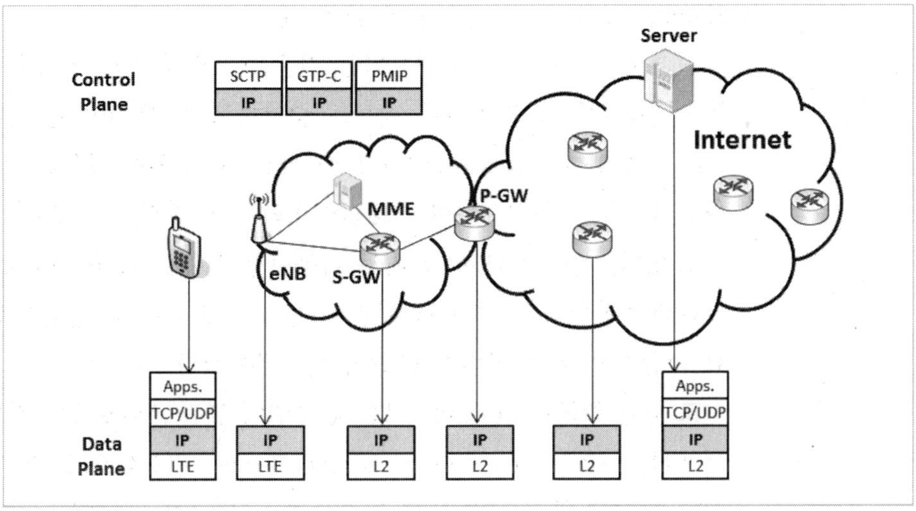

[그림 9-7] 4세대 이동통신의 All-IP 네트워크 구조

이로 인하여 이동통신 네트워크 사업자들에게는 데이터 폭증에 따른 설비투자 및 수익 모델에 대한 고민을, 사용자들에게는 '요금폭탄(billing shock)'에 대한 고민을 던져주고 있다. 현재 이동통신 관점에서 데이터 폭증에 대한 대응 방안으로는 크게 '데이터 오프로딩(off-loading)' 방식과 '분산구조로의 네트워크 진화'가 대표적이다.

1) 데이터 오프로딩 방식

데이터 오프로딩은 데이터 트래픽의 일부를 무선랜 등으로 우회시켜 코어(core) 네트워크로 진입하는 데이터 트래픽의 양을 줄이는 방법으로 3GPP에서 표준화한 SIPTO(Selected IP Traffic Offload)와 LIPA(Local IP Access) 방식이 대표적인 기술이다.

2) 분산형 네트워크 구조

분산형 네트워크 구조기술에서는 현재 중앙집중형 앵커(anchor)로 사용되고 있는 P-GW로의 데이터 집중현상을 막기 위해 네트워크 구조를 분산형으로 진화시켜 데이터 전송량을 종단(edge) 쪽으로 분산시키고자 한다. 이를 통해 코어 네트워크로 진입하는 데이터의 양을 줄일 수 있으며, 분산형 네트워크 구조 및 이와 관련된 기술에 대한 논의는 현재 IETF DMM(Distributed Mobility

Management) 그룹에서 진행 중에 있다.

현재 무선 네트워크를 이용하는 기존 호스트의 수와 인터넷 호스트로 사용되는 이동단말들의 수가 빠른 속도로 증가하고 있어 20여 년 전에 표준화된 RFC 1122, 1123(Requirements for Internet Hosts)에서 정의된 요구사항들을 벗어나고 있으며, 이로 인하여 미래인터넷의 개발에 있어 새로운 도전과 기회를 만들고 있다. 미래인터넷은 스마트 이동단말과 단순 센서에 대한 지원을 중요하게 고려해야 하며, 관련하여 '전원관리' 문제와 '요금폭탄' 문제가 해결되어야 될 주요 기술적인 이슈라는 것에 합의가 이루어졌다.

또 다른 주목할 만한 회의로는 2011년에 열린 스마트 오브젝트(smart object)에 대한 IAB(Internet architecture Board) 워크샵으로 그 토의결과는 IETF RFC 6574로 발간되었다. 이 워크샵에서 "에너지, 대역폭, 메모리, CPU 등에서 제한을 가지는 디바이스를 어떻게 인터넷에서 효율적으로 지원할 것인가?"라는 주제를 논의하였다. 이와 관련해서 IETF에서 연구되어야 할 연구항목으로 네트워크 구조 설계원칙, 에너지 설계, 혼잡제어, 데이터 모델, 보안이슈 등이 제안되었다.

2. 이동환경에서 TCP/IP의 문제점과 5세대 네트워크 요구사항

앞서 기술한 바와 같이 이동통신 네트워크와 인터넷 네트워크 기술은 서로 다른 설계원칙하에 설계되었으며, 이로 인하여 현재의 All-IP 이동통신 네트워크에서 기존의 TCP/IP 기반 네트워킹과 이에 기반한 응용들은 많은 한계점과 문제점을 가진다. 따라서 5세대 이동통신 네트워크의 기술적 이슈를 도출하기 위해서는 무선과 이동환경 관점에서 현재의 TCP/IP를 다시 한 번 검토하는 것이 필수적이다.

1) 제한된 식별자 구조

현 TCP/IP의 제한적인 식별자(identifier) 구조는 가장 원천적인 문제점으로 이로 인해 발생하는 문제점을 살펴보면 다음과 같다.

먼저 현 인터넷은 주소(address) 기반의 네트워킹으로 TCP/IP 프로토콜의 전 계층에 걸쳐 토플로지 주소를 의미하는 IP 주소를 가장 기본적인 식별자로 사용한다. 즉, IP 주소는 통신 객체를 식별하기 위해 사용하는 식별자임과 동시에 해당 호스트가 위치한 서브넷의 위치자(locator)를 의미하게 된다. 이와 같이 식별자 기능과 위치자 기능이 통합되어 있음으로 인하여 새로운 네트워크 환경에서 문제점을 발생시킨다. 그 대표적인 예가 이동성과 콘텐츠 네트워킹이다.

이동환경에서 호스트의 이동은 일반적인 상황이다. 만일 호스트가 다른 서브넷으로 이동하게 된다면 위치자로서의 IP 주소는 변경되어야 하지만 식별자로서의 IP 주소는 동일하게 유지되어야 하는 딜레마가 발생한다. 만일 이동한 위치로의 라우팅을 위해 IP 주소를 변경하는 경우 통신 중인 세션(session)이 중단되는 것을 피할 수 없게 되므로 이동 호스트에 대한 세션의 연속성을 보장할 수 없다.

모바일 데이터 폭증에 따라 이동통신 네트워크에서도 콘텐츠 기반의 네트워킹의 필요성이 증가하고 있다. 콘텐츠 네트워킹의 경우 동일한 콘텐츠를 여러 곳에 분산시켜 액세스할 수 있어 네트워크 전체의 트래픽을 분산시킬 수 있다. 그러나 현재의 IP 주소 기반의 네트워킹은 IP 주소를 기반으로 통신을 하므로 특정 위치의 단일 호스트에 트래픽이 집중될 수밖에 없는 한계를 가진다.

따라서 5세대 이동통신 네트워크에서는 호스트와 같은 통신 객체에 IP 주소와는 독립된 식별자가 할당되고 통신은 이 식별자에 기반하여 이루어져야 될 필요가 있다. 현재 식별자 기반 네트워킹의 대표적인 기술로는 다양하게 제안되고 있는 ID-LOC(Identifier-Locator) 분리기술들이 있다.

LISP(Locator-Idenitfier Separation Protocol), HIP(Host Identity Protocol), ILNP(Identifier-Locator Network Protocol) 등이 IETF에서 표준화가 이루어지고 있는 대표적인 ID-LOC 분리기술들이다. ID-LOC 분리구조에서는 패킷의 전달을 위해 사용되는 위치자 외에 종단간 통신을 위한 식별자가 추가적으로 할당된다.

콘텐츠 네트워킹을 위해 사용되는 대표적인 기술인 CDN(Contents Delivery Network), CCN/NDN(Contents-Centric Network/Named Data Network)도 콘텐츠에 식별자를 할당하는 일종의 식별자 기반 통신기술로 간주될 수 있다. 또 다른 심각한 문제는 다중 네트워크 인터페이스 지원 문제이다. 인터넷 호스트를 나타내는 식별자인 IP 주소는 호스트 자체에 할당되지 않고 사실상 그 호스트의 네트워크 인터페이스에 할당된다. 만일 해당 호스트가 다수의 네트워크 인터페이스를 가지고 있다면 그 수만큼의 IP 주소를 필요로 하게 된다. 또한 각각의 인터페이스가 서로 다른 IP 주소로 식별이 되므로, 호스트가 다중 인터페이스를 통해 패킷을 수신하는 경우 호스트가 이를 하나의 세션으로 처리하고자 하는 경우에도 이를 다중 세션으로 처리할 수밖에 없는 문제가 발생하게 된다. 현재와 같이 무선랜, 블루투스, LTE 등 다수의 네트워크 인터페이스를 구비한 호스트가 활성화되고 있는 상황에서 이는 반드시 해결되어야 할 비효율성이라고 할 수 있다.

따라서 5세대 이동통신을 위한 식별자는 네트워크 인터페이스가 아닌 통신 객체 자체에 할당될 필요가 있다. 멀티홈잉(multi-homing)과 관련하여 현재 제안되고 있는 기술은 SCTP(Stream Control Transmission Protocol), MP-TCP(Multi-Path TCP) 등을 들 수 있으며, SCTP는 새로운 전송계층 프로토콜로서 동일 세션에 다중 IP 주소를 지원하는 기능을 제공하며, MPTCP는 네트워크 중간에 프락시(proxy) 에이전트를 도입하여 멀티호밍을 지원한다.

2) 부가적이고 중앙집중형의 이동성 지원

현재의 TCP/IP 프로토콜은 주로 고정 호스트를 가징하고 실계되있기 때문에 이동 호스트의 이동성에 대한 지원은 특별한 예외 경우로 간주하여 부가적인 이동성 지원 에이전트를 도입하는 형태로 처리하고 있다(이를 'patch-on' 기법이라 한다). 그러나 이동 호스트가 다수를 차지하는 5세대 환경에서는 이동성을 예외적인 경우로 지원하는 것은 '라우팅 경로의 비효율성'과 '프락시 기능추가로 인한 오버헤드' 등 심각한 문제를 초래할 수 있다.

따라서 5세대 이동통신에서의 이동성 지원은 '예외 경우'가 아닌 '기본 동작'으로 간주되어야 하며 이를 구조적으로 지원할 필요가 있다. 구조적으로 이동성을 지원하고자 하는 기술은 주로 미래인터넷 연구의 일환으로 이루어지고 있으며 한국에서 제안된 MOF, 미국 과학재단 후원으로 이루어지고 있는 Mobility-First 등이 대표적인 기술이다.

MOFI(Mobile Oriented Future Internet)는 기본적으로는 GSM-MAP이나 IS-41과 같은 기존 회선 기반의 셀룰러 네트워크 시그널링 기술을 패킷 통신네트워크에 적용함으로써 효율적으로 이동성을 지원하고자하는 기술이다. MOFI에서는 네트워크 인터페이스에 할당된 IP 주소를 사용하는 기존의 TCP/IP와는 달리, 이동 호스트 자체에 네트워크 인터페이스와 무관한 호스트 식별자를 할당하고 이를 기반으로 하는 '식별자 기반 통신(ID-based communication)'을 추구한다.

따라서 다양한 인터페이스 및 IP 주소를 가지는 이종 네트워크 환경에서도 유연한 이동성 지원이 가능하다. Mobility-First의 경우 비연결성이 존재하는 무선 환경을 위한 네트워킹 구조를 제안하고 있으며, 이를 위해 대규모의 매핑 시스템을 통한 레이트 바인딩(late binding) 기능을 지원한다.

또한, 현재 인터넷에서 대부분의 이동성 지원기술은 Mobile IP의 HA(Home Agent)나 Proxy Mobile IP의 LMA(Local Mobility Anchor) 등과 같은 중앙집중형 포워딩 앵커에 기반하고 있다. 이러한 중앙집중형 앵커의 존재는 여러 가지 문제점을 유발할 수 있다. 가장 큰 문제점은 4세대 이동통신 네트워크에서도 볼 수 있는 바와 같이 모든 트래픽이 중앙집중형 앵커를 경유함으로써 코어 네트워크에 불필요한 트래픽을 유입되어 '모바일 데이터의 폭증문제'를 더욱 심화시킨다는 것이다. 또한 성능 측면에서도 중앙집중형 앵커는 삼각 라우팅(triangular routing)과 같이 라우팅 경로를 비효율적으로 만들어 성능저하를 가져올 수 있으며, 앵커 서버의 고장이나 악의적인 공격에 취약하다는 단점을 가진다. 따라서 5세대 이동통신 네트워크는 이동성 지원을 위해 중앙집중형 앵커를 이용하는 방식이 아닌 분산형 앵커를 가지는 네트워크 구조로 진화할 필요가 있다. 분산형 이동성 제어와 관련된 기술적인 논의는 현재 IETF의 DMM(Distributed Mobility Management) 그룹에서 진행 중이다.

3) 무선 링크

현재의 TCP/IP 프로토콜은 안정적인 유선 링크를 가정하고 설계되었기 때문에 유선에 비하여 상대적으로 불안정하고 낮은 데이터 전송률을 제공하는 무선 링크에서는 여러 가지 문제점을 발생시킨다. 이 문제점은 특히 전체 데이터 전송경로 상에 무선 구간이 포함되어야 하는 종단간 통신에 큰 영향을 끼친다.

이러한 문제점의 가장 대표적인 경우가 인터넷의 대표적인 종단간 통신 프로토콜인 TCP이다. TCP는 무선구간의 에러 등으로 인한 낮은 성능을 네트워크 혼잡이 발생한 것으로 간주하기 때문에 잦은 재전송을 유발시키며 이는 종단간 성능을 악화시키는 원인이 된다.

따라서 5세대 이동통신에서의 종단간 통신 프로토콜은 유선에 비해 상대적으로 낮은 성능을 가지는 무선 구간을 고려하여 재설계될 필요가 있다. 이와 관련된 대응 기술로는 불안정한 무선 링크 환경에서 TCP 전송의 효율성을 극대화하고자 하는 Wireless TCP 기술이 있다.

한편, TCP/IP 프로토콜 기반의 통신에서의 기본적인 유지관리 동작이 무선 링크의 성능에 영향을 줄 수도 있다. 일반적으로 무선통신환경에서는 무선 자원 사용과 전력소모를 줄이기 위해 대기 모드 사용 등의 최적화 기능을 사용한다. 그런데 TCP/IP 기반의 통신에서 유지관리를 위해 빈번하게 전송되는 keep-alive 등의 메시지는 무선 링크의 최적화에 큰 악영향을 줄 수 있고, 심한 경우에는 네트워크 전체를 다운시킬 수도 있다.

따라서 5세대 이동통신에서의 무선 네트워킹 기술은 무선통신기술과의 조화를 고려하여 설계될 필요가 있다. 최근 SKT는 이러한 문제점을 해결하기 위한 연결유지 신호를 별도 서버에서 통합 관리하는 네트워크 솔루션인 'Smart Push'와 같은 해결방안을 제안하기도 하였다. 또한 무선 자원은 유선 자원에 비하여 허가 주파수 자원구매 등으로 인하여 고비용을 필요로 한다. 만일 무선구간에 대용량의 데이터 트래픽이 발생하는 경우 이는 사용자에게 '요금폭탄' 문제를 발생시킬 수 있다.

따라서 5세대 이동통신 네트워크는 무선구간에 전송되는 트래픽 양을 최소화하기 위한 구조를 고려하여 설계될 필요가 있다. 현재 이동통신 네트워크로 유입되는 트래픽을 줄이기 위해 사용되는 대표적인 기술은 데이터 오프로딩 기술이라고 할 수 있으며 앞서 기술한 3GPP LIPA 및 SIPTO 기술이 이에 해당된다. LIPA는 가정 또는 사무실 환경에서 동일 H(e)NB에 연결된 기기들 간의 직접 통신을 지원하며, SIPTO는 H(e)NB이나 셀룰러 네트워크에 대한 데이터 트래픽을 지역 네트워크로 분산시켜주는 기능을 제공한다.

모바일 데이터 폭증에 따라 무선랜과 같은 핫스팟 기술이 활성화되면서 사용자는 이동 중에 네트워크 상황에 따라 안정적인 연결성이 보장되지 않을 수도 있다. 이 경우 만일 패킷 손실을 막기 위한 적절한 수단이 제공되지 않는다면 많은 패킷 손실이 발생할 수 있다. 특히 이 패킷이 손실되어서는 안 되는 중요한 패킷인 경우에는 문제가 심각해질 수 있다.

또한 실시간성을 필요로 하지 않는 트래픽의 경우 사용자가 허용하는 범위 내에서의 지연을 가지고 전달함으로써 네트워크 비용을 줄이는 방안도 고려되어야 한다.

따라서 5세대 이동통신 네트워크는 네트워크의 비안정성과 지연을 허용하는 '지연감내형(delay tolerant)' 통신방법의 도입을 고려할 필요가 있다. 지연감내를 지원하는 대표적인 기술로는 DTN(Delay Tolerant Network)을 들 수 있다. DTN은 지연감내형 통신을 위해 데이터 캐쉬 기능과 레이트 바인딩 기능을 지원한다.

4) 제한된 성능의 이동 호스트

현재의 인터넷은 암묵적으로 호스트는 항상 활성화되어 있으며 항상 패킷을 수신하고 처리할 수 있을 정도로 충분한 능력을 보유한 것으로 가정하고 있다. 그러나 이는 특정 무선/이동환경에서는 적합하지 않을 수 있다. 예를 들어, 이동 호스트는 전력소모를 줄이기 위해서 즉각적인 응답이 불가능한 휴지 모드에 들어갈 수 있으며 이로 인하여 수신되는 패킷을 즉각적으로 처리하지 못할 수 있다.

따라서 5세대 이동통신 네트워크의 설계 시 이동 호스트의 휴지 모드 지원방법이 고려될 필요가 있다. 휴지 모드 호스트 지원을 위해서 다양한 기술들이 고려될 수 있으며, 현재 제안된 기술 중에서 지연감내형 통신기술인 DTN이 이러한 목적을 위해 사용될 수 있을 것으로 보인다. 또한 전력소모를 줄이는 것은 대부분의 이동 호스트에 필수적인 요구사항이다. 그러나 인터넷은 이러한 부분에 대한 특별한 고려 없이 설계되었다. 이로 인해 이동 호스트에서의 전력제어에서 비효율성을 유발할 수 있다. 더불어 스마트폰 등의 이동 호스트에 대한 CPU의 성능과 메모리 크기가 빠른 속도로 증가하고 있지만 이는 데스크탑과 같은 고정형 호스트에 비해서는 여전히 큰 제약을 가진다. 또한 센서 기반의 사물통신의 경우 TCP/IP 프로토콜을 처리하기에 충분한 능력을 가지지 못할 수 도 있다.

따라서 5세대 이동통신 네트워크는 에너지 효율적인(energy-efficient) 네트워킹 기술에 대한 고려가 필요하다. 에너지 효율적인 네트워킹 기술에 대한 연구가 IETF에서 다양하게 이루어지고 있으며 대표적인 기술로는 6LOWPAN[21], LWIG[22], EMAN[23] 등을 들 수 있다.

5) 종단 호스트 기반 프로토콜

'종단간 원칙(end-to-end principle)'은 인터넷의 성공을 이끈 가장 큰 원동력이다. 그러나 이 원칙이 네트워크 실제 운영 측면에서는 약점을 가질 수 있다. 이러한 약점의 대표적인 예가 보급(deployment), 성능, 자원의 공유, 지역적인 처리(locality)의 보장 등에서의 문제점이다. 종단간 원칙에서는 대부분의 주요 기능들이 종단 호스트에 구현되므로 기능의 추가나 변경 시 엄청난 개수의 호스트에 대한 변경이 필요한데 이는 현실적으로 어려움이 있으며, 각 호스트별 관리에 따른 자원의 공유에도 문제점을 가진다. 또한 현재의 TCP와 같이 네트워크상의 트래픽에 대한 제어를 종단 호스트에서 하는 경우 네트워크 자체에서 처리하는 것보다 성능과 에러 및 고장처리에 비효율성과 제한을 가지게 된다.

따라서 5세대 이동통신 네트워크에서는 현 인터넷의 종단간 트래픽 제어와 더불어 네트워크 기반의 제어도 함께 고려되어야 한다. 이러한 접근방식의 대표적 예로서 호스트 기반의 이동성 기술인 Mobile IP 대신에 제안된 네트워크 기반의 Proxy Mobile IP 기술을 들 수 있다. Proxy Mobile IP에서는 이동단말에서의 이동성 관리의 제한성을 고려하여 네트워크가 호스트를 대신하여 이동성 지원 기능을 수행한다.

4세대 이동통신 네트워크는 기본적으로 인터넷 기술인 TCP/IP를 기반으로 하는 All-IP 네트워크를 그 특징으로 한다. 이동통신 네트워크에 TCP/IP 기술 도입은 효율적인 인터넷 서비스 제공의 측면에서 많은 장점을 가져다주었다. 하지만 TCP/IP 기술은 근본적으로 유선 및 고정 네트워크 환경을 고려하여 설계되었기 때문에 무선 및 이동환경에서 다양한 문제점들이 나타나고 있다.

따라서 사물인터넷까지를 포함하는 혁신적 5세대 이동통신 네트워크 설계를 위해서는 이러한 기존 TCP/IP의 한계를 극복할 수 있는 새로운 네트워크 기술에 대한 연구가 필수적이다. 이러한 관점에서 무선 및 이동환경에서 현 인터넷 프로토콜 기술의 문제점을 분석하고 5세대 네트워크 설계를 위한 요구사항을 제안하였으며, 이 기술 이슈에 대한 현재의 대응 기술들에 대하여 간단히 설명하였다.

5세대 이동통신이 단순히 대용량 데이터 전송을 위한 무선전송기술만을 의미하는 것이 아니고 접속/코어 네트워크를 모두 포함하는 전체 시스템 기술이라는 것을 고려할 때, 5세대 이동통신에서 요구하는 서비스를 제공하기 위해 무선 전송기술뿐 아니라 5세대 네트워크 기술에 대한 연구도 반드시 함께 고려될 필요가 있다.

현재 이동통신 네트워크의 기반 기술로 사용되고 있는 인터넷 프로토콜 기술에 대한 문제점 분석은 새로운 5세대 네트워크 설계를 위한 첫 단계 작업이라 할 수 있을 것이며, 차후 다양한 측면에서 보다 깊은 분석작업이 요구되는 연구 분야라고 할 수 있다. 또한 현재 TCP/IP의 문제점을 해결하기 위해 개발된 대응 기술들이 각 기술적 이슈에 대한 단편적 해결방안에 머물고 있다는 것을 고려할 때 이러한 문제들을 구조적으로 해결할 수 있는 새로운 네트워킹 기술에 대한 연구가 필요하다고 할 수 있다. 이와 관련하여 혁신적 인터넷 구조를 연구하고 있는 미래인터넷 연구과 밀접한 관련성을 가진다고 볼 수 있으며, 차후 두 연구 그룹 간의 보다 밀접한 협력 연구가 필요하다고 할 수 있을 것이다.

3. 5G 응용 기술동향

1) HTML 5

HTML 5(Hyper Text Markup Language 5)는 HTML 4 기반의 텍스트, 이미지 및 하이퍼링크 등을 표현하던 웹기술을 멀티미디어와 위치정보 등 다양한 애플리케이션까지 표현·제공하도록 진화한 웹 프로그래밍 언어이다. HTML 5를 이용하면 액티브X 등 비표준 기술의 사용 없이도 화려한 그래픽이나 동영상의 표현과 위치정보 이용, 카메라 제어 등 다양한 분야의 구현이 가능하여 ICT 분야 전반의 높은 관심을 받고 있다.

HTML 5가 차세대 기술로 부상함에 따라 주요 글로벌 IT 기업들도 HTML 5에 대한 투자에 박차를 가하고 있다. 구글은 자사의 웹 사이트에 HTML 5 기술을 적용하였으며, 모바일에 최적화된 HTML 5 웹 애플리케이션을 제작할 수 있는 도구인 구글 웹 툴킷을 서비스하고 있다. 동영상 서비스인 유튜브에서는 플래시 플러그인 없이도 HTML 5 기반으로 동영상을 감상할 수 있도록 시험 중이며, 구글 문서도구 등 클라우드 서비스를 HTML 5와 결합하여 사용자 편의성을 높이고 있다.

마이크로소프트는 HTML 5 지원을 대폭 강화한 브라우저인 인터넷 익스플로러(IE)10을 출시하였으며, 자사의 클라우드 서비스인 스카이 드라이브를 HTML 5

기반으로 변경한 바 있다. 구글과 마이크로소프트는 W3C에서 진행 중인 HTML 5 표준화 작업에도 참여하고 있다.

HTML 5 기반의 응용환경은 기본적으로 웹 표준 준수를 전제하고 있어 단말과 플랫폼에 종속되지 않는 환경을 제공한다. 현재 대부분의 웹 브라우저에서 HTML 5를 지원하고 있으며, 특히 모바일 분야, 스마트 TV 등 웹을 활용하는 기기가 늘어나면서 개발 분야에서의 적용이 매우 활발해지고 있다. 전자책, 게임 등 콘텐츠 시장은 물론 TV 분야에서도 기존 IPTV 브라우저 내 HTML 5 적용이 진행되고 있으며, KT와 티브로드 등 주요 IPTV 사업자들은 HTML 5 이용이 가능한 웹기반의 스마트 셋톱박스를 선보일 예정이다. 국제표준화가 완료되고 HTML 5가 활성화되면 다양한 환경에서 동일한 콘텐츠를 이용할 수 있으므로 개발비용이 절감되고 이용자 편의성이 증가하여 결과적으로 콘텐츠 시장확대에 크게 기여할 전망이다.

2) P2P 전송

P2P(Peer-to-Peer)는 네트워크에 연결된 모든 시스템들이 정보의 공급자(서버) 역할과 수요자(클라이언트) 역할을 동시에 수행하여 종단 시스템끼리 직접 음악, 영화 등의 멀티미디어 콘텐츠를 포함한 각종 데이터를 주고받을 수 있는 기술이다. P2P 서비스를 이용하면 네트워크에 참가한 모든 시스템들은 다른 참가 시스템으로부터 원하는 데이터를 찾고 이를 분산된 형태로 제공받을 수 있기 때문에 수많은 참가 시스템이 소수의 서버에 연결되어 있는 중앙집중형 서버-클라이언트 방식에 비해 시스템에 걸리는 부하를 분산시킬 수 있다는 장점이 있다.

그러나 P2P 기술은 사용자간의 직접 데이터 공유라는 서비스의 특징 때문에 콘텐츠 저작권 침해문제가 부상하는 계기가 되기도 하였다. P2P 분야에 적극적으로 투자하고 있는 대표적인 기업은 비트 토렌트(Bit Torrent)로, 동명의 P2P용 응용 프로그램을 오픈소스로 개발하여 전 세계적으로 서비스하며 폭발적으로 성장해 왔다. 비트 토렌트는 최근 자사의 P2P 전용 프로토콜을 이용하여 개인 파일을 다양한 컴퓨터에서 관리할 수 있도록 하는 서비스인 비트 토렌트 싱크를 발표하였다.

또한 전 세계적으로 3억여명의 이용자를 확보하고 있는 마이크로소프트의 스카이프(Skype) 또한 P2P 기술이 적용된 대표적인 VoIP 서비스이다. 오래 전부터 IRTF에서는 P2P 연구그룹을 구성하여 P2P 기술에 대한 연구를 진행해왔으며, IETF에서도 P2P 관련 표준개발 작업반들이 구성되어 각각 목표로 하는 P2P 기술에 대한 논의를 계속하고 있다.

P2P SIP(P2P Session Initiation Protocol) 워킹그룹은 SIP 신호 프로토콜 기술과 P2P 기술을 결합하여 VoIP(Voice over Internet Protocol) 및 메시징 서비스 등의 멀티미디어 서비스를 실현하는 세부 기술을 개발하고 있다. ALTO(Application Layer Traffic Optimization) 워킹그룹은 기존 랜덤 방식보다 우수한 적절한 초기 피어 선택과정을 진행할 수 있도록 정보를 제공하는 응용계층 트래픽 최적화 서비스 제공을 목적으로 하고 있으며, 이와 관련하여 응용과 ALTO 서버간의 통신 프로토콜을 개발하는 것에 주안점을 두고 있다.

PPSP(P2P Streaming Protocol) 워킹그룹은 근거리 실시간 전송을 위한 라이브 비디오 전달 및 타임 시프트 미디어 콘텐츠 스트리밍을 위한 2개의 신호 및 제어 프로토콜을 개발하는 것을 목적으로 한다. ITU-TSG13에서는 P2P 기술 기반의 분산 서비스네트워킹(DSN) 기술이, JTC1/SC6에서는 P2P 기반 서비스를 제어하고 관리하는 기술인 Managed P2P에 대한 논의가 진행되고 있다.

3) CDN

CDN(Contents Delivery Network)는 대용량 콘텐츠를 효율적으로 전송하기 위해 여러 서버에 분산 저장하여 사용자에게 고속으로 전송하여 주는 기술을 의미한다. 데이터가 분산되어 있기 때문에 동시에 이용자가 몰리거나 일부 구간에 장애가 생겼을 때에도 전송에 지장이 없는 것이 특징이다. CDN은 대부분의 인터넷 서비스들이 고화질을 지원하고, 클라우드 서버를 스토리지로 이용하면서 게임·포털·교육·홈쇼핑·금융·기업 등 전 분야에서 각광받고 있는 추세이다.

글로벌 CDN 사업자인 아카마이(Akamai)는 전 세계를 커버할 수 있는 오버레이 기반의 콘텐츠 전송 네트워크를 구축하여 세계 CDN 시장의 65~70%를 점유하고 있으며, KT와 Managed-CDN 서비스 파트너십을 체결한 바 있다. CDN 분야 2위 업체인 라임라이트(limelight networks)는 2011년 국내에 진출하였으며, 넷플릭스(Netflix)는 아카마이의 글로벌 CDN을 이용하여 전세계 주요 국가에서 인터넷 스트리밍 서비스를 제공하고 있다.

넷플릭스와 같은 인터넷 비디오 서비스 사업자들에 대응하여 통신사들은 자사의 IP 네트워크상에서 네트워크의 상황정보 등을 기반으로 효과적으로 콘텐츠를 전송할 수 있는 On-Net CDN을 구축하여 OTT(Over The Top) 사업자와 콘텐츠 제공사업자들에게 도매로 콘텐츠 전송 서비스를 제공하기 시작하였다. 그러나 On-Net CDN은 개별 통신사업자망 내에서는 아주 우수한 성능을 제공하지만 국외 등 타 통신사업자망의 가입자에게는 효과적으로 콘텐츠 전송 서비스를 제공할 수 없다는 문제점이 있다. 이러한 문제를 해결하기 위해 최근 통신사업자의 개별 On-Net CDN간의 상호접속을 통해 글로벌 CDN으로 전환시키기 위한 표준기술에 대한 논의가 IETF 산하 CDNi(CDN interconnection) 워킹그룹을 중심으로 적극 추진되고 있다.

현재는 CDN 상호접속 요구사항과 구조, 사용 케이스 등에 대한 논의가 진행되고 있으며 조만간 상호접속을 위한 세부 프로토콜이 개발될 것으로 예상된다. 최근 국내 통신사인 SK 텔레콤 · KT · LG U+가 콘텐츠 전송품질 강화를 위하여 각 사의 CDN을 연동하기로 결정하였으며, 세계 최대 규모의 클라우드 서비스 사업자인 아마존(Amazon)은 자사 CDN 서비스의 원활한 운용을 위한 거점을 국내에 구축하기로 하였다. 이와 같이 모바일 디바이스의 보급확대 및 콘텐츠 고도화 추세에 따라 CDN 시장의 성장은 앞으로도 계속될 전망이다.

4) BYOD

BYOD(Bring Your Own Device)는 직원들에게 그들이 개인적으로 소유하고 있는 노트북, 태블릿 PC, 스마트폰 등의 모바일 장비를 업무장소에 가져와서 그 장비로 기업의 정보나 애플리케이션에 접근하는 것을 허용하는 정책을 뜻한다. 다양한 모바일 장비를 보유한 직원이 빠르게 증가함에 따라 이러한 요구가 증대하였고, 기업 입장에서도 BYOD를 통해 업무유연성과 업무효율성의 확장을 꾀할 수 있기에 BYOD 정책을 실시하는 기업이 빠르게 늘어나고 있다.

그러나 BYOD 정책은 기업 내부 네트워크에 연결되는 직원의 모바일 장비가 외부 네트워크에도 연결되도록 허용하기 때문에 보안위협이 존재한다. 이를 제어하기 위한 VPN 기술과 솔루션은 이미 보편화되어 있으며, 별도로 기업이 직원의 모바일 장비를 관리하는 솔루션의 필요성이 대두되고 있다. 모바일 장비자체를 관리하는 관점에서 접근하는 방법을 MDM(Mobile Device Management),

모바일 장비 내의 애플리케이션을 관리하는 관점에서 접근하는 방법을 MAM(Mobile Application Management)이라고 한다.

그러나 MDM과 MAM은 하나의 솔루션으로 통합되는 추세인데, IBM의 모바일퍼스트, 시만텍의 모바일 매니지먼트 스위트가 통합 솔루션의 예이다. 이러한 솔루션을 통해 기업이 직원의 모바일 장비를 관리하는 과정에서 직원 개인정보의 프라이버시 문제와 회사정보의 보안유지 문제의 상충이 이슈가 되었고, 이 해결책으로는 가상화 기술이 떠오르게 되었다. 국내 기업의 경우 삼성전자가 모바일 장비 내에서 컨테이너 내부의 정보와 외부의 정보를 분리하여 직원이 업무용 공간과 개인용 공간을 따로 관리할 수 있도록 하는 KNOX라는 솔루션을 선보였다.

해외 기업으로는 VM웨어가 모바일 장비에서 업무용 OS와 개인용 OS를 별도로 사용할 수 있게 하는 VM웨어 스위치를 출시하였으며, 씨트릭스(Citrix)도 젠모바일(XenMobile) MDM이라는 기업용 모바일 장비관리 솔루션을 출시하는 등 가상화 분야의 주요 기업들도 BYOD 정책을 지원하기 위한 솔루션을 출시하였다. 이와 같이 BYOD 분야는 점점 더 다양한 분야로 넓어지고 있으며, 기업과 직원의 요구가 높아지고 있는 만큼 관련 시장은 더 성장할 것으로 기대된다.`

4. 5G의 향후 전망

인터넷이 다양한 응용 서비스를 지원하기 위해 지속적으로 확장되면서 1970년대 도입된 초기 인터넷의 설계 개념과 구조가 새로운 서비스를 수용하기에 한계에 이르렀다는 진단이 전문가들에 의해 꾸준히 제기되어 왔다. 그동안 IETF 등은 보안성, 관리성, 이동성, QoS(Quality of Service)와 같은 애플리케이션 및 사용자 요구사항에 따라 여러 가지 기술을 산발적으로 개발하여 추가함으로써 인터넷 성능을 향상시키려 노력하였으나, 이제 근본적인 변화가 필요한 시점이라는 의견이 강하게 제기되고 있다. 이에 따라 미국을 중심으로 미래인터넷 연구 프로젝트가 대규모로 착수되어, 유럽과 일본뿐만 아니라 국내에서도 미래인터넷 포럼(future internet forum) 등에서 관련 연구가 진행되고 있다.

향후에도 초고속 네트워크 통신망 구현을 위한 가상화·계층화 등의 인프라 기반기술과 아키텍처 구조화, 응용 서비스 관련 기술 분야 등 각 분야에서 미래인터넷 중점 기술연구 및 기술 표준화 활동이 활발히 이루어질 전망이다.

제10장

스마트 근거리 통신 네트워크 기술

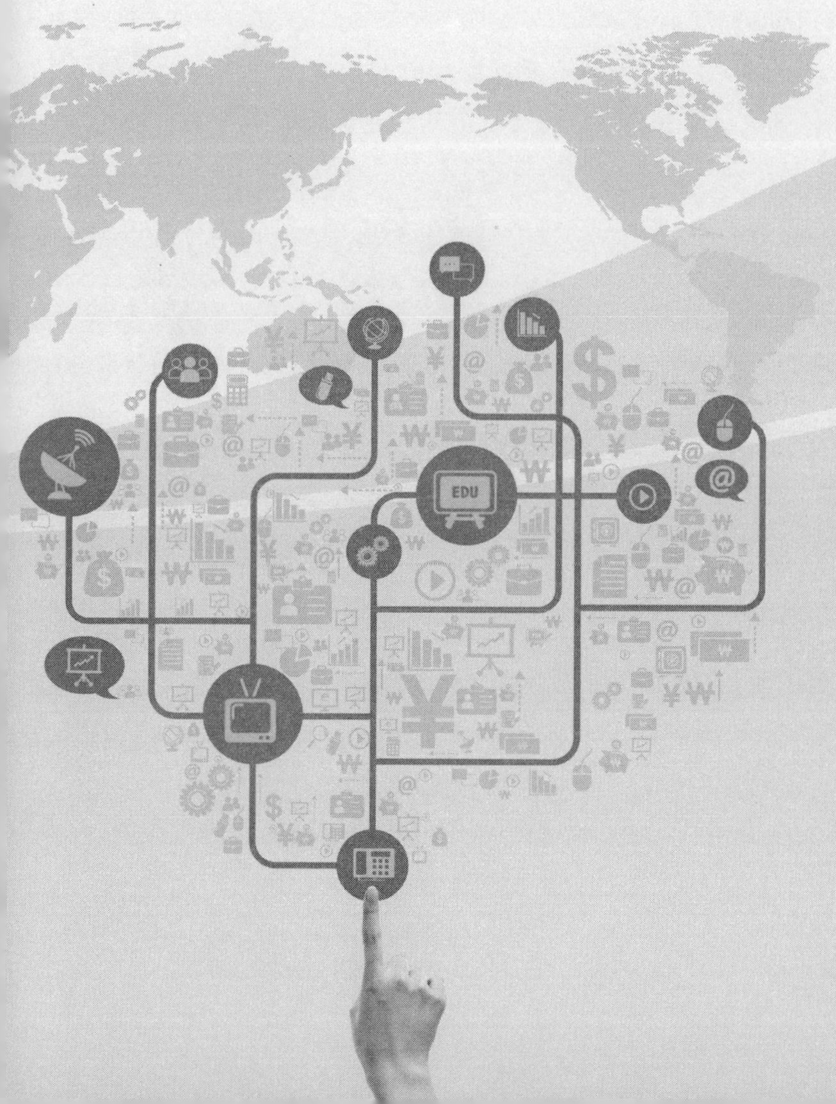

01 NFC의 기술

1. NFC의 정의

근거리 무선통신(NFC : Near Field Communication)는 유도성 자기에 의한 커플링 방식의 근거리 무선통신기술을 의미하는 용어로써 모바일 기기, 특히 스마트 폰과의 융합을 통해 단말간 데이터 통신을 제공할 수 있을 뿐만 아니라 기존의 비접촉식 스마트 카드 기술 및 무선인식기술(RFID : Radio Frequency Identification)과의 상호운용성을 제공한다. 주파수 대역은 13.56MHz가 가장 널리 활용되고 있다.

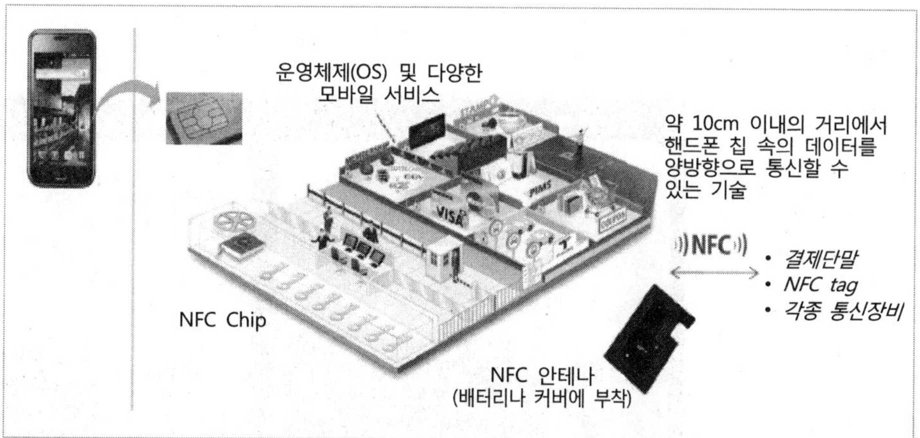

[그림 10-1]
NFC 통신의 개념

NFC는 무선태그(RFID) 기술 중 하나로 13.56MHz의 주파수 대역을 사용하는 비접촉식 통신기술이다. 통신거리가 짧기 때문에 상대적으로 보안이 우수하고 가격이 저렴해 주목받는 차세대 근거리 통신기술이다. 데이터 읽기와 쓰기 기능을 모두 사용할 수 있기 때문에 기존에 RFID 사용을 위해 필요했던 동글(리더)이 필요하지 않다. 블루투스 등 기존의 근거리 통신기술과 비슷하지만 블루투스처럼 기기간 설정을 하지 않아도 된다.

2. NFC의 기능

NFC 기능은 주로 스마트폰에 탑재되어 대량의 데이터 전송보다는 근거리 상에 위치한 단말간 제어, 소량의 데이터 송수신 기능 등을 수행하여 정보인증, 정보제공, 광고, 결제 등 다양한 고부가가치 응용 서비스 모델을 창출하는 데 쓰인다.

NFC 기술은 크게 3가지의 동작 모드에 따라 제품을 분류할 수 있으며, 안드로이드 기반의 스마트폰은 이 세 가지 기능을 모두 제공하고 있다.

① 기기간 통신(P2P)

② RFID 리더/태그

③ 카드 에뮬레이션(스마트 카드)

NFC는 카드 에뮬레이션 모드, P2P 모드, 리더/라이터 모드 등 3가지 기능을 가진다.

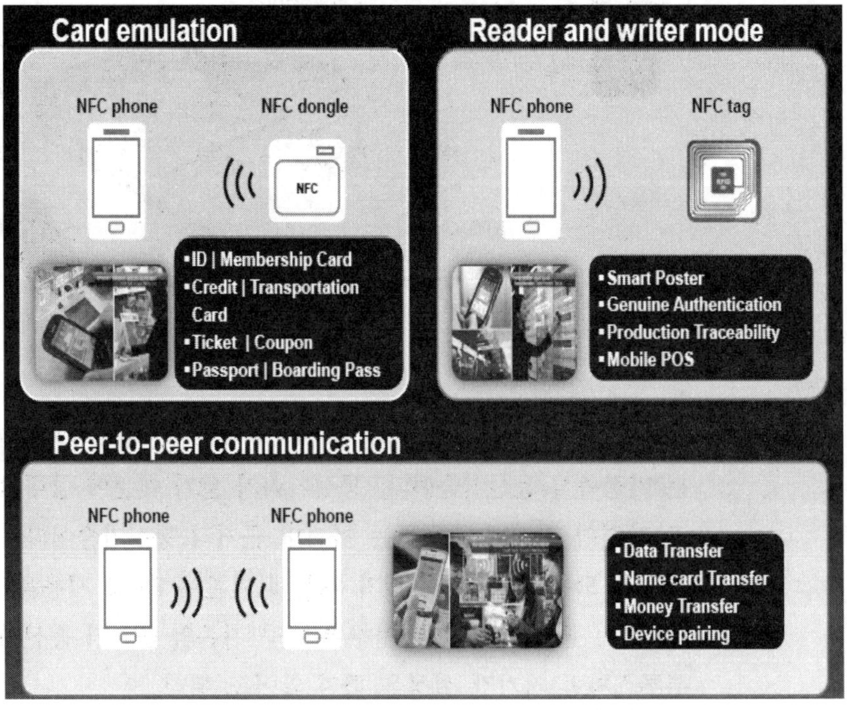

[그림 10-2] NFC의 3가지 기능

이 중에서 리더/라이터 모드는 버스 정류장 또는 광고판 등에 탑재된 태그를 통해 해당 정보를 조회하거나 다운받는 등 서비스의 핵심 기반 기술이다. 그뿐만 아니라, NFC 는 기존 RFID와 같은 13.56MHz의 같은 주파수 대역을 사용하기 때문에 호환 가능성이 있다.

이 표준은 NFC 의 13.56MHz 기반으로 기존 900MHz 대역의 모바일 RFID 서비스를 그대로 활용하기 위해 RFID 코드 체계를 NFC에서 인식할 수 있는 방법을 표준화하는 데 그 목적이 있다. NFC 태그 기반 RFID 코드 체계를 응용할 수 있는 방안을 정의하기 위해 NFC에서 각종 데이터를 저장할 수 있는 NDEF(NFC Data Exchange Format)에 모바일 RFID 코드 체계를 저장할 수 있는 방법을 기술한다.

기기간 통신과 RFID 리더태그 통신방식에 대한 표준인증기구는 NFC 포럼이며, 카드 에뮬레이션 특히 모바일 지불결제 분야는 EMVCo에서 주도적으로 기술표준 및 인증 프로그램을 운영하고 있다. 이에 2012년에는 EMV 및 NFC 포럼 회의를 중심으로 참가하여 NFC 테스트베드 기술지원 및 기술사업화 지원에 적극적으로 활용하고자 하였다.

1) 모바일 지불결제 기반기술(IC 카드)

모바일 지불결제 기반기술인 IC카드와 NFC 결제수단을 〈표 10-1〉에서 비교 분석하였다.

〈표 10-1〉 RF & NFC Payment 기술비교

	RF Payment	NFC Payment
주파수	13.56MHz	13.56MHz
인식시간	0.1ms 이내	0.1ms 이내
인식거리	10cm 이내	10cm 이내
ISO 표준	ISO 14443(A & B)	ISO 18092
데이터 전송량	106kbps	424kbps
호환성	–	Felica, Type A, Mifare, Bluetooth, Wi-Fi(802.11)
보안성	높음	높음
편리성	단순(비접촉 사용)	보통(mobile payment 시)
사용성	편리함	편리함
인식성	빠름	빠름
서비스 분야	교통, 유통, 금융, 통신, 의료 등	교통. 유통, 금융, 통신, 의료, 관광 등

2) NFC Eco 시스템

① NFC 반도체는 스마트 카드칩 회사, 통신칩 회사에서 사용한다.
- NXP는 ISO/IEC 14443A/B 기반 IC 카드의 절대 강자(MiFare® 시장점유율 72.5%, 2007년)이다.
- NXP는 NFC 칩 분야에서도 1위이며, NXP의 NFC 칩을 장착한 휴대전화가 60여종에 달한다(삼성 Nexus S, Galaxy S/S2, Blackberry 9900, Nokia 등).
- 최근, Broadcom의 Innovision 인수로 NFC 칩 기술을 확보하는 등 주요 통신칩 제조사인 Broadcom, CSR, TI 등이 NFC 칩 제조경쟁 돌입하게 되었다.

② 단말기는 스마트폰 제조사, POS 단말기 제조사 (예. VeriFone)에서 사용한다.

③ 지불결제는 EMVCo에서 사용한다. 특히 MasterCard PayPass 및 Visa PayWave의 영향력이 막강하다.

④ 서비스는 Google, Paypal, Apple 등 mobile Wallet 서비스에 실시한다.

⑤ 이농통신사업자는 USIM 기반 지불결제 서비스 제공한다.

3. NFC의 전망

NFC 핸드폰의 급속한 보급에 따라 통신기반 생활 서비스가 혁신되고, 관련 사업자들에게는 새로운 수익사업 발굴기회로 활용하고 있다.

① 전세계 NFC 지원 단말은 2012년 약 3억대 이상, 2015년까지 매년 약 40% 증가 예상(8억대)하고 있다.

② KT NFC 단말보급률은 2012년 말 약 40% 예상 - 2015년 전체 스마트폰의 약 80% 이상 차지할 것으로 전망한다.

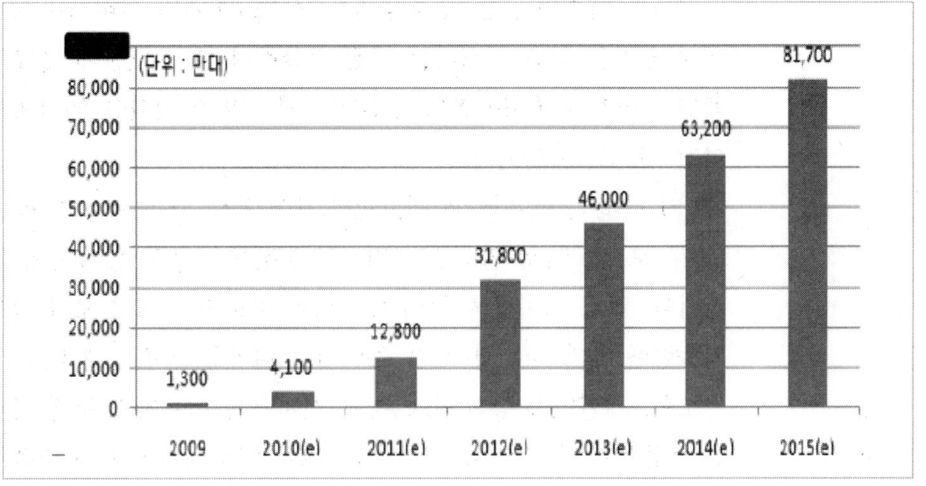

[그림 10-3]
전세계 NFC폰
증가전망

4. NFC 활용 및 응용범위

1) 모바일 금융 서비스

① 결제
② 티켓팅
③ 콘텐츠 구매
④ ATM 출금 등에 사용함

2) 인증/정보관리 서비스

① 개인인증(도어락 사용자 인증)
② 액세스 컨트롤(건물, 차량 등 리모트 컨트롤)에 사용함

3) 광고/커머스 서비스

① 관광안내
② 주차위치 안내
③ 광고/쿠폰
④ 제품정보 등에 사용함

그리고 기존의 금융 및 교통카드 등 RFID 기반 서비스는 해당 사업자가 자사의 사업만을 위한 인프라를 직접 보급해야 했기 때문에 생태계 구축과 활성화 측면에 한계가 존재하였으나, NFC로의 서비스 전환을 통해 사업의 효율성이 높아질 것으로 예측된다.

RFID 역시 개인인증과 접속권한 제어 등에 활용 가능하지만, NFC는 '읽기'와 '쓰기' 모두 가능한 양방향 서비스의 장점을 갖추고 있어 응용 분야가 확대될 전망이다. 특히 스마트폰 등에 내장되어 별도의 리더기 보급 없이 서비스 제공이 가능함에 따라 비용과 시간 측면에서 다양한 장점을 지니고 있다.

또한, 개인인증 등의 NFC 응용 서비스는 이용자가 특정 목적을 위해 서비스를 이용하기 때문에 서비스 이용의도를 인식하여 이용자 맞춤형 서비스 제공이 가능하다. 그리고 다양한 NFC 응용 서비스 이용 관련 데이터 누적을 통해 개인의 이용행태 분석이 가능하며, 빅데이터 분석으로 새로운 부가가치를 생성할 수 있다.

그러나 NFC에 대한 대국민 인지도가 아직 낮은 수준에 있으며, 신규 응용 서비스 발굴 시 이종 산업 사업자들간의 이해관계가 복잡하게 얽혀 있어 해결해야 할 과제가 많은 상황이다. 다양한 생활밀접형 응용 서비스 및 킬러 서비스 발굴 등을 통해 초기 시장을 선점하여 글로벌 진출에 노력을 기울여야 하는 시점이다.

〈표 10-2〉 NFC 서비스 형태

분야	서비스	서비스 형태
결제	비접촉 결제	현금결제 대신 NFC 기능 탑재 단말을 통한 모바일 결제
	온라인 결제	기기간 통신으로 언제, 어디서나 개인간 송금
액세스 컨트롤	티켓팅	교통수단, 이벤트 등의 티켓팅
	권한 획득	접속권한 획득을 통해 건물, PC, 차량 등의 액세스 컨트롤
	페어링(pairing)	단말간 무선통신 접속을 위한 설정을 간단하게 진행
개인정보 관리	개인 인증	휴대전화에 저장한 개인정보를 이용해 유저인증 실행
	소셜네트워크	위치기반 SNS 등에서 NFC를 활용해 간단하게 체크인(check-in) 가능. 유저의 위치와 상황을 전송
	지역 마케팅	GPS 기능과 연계한 위치정보 전송
제품인증	e-태킹	제품정보 열람, 진품판정, 제조과정 트래킹, 제품인증
	콘텐츠 다운로드	동영상, e-Book, 음악 등의 콘텐츠 다운로드

5. 다양한 NFC 조직

〈표 10-3〉 NFC 조직

	심 벌	조 직	목 적
	N-Mark	NFC Forum	글로벌 터치포인트
	NFC Icon	GSM Association	SIM 기반 NFC 표시
	Contactless	EMVCo	Contactless를 지원하는 POS 터미널
Google wallet	Google Wallet	Google	구글지갑 지원
	Tap & DO	Microsoft	Windows 8 태블릿 및 PC에서 NFC 지원표시

1) NFC Forum

NFC Forum은 Near field communication(13.56MHz 대역 비접촉식 RFID 기술)의 휴대폰 적용 및 시장 확대를 목표로 노키아, NXP(舊필립스 반도체부문), 소니를 중심으로 지난 2004년 설립된 이후 최근 Bluetooth SIG, WiFi Alliance, EMVCo, GS1 등 NFC 융합 서비스 제공을 위해 각계 기술인증 그룹과 연합을 모색하고 있다. 안드로이드 스마트폰의 P2P 파일 공유방식 중 하나인 안드로이드 빔과 RFID 태그 인식 등이 모두 NFC 기술이다. NFC Forum은 기술표준 제정 및 제품인증을 주관하고 있다.

2) EMVCo

1999년 VISA, MasterCard 인터내셔널, 유로페이 인터내셔널 등 3개 신용카드사가 IC 카드 표준제정 및 상호운용성 확보를 위해 설립한 EMVCo는 2002년 유로페이 인터내셔널이 마스터카드 인터내셔널에 합병되어 마스터카드 월드와이드로 되었으며, 2004년에는 JCB가, 2009년에는 American Express사가 EMVCo에 합류하였다. 처음에는 접촉식 IC 카드 및 터미널 인증을, 2011년에는 비접촉식 카드 및 터미널 장비에 대한 인증을 추가하였으며, 2012년에부터는 스마트폰과 같은 모바일 기기의 NFC 지불결제 단말기의 인증도 제공하기 시작하였다.

6. 모바일 지불결제 단말 관련 기술 표준 및 인증

〈표 10-4〉 모바일 지불결제 단말기술 표준

인 증	분 야	관련 표준
NFC Forum (NFC 인터페이스)	NFC RF 및 디지털 프로토콜	ISO 18092(NFCIP-1) ISO 14443(Proxlimity Cards) ISO 21481(NFCIP-2) ISO 10373-6(Test Spec) NFC Forum Specifications
GCF/PTCRB (이동통신)	UICC와 NFC 칩간 통신	ETSI TS 102 613 ETSI TS 102 622
	(U)SIM	ISO/IEC 7816 ETSI TS 102 221 3GPP TS 31.102
EMVCo (지불결제)	Credit/Debit 카드 결제	EMV Book A/B/C/D(2011)
Global Platform (스마트 카드 응용관리)	UICC 애플리케이션 관리 플래폼	GP Card Spec. v2.2

02 NFC의 정책 및 산업동향

1. 정책동향

구 방송통신위원회는 2011년 3월 '스마트 모바일 근접통신(NFC) 서비스 선도국가 구현'이라는 비전을 세우고, '근접통신(NFC) 기반의 모바일 스마트 라이프(mobile smart life) 서비스 활성화 추진계획'을 수립하였다. 이동통신사, 신용카드사, 솔루션사 등 다양한 이해관계자가 참여하는 NFC 협의체인 '그랜드 NFC 코리아 얼라이언스(Grand NFC Korea Alliance)'를 구성·운영하여 사업자 의견 수렴, 정책방향 검토, 다양한 시범사업 등을 추진하고 있다.

먼저 2011년 11월부터 약 3개월간 명동 지역을 대상으로 NFC 시범사업을 운영하였다. 커피숍, 편의점, 패스트푸드 등 약 200개 매장을 대상으로 NFC 결제기 보급, NFC 태그 기반 서비스 등을 적용하였다. 시범사업을 통해 이동통신사간 NFC 서비스 표준규격을 마련하고 신용카드사들이 모바일 카드 발급체계를 갖추고 오류사항 등을 수정하는 계기가 되었다. 그리고 미국 FCC 위원장, 일본 NTT 도코모 · KDDI, 중국 China Mobile 등 해외 기관 및 기업들도 명동 시범사업을 벤치마킹 대상으로 인식하여 직접 명동을 방문하는 등 높은 관심을 보였다. 2012년 2월에는 시범사업을 계기로 대형마트 · 편의점 · 커피숍 · 주유소 등 9개 대형 가맹점들이 NFC 기반의 모바일 결제 서비스를 전국적으로 제공한다고 밝혔다.

다음으로 여수세계박람회 조직위원회와 협력하여 2012년 5월 여수세계박람회 NFC 시범사업을 추진하였다. 명동 NFC 시범사업 운영시 NFC에 대한 대국민 인지도가 낮은 점 등을 고려하여 '스마트 라이프(NFC) 체험관', 전시물 정보안내 서비스 등 NFC 스마트폰 이용자들이 직접 체험할 수 있는 방향으로 추진하였다. 여수세계박람회 NFC 시범사업을 통해 약 21만 명의 방문객이 NFC 서비스를 체험하였다.

여수세계박람회 NFC 시범사업 운영경험을 바탕으로 국민들이 일상생활에서 이용할 수 있는 서비스 적용을 위해 서울시와 협력하여 2013년 3월 표지석 30여곳, 6개 박물관 및 전시관에 240개 전시물을 대상으로 NFC 전시물 정보안내 서비스를 적용하였다. 이와 함께 울산광역시를 대상으로 세계 최초의 모바일 후불 교통카드 서비스를 2013년 하반기에 적용할 예정이다.

교통카드 서비스는 가장 쉽게 접할 수 있는 생활밀착형 서비스로 국내 NFC 응용 서비스 시장활성화에 크게 기여할 것으로 예상된다. 모바일 후불 교통카드 서비스는 기존 플라스틱 형태의 후불 교통카드를 대신하여 NFC 기능 탑재 스마트폰을 대중교통에서 이용할 수 있도록 하는 서비스이다. 이용자들은 후불 교통카드 기능이 포함된 모바일 신용카드를 자신의 스마트폰에 발급받아 교통카드 단말기에 스마트폰을 터치하여 교통수단을 이용하고 후불로 결제할 수 있게 된다. 이 서비스는 국토해양부가 추진해 온 교통카드 전국호환 정책에 부합하도록 구현되어 이용자 편의증진에 기여할 뿐만 아니라, 모바일 후불 교통카드의 최초 도입을 통해 울산광역시가 ICT 기반의 스마트 시티로 발돋움하는 계기가 될 것으로 기대된다.

2. 국내외 NFC 산업동향

1) 스마트폰

NFC는 최근 애플의 아이폰을 제외한 대부분의 스마트폰에 기본 기능으로 자리잡았다. 구글은 안드로이드 4.0 버전인 '아이스크림 샌드위치' OS부터 NFC 기능을 이용한 '안드로이드 빔'을 기본으로 탑재하였다. 안드로이드 빔은 NFC가 내장된 안드로이드 OS의 스마트폰을 서로 접촉시키는 것만으로 주소록, 음악, 동영상, 앱 등의 다양한 자료전송이 가능한 서비스이다. 안드로이드 4.0 이후 버전인 '아이스크림 샌드위치'와 '젤리빈'의 경우 2012년 12월 기준으로 전체 안드로이드 스마트폰의 34.2%를 차지하고 있으며, 그 비중은 지속적으로 증가할 전망이다.

시장조사 기관인 IDC에 따르면 2013년 1분기 구글의 안드로이드 OS는 시장 점유율 75%를 차지하였으며 애플의 iOS는 17.3%에 그쳤다. 안드로이드 OS의 전 세계 점유율이 지속적으로 증가하고 있어 NFC 지원 스마트폰은 더욱 늘어날 것으로 예상된다. 또한 마이크로소프트도 2012년 6월 발표된 신규 스마트폰 운영체제인 윈도우폰 8에 NFC 기능을 기본으로 탑재하고 있다. 마이크로소프트는 윈도우폰 8 발표회장에서 NFC를 이용한 모바일 광고, 명함읽기, 월렛 기능 등을 시연했다.

삼성전자와 LG전자 등 스마트폰 단말제조사도 NFC 서비스에 대한 지원을 강화하는 추세이다. 삼성전자는 스마트폰 갤럭시 S3부터 별도의 인식과정(페어링) 없이 NFC로 상대방 단말을 인식하고 데이터를 전송하는 'S빔' 서비스를 상용화하였으며, 'Tectile'이라는 NFC 태그를 판매하고 있다. LG전자는 NFC 기능을 강조한 안드로이드폰인 '옵티머스 태그'를 출시하고, 이용자가 상황에 맞는 맞춤형 기능을 설정해 놓을 수 있도록 하는 NFC 태그를 함께 제공 중이다.

2) 가전기기 및 기타

가전기기, 헬스케어 단말, 도어락(door-lock) 등의 기기는 물론 차량 등에서 NFC를 채택하려는 움직임이 본격화되고 있어 NFC 기능을 탑재한 기기는 더욱 늘어날 것으로 예상된다. 가전기기는 NFC를 통해 스마트폰 또는 태블릿과 연계

시킴으로써 기기 기능 작동이나 데이터 전송과 같은 특정 용도를 위해 이용할 수 있도록 하는 것이 주된 용도이다.

파나소닉은 가전제품의 차별화 수단으로 클라우드 기반 서비스와 함께 NFC 기능을 적극 활용하고 있다. 냉장고와 세탁기, 전자레인지, 밥솥, 혈압계 등에 NFC 기능을 탑재하여 스마트폰으로 가전기기의 데이터를 취득하거나 반대로 기기제어 데이터를 전송하는 데 주로 활용하고 있다. 국내의 경우에도 밥솥, 에어컨, 세탁기, 헤드폰, 이어폰 등에 NFC 기능이 탑재되어 출시되고 있다.

NFC는 가전기기뿐만 아니라 PC에도 기능이 탑재되고 있다. PC의 경우 데스크톱보다는 노트북과 하이브리드형 단말에서 NFC 탑재가 증가할 것으로 전망되며 인텔, 소니, 삼성 등의 노트북에 NFC 기능이 탑재되어 출시 중이다. 2013년 이후 대부분의 노트북, 태블릿 등에서 NFC 기능을 기본사양으로 채택할 것으로 전망되지만 애플의 맥북 시리즈 및 아이패드 등의 경우 NFC 기능이 탑재된 아이폰 출시 이후에나 가능할 것으로 예상된다.

스마트폰은 이용자가 항상 소지하고 다닌다는 점에서 출입통제에 활용하려는 시도도 다양하게 이루어지고 있다. 삼성그룹의 계열사인 서울통신기술은 2011년 10월 NFC 탑재 스마트폰을 통해 출입인증이 가능한 '스마트 도어락'을 출시하였으며, 2012년 12월 현대자동차는 NFC 스마트폰으로 차문을 열 수 있는 기술을 개발하고 'i30' 차량에 적용된 모습을 시연하였다. NFC 기능을 활용하여 차문의 개폐뿐 아니라 차량 내 이용자 맞춤형 서비스 제공에도 이용될 예정이다.

3) 응용 서비스

NFC는 온라인과 오프라인의 융합을 촉진하는 기술로 금융, 운송, 유통, 광고 등 다양한 업종에 서 NFC 기반의 응용 서비스 도입을 시도하고 있다. 향후 개인이 보유한 다양한 범주의 단말 또는 타인의 단말간 통신을 통한 데이터 전송과 동기화 요구가 점차 증대할 것으로 예상된다. 이미 NFC를 통한 스마트폰간 주소록이나 데이터 전송 서비스가 등장하고 있으며 향후 태블릿, 스마트 TV, 노트북 등 보다 다양한 범주의 단말로 적용범위 확대가 예상된다.

이와 함께 서비스 제공업체가 소비자들에게 제공하는 상품의 홍보 또는 추가적인 부가 서비스 판매를 위해 NFC를 활용하여 모바일 쿠폰, 멤버십카드, 스마트 포스터 및 카탈로그 등 홍보용 응용 서비스가 다양한 산업 부문에서 활용되고 있다. 향후 다양한 산업과의 연계를 통해 더욱 다양한 NFC 응용 서비스들이 발굴되어 상용화될 것으로 전망된다.

〈표 10-5〉 산업부문별 NFC 서비스 형태와 주요 사례

업 계	서비스 형태 및 사례
플랫폼업체	• 모바일 결제 및 광고, 데이터 교환, 스마트키 등 다양한 서비스 제공 - 구글 월렛, 미국 이동통신사 연합 모바일 결제 아이시스, 국내 KT의 Moca 등
이동통신업계	
금융업계	• 모바일 결제 및 광고 제공 - 마스터카드의 PayPass Wallet, 비자카드 V.me 등
운송업계	• 대중교통 통행료 지불/티켓팅 및 관련 서비스 제공 - NFC 기반 교통카드
유통업계	• 상품정보 및 로열티 서비스 제공, NFC 기반 자판기 - 코카콜라의 NFC 자판기, Isis의 자판기 결제
광고업계	• 기존 실내·옥외 광고 네트워크에 NFC 기능추가 - 스마트 포스터
관광/숙박업계	• 여행정보 서비스와 지역 할인쿠폰 등 제공 • NFC 스마트폰을 통해 건물출입이 가능한 스마트키 서비스 제공 - LG CNS의 NFC 기반 '스마트 호텔' 서비스
차량 제조업계	• 차문개폐와 관련 정보 및 기능제공 - 현대자동차의 NFC 기반 차문개폐
엔터테인먼트/SNS	• 기존 서비스 기능을 오프라인으로 확장 - 일본 소셜게임업체 Mixi 태크가 붙여진 특정 사물로까지 확대 - 미국 Rovio가 노키아와 손잡고 NFC 탑재폰 'C7' 간 접속하면 특정 게임라운드 이용 가능한 'Angry Birds Magic' 게임 출시 등

03 NFC의 전망

ABI Research에 따르면 전 세계적으로 NFC 기능 탑재 스마트폰은 급속히 확산되어 2012년 11월 기준 1억 2백만대 수준에서 2017년 19억 5천만대 수준으로 19배 이상 증가할 전망이다. 국내의 경우 2013년 3월 기준 10명 중 6명(64.5%)이 스마트폰을 사용하고 있으며, 스마트폰 사용자 중 7명(70.3%)이 NFC 스마트폰을 보유하고 있다.

〈표 10-6〉 국내 휴대전화 이용자 현황 (2013년 3월 기준)

구분	피처폰	스마트폰		총계
		NFC 미탑재	NFC 탑재	
이용자 수	1,910	1,031	2,443	5,384
		3,474		

또한 전 세계적으로 가장 빠른 NFC 스마트폰 보급률을 보이고 있으며, NFC 응용 서비스를 이용할 수 있는 이용 기반은 일정 수준 조성되어 있는 상태이다.

그러나 명동, 여수세계박람회 NFC 시범사업 등을 통해 대국민 NFC 인지도를 높여 나가고 있음에도 NFC라는 용어가 일반인들에게 생소하여 지속적인 대국민 NFC 인지도 제고활동이 필요하다.

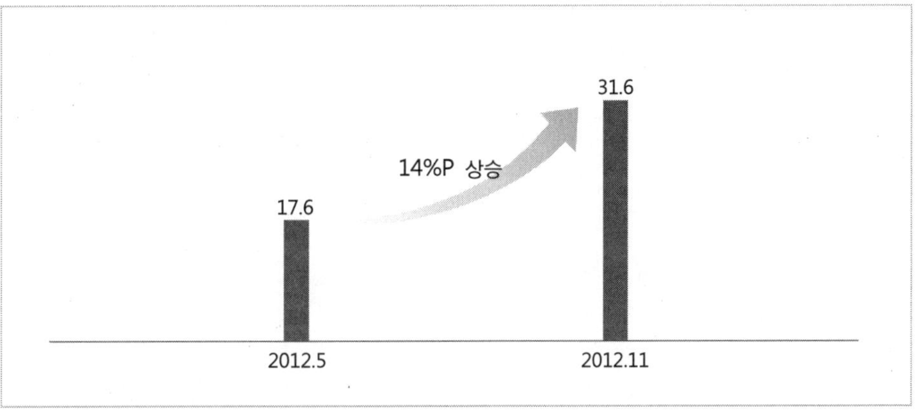

[그림 10-4] NFC 서비스 향상

기존 NFC 응용 서비스라고 하면 일반적으로 모바일 결제 서비스를 떠올리는 사람이 많이 있을 것이다. 물론 모바일 결제도 NFC 응용 서비스에서 큰 축을 차지할 수 있는 중요한 서비스이지만, 아직 전 세계적으로 NFC 기반의 모바일 결제 서비스는 통신사와 금융사의 이해관계 대립, 인프라 확산에 따른 비용분담 주체 등 아직도 해결해야 할 과제가 많은 상황이다. 또한 국내처럼 신용카드 이용이 편리한 환경에서 이용자들의 행태변화를 유도하기는 더욱 더 어렵다. 모바일 결제에만 너무 초점을 두지 말고 시야를 넓혀 다양한 생활밀접형 응용 서비스 발굴 및 제공에 관심을 기울여야 할 시점이다. 모바일 결제의 경우 일정 수준 이상의 이용자 행태변화 후 고민해도 늦지 않을 것으로 판단된다.

현재까지 다양한 시범 서비스와 상용 서비스 등장에도 불구하고 아직 대중적인 인지도와 높은 활용도를 기록한 서비스들은 없는 상태이다. 대부분의 응용 서비스들은 시범 서비스로서 제공 기능과 수익화 가능성을 테스트하는 데 중점을 두었으며 기존의 응용 서비스 이용행태를 대체할 충분한 가치를 아직 제공하지 못하고 있다. 이용자가 이미 익숙해져 있는 기존 이용행태를 변화시키기 위해서는 새로운 NFC 응용 서비스가 기존 서비스의 가치를 뛰어넘는 충분한 혜택을 제공해 주어야 할 것이다.

제11장

웨어러블 및 헬스케어 기술

01 건강관리 서비스의 변화
02 보건 및 의료정보화 현황
03 복지정보화
04 바이오 기술의 모바일화
05 웨어러블 디바이스

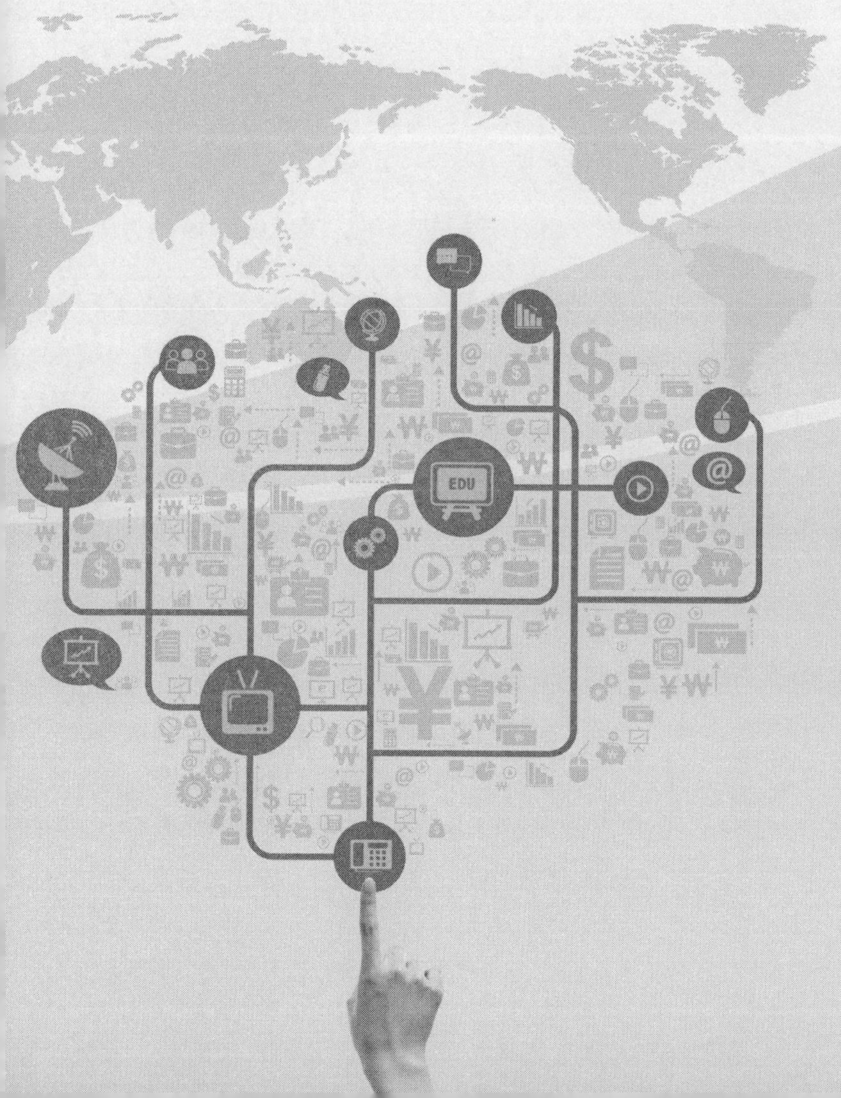

01 건강관리 서비스의 변화

1. u-Health 비즈니스의 시장전망

의료 및 개호(介護) 분야에서는 여러 가지 비즈니스 실험이 진행되고 있는 가운데 클라우드 컴퓨팅과 스마트폰을 활용하는 서비스의 개발이 활발히 추진되고 있다. 환자의 행동이나 건강과 관련된 정보를 클라우드 연계 단말기의 센서를 이용해 자동으로 수집하고, 의사 · 환자 · 질병관리 사업자 간 실시간 정보공유를 가능하게 함으로써 환자 개개인에 최적화된 맞춤형 치료가 가능하다.

개인용 건강지도 등의 작성이 가능해지고 이를 일종의 '정보 의약'의 하나로 처방, 의료상품으로써 취급할 수 있게 된다.

미국의 인텔, 일본의 옴론, Panasonic, 샤프 등 227개 기업은 2010년 4월 CHA(Community Health Alliance)라는 단체를 조직, 의료부문의 IT화를 적극 추진해 나가고 있다. 혈압계, 심전도, 체중계 등 각종 의료기기에 통신 모듈을 장착하여 환자의 상태를 실시간으로 관찰, 분석 데이터를 공유하면서 치료방법에 활용하는 방안을 모색 중이다. 이를 위해 각종 기기의 통신규격, Protocol 등을 통일시키기로 결정하였다.

일본의 소프트뱅크의 경우 iPhone을 활용한 긴급 원격의료 서비스에 주력하고 있다. CT, MRI로 촬영한 긴급 환자의 화상 데이터를 해석하는 데 있어 해당 병원의 당직의사나 레지던트뿐만 아니라 멀리 떨어져 있는 타 의료전문가들도 시공간의 제약 없이 활발히 참여하는 것이 가능하다.

화상 데이터를 해당 분야 전문의사의 iPhone에 전송하여 환자상태에 대한 세밀한 조언을 즉각적으로 제공받거나, 대학병원의 전문의사가 초보의사나 타 분야 의사에게 치료법을 실시간으로 알려주는 서비스도 가능하다.

중장기적으로는 클라우드 컴퓨팅 시스템 기반을 활용하여 각종 의료 관련 기관, u-health 기기 등이 상호 연계되고, 고객 개개인을 위한 최적의 치료 및 노인 간호 서비스 등도 맞춤형으로 제공될 수 있을 전망이다.

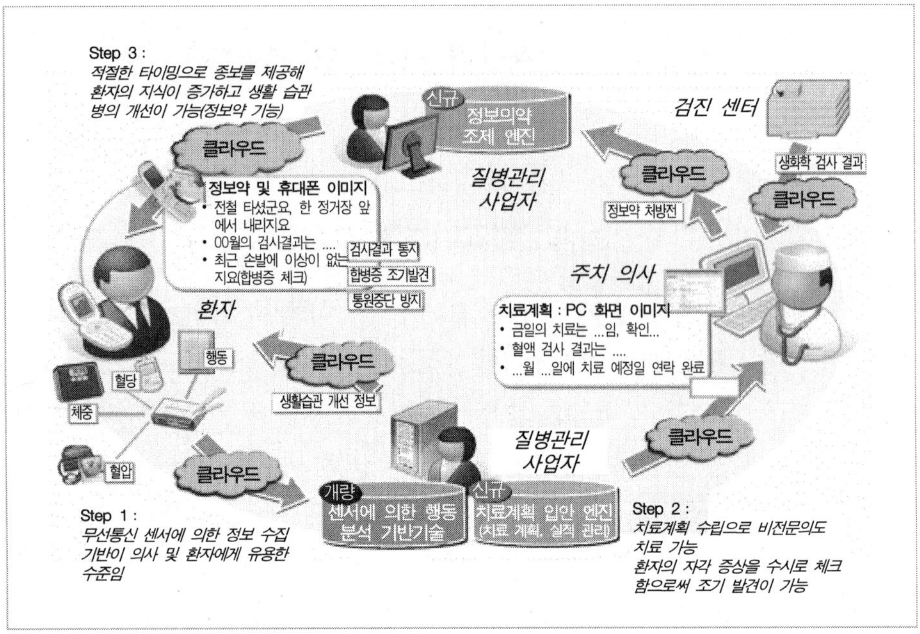

[그림 11-1] 통합정보 시스템을 활용한 맞춤형 의료 서비스 구상

미국의 u-Health 시장은 IT, 통신, 의료 부문에 관련된 대기업을 중심으로 성장하고 있으며, 의료정보화 분야는 벤처기업이 주도하고 있다.

미국의 u-Health 서비스 시장규모는 2010년 약 21억 달러 수준이며, 향후 5년 이내에 5배 이상 급증하여 100억 달러 규모를 돌파할 것으로 예상되고 있다. 특히 환자 모니터링 분야는 연간 22~35%의 높은 성장세를 기록하고 있다.

전 세계 건강의료 시장규모는 2005년 약 3조 8천억 달러에서 2010년 약 4조 5천억 달러 수준으로 성장했으며, 2020년에는 약 6조 3천억 달러, 2030년에는 약 8조 8천억 달러 수준까지 확대될 것으로 전망되고 있다(Medistat Ltd.).

2012년경 전세계 건강의료 시장규모는 약 5조 9천억 달러 수준으로 확대될 전망이며, 이 중 u-Health 시장이 차지하는 비중은 약 4천억 달러 규모로 연평균 성장률이 일반 기타 건강의료 시장보다 3배 이상 높을 것으로 예상된다(Frost & Sullivan).

미국, 일본 등 선진국은 클라우드 환경이 정착되면서 u-Health가 핵심 서비스 중 하나로 급부상할 것을 미리 예견, 정부·기업·민간 연구소가 힘을 합하여 현재 확보하고 있는 브로드밴드, 극소형 컴퓨터, IPv6 등의 핵심 기술을 십분 활용한 다양하고 창의적인 융합을 시도 중이다.

미국의 경우, Alex d'Arbeloff 연구소(MIT)는 홈오토메이션 & 헬스케어 프로젝트(Home Automation and Healthcare project)를 통해 각종 센서, 모바일 지원, 건강 모니터링 시스템, 홈오토메이션 시스템 관련 기술개발을 추진 중 맥박, 혈중산소농도, 혈류, 혈압 등을 잴 수 있는 반지 형태의 센서 개발, 이를 초소형화 하는 작업 등도 진행 중이다.

일본의 경우, 호카이도 대학을 중심으로 이동통신망과 위성을 통해 피부영상 및 ECG, 맥박 등을 전송하는 프로젝트를 수행 중이다. 피부영상의 경우 초당 20프레임의 영상을 전송하여 환자의 상태를 파악할 수 있는 정도의 기술력이 확보된 상태이다.

또한 일본은 재택건강 모니터링 시스템 구축을 지향하는 SELF(Self Environment for Life) 프로젝트도 추진한다.

동경대학 Intelligent Cooperative Lab.에서 추진 중인 프로젝트로서 천장부착 센서(Ceiling Dome Microphone)를 이용해 호흡 관련 기관들의 상태를 측정한다.

2. 다양한 미래형 건강관리 서비스의 파생 및 응용

미래형 u-Health를 겨냥한 의복형 생체신호측정 시스템에 대한 연구개발도 활발히 진행 중이며, 신발, 벨트, 반지, 귀걸이, 목걸이 등 다양한 형태의 생체정보측정 모듈의 개발을 통해 건강을 관리하려는 시도가 이루어지고 있다.

NASA, HP, MIT 등에서 부착형 생체신호감지 시스템이 개발되는 등 최신 정보통신기술을 u-Health 분야에 접목하는 시도가 이루어지고 있다. 착용형 컴퓨터(wearable computer)와의 통신이 가능한 원격 건강진단 시스템, 스마트 액세서리를 이용하여 생체신호를 측정·분석할 수 있다. 즉, LifeShirt, LifeGuard 등이다.

또한, 근래에는 이러한 생체·의료 정보통신 응용을 목적으로 하는 마이크로 소자나 마이크로 시스템 개발 관련 연구투자도 활발히 이루어지고 있다.

휴대폰을 매개로 한 u-Health e-서비스 플랫폼과 스트레스, 비만, 혈당 등을 측정 관리하는 u-Health 응용 서비스 프로그램의 개발이 의료 관련 중소기업과 벤처기업에서 활발히 진행 중이다.

최근에는 개인운동을 관리하는 서비스나 질병을 사전에 예방하기 위한 각종 맞춤형 건강정보 서비스도 주목받고 있다. 운동에 대한 일반인들의 관심도가 높아지고 각종 동호회가 증가하는 등 생체정보를 이용한 개인 운동관리에 관련된 연구개발이 활성화되고 있다.

또한 질병예방을 위한 건강한 식습관 등 생활습관의 중요성도 부각되면서 생활 모니터링을 통한 습관교정 및 관리에 대한 연구개발도 활발히 진행되며, 집에서 직접 가정용 생체정보 측정기기를 이용해 건강을 관리하고 관련 데이터를 서비스 센터로 전송, 건강상태를 지속적으로 모니터링하고, 응급상황에 대처하는 홈케어 시스템 등이 추진한다.

필립스에서 개발한 원격 모니터링 플랫폼은 가정에 비치된 기기를 이용하여 간편하게 체중, 혈압, 심전도, 혈당 등을 측정하고 관련 생체정보를 원격 스테이션에 전송, 인터넷을 통해 서비스 센터에 있는 데이터 서버에 저장하면 이를 담당자가 모니터링하여 건강을 관리한다.

미국의 Welchy Allyn은 생체정보를 모니터링할 수 있는 휴대 단말을 개발하여 환자관리장치로 활용하고 있으며, Honeywell HomMed, Viterion 등은 가정용 생체정보 측정기기를 개발하여 다양한 홈케어 서비스를 제공한다.

미국 조지아 공대는 Aware Home 시스템, 로체스터 대학은 Smart Medical Home 시스템을 운영 중이며 MIT는 FID 관련 헬스케어를 연구 중이다. NGI(Next Generation Internet)을 이용한 원격진료가 여러 연방 정부기관의 R&D 프로그램에 의해 시범적으로 시행 중이다.

미국의 TAC(Tactile Air Command) Teleradiology Project에서는 기존의 전화선을 이용한 원격 방사선 전달 시스템을 시연하고 원격진료 진단의 가능성을 제시한다.

EU의 NHS사는 2003년부터 의료영상의 디지털화를 시작하였으며, NHS Direct 웹사이트를 통해 전화, 온라인, 디지털 위성 TV 등의 매체를 활용하여 건강정보를 제공한다.

인구 고령화 시대를 맞아 노년층 및 독신자를 대상으로 특화된 헬스케어 서비스가 IT와의 융합을 통해 더욱 효율적인 건강관리 시스템으로 재탄생할 전망이다.

미국 오레곤주 포틀랜드에 위치한 Elite Care의 Oatfield Estates는 은퇴한 고령자를 대상으로 양로원을 운영 중이며, 건강체크 변기 센서, 침대 센서, 약

복용 알림 시스템 등을 채택해 구비하고 있다.

일본의 경우 1989년부터 고령자 복지 10개년 계획을 출범시킨 바가 있으며, 재택 건강관리 서비스 및 의료복지 시스템을 개발하고 정권 교체 이후에는 민주당 정부 하에서 건강 및 의료 관련 사업을 강화하는 등 정부 차원의 노력이 지속되어 왔다. 일본 후생성은 2006년 4월부터 소규모 다기능형 주택, 치매성 노인 그룹홈, 소규모 헬스케어 전용 특정시설 등에 홈네트워크를 이용한 헬스케어 시스템을 설치하였다. 히타치는 변기 센서, 감지기능기기 및 종합감시 시스템을 제공하는 그룹 홈케어 시스템을 구축, 보급 활성화에 나서고 있다.

미국의 VHA(Veterans Health Administration)는 플로리다에서 건강도우미 시범 서비스를 실시하여 가정 내 전화선에 연결된 메시지 디바이스가 매일 아침 자동으로 켜지면서 환자에게 필요한 질문들을 묻고, 대답에 문제가 인지되거나 대답이 없으면 방문간호사를 보내는 서비스를 제공하고 있다.

02 보건 및 의료정보화 현황

1. 보건 및 의료정보화 개요

보건 · 의료정보화는 보건 · 의료영역에서 유용한 정보를 생산, 유통, 활용하여 환자에게 높은 품질의 의료 서비스를 제공하고, 병원 등 의료기관 차원에서는경영의 효율성을 높이며, 국가 차원에서는 국민건강을 향상시키는 것을 목적으로 한다. 보건의료체계 및 서비스 전반에 걸친 제도개혁의 핵심적 수단으로 보건 · 의료분야 정보화 추진을 통해 질병에 대한 사후치료 중심의 의학에서 사전예방 중심의 의학으로 패러다임 전환을 이루어 국민건강 증진에 기여할 수 있고 정보화를 통해 의료산업은 선진국형의 고부가가치를 가진 산업으로서 성장하여 양질의 일자리 창출에도 기여할 수 있다. 이러한 의의가 있는 보건 · 의료분야 정보화가 당면한 중장기적인 과제는 다음과 같이 정리할 수 있다.

첫째, 우리나라 대형 병원들의 정보시스템은 의료 서비스 기술만큼이나 상당한 경쟁력을 갖춘 것으로 알려져 있다. 이러한 선진적인 병원정보시스템을 해외에 널리 알려 수출품목으로 육성할 필요가 있다.

둘째, u-헬스케어의 핵심 서비스인 원격의료 혹은 원격진료를 법률적으로 허용하고 나아가 활성화하는 것이다. 만성질환을 가지고 있거나 질병의 급성기와 회복기를 거쳐 안정기에 접어든 환자를 대상으로 의료기기와 정보통신기기를 적절하게 조합하여 의료기관 내에서의 면 대 면 진료라는 공간적인 제약을 극복하면서 건강상태의 변화를 관찰하고, 환자의 상황에 맞는 적절한 의료적 서비스를 제공할 수 있다면 많은 편익을 기대할 수 있다.

셋째, 보건·의료기관들이 갖고 있는 건강기록 및 진료기록 등을 적절한 형태의 정보로 가공하고 의료기관 간에 공유하여 불필요한 검진과 오진을 예방하는 한편, 전자건강기록(EHR)을 구축하여 예방의학의 발전을 위한 핵심적인 인프라로 활용하는 것이다.

이 중에서 원격진료와 진료정보 교류는 의료법 등 제도적인 제약과 정부와 의료계, 그리고 의료계 내부의 복잡한 이해관계로 인해 큰 진전을 보이고 있지 않다.

2. 병원의 정보화 추진현황

1) 병원정보화 개요

병원의 정보화는 1970년대 원무관리 시스템(HIS : Hospital Information System)을 시작으로, 2000년 이후 의무기록을 담은 차트의 전산화를 추구하는 전자의무기록(EMR)을 도입하기 시작하여 대부분의 대형 병원에서 채택하고 있다. 이러한 시스템들은 병원에서 환자에 대한 의료 서비스를 제공하는 과정에서 발생하는 정보의 흐름을 촉진한다.

원무관리 시스템은 진료비 수납과 의료보험 청구 과정의 속도를 단축시켰다. 또한 처방전달 시스템은 의사의 처방인 '슬립(slip)'의 전산화를 통해 의사와 혈액, 소변 등의 각종 검사와 의약품 수급과 조제 등을 담당하는 진료지원부서 간 업무처리속도를 단축시켰다. 의료영상정보 시스템을 통해서 병원에서 엑스레이, 컴퓨터단층촬영(CT) 등으로 촬영한 '필름'이 사라지고 촬영한 영상을 컴퓨터로 처리하였다.

전자의무기록은 모든 진료기록을 담은 차트를 전산화하여 환자에 대한 정보 수집 시간을 단축시켰다. 이러한 병원정보 시스템의 발전을 통해서 의사의 진료 시간과 환자의 대기시간이 줄어들고, 진료과 간의 협진이 더욱 활발해졌다. 더불어 환자의 진료예약, 진료, 입·퇴원, 진료비 결제 등을 자동화하였다(표 11-1 참조).

〈표 11-1〉
병원정보 시스템 발전 및 확산단계

구 분	종 류	목 표	내 용
1970년대	원무관리 시스템 (hosptal information system)	청구서 감축 (billess)	진료비 수납과 의료보험청구 자동화
1990년대	처방전달 시스템 (order communication system)	슬립지 감축 (slipless)	의사와 진료지원부서 간의 처방(slip) 전달 자동화
1990년대 후반	의료영상정보 시스템 (picture archiving communication system	필름 감축 (filmless)	엑스레이, 컴퓨터단층촬영 등 의료영상(film) 전달 자동화
2000년 이후	전자의무기록 (bectronic medical record)	진료차트 감축 (chartless)	진료에 관련된 모든 정보를 담은 의무기록(chart)의 자동화

2) 분당 서울대병원과 세브란스 병원의 정보화 동향

우리나라의 대표적인 민간 대형 병원인 분당 서울대병원과 세브란스병원의 최근 정보화 추진현황에 대해 살펴보기로 한다. 분당 서울대병원은 2010년 9월부터 2012년 1월까지 정보전략계획수립 컨설팅을 통해 차세대병원 정보시스템을 구축하기 위한 사전작업인 분석·설계를 하였다. 2012년 2월부터 2013년 1월까지 시스템을 구축하였고, 테스트를 거친 후 2013년 4월에 차세대병원 정보시스템을 오픈하였다. 이 시스템은 SOA 기반의 시스템 구조와 표준화를 통한 통합에 주안점을 두었다. 주호소, 진단, 처치 등의 의료용어에 대해서는 국제적으로 널리 사용되는 SNOMED-CT를 사용하였고, 간호 서비스의 용어 표준화를 위해서 최신의 ICNP 2.0을 사용하였다.

2013년 4월 분당 서울대병원은 SK 텔레콤과 협력하여 공동으로 개발한 '스마트 병원'이라는 솔루션을 병원에 적용하였다. 이 솔루션은 의료진과 병원종사자의 업무처리를 지원하는 병원정보 시스템에 환자가 보다 편리하게 접근하여 이용할 수 있도록 지원하는 기능을 갖고 있으며, 외래 및 내방 환자를 위한 '페이션트 가이드'와 입원환자를 위한 '베드사이드 스테이션'으로 구분된다.

'페이션트 가이드'는 병원의 블루투스 시스템과 환자의 스마트폰 앱을 통해 접수와 진료장소, 예약내역, 진료 및 검사일정과 시간, 위치 등과 함께 접수완료, 진료대기, 진료완료 등 진료상황도 실시간으로 상세히 알려준다. RFID 인식표를 착용한 환자는 병상의 환자용 태블릿 PC에 설치된 '베드사이드 스테이션' 기능을 이용할 수 있다.

환자 개인의 진료와 검사일정, 종류, 방법, 복용 중인 약물종류, 식단변경, 의료진 호출, 입원과 의료비 조회 등이 가능하다. 또한 빅데이터 기술을 활용하여 병원이 보유한 의무기록으로부터 유용한 정보를 얻기 위해 인메모리 DBMS인 SAP HANA를 도입하여 차세대 임상 데이터 웨어하우징을 구축하였으며, 이를 기반으로 300여 개의 임상 질지표(critical indicator)를 관리하고 있다.

u-Severance라고 불리는 세브란스 병원의 정보 시스템은 2004년 7월부터 개발을 시작하여 2005년 11월에 1.0을 오픈하였다. 이 시스템은 기존 처방전달 시스템(OCS)과 의료영상정보 시스템(PACS)에 전자의무기록 시스템(EMR)을 도입한 것이다. 2010년에는 u-SMART 라는 모바일 솔루션을 개발하여 환자에게 진료예약 및 안내정보를, 의료진에게 입원환자에 대한 검사정보 등을 제공하고 있다.

세브란스 병원은 2010년 4월부터 u-Severance를 고도화하는 사업을 추진하여 2011년 7월에 개발을 완료하고 시범운영을 거쳐 10월에 u-Severance 2.0의 1차 프로젝트를 오픈하였다. 1차 프로젝트의 주안점은 아키텍처 측면에서 프로그램 개발 및 운영환경인 MS. NET의 버전을 1.1에서 4.0으로 업그레이드하고, 1.0 개발 당시 LG-CNS와 함께 구축했던 프레임워크(LAF.NET)를 독자 기술로 개발한 세브란스 프레임워크(SAF.NET)로 변경하는 것이다.

이와 함께 기존 전자의무기록 시스템을 비롯하여 전자간호기록(ENR : Electronic Nursing Record), 처방전달 시스템 등을 개선하였다. 그 중 전자의무기록 시스템의 개선에서 가장 중점이 된 부분은 WPF 기술을 적용하여 다양한 해상도에서 선명한 화질을 제공할 수 있게 한 것이다. 이를 통해 처방전달 시스템에서 환자를 선택한 후에야 전자의무기록을 사용하던 방식에서 직접 전자의무기록 상의 환자의 챠트를 살펴볼 수 있게 되었다.

두 번째로 시스템 간 데이터를 쉽게 송수신할 수 있게 한 XML 서식 파일을 데이터베이스(DB)화해 대용량의 의무기록 파일로 인해 문제가 될 수 있는 데이터 저장의 안정성과 조회속도를 대폭 향상시키고, 임상 및 기초연구 활용성을 높였다.

마지막으로 병원의 간호기록 관련 임상적 지식과 노하우를 용이하게 보급·이식할 수 있도록 전자간호기록을 패키지화하였다. 1차 프로젝트의 완료에 이어 2012년부터 2차 프로젝트를 추진하고 있으며, 전략방향은 국내외 병원에 보급·확산하기 위한 시스템 모듈화, 안정성, 사용자 만족도, 시스템 확장성, IT 신기술 적용, 국제표준 기술적용, 합작회사를 통한 u-Severance의 수출 사업화 등이다. 특히 처방전달 시스템의 개선작업과 u-Severance 패키지화, 외래/입원 DB 분리, 국제표준 적용 등이 중점 사항이다.

3) 향후 과제

우리나라 병원의 정보화 수준은 세계적인 경쟁력을 가지고 있다. 그러나 의료전달체계나 의료문화는 국가마다 상이한 점이 많기 때문에 병원정보 시스템도 이러한 국가별 사정을 반영할 수밖에 없다. 병원정보 시스템을 수출품목으로 하여 해외시장에 진출하는 것이 쉽지 않다는 의미이다. 그간의 병원정보화 관련 해외진출 사례들이 순수한 수출이기보다는 대부분 공적개발원조(ODA)의 일환으로 혹은 병행하여 진행한 것은 이러한 사정을 반영한다. 병원정보 시스템을 명실상부한 수출상품으로 만들기 위해서는 다양한 의료문화를 수용할 수 있는 융통성을 갖는 것은 물론 우리나라의 의료문화를 전파·확산하기 위해 외국의 의료인력에 대한 홍보와 교육을 장기간 병행해야 할 것이다.

3. 스마트 케어 서비스 시범사업

1) 추진현황

의료 서비스와 IT, BT 기술을 결합한 원격진료 시범사업은 도서산간 주민, 재소자나 군경, 독거노인 등 의료 서비스를 원활하게 이용하기 어려운 사람이나 지역 주민의 만성질환이나 건강관리를 위해 여러 부처와 지자체에서 보건소 등을 통해 추진해 왔다.

2010년 지식경제부(現산업통상자원부)가 시작한 '스마트 케어 서비스 시범사업'은 최근의 대표적인 원격진료 시범사업으로서, 만성질환자들의 경제활동 능력저하를 막고 합병증의 효율적 예방을 위하여 u-헬스와 건강관리를 통합적으로 제공하는 것을 목표로 하고 있다.

스마트 케어 서비스란 원격으로 만성질환자(당뇨, 고혈압만이 아니라 암생존자, 만성폐질환, 대사증후군 등을 포함)의 건강상태 등을 관리·모니터링하고, 동시에 환자들에게 필요한 건강교육, 질환관리 등을 통합한 신개념 의료 서비스 형태를 말한다.

2003년 이후 국내에서 추진되었던 원격진료 사업들은 주로 정부나 지자체 중심으로 공공의료 측면에서 재소자, 군인, 오지·낙도의 지역주민을 대상으로 소규모로 진행했기 때문에 임상검증 등의 측면이 부족하였다.

산업통상자원부는 기업이 중심이 되는 비즈니스 모델 개발이 가능하도록 1만여 명의 중소도시와 대도시 주민을 대상으로 ICT 기반 원격진료와 건강관리 서비스까지 범위를 확대하여 u-헬스 서비스의 안전성, 효과성 등을 검증하는 것을 이 시범사업의 목표로 삼았다.

사업은 2010년부터 2012년까지 3년간 추진하였으며, 의료법이 원격진료를 허용하는 방향으로 개정될 경우 서비스 모델의 전국 확대를 염두에 두었다.

또한 이 시범사업에 이용된 애플리케이션도 바이오기기(바이오 센서, 바이오마커 등)나 의료기기(재택용기기)에서 통신(모바일 서비스)·의료정보 SW·의료서비스 등 의료영역 전반으로 확대하는 데 그 의의를 두었다.

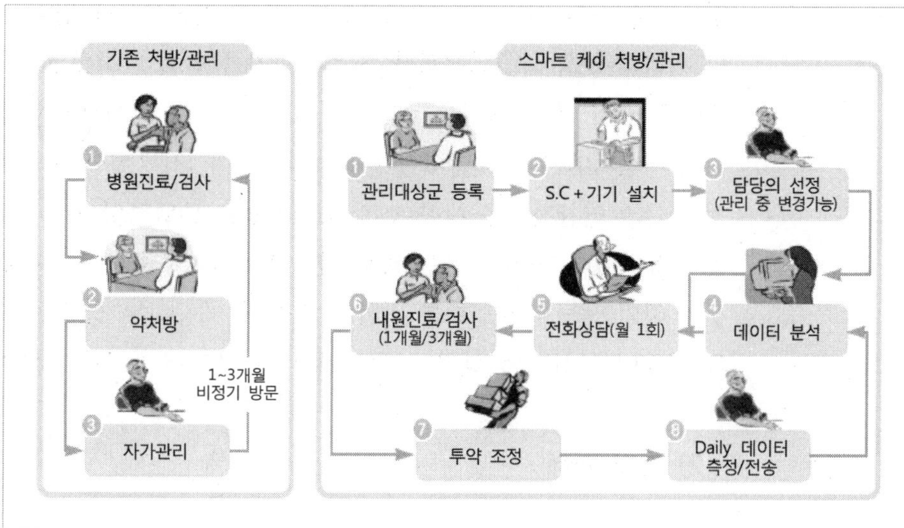

[그림 11-2] 기존 처방/관리와 스마트 케어 처방/관리 비교

2010년 2월에 시범사업자와 참여 병원을 선정하고 지자체를 모집하여 SK텔레콤 컨소시엄과 LG전자 컨소시엄이 경기, 충북, 대구를 대상으로 시범사업을 운영하였다. 당초 계획으로는 사업 대상 지역에서 140여개 소의 의원급 의료기관을 모집하여 사업에 참여시키려 하였으나, 참여가 저조하여 상급 종합병원을 추가로 참여시켜 최종적으로 9개의 상급 종합병원을 중심으로 사업이 추진하였다. 또한 스마트 케어 서비스를 제공하기 위해 각 사업자가 서비스 제공과정에서 사용할 의료기기들이 임상시험을 거쳐 인증을 획득하는데 시간이 소요되어 2011년 3월에 1단계 시범사업을 시작하였다.

〈표 11-2〉 2010년 스마트 케어 시범사업 컨소시엄 초기 구성현황

구 분	참여기업	참여병원	참여 지자체
LG 컨소시엄	LG전자, LG 텔레콤, SH 제약, 바이오스페이스, 넷블루, 대진정보기술	경북대, 계명대, 신촌 세브란스, 영남대	대구광역시
SKT 컨소시엄	SK 텔레콤, 삼성전자, 삼성생명, 인성정보, 인포피아	강남성모, 강북성모, 서울아산병원	경기, 전남, 충북

서비스 운영체계 구축을 위해 먼저 만성질환 관리에 필요한 혈압·혈당·체온·몸무게 등을 실시간으로 체크할 수 있는 단말기를 서비스 대상자 가정에 설치하였다. 참여 기업들은 재택형 건강관리 단말기와 의료기관을 연결할 수 있는 스마트 케어센터를 시범사업 대상 지역에 설치하여 정보관리, 정보보안, 소비자

정보제공 등의 서비스를 제공하였다. 또한 시범사업에 참여하는 1차 의료기관인 개원의에게는 정보 인프라 구축과 환자를 받을 기회를 제공하고, 종합병원은 스마트 케어 서비스 검증, 합병증 치료 · 관리에 임상투자를 진행하였다.

이 시범사업은 2013년 3월에 종료되었으며, 정부예산 70억 원을 비롯해 지자체 예산과 민간자금을 합하여 총 356억 원을 투입하였고, 3,000여 명이 서비스를 이용하였다. 시범사업은 유의미한 임상결과는 물론이고 관련 의료기기, 솔루션의 해외인증 등 사업화를 위한 근거 등을 제공하는 성과를 거두었으나 의료법의 개정이 무산되어 당초 구상하였던 본 사업에 착수하지는 못하였다.

2) 향후 과제

원격진료의 향후 과제는 첫째, 법률적 정비이다. 2002년 의료법 개정으로 의사와 간호사를 포함한 의료인간에 자문형식의 원격진료는 합법적으로 가능하지만, 의사와 환자간의 원격진료는 현행 법률에 따르면 불법이기 때문에 그동안 수차례에 걸친 정부의 원격진료에 관한 정책이나 사업은 연구나 시범사업수준에 그치고 있다.

보건복지부는 2010년과 2011년에 의료법을 개정하여 446만 명으로 추정되는 의료취약 지역거주자에 한해 의사와 환자 간의 원격진료를 허용하려 했지만, 법안이 통과되지 않아 2012년 5월에 폐기하였다. 보건복지부는 2015년 하반기부터 대형병원에서 수술받은 환자들이 퇴원 후 집에서 원격진료를 받고, 1차 의료기관인 동네의원에서 진료를 받아 온 만성질환(고혈압, 당뇨 등) 환자들 역시 집에서 인터넷이나 전화로 진료상담을 받을 수 있도록 하는 내용의 의료법 개정안을 국회에 제출할 계획이다.

둘째, 원격진료를 포함한 원격의료의 효과성과 비용의 문제이다. 원격진료가 의료 서비스나 의료산업의 발전과 고용창출에 얼마나 기여할 수 있는지는 불투명하다. 현재는 만성질환자의 혈압이나 혈당 등 생체신호를 모니터링하는 수준이어서 산간오지가 아닌 한 1차 의료기관에 대한 접근이 용이한 우리나라의 실정을 감안하면 효과가 제한적일 수 있으며, 원격진료를 위한 장비를 갖추는데 드는 비용까지 감안하면 효율성도 충분하지 않을 수 있다.

셋째, 원격의료를 둘러싼 상반된 이해관계의 조율과 의료사고에 대한 책임문제이다. 특히 원격진료를 본격화하면 대형 병원으로 환자가 집중되어 1차 의료기관이 타격을 받을 것을 우려하는 의료계 일각의 입장이 있다. 의료기관이 아닌 가정 등의 장소에서 이루어진 의료행위에 따른 사고나 처방전 남발과 같은 부적절한 의료행위 발생 시 책임 소재를 규정하기도 쉽지 않아 적절한 규제 방안을 마련할 필요가 있다.

4. 의료정보 표준화 추진동향

1) 추진현황

보건복지부는 2005년에 '공공보건의료 확충 종합대책'의 일환으로 범국가적 보건의료정보화 사업을 추진키로 하였다. 이러한 결정을 구체화하여 2006년에 '국가보건의료정보화 5개년 종합계획'을 수립하였다. 이 계획은 전국의 보건기관(보건(지)소, 보건의료원, 보건진료소)을 대상으로 전자의무기록을 지원하는 정보 시스템을 구축하는 것은 물론 대형, 중형, 소형 등 병원 규모별로 표준 병원정보 시스템을 개발하여 모든 국·공립병원(국립대병원, 경찰병원, 보훈병원 등)에 보급한다는 내용을 담고 있다. 또한 이 표준 병원정보 시스템에 보건의료 표준용어 정보를 탑재하여 이를 기반으로 국·공립병원 간 진료정보 교류를 먼저 구현하고, 민간병원의 정보 시스템이 이 표준을 준수토록 하여 국가 차원의 전자건강기록(EHR)과 진료정보 교류를 구현한다는 목표를 설정하였다.

그러나 사업계획에 대한 예비타당성 조사를 통과하지 못하여 시범사업 형태로 규모를 축소하였다. 이 시범사업을 통해 공공보건기관 통합정보 시스템(現지역 보건기관 통합정보 시스템)을 2008년에 구축 완료하였고, 보건의료 표준용어의 개발도 시도하였다.

보건복지부는 병원들의 독자적인 전자의무기록 시스템 구축이 상당히 진행되어 정부에서 표준 병원정보 시스템을 구축하여 보급하는 것은 더 이상 실효성이 없다고 판단하였다. 그러나 의료정보에 관한 국가적 표준의 부재로 각각의 병원에서 생산된 정보의 상호 연계와 공유, 즉 진료정보 교류가 불가능하다. 이에 따라 보건복지부는 2012년부터 보건의료정보 표준화에 집중하기로 하였다.

보건복지부는 '국가보건의료정보화 5개년 종합계획'에 따라 2007년부터 2010년까지 전자건강기록(EHR) 핵심 공통 기술연구개발 및 시범사업을 통해 보건의료 표준용어 개발을 추진하였다. 이 시범사업의 결과물로 KOSTOM(Korea

Standard Terminology of Medicine)이라는 의료용어 표준을 개발하였다. 이러한 성과를 계승, 발전시키기 위해 2012년 4월에 한국보건복지정보개발원에 보건의료정보 표준 관리를 위탁키로 하고 KOSTOM 관리 및 후속 개발업무를 EHR 사업단에서 한국보건복지정보개발원으로 이관하였다. 한국보건복지정보개발원은 용어분야 중심으로 7개 분야 통합 DB를 구성하여 15차까지 공개한 KOSTOM을 이관받아 용어표준을 추가 개발·보완하여 2013년 9월에 9개 분야에 대한 기초 데이터를 공개하였다.

〈표 11-3〉 보건의료정보 표준 기초 데이터 9개 분야 공개현황

분 야	내 용	용어	개념	동의어
진단	국제질병분류(ICD10)의 한국버전인 한국표준질병 사인분류 최신판(KCD-6)을 보완하여 구성	81,571	38,185	43,386
의료행위	국제의료행위분류(ICD-9-CM)를 기반으로 구축	19,752	11,862	7,890
임상검사	진단병리검사 용어를 LOINC 기반으로 구조화 및 한글화	27,451	27,451	–
방사선의학	방사선검사, 핵의학검사 용어 등을 3축(정비, 부위, 명칭)으로 구조화	6,898	3,449	3,449
치과	진단(KCD-6), 의료행위(ICD-9-CM) 중 치과용어를 기반으로 구성	3,101	1,284	1,817
보건	보건사업지침, 보건사업업무를 기반으로 구성	1,590	1,420	170
주호소(CC)	지역보건의료정보 시스템, 의료기관 주호소 용어를 기반으로 구축	10,726	4,462	6,264
기타 용어	의학사전 수록 영어, 의무기록 기재 용어, 일반용어 등	79,900	60,861	19,039
인체그림	체형(Skin Layer), 골격, 전신, 부분(특수그림) 등			110
전체		216,894	143,319	73,544

보건복지부는 보건의료정보 표준화를 위한 5개의 주요 추진과제를 설정하여 추진하고 있다.

첫째 과제는 외국의 의료정보 체계를 사실상의 표준으로 사용할 경우 국민건강 증진과 의료산업 발전에 중요한 의료정보화가 외국에 종속될 우려가 있으므로 보건의료정보 표준을 단계적으로 개발한다는 것이다. 세부적인 과업들은 다음과 같다. 우선 용어 표준으로서 주호소, 진단 등에 관해 사용하는 용어를 표준화하여 어떤 보건의료기관에서 작성한 진료기록이라 하더라도 다른 의료기관에서 이해할 수 있도록 하는 것이다.

다음으로 문서 표준으로서 의료정보를 담고 표현하는 의료서식을 표준화하는 것이다. 이와 함께 의료정보를 의료기관 간 교류하기 위한 전송 표준 및 기술적 가이드라인을 마련하는 것이다. 마지막으로 보건의료기관간 서로 달리 사용하는 인체 등에 관한 진료용 그림의 표준을 개발하는 것이다.

둘째 과제는 의료계에서 보건의료정보의 표준을 준수하도록 정부가 고시 등을 할 수 있는 법적 근거를 마련하는 것이다.

셋째 과제는 보건의료정보 표준의 사용자인 의료계와의 협력체계를 구축하고, 보건의료정보 표준을 주기적으로 갱신하고 안정적으로 운영하는 관리기관을 지정하는 것이다.

넷째 과제는 국제기구와의 협력을 강화하여 국제표준 등의 개발에 선도적 역할을 수행하고, 이를 담당할 전문인력을 양성하는 것이다.

마지막 과제는 보건의료정보 표준의 보급 및 확산을 위해서 공공 영역의 의료기관에 우선 적용하고 민간 의료기관에게는 적절한 인센티브를 제공하면서 자율적인 참여를 유도하는 것이다. 이외에 병원정보 시스템이 보건의료정보 표준을 준수하고 있는지에 관한 인증제도나 사용자 교육 및 홍보를 통해 보급과 확산을 촉진하는 여건을 조성하는 것이다.

2) 향후 과제

보건의료정보 표준의 제정과 확산을 위해 추진해야 할 과제는 첫째, 기초 데이터의 추가 개발이다. 호흡기 · 비뇨기 · 소화기 등의 진료과별 생리적 기능검사에 관한 용어 표준화, 한의학 분야 용어 표준화, ICNP 기반의 간호 용어 · 진술문에 대한 표준화, 미국 통합의료용어체계(UMLS)의 증상(symptom) 용어와 지역보건의료기관 상의 용어를 기반으로 구축된 현행 용어를 기반으로 일반 의료기관의 진료과들이 사용할 수 있는 주호소 용어 셋트 등을 개발하는 것이다.

둘째, 보건의료용어 표준을 보건의료기관에서 실제로 사용하도록 다각적인 노력을 기울이는 것이다. 먼저 의료기관 간에 특정 환자에 대한 검사를 의뢰할 때 기초 데이터를 적용토록 하여 실용성을 검증할 필요가 있다. 건강보험공단에 보험수가를 청구할 때 사용하는 의료행위, 방사선 의학, 임상검사 분야 등에 관련된 EDI 코드와 보건의료 표준용어를 연계해야 할 것이다. 그리고 의료기관에서 사용하는 용어와 보건의료 표준용어를 연계할 수 있는 도구를 개발하여 의료기관에 제공하고, 의료기관 간 전자의무기록을 송수신할 수 있는 의뢰서, 회신서 등 표준서식을 개발해야 할 것이다.

03 복지정보화

1. 사회보장정보 시스템(행복e음)

1) 운영현황

사회보장정보 시스템(행복e음, 이하 행복e음)은 사회복지 급여와 서비스 지원 대상자의 자격·이력에 관한 정보를 통합적으로 관리하여 지자체 사회복지 공무원의 업무처리를 지원하는 시스템으로 2009년에 구축하여 2010년 1월부터 가동하고 있다. 현재 전국 228개 시·군·구 소속 약 4만여 명의 사회복지 담당 공무원이 이용하고 있다. 2012년에 79종의 현금급여를 이 시스템을 통해 관리하였으나 2013년에는 본인 부담보상금, 본인부담상한제, 장애아동수당(시설), 여성장애인 출산비지원 등 4종을 추가하여 83종의 현금급여를 관리하고 있다. 이 정보 시스템이 관리하는 복지대상자는 2012년 1,432만 명에서 2013년 9월 현재 1,706만 명으로 증가하였다.

사회보장정보 시스템은 21개 기관 48종에 대한 인적, 소득·재산 자료와 122개 금융기관으로부터 획득한 금융재산 자료를 활용, 복지대상자의 자격유지 여부와 소득·재산 수준에 따른 급여액 수준을 연 2회 확인 조사하여 복지수급의 적정성을 관리하고 있다.

2013년부터 사망의심자 HUB 시스템을 통해 화장장·병원·요양병원 등에서 매일 사망자 명단을 수집하여 사망의심자 정보를 생성하고, 이 정보를 복지사업 운영기관들에게 제공하여 사망자에 대한 과·오 지급을 차단하고 있다. 2013년 3월부터 7월까지 5만 871명의 사망의심자 정보를 제공하였으며, 5,503명의 사망신고 이전 과·오지급 차단 대상자를 발굴하였다.

행복e음은 적극적인 복지 행정의 수단으로도 그 역할을 수행하고 있다. 복지

사각지대 일제조사 기능을 통해 복지 사각지대에 있는 복지대상자를 2012년에는 1만 9,978명, 2013년 8월까지 3만 841명을 발굴하였다. 또한 이미 특정 복지사업의 수급자격을 갖고 있는 사람이 다른 복지사업의 수급자격을 갖게 되는 연령에 도달하는 경우 자격을 갖추었음에도 누락되지 않도록 해당자 정보를 지자체 사회복지 공무원에게 제공한 사례도 2013년 8월까지 1,82만 9,132건에 이른다.

행복e음의 핵심 기능은 수급자 선정에 직접적인 영향을 미치는 소득·재산자료를 정기적으로 갱신하고, 반영하여 수급자격을 재확인하고 급여 수준을 조정하는 연 2회의 확인조사의 수단이라는 것이다. 조사대상은 정기적으로 수급자의 소득·재산 정보를 갱신해야 하는 8대 복지사업의 수급자 및 기초생활보장 부양의무자이다. 8대 복지사업은 기초생활보장, 기초노령연금, 장애인연금, 한부모, 차상위 장애인, 차상위 자활, 차상위 본인부담경감, 청소년특별지원 등이다. 2010년에 개통한 이후 확인조사는 매년 반영되는 소득·재산 자료의 깊이와 폭을 확대하고 있다.

〈표 11-4〉 사회보장정보 시스템의 운영현황

시 기	주요 내용
2009.12	행복e음 개통 이전 서울행정정보 시스템의 데이터 사전 정비
2010.07	건강보험, 지방세 등의 확보 가능한 소득·재산 공적 자료적용
2010.12	• 상반기 정비에서 제외된 금융, 자동차 및 시설 수급자의 소득·재산 정비 • 기초생활보장 부양의무자 인적 정비(조사 전 178만 명 → 조사 후 240만 명)
2011.06	• 기초생활보장수급자의 부양의무자의 소득·재산을 포함하여 확인조사 실시 • 국세청 종합소득자료 최초 반영, 유아학비 수급자도 조사대상에 포함
2011.12	• 일용소득의 입수 시차를 기존 12~24개월에서 6~12개월로 단축하여 활용도 제고 • 장애인 고용공단자료 등 추가 입수
2012.06	영유아 보육수급자에 대한 최초 금융재산 조사, 차적정보 일제정비
2012.12	• 위험군을 선별하여 확인조사를 효율화하고 지자체 복지공무원의 업무부담 경감(비정상적 가액 재산보유자, 장기간 자료 미갱신 수급자, 가족관계 변동자 등) • 영유아 보육의 보편화로 조사 제외하여 총 8대 보장사업 조사

2010년 이후 확인조사를 통해 절감한 사회보장 재정금액의 경우 보장중지된 복지대상자에게 급여가 1년간 지급되었을 경우에 발생할 금액을 추계하는 것을 전제로 2012년 12월 말 현재 약 1조 4,827억 원이며, 그 중 기초생활보장 재정

절감액은 약 9,951억 원이다. 행복e음의 또 다른 핵심적인 기능은 사회복지 통합 업무절차의 처리기능이다. 통합 업무절차는 6단계를 거친다.

첫째, 상담단계이다. 상담은 수급자의 욕구를 파악하여 복지급여나 서비스를 제공할 필요성이 있는지 여부를 판단하고 필요한 경우에 적절한 복지급여 및 서비스 신청을 안내하는 단계이다.

둘째, 신청단계이다. 제공 가능한 급여 서비스를 확인하여 제출서류와 신청방법을 안내하고, 급여 및 서비스에 대해 일괄신청을 접수한다.

셋째, 소득·재산 조사 단계이다. 신고내용(신청서, 신고서 등)을 확인하여 보장가구의 구성을 확정하고, 가구구성원의 소득과 재산에 대한 공적 자료의 조회결과를 확인하고 반영한다.

넷째, 조사·보장 결정 단계이다. 소득·재산조사 결과에 따라 자격요건을 갖추었는지 조사하고 결정하는 단계이다.

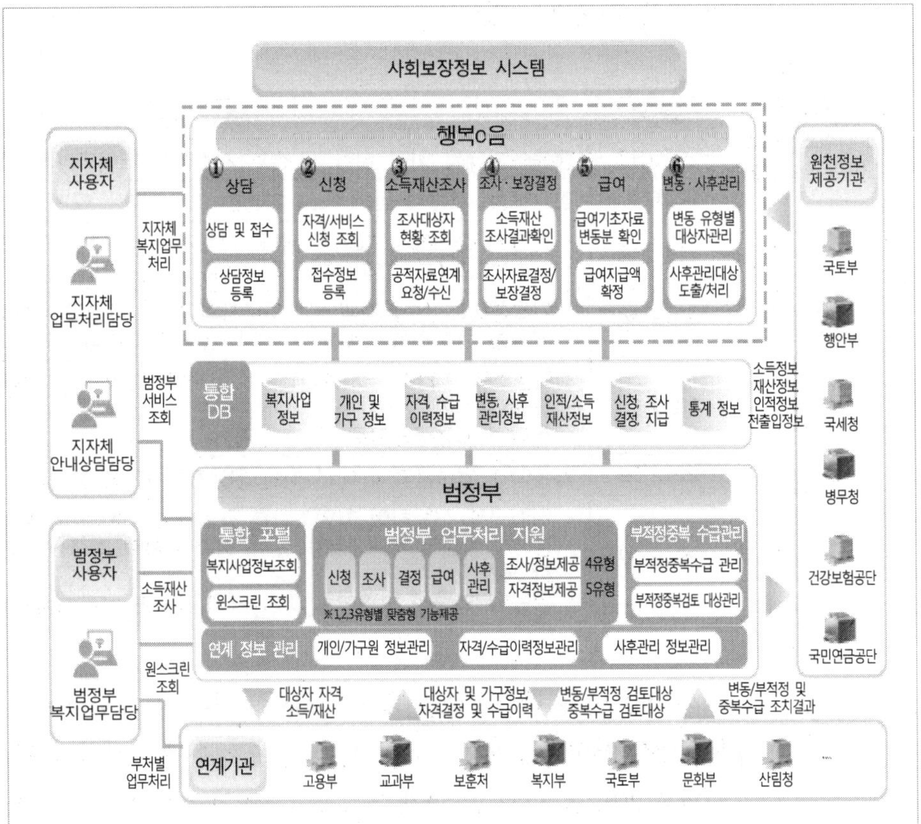

[그림 11-3] 사회보장정보 시스템(행복e음)의 통합 업무기능

다섯째, 급여지급 단계이다. 급여지급 자료를 생성하여 급여액을 확정하고 급여를 이체하여 지급하는 단계이다.

여섯째, 변동·사후관리 단계로서 수급자의 가구구성, 소득재산 등에 관한 변동사항을 알려주는 기능과 변동사항 대상자의 급여·서비스를 중지하거나 가감하는 단계이다.

2) 2013년 사업내용

행복e음의 2013년 고도화 계획은 5개 분야 25개 과제 등이 있지만, 정책적으로 핵심적인 사항을 중심으로 정리하면 다음과 같다.

첫째, 변동대상자 자격 관리의 자동화로, 기존에는 복지대상자가 사망 혹은 주민등록말소 시 즉시 복지수급 자격을 정지시켜야 함에도 신속히 처리하지 못하는 경우가 있었다. 이러한 문제를 개선하기 위해 사망·말소 등이 발생할 경우 지자체 복지담당 공무원의 동의하에 수급자격을 자동적으로 중지하고, 실제 사실과 다를 경우 복구도 자동적으로 이루어지도록 개선한다.

둘째, 대국민 인터넷 신청 대상 복지사업 확대로서 기존 온라인 신청 시스템에 장애인 관련 복지급여와 아이돌봄 서비스 신청기능을 추가할 계획이다.

셋째, 차세대 금융재산조회 시스템 구축이다. 복지대상자와 부양의무자의 금융재산 조사규모가 증가하고 있어 금융재산 정보요청에 대해 금융기관이 전송하는 대량 회신자료를 검증하는 기능을 개선한다.

넷째, 사망의심자 허브 확대구축이다. 기존 행복e음에 구축된 사망의심자 허브 시스템의 정보를 범부처 복지담당자들이 확인할 수 있도록 하여 복지수급자의 사망 사실에 대한 확인 지연으로 인한 부적정 수급을 범부처적으로 예방할 수 있도록 할 계획이다.

다섯째, 표준 사례관리 시스템 및 통합상담 시스템 구축이다. 기존에는 복지사업별, 담당기관별로 사례관리 및 상담기능을 구축하여 사업별로 공유하지 못하는 문제가 있었다. 사례관리 시스템 간의 연계성을 높이고 상담정보의 공동활용이 가능하도록 구축하여 맞춤형 서비스가 가능하도록 할 계획이다.

여섯째, 상시 확인조사 기능이다. 지금까지 보건복지부는 반기별로 전국 단위 일제 확인조사를 진행하여 소득·재산의 변동사항도 반기별로 반영될 수밖에 없는 한계가 있었다. 이를 개선하기 위해 지자체에서 자율적으로 조사계획을 수립하고 선정한 조사대상자에 대해 공적 자료를 최근의 자료로 갱신하여 수급자의 소득·재산을 과거보다 신속히 반영하도록 할 계획이다.

마지막으로 범정부 확인조사 체계 마련이다. 그동안 보건복지부에서 수행하던 확인조사를 법적 근거와 요청이 있는 경우에는 타 부처 복지사업에도 확대 적용하여 복지수급 자격의 적정성을 확인하고 부적정 수급을 방지하는 기능을 구축할 계획이다.

2. 사회보장정보 시스템

1) 운영현황

사회보장정보 시스템은 보건복지부 이외의 정부 부처에서 운영하는 사회복지 급여와 서비스 대상자의 자격·이력 정보를 통합 관리하여 부적정 수급을 차단하기 위한 정보를 제공하고, 업무처리를 지원하는 시스템이다. 이 시스템은 행복e음의 성과를 전 부처에 확산하려는 의도로 2011년 6월 국가정책조정회의에서 구축이 결정되었다. 이에 따라 총리실, 보건복지부, 안전행정부 등 5개 부처 합동으로 '복지정보통합추진단'이 2011년 9월에 설치되어 구축에 착수하였다.

2012년 8월에 11개 부처, 194개 복지사업 통합 데이터베이스를 구축하여 1단계 시스템을 개통하였고, 2013년 2월에 17개 부처 292개 복지사업을 연계하여 2단계 시스템을 구축 완료하였다. 범정부는 행복e음에서 관리하는 97개 사업을 제외한 13개 부처, 132개 사업의 자격·수급이력 데이터를 수집하여 부정적·중복 수급방지를 위한 정보로 활용하고 있다. 실제로는 행복e음과 데이터베이스 시스템을 공유하고 있다. 이 정보 시스템의 주요 기능은 복지알림이, 복지지킴이, 업무처리지원 등이다.

복지알림이(복지로, www.bokjiro.go.kr)는 중앙부처·지자체의 복지사업 정보와 예산, 전달체계, 수급내용 등에 대한 정보를 제공하고 있다. 이를 통해서 복지부문(생계, 의료, 주거, 사회 서비스, 교육, 보육 등)별로 그리고 자신의 욕구에 따른 맞춤형(생애주기, 관심 분야, 보장 유형, 대상자 유형 등) 복지사업을 조회할 수 있다. 복지알림이의 모의계산 서비스는 재산수준, 나이, 성별 등을 입력하면 복지사업에서 정한 기준에 비추어 적용 대상 가능성과 받을 수 있는 급여, 서비스 수준에 대해 모의 계산을 해주고 있으며, 2012년 장애 아동수당 등 5종에서 2013년에 산모 신생아 도우미 등 4종을 추가하여 총 9종을 서비스하고 있다. 수급 가능한 복지사업에 대해 모의계산을 해주는 것에서 나아가 국민들이 정부가 제공하는 복지급여를 편리하게 온라인으로 신청할 수 있는 기능도 지속적으로 확대하고 있다.

2012년에는 보육료, 양육수당, 유아학비만 온라인 신청이 가능했으나 2013년에는 장애인활동지원, 아동인지능력향상, 산모 신생아 도우미, 초·중·고학생 교육비지원(고교학비, 급식비, 방과후 학교 자유수강권, 교육정보화 지원), 아이돌보미 서비스 등이 추가되었다. 이에 따라 온라인 신청건수는 2012년 말까지 26만 2,798건이었으나 2013년 8월 현재 84만 2,854건으로 증가하였다. 또한 복지지킴이를 통해 중복·부적정 수급방지에 필요한 정보를 생성하여 필요한 부처나 공공기관에 제공하고 있다.

2013년 8월 현재 7개 부처에서 주관하는 74개 복지사업에 대해 155개 중복수급방지 유형을 개발하여 적용하고 있다. 5개 부처 44개 복지사업에 대해서는 인적 변동(사망, 말소, 거주불명, 성명·주민등록번호 변경, 출·입국, 교정시설 입·퇴소, 군입·제대 등 7개), 전출입(1개), 보장책정 및 중지 발생(기초생활보장수급자 책정·중지 등 23개) 등 복지대상자의 변동 정도를 반영하여 부적정 수급을 방지할 수 있도록 해당 정보를 주기적으로 제공하고 있다.

사회보장정보 시스템(범정부)의 핵심 기능은 복지대상자의 자격·수급 이력정보를 활용한 부적정·중복수급을 방지하는 것과 함께 보건복지부 이외 부처의 복지사업이 적정한 대상자에게 적정한 급여와 서비스를 지급할 수 있도록 업무처리를 지원하는 것이다. 구체적으로 보면 행복e음의 통합 업무절차의 각 단계를 모듈화하여 각 정부 부처의 복지사업 특성과 업무절차에 맞게 5개 유형으로 조합하여 기능을 제공하고 있다.

2) 사업내용

2012년까지 10개 부처 37개의 사업에 대해서 신청-조사-결정 등을 수행하는 '업무처리지원 시스템'을 구축하여 해당 복지사업 주관기관의 업무를 지원하고 있다. 2013년에는 보훈처 등 5개 부처의 복지사업에 대한 업무처리를 추가로 지원할 계획이다.

3. 사회 서비스 전자바우처 시스템

1) 운영현황

사회 서비스 전자바우처 시스템은 가사 · 간병 지원 등의 돌봄 서비스를 비롯한 사회 서비스에 대한 수급권을 수급자가 서비스 이용자로서 서비스 제공자를 자유롭게 선택할 수 있도록 전자바우처 형태로 발급하고, 서비스 이용과정을 전자적으로 관리하며, 이용실적에 따라 서비스 제공자에게 이용대금을 결제 · 지급하는 전체 과정을 지원하고 관리하고 있다.

사회 서비스 전자바우처 시스템은 노인돌봄종합, 장애인활동지원 등 7개 사회서비스의 신청, 이용, 비용지급, 정산 등의 업무를 처리하는 시스템으로 약 1만7,000여 개소의 서비스 제공기관이 이용하고 있으며, 50만여 명에게 발급된 바우처를 관리하고 있다. 주요 기능은 예탁금관리, 서비스 비용결제, 제공기관관리 등이다.

2007년 사회 서비스 전자바우처 시스템을 구축하였으나, 2010년까지 운영체계가 금융기관과 관리기관으로 이원화되어 있었다. 금융기관은 결제승인 · 결제매체(카드) 관리 등의 기능을 자체 시스템을 활용하여 수행하고, 관리기관은 바우처 생성, 정부와 지자체로부터 수납한 예탁금관리와 정산 등의 일부 업무를 수행하였다.

결제기능을 금융기관에 의존하기 때문에 카드 수수료로 2007년부터 2010년까지 190여억 원을 지불하였다. 그리고 다양한 결제수단의 활용이나 정책변화에 따른 대처를 위해서는 시스템의 변경이 필요하나 금융기관이 이러한 정책수요에 맞춰 자신의 정보 시스템을 변경하기를 꺼리는 경향이 있었다. 이러한 문제를 해결하기 위해 보건복지부는 관리기관 중심의 단일 운영체계로 전환할 것을 결정하고, 이를 구현하기 위해 2010년부터 차세대 사회 서비스 전자바우처 시스템을 구축하였다. 사회 서비스 전자바우처의 주요 기능은 다음과 같다.

첫째, 바우처 포털로서 바우처 사업안내, 서비스 이용안내, 사업 관련 정보, 서비스 이용자의 서비스 신청 및 서비스 이용내역 정보 등을 제공한다.

둘째, 통계분석 정보로 제공한다. 사업별, 주제별 등 정형, 비정형보고서 통계정보를 제공한다.

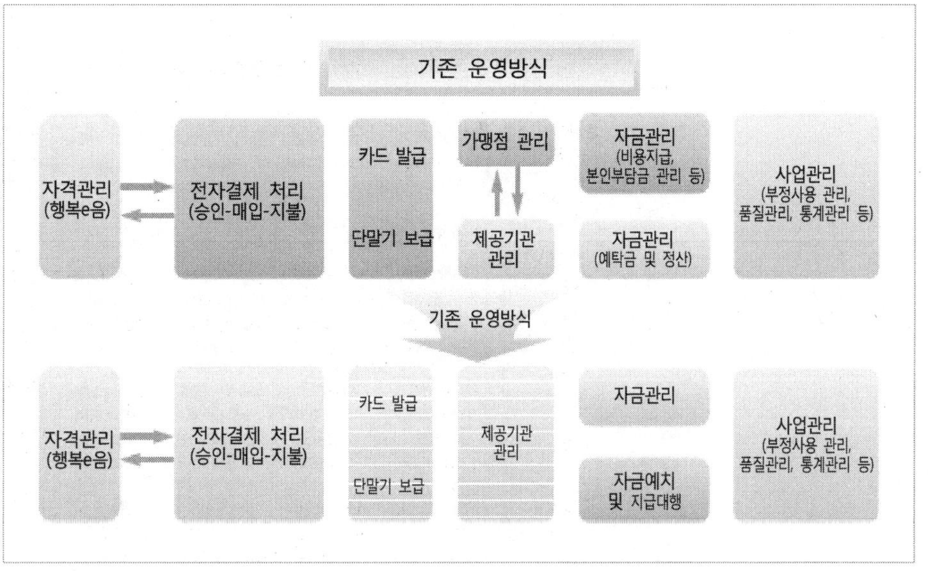

[그림 11-4] 사회서비스 전자 바우처 시스템 운영방식

셋째, 업무처리를 지원한다. 서비스 대상자 · 제공기관 현황, 사업비 예탁 · 정산내역, 제공인력 입 · 퇴사 · 급여지급 관리 등 업무처리를 지원한다.

넷째, 결제승인 및 중계이다. 바우처 결제승인, 서비스 비용지급과 정산 등을 처리하며, 카드와 단말기 신청발급과 제작요청 등의 보급과정도 관리한다.

2011년 말에 7대 사회 서비스 바우처 중에서 결제방식이 가장 복잡한 장애인 활동지원 서비스를 먼저 자체 운영방식으로 전환했고, 2012년에 나머지 6대 바우처도 전환하였다. 이를 통해 타 부처나 지자체에서 운영하는 다양한 바우처 형태의 사회 서비스도 수용하는 것을 염두에 두고 있다. 2012년 12월에는 서비스 제공과정에서 결제수단으로 사용하는 전용단말기 외에 일반 스마트폰에 결제기능을 탑재하여 서비스 제공기관이 보유한 전용 단말기별로 부담하던 월 7,700원의 통신료를 절감할 수 있도록 하였다. 이를 통해 서비스 이용자가 서비스 이용과정에 사용하던 결제용 카드의 필요성이 감소하여 카드 발급비용도 절감하였다.

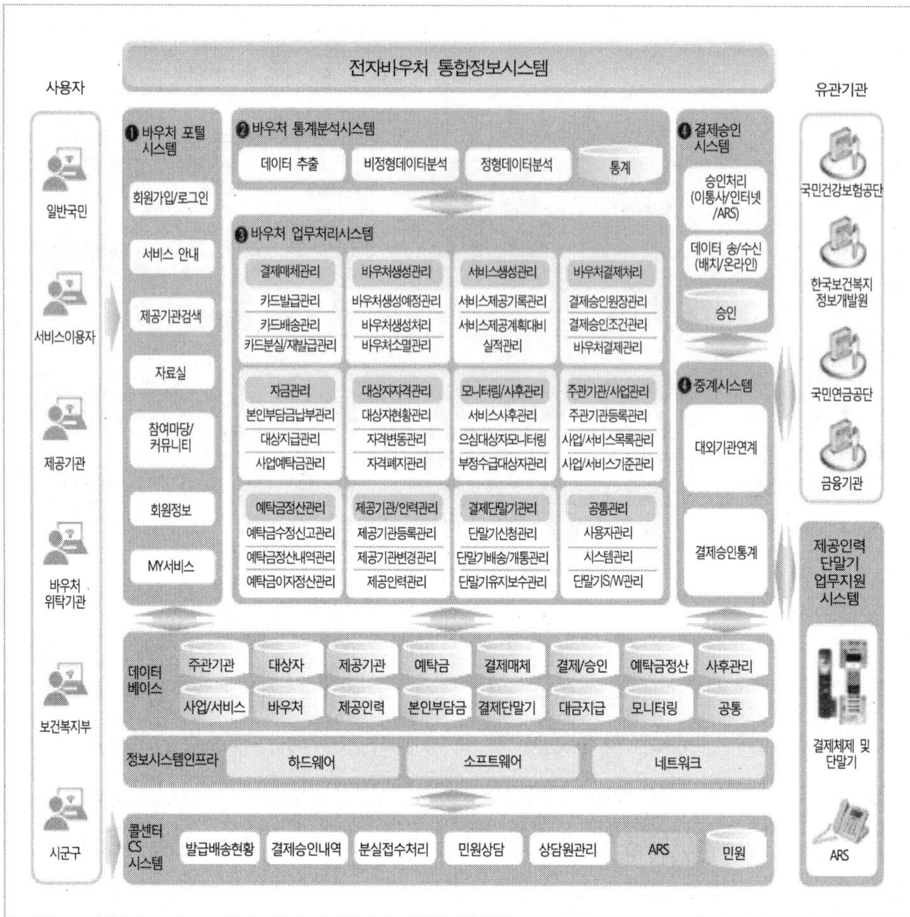

[그림 11-5]
전자바우처 통합정보 시스템

2) 사업내용

2013년 6월부터 12월까지 새 정부의 국정과제 중 하나로서 9개 부처에서 운영하고 있는 22개 바우처 사업을 대상으로 하는 범정부 바우처 통합관리 시스템 구축을 위해 정보화 전략계획을 수립하고 있다. 일차적인 고려 대상인 바우처 사업은 보육, 유아학비, 문화·스포츠·여행 바우처, 내일배움 카드 등이다. 주요 내용은 사업별로 발급되는 바우처 카드를 '국민행복 카드'로 일원화하여 국민의 불편을 경감하는 한편, 각 부처별로 구축·운영 중인 정보 시스템을 통합하거나 연계하여 예산 및 사업운영의 효율성을 높이는 것이다.

4. 보육통합정보 시스템

1) 운영현황

보육통합정보 시스템은 정부와 지자체로부터 보육료 예탁금을 받아 어린이집을 이용하는 부모에게 바우처를 생성하고 이용·실적에 따라 어린이집에게 보육료를 지급, 정산하고 있다. 약 140만 명에 달하는 부모의 자녀보육을 위해 약 4만여 개소의 어린이집에게 보육료를 지급하고 있다. 이외에 보육 관련 유관기관의 제반 행정업무를 지원하는 기능을 갖고 있다.

구체적으로 살펴보면 첫째, 보육자녀를 두고 있는 국민을 대상으로 사업 안내 등의 정보를 제공하는 아이사랑 보육 포털을 운영하고 있다.

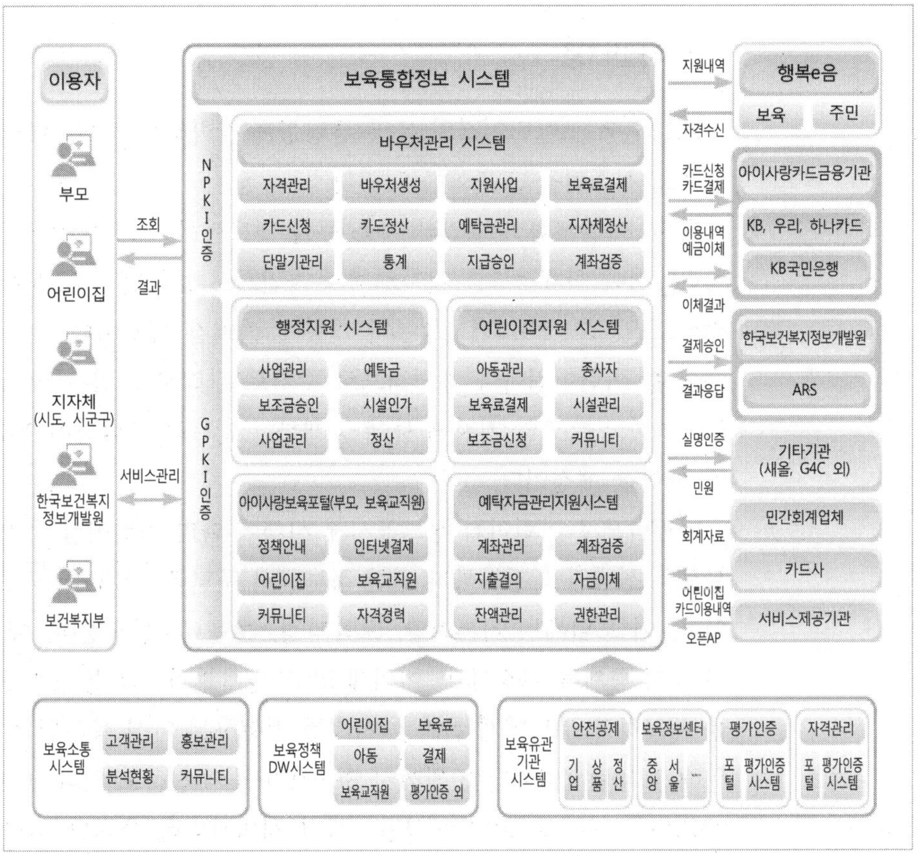

[그림 11-6] 보육통합정보 시스템

둘째, 어린이집 지원 기능으로 아동과 보육교사 등 종사자 관리, 보육료 결제 및 보육료 신청 등을 처리하는 어린이집 지원 시스템을 운영하고 있다.

셋째, 지자체 보육담당 공무원의 어린이집의 시설인가, 어린이집에 지급할 예탁금의 관리, 공립어린이집에 지원할 보조금 관리 등의 행정업무처리를 지원하고 있다.

넷째, 관리기관인 한국 보건복지정보개발원의 업무인 자격관리, 바우처 생성, 보육료 결제 · 지급, 예탁금관리, 카드와 단말기 관리 등을 처리한다.

이외에 공제상품의 가입과 정산을 담당하는 어린이집 안전공제회, 보육과정과 콘텐츠의 개발, 어린이집 운영 컨설팅 등을 수행하는 보육정보센터, 어린이집 평가 · 인증과 보육교사 자격관리 등을 담당하는 '보육진흥원' 등 보육 유관기관의 업무를 지원하고 있다.

2) 사업내용

2013년에는 어린이집의 운영 투명성을 강화하는 것에 주안점을 두고 보육통합정보 시스템을 고도화하고 있다.

첫째, 어린이집의 수입과 지출 등을 정보화하는 회계정보 시스템을 구축하여 어린이집이 회계정보를 지자체에 온라인으로 보고할 수 있도록 하는 기능을 개발하고 있으며 2014년 1월부터 가동에 들어갈 예정이다.

둘째, 어린이집마다 개별적으로 수기로 관리하고 있는 입소대기자의 관리를 정보화하고 부모와 지자체 등에 공개하는 기능을 개발하여 2013년 11월에 가동에 들어갈 예정이다.

마지막으로 어린이집 정보공시제 시행에 따라 어린이집 운영현황을 공개하여 부모의 선택권을 강화하기 위한 정보공시 포털을 2013년 12월까지 구축할 계획이다. 이 포털에는 기본현황, 보육과정, 보육료 · 필요경비, 예 · 결산, 건강 · 안전 등이 공개될 예정이다. 이외에 RFID 등 IT 기기를 통해 아동의 출석 및 귀가를 체크하고 부모에게 문자 메시지를 전송하는 안심 등하원 시스템을 구축하기 위해 2013년 7월부터 10월까지 BPR/ISP를 추진하고 있다. 이 결과를 바탕으로 2013년 11월부터 2014년 상반기까지 시범사업을 추진할 계획이다.

04 바이오 기술의 모바일화

1. IT 기술을 활용한 의료기기

생명공학기술(BT)과 정보통신기술(IT)의 융합으로 다양한 모바일 의료기기가 최근 빠른 속도로 발전하고 있다. 반도체 공정을 이용한 MEMS(미세전자기계시스템) 기술도입으로 바이오 센서는 점차 소형화, 고집적화되고 있다. 또한 HTS(고속대량 스크리닝) 및 바이오칩(Lab-on-a-chip) 등을 활용한 분자진단 신기술도 함께 발달하고 있다.

u-Health는 ICT를 의료 산업에 접목한 '언제, 어디서나' 이용이 가능한 건강관리 및 의료 서비스라 할 수 있다. u-Health 시스템은 환자 · 고객의 생체정보를 측정하고, 측정한 정보를 취합하여 전송하며, 마지막으로 해당 정보의 패턴 분석을 통해 결과에 대한 피드백을 이용자에게 전달하는 형태로 서비스를 제공한다. u-Health 관련 서비스는 크게 3가지로 나누어 볼 수 있다.

u-Medical은 환자(고위험군)를 대상으로 한 서비스로서 질환진단, 치료제공, 관리 및 진료환경지원 서비스를 제공하는 영역으로 의료법 적용대상이다.

u-Wellness는 일반인을 대상으로 한 서비스로서 건강증진 및 건강환경을 지원하고 서비스를 제공하는 영역으로 예방 차원의 건강관리 서비스를 말한다.

u-Silver는 65세 이상의 고령자를 대상으로 한 서비스이며 질환진단과 치료제공 및 관리는 물론 안전관리와 독립생활 지원 등의 서비스를 제공한다.

현재 u-Health 관련 이슈로 시범사업을 전국 확산사업으로 추진하기 위해서는 인프라 구축 및 운영을 위한 지속적인 지원과 법 · 제도 개선, u-Health 관련 기기의 상호운용성 확보를 위한 표준 및 안정성 기준확립, 원격진료 및 건강관리 서비스의 질적수준 보장을 위한 품질관리체계 마련, 해외진출 기반 확보를 위한 국제협력기구 및 관련 단체와 긴밀한 협력관계 유지가 여전히 현안 문제로 남아 있다.

2. 의료기기의 소형화

과거에 병원을 가야하던 시대에서 의료기기의 소향화로 의사나 환자는 현장에서 질병을 진료가 가능해졌다. GE 헬스케어는 거대한 초음파 영상진단기기를 휴대폰 크기로 줄인 Vscan을 선보였고 국내의 나노엔텍은 전립선암을 진단할 수 있는 체외진단기인 FREND를 출시하였다.

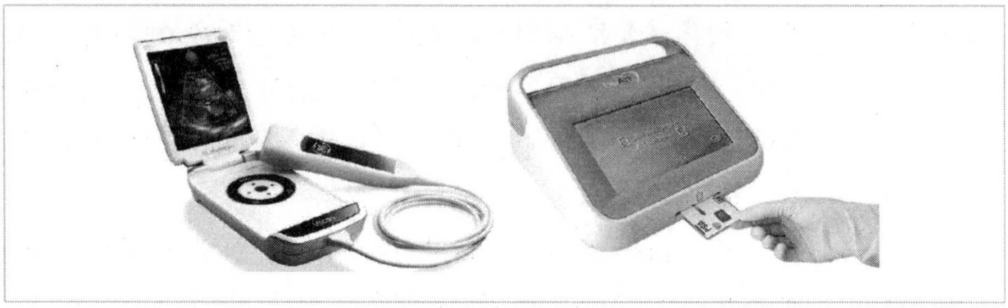

[그림 11-7]
초음파 영상기기 및 체외진단기기

3. 무선통신을 이용한 모니터링 시스템

환자의 편리성을 이용하여 스마트폰을 이용하여 무선통신으로 병원과 연계하는 방식으로 진화하고 있다. 혈당측정기인 VerioSync는 최초로 아이폰과 블루투스와 연동하여 자동으로 형당수치를 기록 분석하는 방식이다. 또한 심전도측정기인 Piix나 ZIO 패치는 실시간으로 심박수, 체온, 호흡속도 등을 체크하여 의사에게 전달하는 시스템이다.

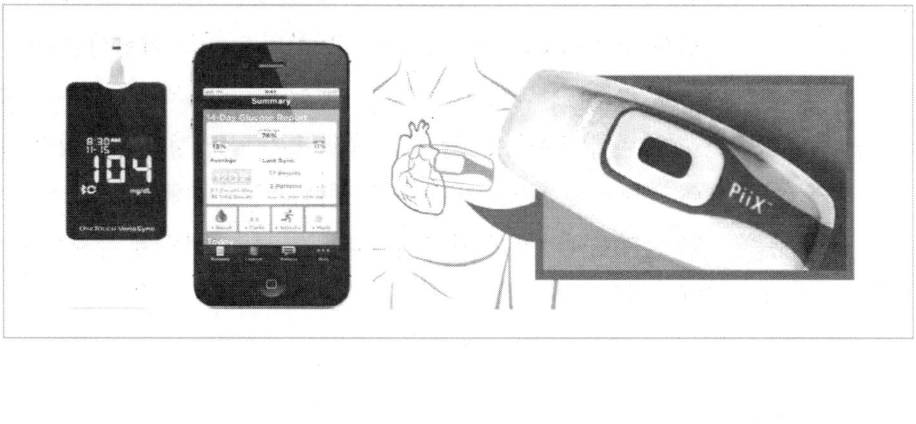

[그림 11-8]
혈당측정기 (VerioSync) 및 심전도측정기(Piix)

작년부터 시작된 헬스케어 웨어러블 디바이스의 열풍은 IT 기업의 헬스케어 시장진입을 촉진하고 있으며, 스마트폰의 보급으로 인해 의료기기의 활용도와 편리성이 비약적으로 향상되고 있다.

각각의 영역에서 발전하던 의료기기와 스마트 기기는 이제 모바일 의료기기라는 하나의 시장에서 만난다. 의료진을 중심으로 개발되던 의료기기는 소비자의 관점에서 재조명되어 보다 유용한 기기로 탈바꿈하고 있다. 단순한 건강관리에서부터 중증질환의 치료에 이르기까지 모바일 의료기기가 제공하는 스마트 헬스케어 솔루션이 중요한 역할을 할 것으로 기대된다.

05 웨어러블 디바이스

1. 웨어러블 디바이스의 분류

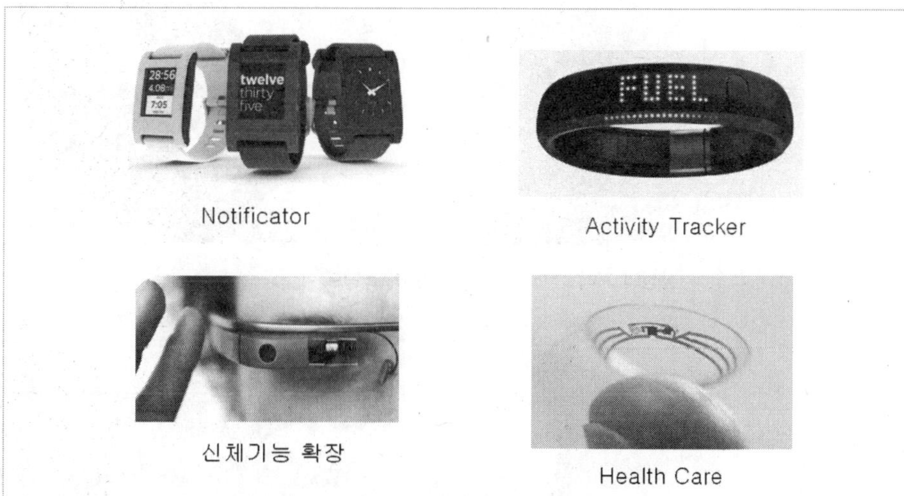

[그림 11-9] 웨어러블 디바이스의 분류

한국에서 웨어러블(wearable) 디바이스라 하면 갤럭시 기어를 제일 먼저 떠올리겠지만, 일반 대중에 알려진 만큼 실제로 많이 사용되지는 않고 있다. 사람들이 많이 알고 있는 이유는 광고와 마케팅의 힘이며 웨어러블 디바이스의 특성상 스마트폰만큼 팔려나가기는 어렵다. 아직은 시장 초기다 보니 많은 수의 제품이 나와 있지 않은 상황이다. 웨어러블 디바이스는 신체에 착용하다 보니 패션 제품의 속성을 가지고 있다. 웨어러블 디바이스 시장에서의 기회요소는 분명히 있다고 본다.

시장동향을 보면 삼성이 많은 인력이 웨어러블 개발에 투입되고 있고 무게중심이 스마트폰에서 웨어러블 디바이스로 급격하게 이동하고 있다. 앞으로 차세대 대표 수입원이 될 것으로 예상하고 있다.

LG는 G와치의 판매를 시작으로 자체 웨어러블 OS를 구축 중이다. 현재 미스핏이 웨어러블 성장률 1위이고, 핏비트가 웨어러블 밴드로 1위를 하고 있고 삼성전자 기어가 스마트 시계 제조점유율을 1위를 점하고 있다.

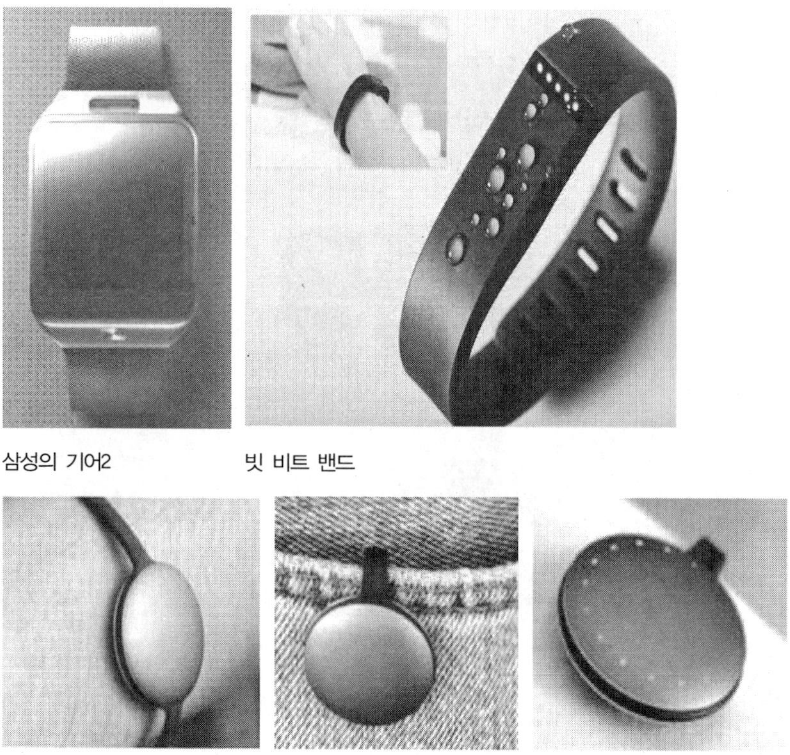

삼성의 기어2　빗 비트 밴드

미스핏 제품들

[그림 11-10]
웨어러블 제품들

2. 웨어러블 기기의 다양성

웨어러블 기기는 안드로이드웨어(안드로이드+웨어러블) 기기인 G워치 및 기어 라이블, 구글 글라스 등처럼 시계면 시계, 안경 등 다양한 기기로 변신하고 있다. 종래의 스마트폰이 다양한 기기를 포함하듯이 급격한 변신을 하고 있다. 예를 들면 아침에 눈을 뜨고 일어나면 구글 글라스를 착용하여 오늘의 날씨를 보고 일기예보를 보면서 우산을 가지고 나간다. 그리고 문자, 전화, 메일, 페이스북 등등의 알람을 표시해주는 반지인 링리를 통하여 알 수 있다. 미스핏의 샤인은 착용자의 운동량을 표시해준다. 특히 네타트모의 팔찌(준)는 자외선 모니터링 팔찌로 자외선으로부터 피부를 보호하는 제품이다.

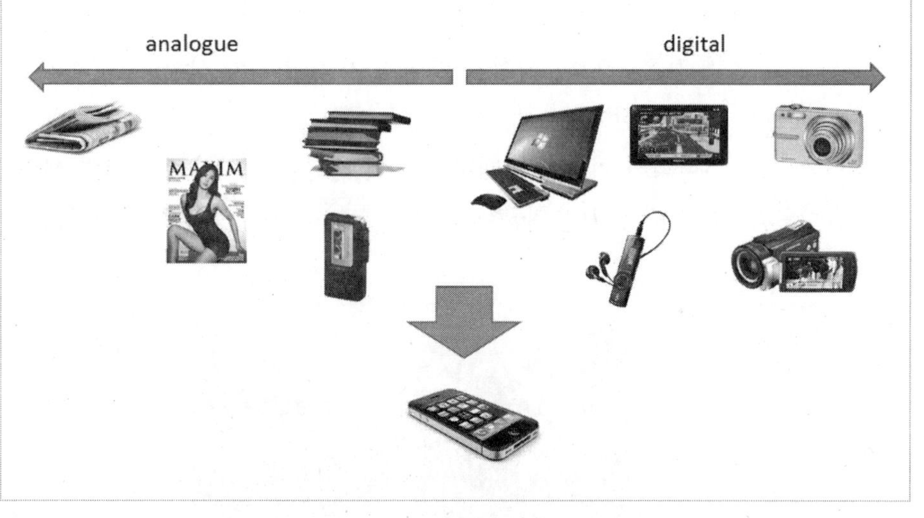

[그림 11-11] 스마트폰으로 통합되는 기기들

[그림 11-12] 웨어러블 기기의 다양한 종류

최근에는 여성의 브래지어에 부착해 심장박동의 변화를 즉시 체크해주는 신개념 웨어러블 '브래지어 태그'가 탄생했으며 'LifeTip'이라는 이름의 제품이다. '라이프팁'은 스마트폰 앱과 연동해 심장발작 증세를 실시간 모니터링하는 세계 최초의 'ECG 센서' 웨어러블 태그다. '라이프팁'은 심장박동의 급격한 변화를 즉시 인식하고 사고발생 시 즉시 경보음을 울린다. 또한 즉시 도움을 요청하기 위해 미리 저장한 휴대폰 번호로 응급 메시지를 전송한다.

대부분의 심장마비 사망은 골든 타임에 심폐소생술이 신속하게 이루어지지 않아서 발생한다. '라이프팁'은 이런 위급상황 발생 시 신속하게 응급처치를 할 수 있도록 돕는 것을 목표로 개발됐다.

또한 '라이프팁'은 심장마비 증상 외에도 체온과 운동량은 물론 심장박동의 불규칙한 패턴을 분석해 감정상태와 같은 일상생활의 변화도 모니터링할 수 있다. 무엇보다 놀라운 점은 이 태그를 이용하면 심장마비 증상뿐만 아니라 강간과 같은 급박한 상황과 간병 환자의 위급한 상황 등도 실시간 모니터링이 가능하다는 점이다.

따라서 여성이 브래지어에 이 태그를 부착하고 다니면 생명에 위협을 느낄 때마다 작동하여 위급한 순간을 모면하거나 생명을 안전하게 지킬 수 있게 된다.

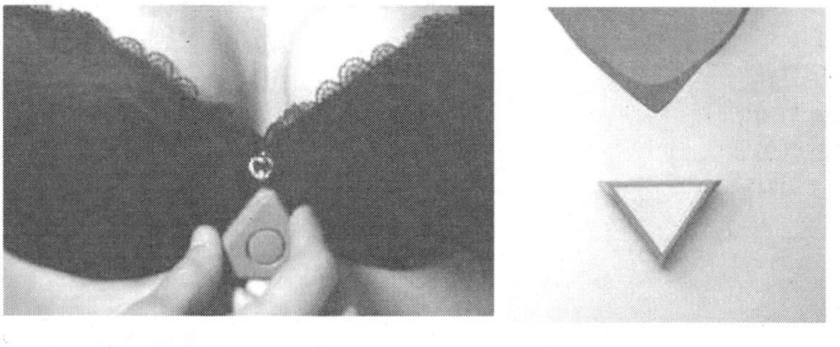

브래지어 태그　　　라이프팁

[그림 11-13] 기능별 웨어러블 종류

3. 웨어러블 디바이스의 전망

웨어러블 디바이스의 전망은 아직은 초보단계에서 새로운 분야와의 융합단계로 발전하고 있다.

1) 패션 산업과의 융합

패션 산업과의 융합 측면에서 보면 손목시계는 패션의 악세서리로 새로운 패션 악세서리업체의 시장경쟁과 시장환경 조성이 될 것으로 전망한다. 구글이 안경업체 및 시계업체와의 제휴를 통해 웨어러블 디바이스 개발이 왕성하게 진행하고 있다.

2) 헬스케어 서비스로 융합

만성질환 및 고령화 사회에 대비한 헬스케어 서비스로 융합하는 측면을 보면 애플이 iwatch에 헬스케어 기능을 적용하여 보험사 연계를 통해 보조금 지급을 검토하고 있다. 애플과 같은 새로운 비즈니스 모델이 헬스케어 기반으로 웨어러블 시장을 더욱 확대가 될 수 있을 것으로 예상된다.

3) 사물인터넷 서비스 및 산업과의 연계 측면에서 융합

사물인터넷 서비스 및 산업과의 연계 측면에서 융합을 보면 웨어러블 디바이스는 사용자가 주변의 사물인터넷 디바이스를 쉽게 제어하는 인터페이스로서의 역할을 하게 될 가능성이 높다. 스마트 자동차에서 운전자를 인식하고 자동으로 시동이 걸리도록 사용자 인증 디바이스로 사용하게 될 것으로 본다, 또한 착용자의 몸상태에 따라서 스마트 조명, 온도조절기와 같은 사물인터넷 기기를 제어하는 개인맞춤형 서비스도 증가할 것으로 전망이 된다. 특히 웨어러블 디바이스에서 확보할 소형화, 저전력, 배터리, UI 등의 기술은 사물인터넷 디바이스 개발에도 적용되어 더욱 다양하고 완성도 높은 사물인터넷 융합제품이 등장할 것으로 예상된다.

4) 여행, 현장 원격지원, 스포츠 선수 데이터 분석 등 서비스 산업과의 융합

영국 항공사인 버진 애틀라틱항공은 구글 글라스 및 소비의 스마트 워치2를 착용하고 디스플레이하여 고객의 정보를 표시하여 적격 서비스 품질향상이 가능하도록 서비스, HC1을 도입한 작업현장 서비스, 선수의 다양한 데이터를 수집하는 센서를 통한 분석 등 분야와의 융합을 시도하고 있다.

[그림 11-14]
고객을 응대하는 모습

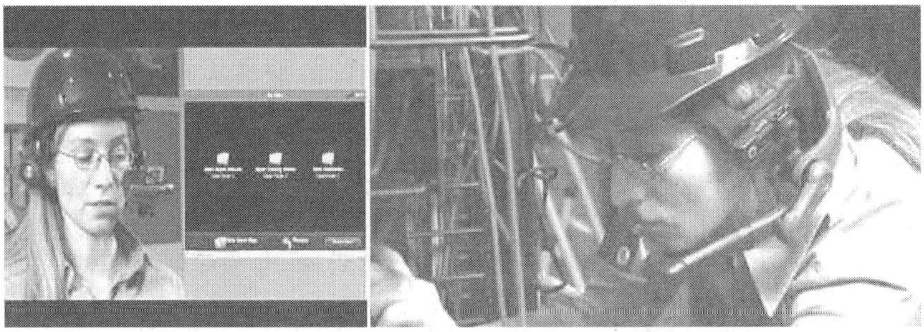

[그림 11-15]
HC1을 도입한 작업현장 모습

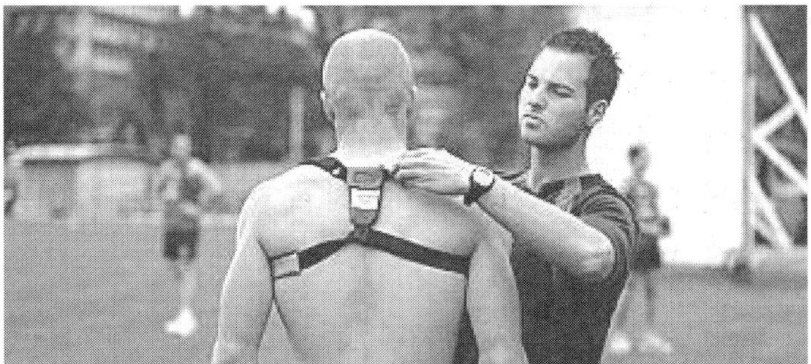

[그림 11-16]
선수의 다양한 데이터를 수집하는 센서

참고문헌

1. 강경훈, “Coaxial UWB 기반의 Ethernet/HDMI 겸용 유무선 브리지개발,” (주)케이벨-중소기업기술혁신개발, 2011.
2. 강민구 · 손승일 · 정승민 · 여협구 · 김인기, “홈 게이트웨이 기반의 스마트 ESS 연동설계,” 한국 스마트 미디어학회 2013년 추계학술대회 논문집 2권 2호, 217-220쪽, 2013.11.
3. 김동기 등, “5G 이동통신 기술전망 및 동향,” PM Issue Report, 제1호 이슈 2, 2013.3.12.
4. 김문구 · 박종혁 · 조영환, “스마트 TV 글로벌 주도를 위한 전략방향,” 전자통신동향분석 제25권 제5호, 2010년 10월.
5. 김민준 · 전재현 · 권용식 · 김승호, “IEEE 802.1 AVB 무선망에서의 프레임 전달방법,” 제32회 한국정보처리학회 추계학술발표대회, 2009
6. 김아현 · 김건태, “컨버전스 시대에 N-Screen 서비스 전략 비교,” DIGIECO 기술보고서, 2011년 5월.
7. 김용범 외, “오디오 비디오 브리징이 있는 이더넷을 이용하는 중앙집중형 차량용 전자 시스템을 위한 방법 및 시스템,” 특허등록번호-101008506, (2011.01.10)
8. 김정삼, 사물인터넷(IoT) 육성방안, RFID/IoT World Congress 2013, 2013. 10.
9. 류대현, “PC와 주변기기의 전력관리를 위한 네트워크 기반의 스마트 플러그 시스템,” 한국정보통신학회논문지 제16권 제10호, 2171~2176쪽, 2012.11.
10. 류원 · 이현우 · 조성균 · 이호진, “미래 스마트 네트워크 기술”, 정보와 통신, pp.26~32, 2012.03
11. 류원 · 이호진 · 이현우 · 조성균, “차세대 스마트 TV 발전방향,” TTA Journal Vol. 135, pp.62~67, 2011년 5월
12. 류원 · 조성균 · 이현우 · 이호진, “차세대 N-스크린 서비스 기술,” 방송공학회지 제17권 제1호, 2012년 1월
13. 박용석 · 위정욱 · 박경원 · 송병철, “AVB 기반 디지털 멀티미디어 리소스의 발견 및 제어를 위한 프로토콜 분석, “한국인터넷정보학회 춘계학술발표대회 논문집.2013(제14권 제1호), 2013.04.
14. 오진석 · 이헌석, “사용자 인식 기반 멀티-스마트 플러그에 관한 연구,” 한국정보통신학회논문지 17권12호 2976~2983쪽, 2013.
15. 이대원, “802.11망에서 최적의 AP 검색 기법,” 한국컴퓨터교육학회논문지 제15권제5호, pp.55-62, 2012.9.
16. 이성원 · 구본재, “스마트 네트워크 기술개발 동향”, 주간기술동향 2011/12/09
17. 이지영 · 석승준, “IEEE 802.11ac AP 버퍼 지연을 고려한 TXOP 공유알고리즘,” 한국정보과학회학술발표논문, 2013.
18. 장원규, 해외 M2M 시장의 개방형 기술 및 표준화 현황, KT 경제경영연구소 Issue Crunch, 2013. 6.
19. 장원규, 이성협, 국내외 사물인터넷 정책 및 시장동향과 주요 서비스 사례, KCA동향과 전망, 2013. 6.
    - 2013 국가정보화 백서
    - 2013 한국 인터넷 백서
20. 전재환 · 강성인 · 김관형 · 오암석, “스마트 플러그 기반의 AMI(advanced metering infrastructure) 시스템 설계, ”한국해양정보통신학회 2011년도 춘계학술대회, 2011.
21. 정재덕, “대기전력 자동 차단기능을 가지는 멀티탭”, 특허출원번호 10-2009-0093684, 2009.
22. 허해녕, “스마트 미디어 · 인터넷, TV 속으로,” CLUK FOCUS TREND INSIGHT Vol. 56, 2011년 5월

23. 특집원고 I 5세대 이동통신에서의 네트워크 이슈.
24. 한국정보화진흥원, "2014 개인정보보호 트랜드 전망"
 - BSA, '2013 BSA Global Cloud Computing Scorecard', 2013.3.7.
 - 한국정보화진흥원, 개인정보보호 주간동향 제9호, 2013.
 - 정보통신산업진흥원, '호주, 클라우드 컴퓨팅 보안정책 발표', 2013년 06호.
 - 미래창조과학부, '클라우드 산업 육성계획', 2014.1.15.
 - 방송통신위원회, '클라우드 컴퓨팅 발전 및 이용자 보호에 관한 법률제정(안)', 2012.7.10.
 - IBM developerWorks" 클라우드 서비스 : 위험완화, 가용성 유지보수"
25. 미래창조과학부, 인터넷 신산업 육성방안, 2013. 6.
26. 미래창조과학부, 무선통계, 2013. 8.
27. 한국정보통신진흥협회(Kait), M2M 산업시장분석 연구, 방송통신정책연구 12-진흥-095, 방송통신위원회, 2012. 9.
28. 지식경제부, 제1차 지능형 전력망 기본계획, 2012. 7.
29. 산업통상자원부, 13년 지능형 전력망 시행계획, 2013. 6.
30. 관계부처 합동, 창조경제시대의 ICT 기반 에너지 수요관리 신시장 창출방안, 2013. 8.
31. "Mobility Management Frame work for Communications between Users with Multiple Terminal Devices" ITU-T Draft Recommendation Series Y.MM-MD, 2012년 2월
32. 3GPP, "Local IP Access and Selected IP Traffic Offload(LIPA-SIPTO)," TR.23.829 Release 10, August 2011.
33. Berkeley Lab., "Energy Efficient Digital Networks project," http://efficientnetworks/lbl/gov/
34. E. Gelenbe et al, "Power savings in packet networks via optimised routing,"Mobile Networks and Applications, Vol. 17, no. 1, pp. 152-159, Feb. 2012.
35. F. Cucchietti et al, "Eco-Efficiency Indicator: An Operator's Energy Performance Indicator," INTELEC 2007, pp. 743-748, Sept. 2007
36. H. Tschofenig, J. Arkko, "Report from the Smart Object Workshop," IETF Request for Comments : 6574, April 2012.
37. Hahn Tram,"Technical and Operation Considerations in Using Smart Metering for Outage Management" , IEEE/PESTransmissio Distribution Conference and Exposition, pp. 1-3, 2008
38. Juniper Networks, "Network and Telecom Equipment - Energy and Performance Assessment, Test Procedure and Measurement Methodology," White Paper, 2009
39. L. Chiaraviglio et al, "Reducing Power Consumption in Backbone Networks," IEEE ICC2009, pp. 1-6, June.2009
40. Leslie Daigle, "Handheld, Wireless, and Open: Priorities for the Mobile Future Internet," ISOC panel discussion, 2010.
41. Markets and Markets, Global Internet of Things(IoT) & Machine-To-Machine(M2M) Communications Market worth $290.0 Billion by 2017, 2012. 9.
42. Morgan Stanley report, "Internet trends," April 2010.
43. R. Kuntz, et al., "A Summary of Distributed Mobility Management," IETF draft-kuntz-dmm- summary-01.txt, August 2011.

〈관련 URL〉

1. 스마트그리드 사업단 : www.smartgrid.or.kr
2. 스마트그리드협회 : www.k-smartgrid.org
3. 산업통상자원부 : www.motie.go.kr
4. 한국정보화진흥원, 2013 국가정보화백서, 2013. 10.
5. 한국 인터넷 진흥원, 2013 한국인터넷 백서, 2013. 10.
6. 미래창조과학부, 2013년 국가정보화에 관한 연차보고서, 2013. 9.
7. 미래창조과학부, 무선데이터 트래픽 월별 통계, 2013. 8.
   - 미래창조과학부 : www.msip.go.kr
   - 과학기술연구망 : www.kreonet.net
   - 전세계 인터넷 주소할당 관리기구 : www.nro.net
   - 한국인터넷진흥원(국내 IPv6전환확산 종합 포털사이트) : www.vsix.kr
8. 한국정보화진흥원, ICT KOREA, 세계가 주목하는 유비쿼터스 KOREA를 구현하고 미래를 선도하는 스마트 KOREA를 그리다-BcN 7년의 발자취, 2010. 12.
9. 한국정보화진흥원, 농어촌지역 광대역 가입자망 구축활성화 사업결과 보고서, 2013. 2.
10. 방송통신위원회, 방송산업 실태조사 보고서, 2009, 2010, 2011, 2012.
11. 방송통신위원회, 2012 방송통신위원회 연차보고서, 2013. 2.
12. 백준봉 · 홍범석 · 최명호 · 박유진(2012). 세상을 바꾸는 IPTV-IPTV 6백만 가입자 달성의 의미와 사회경제적 가치. KT경제경영연구소.
13. 백준봉 · 홍범석 · 최명호 · 유지은 · 김선영(2013). IPTV, 방송산업을 넘어 창조경제 플랫폼으로 KT경제경영연구소.
14. KT경제경영연구소, 2013 CES를 통해 살펴본 스마트 TV 주도권 경쟁현황과 전망, 2013. 1.
15. 윤명현 · 김대진, 스마트TV 산업 활성화 정책, KT경제경영연구소, 2012. 5. 8.
16. DMC REPORT, 2012년 하반기 결산 Digital Media Trend Report, 2013. 1. 15.
   - 방송통신위원회 : www.kcc.go.kr
   - 한국디지털미디어산업협회 : www.kodima.or.kr
17. 방송통신위원회, 2012년 방송산업 실태조사 보고서, 2012. 11.
18. 방송통신위원회, 2012년도 방송시장 경쟁상황 평가, 2012. 12.
19. 방송통신위원회, 2012 방송통신위원회 연차보고서, 2013. 2.
20. 방송통신위원회, 2012년도 매체교환율 및 2012년도 방송사업자 시청점유율 산정결과 발표, 2013. 8. 21.
   - 방송통신위원회 : www.kcc.go.kr. 미래창조과학부, 2013년도 국가정보화에 관한 연차보고서, 2013. 8.
21. 미래창조과학부, 2013년 업무계획 및 주요 현안, 2013. 5.
22. 미래창조과학부 외 관계부처 합동, 창조경제가 열어가는 희망의 새시대 '창의적 아이디어가 있는 국민을 창조경제의 주인공으로', 2013. 6.
23. 미래창조과학부, 정보통신 진흥 및 융합 활성화 등에 관한 특별법(ICT 진흥특별법) 7.2일 국회 본회의 통과 보도자료, 2013. 7. 2.
24. 미래창조과학부, 2013년도 국가정보화에 관한 연차보고서 발간 보도 자료, 2013. 9. 2.
25. 방송통신위원회, 2012 방송통신위원회 연차보고서, 2013. 2.

26. 방송통신위원회, 2013년도 업무계획, 2013. 4.
27. http://www.keti.re.kr
28. [네이버 지식백과] NFC [near field communication](시사상식사전, 박문각)
29. http://www.innodigital.com
30. http://www.imsway.com
31. http://www.etnews.com/news/article.html?id=20140414000154
32. http://www.etnews.com/20140414000156
33. http://www.etnews.com/20140403000050
34. http://datatracker.ietf.org/wg/lisp/.
35. http://datatracker.ietf.org/wg/hip/.
36. IRTF, "Identifier-Locator Network Protocol(ILNP) Architectural Description," RFC 6740.
37. http://datatracker.ietf.org/wg/cdni/.
38. http://http://named-data.net/.
39. IETF, "Stream Control Transmission Protocol," RFC 4960, September 2007.
40. http://datatracker.ietf.org/wg/mptcp/.
41. http://www.mofi.re.kr.
42. http://http://mobilityfirst.winlab.rutgers.edu/.
43. http://datatracker.ietf.org/wg/mip4/.
44. http://datatracker.ietf.org/wg/dmm/.
45. Ratnam Karunaharan and Ibrahim Matta, WTCP: An Efficient Mechanism for Improving Wireless Access to TCP Services, 2002.
46. 디지털타임즈, "NTT 도코모-구글 트래픽 협의 주목," 2012년 2월 24일.
47. Jorg Ott, "Delay tolerance and the future Internet," The 11th International Symposium on Wireless Personal Multimedia Communications(WPMC'08), 2008.
48. http://datatracker.ietf.org/wg/6lowpan/.
49. http://datatracker.ietf.org/wg/lwig/.
50. http://datatracker.ietf.org/wg/eman/.
51. 네이버 지식백과 : 이동통신산업 [Mobile Telecommunication Industry, 移動通信産業](한국민족문화대백과, 한국학중앙연구원)

저자약력

남 상 엽

- 공학박사
- 삼성종합기술원 정보시스템연구소 근무
- 모토로라반도체통신(주) 기술연구소 근무
- (현) 국제대학교 교수

안 병 구

- 공학박사(New Jersey Institute of Technology : NJIT)
- 포항산업과학연구원(RIST), 선임연구원 근무
- (현) 홍익대학교 컴퓨터정보통신공학과 교수

강 민 구

- 연세대학교 전자공학과(공학박사)(1994)
- 삼성전자연구원(1985~1987)
- 국무총리실 산하 방송통신융합추진위원회(전문위원)(2006~2007)
- (현) 방송통신위원회 전파연구소 정보통신기술규격 심의위원(2007~현재)
- (현) 한신대학교 정보통신학부 교수(2000~현재)

스마트 네트워크 시스템

2014년 9월 20일 1판 1쇄 발행

저 자 남상엽 · 안병구 · 강민구
발행인 남 승 우

발행처 도서출판 상尙 학學 당堂
서울시 동작구 사당로9가길 6(사당동)
TEL : 02) 595-1692~4
FAX : 02) 595-1394
E-mail : namdoo6@unitel.co.kr
신고 : 2-155호 (1968. 11. 29)

정가 28,000원

ISBN 978-89-6587-113-2 93560

〈디자인〉 편집 엄해숙 / 표지 토틀컴